METZ

CAMPAGNE ET NÉGOCIATIONS

PARIS. — TYPOGRAPHIE A. HENNUYER, RUE DU BOULEVARD, 7.

METZ

CAMPAGNE ET NÉGOCIATIONS

PAR

UN OFFICIER SUPÉRIEUR DE L'ARMÉE DU RHIN (D'Andelot)

> Il n'y a par conséquent pas à blâmer la capitulation, mais les causes qui l'avaient amenée.
>
> THIERS, *Histoire du Consulat et de l'Empire*, t. XVI, p. 669.
>
> Tant il est vrai que pour les hommes de guerre le meilleur parti à prendre dans les révolutions est celui qui respire la haine des étrangers.
>
> Général FOY, *Guerre de la Péninsule*, t. III, p. 209.

ACCOMPAGNÉ D'UNE CARTE DES ENVIRONS DE METZ

DEUXIÈME ÉDITION

PARIS
LIBRAIRIE MILITAIRE DE J. DUMAINE
Rue et passage Dauphine, 30

1871

Tous droits réservés.

AVANT-PROPOS

A peine remise des épouvantables secousses qu'elle vient de traverser, la France a senti le besoin de panser les plaies sanglantes qui l'ont meurtrie; elle demande le remède qui pourra lui rendre la force et la vitalité. Ceux qu'elle a chargés de la sauver, ceux auxquels elle a confié le soin de cette cure difficile, ont compris que leur premier devoir était de rechercher les causes du mal et d'en connaître l'étendue; quelque douloureuse que fût cette tâche, ils n'ont pas hésité à remonter dans le passé, à scruter les actes accomplis, à réunir les documents, à faire appel à tous les témoignages, en un mot à s'entourer de toutes les lumières qui pouvaient les guider dans le ténébreux dédale des catastrophes accumulées pendant cette malheureuse année.

C'est dans ce but que des commissions d'enquête ont été formées au sein de l'Assemblée nationale: l'une examine les actes du gouvernement de la défense nationale et de la délégation de Tours; l'autre recherche les motifs de l'insurrection de Paris et instruit le procès historique de cette effroyable guerre civile; d'autres ont établi l'état actuel de nos ressources ou le bilan de nos pertes. Un immense besoin de lumière et de vérité s'est fait sentir parmi nos gouvernants; dans l'opinion publique, le mouvement des esprits s'est associé à ce sentiment. Si on a reproché aux régimes précédents l'ombre et le mystère, si on a voulu voir dans leur dissimulation la cause de leurs fautes et de leurs malheurs, aujourd'hui on semble décidé à repousser les anciens errements et à mettre au grand jour l'administration de la chose publique ; on veut que la France sache ce que l'on fait pour elle, mais aussi ce qui a été fait par ceux qui s'étaient chargés de la défendre ou qui en avaient reçu la mission ; on veut que les voiles du passé soient déchirés et que les mérites et les dévouements soient connus, aussi bien que les erreurs et les culpabilités.

Ce besoin qui s'est imposé à tous, l'armée l'a ressenti ; liée intimement aux destinées du pays par la mission qu'elle avait de le défendre, elle a participé à ses désastres par les souffrances qu'elle a endurées comme par le sang qu'elle a versé. Mais elle s'est rendu compte que sa tâche n'avait pas été remplie, parce qu'elle ne s'était pas élevée à la hauteur des efforts qu'on était en droit d'attendre d'elle, soit qu'ils ne lui eussent pas été demandés par les chefs qui la commandaient, soit que les moyens d'action ne lui eussent pas été fournis par l'administration qui la dirigeait. En face des attaques dont elle avait été l'objet, elle a tenu à ne pas laisser retomber sur elle l'écrasante responsabilité des malheurs publics, et de tous ses rangs des voix se sont élevées pour éclairer l'opinion sur les événements qui s'étaient accomplis. C'est ainsi que se sont multipliés dans ces derniers temps les études, les brochures, les articles de revues, les relations historiques et jusqu'aux plaidoyers partis de la tribune.

Des généraux en chef ont regardé eux-mêmes comme un devoir de dire à la France ce qu'ils avaient fait des armées qui leur avaient été confiées. Le général de Wimpffen a publié la relation historique de la bataille et de la capitulation de Sedan ; le maréchal Bazaine a écrit un rapport sommaire sur les opérations de l'armée du Rhin, depuis le jour où il en avait pris le commandement. La lumière s'est même faite sur les dernières luttes que nos soldats improvisés de la veille ont si vaillamment soutenues, au milieu des souffrances les plus horribles et du dénûment le plus complet ; la campagne de l'armée du Nord et celle de la deuxième armée de la Loire ont été racontées par les généraux Faidherbe et Chanzy.

Le besoin de sa défense a ainsi amené l'armée à recourir à la voie de la publicité ; il y a là un fait nouveau qui a soulevé de sérieuses critiques. Il a paru étrange de voir en France les officiers controverser sur les questions militaires, écrire le récit des événements auxquels ils avaient pris part et soumettre à l'opinion publique le jugement des actes auxquels ils avaient assisté. Dans cette Prusse que tous se proposent aujourd'hui pour modèle, comme dans les autres Etats de l'Allemagne, cette habitude existe depuis longtemps ; l'instruction des officiers y est plus développée, et elle trouve un aliment dans les fréquentes publications militaires qui viennent agiter les casinos et raviver par la discussion l'amour du métier ; personne n'a oublié la fameuse brochure (*Taktische Rückblicke*) qui indiqua avec tant de sincérité la série de fautes commises dans la campagne de Bohême, et dont l'importance parut telle que le maréchal Niel la fit traduire et en envoya des exemplaires à toutes nos bibliothèques régimentaires. Les gouvernements étrangers n'ont voulu voir dans cette tendance qu'un moyen efficace d'élever le niveau intellectuel de leurs armées et, sans se préoccuper des dangers qu'elle pouvait présenter, ils l'ont encouragée au lieu de l'arrêter.

Ces dangers existent, on ne peut en disconvenir ; avec l'esprit de dénigrement et le sentiment de jalousie qui sont un des côtés les plus regrettables du caractère français, ils sont même plus grands chez nous que dans les autres pays. Attaquer les institutions existantes et les actes de l'autorité, contrôler la marche des opérations, s'élever contre la conduite de certains chefs, ce sont là choses graves. Mais que faire ? En face d'une administration rebelle à tout progrès, on s'était tû, et le silence a amené des désastres ; devant d'épouvantables catastrophes, les commandants en chef s'étaient surtout préoccupés des éléments de leur justification. La justice dans le présent, le salut dans l'avenir, exigeaient que la vérité se fît entière, et elle ne pouvait se faire telle que par les témoins et les hommes intéressés. Se taire encore, c'eût été, de la part de l'armée, s'associer à des actes qu'elle réprouvait. Comme l'a écrit si bien un de ses chefs les plus honorés, « cette nécessité de parler résulte pour « nous de la conviction que le mutisme des témoins, « dans une affaire d'une aussi grande importance, « implique une sorte de complicité morale. C'est « d'ailleurs un devoir qui s'impose à chacun, lors- « qu'une grande cause est appelée devant l'opinion « publique, de veiller à ce que celle-ci ne s'égare « pas (1). » Il n'y avait donc qu'à en appeler à la publicité ; les inconvénients de la mesure s'effacent devant les rigueurs de la nécessité. La considération de quelques-uns pourra en être atteinte, mais le prestige du commandement n'en sera pas affaibli pour les hommes qui ont su remplir leurs devoirs ; il est des noms dans l'armée que personne n'a songé à attaquer, en dépit des malheurs subis, parce qu'ils commandent le respect et l'obéissance.

Il était en tout cas difficile d'espérer que les événements de cette campagne restassent enveloppés dans le silence, malgré le désir qu'on pouvait en avoir dans certaines régions ; qu'aurait-on pensé d'un accord tacite dont le but se serait traduit ainsi : « La France a perdu cent mille de ses enfants, ses frontières, ses places fortes, deux provinces ; ses villes et ses villages ont été pillés, brûlés, saccagés ; sa dette nouvelle s'est élevée à près de 10 milliards ; qu'elle l'oublie,

---

(1) *L'Armée de Metz,* par le général Deligny, préface, p. vi.

et que l'éponge soit passée sur ces tristes souvenirs. A quoi bon parler de faits déjà éloignés? Stérile discussion qui ne rendra ni le succès ni les départements enlevés. Tout s'est accompli militairement, aussi bien que possible; il n'y a eu que malheur et fatalité. Que la France n'en recherche pas les causes, qu'elle confie ses destinées aux mêmes chefs, et, si elle tient à savoir ce qui s'est passé, qu'elle consulte les bulletins officiels des états-majors; il n'y a pas d'autres éclaircissements à lui donner? » Un pareil langage eût soulevé l'indignation publique; mille voix se seraient élevées pour protester et demander compte d'un mutisme qui eût été une insulte au pays.

De tous les théâtres sur lesquels la lutte s'est localisée, il y en a trois dont les noms surgiront à jamais dans nos annales militaires comme la signification de nos plus grands désastres : Sedan, Metz et Paris; triste illustration qui s'explique par le nombre des soldats, l'étendue des souffrances et la grandeur de la catastrophe. Bien que ces épisodes aient abouti aux mêmes extrémités, à la reddition d'une place et d'une armée, celui de Metz n'en a pas moins eu une influence plus considérable sur l'issue de la guerre; la situation prise par le maréchal Bazaine autour de la place amena le mouvement du maréchal de Mac-Mahon et la capitulation de Sedan; la captivité de son armée et l'occupation de la ville privèrent Paris de tout secours extérieur et en causèrent la chute. Dans ces deux grands événements, les fautes ont apparu et les résultats ont pu s'expliquer; mais pour Metz il régnait un inconnu qui commence à peine à s'éclaircir. Il était difficile de comprendre comment une armée deux fois victorieuse, à peine entamée dans un troisième combat, avait pu en arriver à se rendre deux mois plus tard, sans s'être battue depuis, et comment notre rempart le plus fort avait été livré à l'ennemi sans avoir reçu un boulet. Le jour où le roi Guillaume annonça à la reine Augusta dans sa dépêche que l'armée et la place de Metz avaient capitulé avec 173 000 hommes, dont 3 maréchaux de France, plus de 50 généraux et 6 000 officiers, avec un immense approvisionnement en canons, armes et matériel de guerre, ce fut un cri général de stupeur en France comme dans toute l'Europe. Il y avait là un fait tellement inouï, qu'on se refusa d'abord à y croire, et qu'il fallut les déclarations officielles pour en faire admettre la triste réalité.

En face de l'horrible humiliation qui l'accablait, cette armée exhala son indignation dans les plaintes les plus amères, et elle repoussa hautement toute solidarité dans les actes du commandement qui avaient amené son désastre. Séparés violemment de la patrie, des officiers de tout grade se firent pour elle les interprètes du sentiment général, et ils lui en envoyèrent l'écho dans les nombreux écrits auxquels la captivité a donné le jour. Depuis, d'autres travaux plus complets sont venus s'ajouter à ces témoignages de la première heure et lever de plus en plus le voile qui planait sur le drame de Metz. Au moment où l'enquête se fait, où le pays va être appelé à se prononcer sur tant de malheureux événements, il est juste que les renseignements se multiplient, de quelque côté qu'ils viennent, et que, comme dans tous les grands procès, chacun apporte son tribut d'informations devant le redoutable tribunal de l'opinion publique.

C'est cette pensée qui nous a décidé à faire paraître aujourd'hui un livre qui avait été écrit pendant les tristes loisirs de l'exil. Si nous avons différé jusqu'à ce jour, si nous avons hésité si longtemps à le livrer à la publicité, c'est que nous avons compris qu'une pareille œuvre exigeait dans la pensée et l'expression une modération que ne pouvaient alors garder notre douleur ni notre irritation. Il y a eu de ces moments dont le souvenir nous glace encore, où nous avons senti notre cœur se briser, notre raison s'altérer, des sentiments inconnus envahir tout notre être : l'esprit n'était plus maître de l'idée, la bouche de la parole, la main de la plume qu'elle tenait; dans l'égarement du désespoir, il pouvait se produire des violences regrettables. Ah! qu'ils s'en étonnent, ceux qui n'ont pas traversé de pareilles épreuves, ceux qui n'ont pas eu le malheur de voir pendant des semaines tout leur passé de droiture et de devoir condamné d'avance à se ternir dans la plus effroyable des hontes, telle que l'histoire n'en offrait pas d'exemple ! Qu'auraient-ils ressenti, s'ils avaient assisté à la livraison de ces régiments, dernier espoir du pays, de cette ville si française qui n'avait même pas pu se défendre, s'ils s'étaient trouvés, avec leurs généraux et leurs camarades, parqués sur les quais d'une gare, comme une bande de malfaiteurs, sous la menace de fusils chargés, aux ordres d'un lieutenant prussien, aide de camp du général de Kümmer ? Quels sentiments auraient-ils éprouvés le jour où les reproches et les insultes de leurs propres compatriotes leur auraient été jetés à la face dans des gares françaises, le jour où, traînés à travers toute l'Allemagne, ils se seraient vus livrés à chaque pas à l'indiscrète curiosité ou à l'ironique pitié de leurs ennemis ? Il faut avoir subi de telles souffrances pour en comprendre l'horreur ; heureux ceux qui n'y ont pas été soumis, heureux ceux qui ont pu les oublier plus vite ou se résigner stoïquement devant les arrêts du destin !

Quant à nous, nous avons voulu attendre que le temps ait atténué, sinon modifié, nos premières impressions ; cette œuvre d'apaisement a été lente et difficile. Notre travail s'est ressenti du calme dans lequel nous nous sommes retiré ; c'est avec un esprit froid, reposé, impartial, que nous l'avons revu et que nous nous sommes efforcé d'entourer la vérité historique de la modération qui lui convient. Nous n'avons que peu à apprendre de nouveau au public ; les faits ne s'inventent pas plus que les jugements qu'ils ont mérités. Ce que nous raconterons a déjà été dit en partie dans différents écrits, et nous n'avons voulu qu'apporter un témoignage de plus dans le procès qui s'instruit ; si la forme générale et les appréciations diffèrent, le fond reste le même.

Notre but a été de faire connaître l'enchaînement d'actes et de circonstances qui a amené la catastrophe de Metz, les sentiments divers qui ont animé l'armée et la ville, pendant la longue période de l'investissement, et les différents mobiles qui ont présidé à la direction des opérations ou des négociations. Nos notes, nos souvenirs, ceux de nos camarades, leurs observations, les renseignements puisés dans les publications précédentes, les documents officiels dont elles se sont elles-mêmes servies (1), tout a été employé par nous pour maintenir aux faits la plus complète exactitude. Nous avons voulu plus encore : notre travail a été communiqué à plusieurs de nos compagnons d'exil que leur position avait mis à même de connaître toutes les péripéties de cet affreux drame, et de leur bouche nous avons reçu le témoignage que rien ne pouvait être dit de plus vrai sur les événements de Metz et le début de la campagne.

Nous inspirant des rôles si différents que les événements et la volonté de ses chefs ont imposés à l'armée du Rhin, nous avons divisé notre livre en deux parties : la première embrasse les grands événements militaires qui se sont accomplis depuis la déclaration

---

(1) Voir le *Rapport sommaire sur les opérations de l'armée du Rhin*, par le maréchal Bazaine ; *la Capitulation de Metz*, par le général Coffinières de Nordeck ; *l'Armée de Metz*, par le général Deligny ; le *Journal d'un officier de l'armée du Rhin*, par le lieutenant-colonel Fay ; *la Guerre de 1870*, par V. D., officier d'état-major ; *la Vérité sur la capitulation de Metz*, par un officier d'état-major (publié dans le journal *la Liberté*) ; *la Guerre autour de Metz* (*Der Krieg üm Metz*), par un général prussien.

de guerre jusqu'au dernier combat du 1ᵉʳ septembre; dans la deuxième, l'investissement se constitue et les négociations se déroulent successivement jusqu'au protocole de la capitulation. Nous y avons ajouté les observations que nous ont suggérées au point de vue militaire les événements de cette campagne et les résultats obtenus; il nous a semblé qu'il y avait des enseignements à y puiser, en présence des réformes qui sont à l'étude, et nous les avons exposés dans un but d'intérêt général.

PREMIÈRE PARTIE

CAMPAGNE DEVANT METZ

CHAPITRE 1

Formation de l'armée du Rhin. — Débuts de la campagne jusqu'au 15 août. — Nomination du maréchal Bazaine au commandement en chef de l'armée du Rhin. — Combat de Borny. — Départ de l'empereur.

Depuis plusieurs années la guerre avec la Prusse paraissait inévitable; tous les hommes politiques, aussi bien que nos généraux, comprenaient qu'un jour ou l'autre nous aurions à lutter avec cette puissance, qui avait affirmé sa force et sa grandeur par les éclatants succès de sa campagne de Bohême, et qu'il nous faudrait tenter de réparer par les armes les fautes commises par la politique du gouvernement français. Ce n'était pas impunément qu'on avait pu abandonner à leurs seules ressources le Danemark et plus tard les petits États d'Allemagne. Déjà la question du Luxembourg avait été sur le point de mettre le feu aux poudres; on sentait que le moindre prétexte pouvait à chaque instant faire éclater ce redoutable conflit. L'homme éminent auquel avait été confié le ministère de la guerre après les événements de 1866, le maréchal Niel, était convaincu plus que qui que ce fût de cette fatale nécessité. Les immenses préparatifs, qu'il voyait la Prusse faire et que le gouvernement s'attachait systématiquement à cacher au pays, ne lui laissaient aucune illusion sur le but de cette puissance et sur sa ferme volonté d'étendre la zone de ses envahissements. Aussi toute son intelligence, ses pensées, ses efforts n'avaient-ils qu'un but : armer la France, la préparer à la guerre et modifier son organisation militaire, pour obtenir une concentration de ses forces aussi puissante que rapide.

Sous son énergique impulsion, toutes les directions du ministère durent modifier leurs anciens errements et faire concourir leurs travaux à ce résultat. Le dépôt de la guerre reçut une organisation nouvelle, à peu près conforme à celle du grand état-major de l'armée à Berlin ; sur ses indications, des études sérieuses furent entreprises, en vue des opérations militaires que nos troupes pourraient être appelées à exécuter sur les différents théâtres de guerre. Nos frontières du nord et de l'est furent reconnues avec soin, ainsi que toutes leurs positions militaires ; les territoires ennemis furent plus étudiés encore, jusque dans leurs moindres détails ; on y releva la configuration des terrains, les routes, les vallées, les voies ferrées, comme on voulut connaître les organisations des armées, qui seraient chargées de les défendre. Ces travaux servirent de base à des projets de marche, de concentration et de mouvement pour l'intérieur de la France, comme pour les contrées limitrophes ; ils se rattachaient à des plans de campagne, établis d'après différentes hypothèses, suivant qu'on admettait la coopération de certaines puissances, la neutralité des autres ou l'isolement de la France.

La mort vint enlever le maréchal Niel, quand son œuvre pouvait être conduite à bien, quand son énergique volonté aurait pu nous être le plus utile ; c'est aujourd'hui que l'armée doit comprendre toute l'étendue de cette perte. Ce n'est pas le moment de parler de son successeur, ni de ce qu'il a fait ou plutôt de ce qu'il n'a pas fait ; qu'il nous suffise de dire qu'avec lui les tendances du ministère de la guerre changèrent complétement ; les projets du maréchal Niel furent en partie mis de côté, on s'empressa de détruire à peu près tout ce qu'il avait fait, la préparation de la guerre fut abandonnée pour ne songer qu'aux approbations législatives, et quand la question Hohenzollern fut posée devant la Chambre en termes si menaçants, l'armée était déjà loin du pied où l'avait laissée le maréchal Niel.

La guerre paraît tout à coup imminente et les directions du ministère se trouvent en présence de difficultés inextricables, qu'elles n'ont pas voulu prévoir et qu'elles ne savent comment résoudre; rien n'égale leur stupeur, si ce n'est l'étonnement de cette France qui se réveille de la léthargie où l'avait plongée l'étrangeté des théories pacifiques des Rouher et des Lavalette. Le désordre est à son comble dans l'administration de la guerre; on s'y est écarté du but déterminé, il n'existe plus de direction unique; les ordres et les contre-ordres se croisent; les directions agissent sans concert, chacune pour son compte; les assurances les plus trompeuses sont données pour masquer les fautes; les négligences, les insuffisances viennent ajouter encore aux difficultés du moment et, pour mettre le comble au chaos, on se plaît à assumer sur la même tête la lourde responsabilité des fonctions distinctes de l'administration de la guerre et du commandement de l'armée, par le maintien du maréchal Le Bœuf au ministère et sa nomination comme major général.

Le dépôt de la guerre, par le fait même de sa nouvelle organisation, avait seul continué ses travaux dans la voie tracée par le maréchal Niel, avec l'approbation de son successeur; il était prêt à fournir les documents, projets et renseignements nécessaires, quels que fussent les points sur lesquels on voulût opérer. Si les cartes de France à grande échelle firent défaut plus tard, et le reproche en fut fait avec raison à son directeur, il faut en accuser l'économie ou plutôt la parcimonie, qui venait limiter l'étendue de ses ressources budgétaires ; les faibles allocations qui lui étaient données furent employées aux cartes d'Allemagne, dans la pensée d'une offensive immédiate, qui était la base de tous les projets arrêtés. Lorsque, plus tard, les hésitations et les fautes du début firent reconnaître que nous allions être réduits à défendre le territoire, des cartes de France furent demandées à Paris ; mais il n'était plus temps, la rapidité de l'invasion avait interrompu nos communications. Ce fut ainsi que ce qui aurait été utile ne put pas être donné, tandis que les projets d'opérations et les plans de campagne qu'on avait étudiés ne servirent à rien. On ne sembla, du reste, pas plus s'en préoccuper que s'ils n'avaient pas été faits ; ils restèrent à l'état de lettre morte et ne furent même pas lus par ceux qui les avaient ordonnés, encore moins par les généraux qui allaient être chargés de diriger les opérations.

Parmi ces travaux, il y en avait cependant qu'on aurait pu croire destinés à recevoir une application immédiate ; c'étaient ceux qui avaient été faits sur les chemins de fer français et étrangers, au point de vue du transport des troupes et de la concentration des armées des différents pays. Non-seulement des officiers s'en étaient occupés depuis plus de deux ans, mais une commission supérieure, formée d'officiers généraux des armes spéciales, des directeurs et des chefs d'exploitation des grandes compagnies, avait étudié cette question sous toutes ses faces et était parvenue à la résoudre de la façon la plus satisfaisante. Quels que fussent les points de concentration, quelque nombreuses que fussent les troupes, on pouvait, grâce aux règles établies et à l'entente des compagnies entre elles, dresser presque instantanément un plan de marche et faire arriver, sans encombre, personnel et matériel, avec une vitesse inconnue jusqu'alors. Les directeurs ne demandaient qu'à être prévenus quarante-huit heures d'avance, des résultats qu'ils devaient obtenir.

Ce sont là des faits qui répondent suffisamment à toutes les allégations contraires qui se sont produites, notamment dans une certaine brochure (*Des causes de la capitulation de Sedan*), où il est dit : « Que tout le monde avait l'illusion « de croire qu'au moyen des chemins de fer la concentra-« tion de tant d'hommes, de chevaux et de matériel pour-« rait se faire avec l'ordre et la précision nécessaires, bien « que tout n'eût pas été réglé longtemps d'avance par une « administration vigilante. » Ce qu'elle aurait dû dire et ce qui eût été la vérité, c'est qu'au moment même où l'on allait pouvoir profiter de tant d'études, une volonté, nous ne savons laquelle, signifia à la commission, par l'organe du général Jarras, qu'elle n'existait plus, et préféra laisser aux différentes directions du ministère la difficile mission du transport de l'armée et de ses approvisionnements ; mais ces directions étaient restées complétement étrangères à la question et ne s'entendaient même pas entre elles. De là, le désordre inouï auquel nous avons assisté, la confusion qui s'est produite dans toutes les gares de l'Est, malgré le zèle et le dévouement de leur personnel.

Toutes ces études préparatoires furent donc laissées de côté et on s'en remit aveuglément à l'imprévu, dès les premiers jours. On ne conserva pas davantage le principe sur lequel reposaient les divers plans de campagne qu'avait fait établir le maréchal Niel, et d'après lequel deux armées de force variable étaient destinées à l'offensive, en s'appuyant l'une sur l'autre, pendant qu'une troisième, leur servant de réserve, protégerait les points vulnérables de notre frontière. Ce principe avait été regardé jusqu'alors comme tellement fondamental, que les cadres, les états-majors et les commandements avaient été arrêtés longtemps à l'avance sur le papier. L'empereur, qui l'avait adopté d'abord, déclara subitement qu'il n'en voulait plus et décida que toutes les forces militaires de la France seraient réunies en une seule armée, qui prendrait le nom d'*armée du Rhin ;* il s'en réservait le commandement exclusif.

Ce fut là une mesure déplorable, qu'on peut considérer comme l'une des causes les plus réelles de nos premiers revers; il est difficile à un homme, quelque génie qu'il ait, d'en diriger 300 000 et de les faire concourir utilement à une action commune, avec l'instantanéité qu'exigent les opérations militaires. L'empereur Napoléon Ier ne reconnaissait qu'à lui seul la faculté de mettre en mouvement de telles masses ; il ne voulait pas admettre qu'un général d'expérience et de talent pût commander plus de 100 000 hommes. Ici la tâche avait été rendue plus difficile encore par la répartition inexplicable des troupes, qui s'étendaient sur un immense arc de cercle de Lyon à Soissons; leurs positions extrêmes sur nos frontières n'étaient pas éloignées de moins de 90 lieues, de Thionville à Huningue.

La formation d'une seule armée augmentait nécessairement, dans une proportion énorme, le nombre des intermédiaires auxquels le commandement était forcé de recourir, pour faire connaître ses projets et en assurer l'exécution ; aussi la correspondance se trouva-t-elle multipliée en même temps que les affaires, les ordres se donnèrent mal à de telles distances ou n'arrivèrent pas en temps opportun, les mesures les plus simples ne furent pas prises, parce qu'on ne pouvait songer à tout au milieu de tant de préoccupations incessantes. Ces inconvénients, prévus à l'avance, furent signalés à l'empereur par quelques-uns des hommes auxquels leur position permettait d'exprimer leur opinion; vainement essayèrent-ils de le faire revenir sur sa décision, leurs efforts furent inutiles et ils durent s'incliner devant sa volonté.

La modification qui s'était faite à ce sujet dans l'esprit du souverain fut attribuée à différentes causes : les uns ne voulurent y voir qu'une réminiscence de la première épopée impériale, la succession de la grande armée transmise à l'armée du Rhin ; les autres crurent y trouver le fil de quelques intrigues de palais, dont la jalousie et l'ambition auraient été les mobiles ; d'autres dirent qu'on avait craint de créer des positions trop grandes et inquiétantes pour l'avenir aux hommes qui auraient eu le commandement de ces diverses armées et parmi lesquels on connaissait les noms des maréchaux de Mac-Mahon et Bazaine. Quoi qu'il en soit, l'acte n'en fut pas moins consommé ; l'empereur prit le commandement de l'armée du Rhin, avec le maréchal Le Bœuf pour major général et les généraux Lebrun et Jarras pour aides-majors généraux.

Dans cette organisation, le maréchal Le Bœuf avait seul une position supérieure à celle de ses collègues ; quant aux autres maréchaux, ils perdaient les commandements d'armée qu'on leur avait promis et sur lesquels ils comptaient ; ils retombaient au rôle de commandants de corps, plus modeste, il est vrai, mais suffisant pour une noble ambition et pour concourir glorieusement aux opérations de la campagne.

Le maréchal Bazaine fut profondément affecté de cette déception, il s'en plaignit hautement devant tous ceux qui l'approchèrent à cette époque ; c'était une blessure cuisante pour son amour-propre et une atteinte à son importance politique. Froissé de l'oubli de la promesse qui lui avait été faite, il put y voir une suite des rancunes qu'on lui avait gardées à son retour du Mexique ; il n'avait pas oublié le mauvais accueil qu'il avait reçu, ni l'espèce d'ostracisme dont on l'avait frappé à la cour. Sa nomination à Nancy d'abord, à la garde ensuite, n'avaient pas effacé les tristes impressions qui lui étaient restées de cette époque ; la substitution d'un commandement moins important à celui d'une armée, sur lequel il comptait, constitua à ses yeux un véritable grief, dont il fit remonter la responsabilité jusqu'à l'empereur. Ce sentiment exerça sur sa conduite et ses actes, dès le début des hostilités, une profonde influence, dont se ressentirent les opérations militaires, jusqu'à la nouvelle de la catastrophe de Sedan.

Le maréchal partit de Paris fort mécontent ; il se rendit à Metz, pour y retrouver le 3ᵉ corps, à la tête duquel il était placé. A son arrivée, le 21 juillet, il fut investi du commandement temporaire de toutes les troupes placées entre les Vosges et la Moselle ; c'étaient le 2ᵉ corps (général Frossard), le 3ᵉ, le 4ᵉ (général Ladmirault), le 5ᵉ (général de Failly) et les réserves d'artillerie, du génie et de cavalerie, formant un ensemble de 13 divisions d'infanterie et de 6 divisions de cavalerie. Avait-on voulu lui donner ainsi une sorte de dédommagement, ou reconnaissait-on déjà les inconvénients d'un commandement unique dont le fonctionnement se trouvait sans cesse arrêté par des difficultés de tout genre? Ce qu'il y a de certain, c'est que, dans un sens ou dans l'autre, la mesure, telle qu'elle fut prise, ne pouvait produire aucun résultat satisfaisant ; on s'empressa d'en détruire l'effet, en prévenant le maréchal qu'elle ne lui donnait aucune initiative et qu'elle n'avait d'autre but que d'obtenir une transmission plus rapide des ordres de Paris. On l'invitait toute-

FORMATION DE L'ARMÉE DU RHIN.   11

fois à s'éclairer, à recueillir sur la position de l'ennemi des renseignements et à les transmettre immédiatement au major général.

De pareilles restrictions n'étaient pas faites pour lui donner même l'apparence d'une satisfaction; son influence était nulle sur les dispositions à prendre; son autorité, purement nominale, était à peine reconnue par les autres commandants de corps, qui prétendaient ne relever que de l'empereur et continuaient à correspondre avec lui, sans se préoccuper de la décision qui venait d'être prise. Afin qu'il ne subsistât aucun doute dans son esprit sur la valeur négative de son commandement, on ne le consulta même pas pour le premier mouvement que les troupes placées sous ses ordres durent exécuter le 23 juillet, et qui ouvrit la série des trop nombreuses étapes que l'armée devait parcourir pour s'éloigner de Metz et y revenir quelques semaines après. Les commandants des corps reçurent directement leurs instructions et on se borna à les lui communiquer.

Bien plus, il apprit, le lendemain 24 juillet, par le télégraphe, que l'empereur avait décidé de se faire représenter à Metz jusqu'à son arrivée par le major général, qui devait partir le soir même avec le général Lebrun et une partie de l'état-major général. Il n'était guère possible de froisser plus maladroitement un homme dont la situation exigeait des ménagements; penser qu'il resterait insensible à un tel manque de procédés, c'était bien peu le connaître. Son mécontentement s'en augmenta; il eut soin de le témoigner, en quittant Metz à l'heure même où le maréchal Le Bœuf y entrait et en négligeant de l'y attendre, afin de n'avoir ni explication à donner ni ordre à recevoir.

L'empereur arriva à Metz le 28 juillet; il y prit le lendemain le commandement de l'armée, dont les nombreux corps et les différents services se trouvaient alors ainsi répartis :

1ᵉʳ corps, à Strasbourg.
2ᵉ corps, à Saint-Avold.
3ᵉ corps, à Boulay.
4ᵉ corps, à Thionville.
5ᵉ corps, à Sarreguemines.
6ᵉ corps, à Châlons.
7ᵉ corps, à Belfort.
Garde, à Metz.
Cavalerie de réserve : 1ʳᵉ division, à Lunéville.
— 2ᵉ division, à Lunéville.
— 3ᵉ division, à Pont-à-Mousson.
Réserve générale d'artillerie, à Lunéville.
Parc de campagne (en formation), à Toul.
Parc du génie, à Versailles.

L'effectif total de ces forces devait s'élever quelques jours plus tard, vers le 2 ou le 3 août, à 280 000 hommes, auxquels on pouvait ajouter encore 15 000 ou 20 000 hommes de réserve n'ayant pas rejoint, mais devant arriver successivement. Quoiqu'il n'y eût pas là un chiffre comparable à celui que l'Allemagne allait réunir au début, il n'en est pas moins certain que cette masse d'excellentes troupes, habilement distribuée sur la frontière, répartie en deux groupes judicieusement combinés, comme on en avait eu le projet, ou même laissée compacte, comme l'avait voulu l'empereur, que cette masse, disons-nous, eût pu donner des résultats décisifs, si elle eût été portée résolûment en avant, dans les deux ou trois premiers jours d'août. Quand on a vu le maréchal de Mac-Mahon résister depuis l'aube du jour jusqu'à quatre heures du soir, avec ses quatre divisions, aux efforts réunis de cinq corps d'armée ennemis, et quatre de nos corps tenir jusqu'à la nuit, le 18 août, contre 250 000 hommes, il est permis de penser que nos troupes ainsi réunies eussent renversé tous les obstacles qui se seraient trouvés devant elles; elles pouvaient tomber au centre même des concentrations prussiennes, avant qu'elles fussent terminées, les dissoudre ou les désorganiser, atteindre rapidement la ligne du Mein et séparer les États du Sud de l'Allemagne du Nord; la Prusse eût été forcée de revenir en arrière pour défendre son propre territoire, sans pouvoir songer à envahir le nôtre.

Un premier succès ainsi obtenu n'était-il pas la garantie de ceux qui suivraient, et ne suffirait-il pas pour faire déclarer des alliances qui attendaient prudemment l'issue des premiers événements? Qui sait même si l'on ne se fût pas contenté de cette passe-d'armes, pour arrêter promptement l'effusion du sang et se déclarer satisfait de l'outrage que le ministère des affaires étrangères prétendait avoir reçu dans la personne d'un de ses agents? Une pareille résolution s'imposait par le fait même des choses, pour compenser l'infériorité numérique par la promptitude des coups portés; le maréchal Niel n'en comprenait pas d'autres, toutes les fois qu'il avait eu à s'exprimer à cet égard; les renseignements que venait de rapporter de Prusse le colonel Stoffel, notre attaché militaire, en démontraient les avantages, et les Allemands la redoutaient tellement, qu'une véritable consternation s'était emparée de leurs pays frontières; les lignes ferrées furent coupées, les ponts rompus, les valeurs et les bijoux furent enlevés et envoyés au loin, en lieu sûr.

Pour pouvoir agir ainsi au moment voulu, il fallait dès les premiers jours s'emparer des points importants qui devaient faciliter notre marche, quelle que fût la direction qu'on crût devoir prendre, suivant le plus ou moins d'avantages qu'on y trouverait. Aussi avait-on demandé dès l'abord que Landau et Kehl fussent occupés; le général Ducrot, qui avait étudié de longue main la conduite de cette guerre, et auquel son séjour à Strasbourg avait permis de mieux l'approfondir, insistait énergiquement pour cette mesure.

Dès son arrivée avec son corps d'armée sur la frontière voisine de la Sarre, le général Frossard avait compris l'intérêt qu'il y aurait à être maître du cours de la rivière, en occupant Sarrebrück et Sarrelouis; il écrivit à Paris pour être autorisé à faire cette opération, dont il démontrait la facilité; on lui répondit qu'il lui était interdit de s'engager avant que toute l'armée fût prête, comme si la formation des corps de Belfort et de Châlons avait la moindre connexité avec la prise de possession de deux points stratégiques qui auraient à peine été défendus.

Quant à Landau et Kehl, l'empereur s'y opposa pour des motifs politiques : il se berçait encore des illusions les plus complètes sur les dispositions des États du Sud et l'attitude qu'ils garderaient. Nous avons lieu de croire que les informations de notre diplomatie auraient dû dissiper ses doutes et lui enlever toute incertitude sur la part active que ces pays allaient prendre aux hostilités; ce que nous pouvons affirmer, c'est que les rapports des officiers qui y avaient été envoyés étaient unanimes à indiquer l'intime liaison qui s'était établie entre leurs armées et celles de la Prusse, et à faire pressentir l'action commune qui en sortirait au moment d'une guerre avec la France, en dépit de l'opposition qui se manifestait dans l'élément civil contre les tendances d'absorption du cabinet de Berlin. Soit que ces renseignements contrariassent ses désirs, soit qu'ils gênassent ses projets, l'empereur ne sembla pas vouloir y ajouter foi, puisqu'il se refusa à toute tentative contre les places de la Bavière et de Bade, sous le prétexte qu'on pourrait indisposer ces deux États et les jeter dans les bras de la Prusse.

En voyant une pareille inaction au début, en examinant la répartition de nos troupes sur une étendue si peu propre à la rapidité des opérations, on est en droit de se demander quel plan de campagne avait été adopté ; il ne pouvait plus être question de celui du maréchal Niel, dont les bases étaient abandonnées : la formation des deux armées et la prise de l'offensive. Si nous nous en rapportons à une conversation qui eut lieu avant le départ pour Metz entre le maréchal Le Bœuf, le général Lebrun et un autre officier, il paraît certain qu'à cette époque déjà on était décidé à rester sur la défensive la plus absolue, afin de laisser à l'armée le temps de se constituer, de s'organiser, de compléter ses différents services ; on se berçait de la malheureuse illusion qu'on avait une grande avance sur les mobilisations prussiennes, quoique les officiers chargés de les étudier en eussent tous fixé la durée à vingt ou vingt-deux jours au plus. Les événements ont montré si leurs calculs étaient exacts ; les ordres de mobilisation donnés par le cabinet de Berlin sont du 15 juillet, les batailles de Reichshofen et de Spickeren du 6 août.

C'était une faute de renoncer au bénéfice que donne l'offensive ; du moment où l'on avait des hommes et des armes, pourquoi vouloir attendre un complet d'organisation qui se serait fait facilement en marchant, avec les ressources de l'ennemi, sous l'enthousiasme d'un premier succès ? On devait d'ailleurs s'attendre à voir l'ennemi venir nous attaquer, puisque nous ne le prévenions pas sur son terrain. L'exemple de 1866 était là pour faire réfléchir sur la rapidité de ses concentrations et de ses mouvements ; on ne comprend pas l'avantage qu'il y avait à recevoir le choc plutôt qu'à le donner, avec des préparatifs incomplets ; or, dès les premiers jours, il n'y avait sur ce point aucune illusion à se faire. Du moment où, dans cette situation, avec un effectif aussi restreint, on avait eu la hardiesse de jeter le gant à l'Allemagne, il fallait de l'audace et de la décision pour lui en imposer et profiter de son premier trouble ; ce n'était qu'à ce prix que le succès était possible et que la provocation pouvait se justifier : parler avec tant de hauteur et de décision, pour agir ensuite avec tant d'hésitation et de timidité, c'était au moins un contre-sens.

Dans la conversation à laquelle nous avons fait allusion, l'officier insista vivement pour qu'on marchât rapidement dès que les troupes seraient réunies, qu'on franchît le Rhin et qu'on vînt prendre position dans la vallée du Mein. Le général Lebrun repoussa formellement toute initiative de cette nature ; il déclara qu'il ne nous était pas possible de passer ce grand fleuve sans le concours de l'Autriche, qu'il fallait l'attendre ou se résigner à laisser venir les armées prussiennes ; on pourrait alors les battre, les poursuivre, et ce ne serait qu'à leur suite et après une victoire qu'on se risquerait à opérer sur la rive droite. Il ne se souciait pas de voir se renouveler les désordres de 1859 en Italie ; il voulait qu'avant tout mouvement, l'organisation de l'armée fût complétée de tout point. Des deux projets énoncés, nous savons ce qu'a produit le second ; nous ne pouvons affirmer les résultats qu'aurait donnés le premier, mais il est certain qu'ils ne pouvaient pas être plus mauvais que ceux que nous avons obtenus, et peut-être est-on en droit de penser qu'ils eussent été meilleurs.

C'était donc bien la défensive que l'on adoptait, en l'appuyant autant sur des considérations politiques que sur notre faiblesse numérique et l'insuffisance de nos préparatifs ; la position du général ne permettait pas de douter que ses paroles ne fussent le reflet des opinions de l'empereur. Il était évident que la conduite de la guerre et la direction des opérations devaient se ressentir forcément des questions d'alliance et de neutralité qui pouvaient modifier l'emploi et la répartition des forces des belligérants ; mais ici encore on ne pouvait se faire d'illusion. Dès le commencement de la guerre, la situation politique se dessina telle qu'il ne fut plus possible de compter sur l'appui d'aucune puissance, au moins au début ; il fallait s'attendre à supporter seul les premiers efforts de l'ennemi. Une coopération éloignée dans l'avenir pouvait être espérée peut-être, mais elle était problématique : c'était sans doute à cet état des choses qu'on devait attribuer les résolutions arrêtées.

La situation politique a donc eu une influence assez considérable sur les événements, pour qu'il soit intéressant de la faire bien connaître.

Pour les Etats de l'Allemagne du Sud, nous avons dit qu'il n'y avait aucun doute à se faire ; rêver leur alliance et leur concours était une chimère, espérer leur neutralité, une illusion ; il fallait nous attendre à les trouver devant nous au premier coup de canon.

Quant au Danemark, ce malheureux petit pays, ce seul allié fidèle du premier empire, nous l'avions laissé écraser, dépouiller en 1864, avec une imprévoyance et un égoïsme odieux. Dans sa générosité, il nous avait conservé cependant ses sympathies, il n'aurait demandé qu'à marcher avec nous, pour venger les injures subies et les atteintes portées à la parole royale mise au bas du traité de Prague. Mais il ne pouvait agir seul contre son redoutable spoliateur ; il lui fallait l'appui de nos vaisseaux et de nos bataillons. On songea à utiliser ses bonnes dispositions et à les seconder par le concours d'un corps de débarquement ; quand on voulut s'occuper des moyens de réaliser ce projet, on reconnut qu'on n'avait ni vaisseaux prêts pour embarquer les troupes, ni troupes disponibles pour être envoyées au loin. Le Danemark se trouvait dans l'impossibilité de faire cause commune avec nous : il dut se renfermer dans une neutralité bienveillante, sous peine de se voir écrasé de nouveau sans que nous pussions lui porter secours.

Longtemps avant la guerre, une entente secrète avec l'Autriche, peut-être même une alliance offensive et défensive, était considérée dans nos cercles politiques comme un fait à peu près certain. On en parlait comme d'une convention arrêtée entre les deux souverains et on ne semblait pas douter que, si une lutte venait à s'élever entre la Prusse et la France, le cabinet de Vienne ne saisît avec empressement l'occasion de prendre une éclatante revanche des revers qu'il avait éprouvés en 1866. L'arrivée au ministère du duc de Gramont, qu'on savait être un chaleureux partisan de l'alliance autrichienne, ne fit que donner plus de consistance à ces bruits. Les mystères de la diplomatie se dévoileront plus tard et on apprendra si cette alliance existait réellement, ou si elle n'était encore qu'à l'état de projet. Ce que nous pouvons dire aujourd'hui, c'est que la question de concours militaire entre les armées des deux pays avait été traitée, sinon diplomatiquement, au moins intimement, soit à Paris, soit à Vienne. Le gouvernement savait que la réorganisation de l'armée autrichienne serait entièrement terminée à la fin de l'année et qu'au printemps de 1871, elle présenterait un effectif formidable, prêt à entrer en action. Aussi sa coopération formait-elle la base d'une des nombreuses hypothèses qui avaient dû être étudiées dans la préparation des plans de campagne. Des symptômes plus significatifs encore, qu'il ne nous appartient pas de divulguer, semblaient permettre de compter sur un appui réel, le jour où l'on se serait décidé de part et d'autre à tenter le sort des armes.

Mais, pour obtenir ce résultat, qui eût changé les conditions de la guerre, l'entente entre les deux gouvernements était nécessaire : il leur fallait à l'avance convenir du prétexte à prendre, choisir le moment et le jour, arrêter les bases des négociations qui régleraient leur action commune. On ne pouvait ignorer que, par son essence même, le gouvernement autrichien avait une allure lente, des formes méthodiques, des rouages compliqués, des embarras intérieurs qui devaient entraver la rapidité de ses décisions sur le terrain diplomatique comme dans la question militaire ; on savait encore par les renseignements les plus dignes de foi et les plus récents que, dans l'état actuel et malgré la meilleure volonté, six semaines ou deux mois étaient indispensables pour mettre l'armée sur le pied de guerre et la préparer à entrer en campagne. Ces circonstances étant données et ces espérances connues, la précipitation de notre ministère dans sa provocation du 6 juillet et sa déclaration de guerre deviennent incompréhensibles ; c'était tout risquer à plaisir, quand on avait dans l'avenir d'aussi belles chances et qu'il suffisait d'un peu de patience, pour atteindre le but avec une certitude presque absolue. En supposant qu'on comptât assez sur les promesses de l'Autriche pour l'entraîner avec soi, contre son gré, dans un moment inopportun, il n'en était pas moins vrai que son concours effectif ne pourrait nous être donné qu'à la fin d'août, au plus tôt, et que jusque-là nous serions seuls, en face d'un ennemi qui ne lui permettrait pas plus qu'à nous d'attendre la réunion de nos forces.

En proclamant immédiatement son alliance, l'Autriche courait un réel danger; la Prusse pouvait, grâce à la rapidité de sa mobilisation, porter sur elle les premiers coups, avant qu'elle fût en état de résister; séparée de nous par plus de 200 lieues d'un territoire ennemi, elle se serait trouvée exposée sans qu'il y eût possibilité de l'appuyer. Cette perspective, dont nos hommes d'État ne s'étaient sans doute pas rendu compte, effraya à bon droit ceux qui dirigeaient les affaires de la monarchie austro-hongroise; ils avaient de plus à ménager les tendances de l'élément allemand, chez lequel la haine de la Prusse disparaissait pour faire place aux aspirations du sentiment de la nationalité; ils le voyaient peu disposé à seconder la France dans une lutte contre ses frères de *la grande patrie*.

Il en résulta que l'Autriche, sommée par la Prusse, dès les premiers jours, de s'expliquer sur l'attitude qu'elle entendait garder, répondit qu'elle se maintiendrait dans les strictes limites de la neutralité, en prenant les mesures militaires nécessaires pour la faire respecter. Il y avait peut-être là une restriction mentale, qui lui aurait permis plus tard de changer de langage et de s'associer à nos succès, si nous en avions eu; mais le fait réel qui s'en dégageait, était l'abandon de toute idée d'alliance, au moment où elle nous eût été le plus utile. Ce dut être pour l'empereur une déception d'autant plus cruelle qu'il s'y était moins attendu; ce fut aussi vraisemblablement le principal motif qui le décida à rester sur la défensive, quand il eût dû y trouver une raison de plus d'agir énergiquement et de se lancer résolûment au centre de l'orage qu'il voyait se former si menaçant, avant que les nuages ne fussent amoncelés.

Toutes les autres puissances suivirent l'exemple de l'Autriche : elles déclarèrent leur neutralité, les unes par devoir, comme la Belgique, le Luxembourg et la Suisse, les autres par intérêt, mais avec des sympathies plus ou moins déguisées pour l'un ou l'autre des belligérants. Parmi ces dernières, il y en avait une dont la situation était au moins singulière, c'était l'Italie, créée par la politique impériale, fondée par le sang de nos soldats, et plus tard alliée de la Prusse, dont les victoires lui avaient donné la Vénétie. Il est vrai que les liens qui devaient l'attacher à cette dernière puissance s'étaient relâchés à la suite de certains froissements d'amour-propre, de la publication de la fameuse dépêche du comte d'Usedom, et de la politique aigre-douce qui en était résultée entre les deux cabinets; mais, d'un autre côté, la prolongation de notre séjour sur le territoire pontifical, la protection dont nous couvrions le saint-siége, et les derniers événements de Mentana, avaient fait oublier les services rendus par notre diplomatie et nos armes et avaient donné naissance, dans tous les rangs du parti libéral et unitaire, à une profonde irritation contre l'empereur; on l'y regardait comme le seul obstacle sérieux à l'annexion de la ville de Rome. De tous les citoyens du nouveau royaume, le roi Victor-Emmanuel était celui qui avait conservé la plus sincère reconnaissance à la France et à son souverain; si nous en croyons des informations dignes de foi, il avait depuis longtemps promis son alliance et le concours de ses troupes, le jour où nous les invoquerions; l'opposition des Chambres et l'hostilité de certaines fractions ne l'effrayaient pas ; il comptait assez sur son habileté et sa popularité pour entraîner le pays derrière lui dans la voie qu'il lui indiquerait comme la seule digne, la seule compatible avec son honneur et ses intérêts.

Aussitôt après la déclaration de guerre, l'empereur se trouvait donc autorisé à faire appel à son allié et à compter sur sa coopération; mais ici encore ses espérances ne pouvaient être réalisées que dans un avenir fort éloigné, et il devait le savoir au moment où il se décida à commencer la lutte. La situation militaire de l'Italie était bien inférieure à celle de l'Autriche : par suite des réductions budgétaires qui avaient été acceptées par les Chambres, l'effectif des troupes entretenues avait été ramené au chiffre de 130 000 hommes, à peine suffisant pour le service des garnisons et la police intérieure. Les discussions qui avaient alors eu lieu au Parlement de Florence n'avaient pu passer inaperçues; le lieutenant-colonel de La Haye, notre attaché militaire, en avait rendu compte dans ses rapports : il en résultait nécessairement de grandes difficultés de mobilisation et une perte de temps considérable pour la constitution d'une armée active; on ne l'estimait pas à moins de six semaines, et encore fallait-il admettre le maximum d'efforts possible. Cette situation ne facilitait pas au roi la réalisation des engagements par lesquels il avait pu se lier; surpris à l'improviste, comme l'empereur d'Autriche, il ne pouvait pas disposer assez promptement de forces suffisantes pour prendre ouvertement parti en notre faveur. Il dut donc, aux premiers jours, proclamer sa neutralité, tout en conservant l'idée d'une intervention armée, en vue de laquelle il procéda au rappel des différentes classes et à la réorganisation de ses troupes.

La diplomatie française ne pouvait pas laisser s'attiédir les bonnes intentions et les sympathies que notre cause avait rencontrées dans les cabinets de Vienne et de Florence; ses démarches furent activement poussées, et l'on arriva, à la fin de juillet, à une combinaison assez ingénieuse pour placer l'Autriche à l'abri des premiers coups de la Prusse, tout en ménageant la susceptibilité de ses populations allemandes : le jour où elle serait prête à agir, elle trouverait près d'elle un appui sérieux, qui serait l'Italie. Voici dans quels termes ce difficile problème devait être résolu. L'Italie conclurait deux traités distincts d'alliance offensive et défensive, l'un avec l'Autriche, l'autre avec la France ; en vertu de celui-ci, elle déclarerait la guerre à la Prusse et à ses alliés allemands; aux termes de l'autre, elle sommerait le cabinet de Vienne de la soutenir. Le passage à travers le Tyrol lui serait accordé et elle entrerait en Bavière, où elle se relierait à l'armée autrichienne, qui viendrait appuyer ses opérations ; à ce moment sans doute, la France aurait déjà pris l'offensive, et les armées des trois puissances auraient facilement raison des forces réunies de l'Allemagne.

Quelque séduisantes que fussent ces combinaisons, elles n'en avaient pas moins l'inconvénient d'être trop lointaines, puisqu'il n'était pas possible d'en espérer la réalisation avant la fin d'août, au plus tôt. Il n'était pas admissible que l'ennemi nous laissât de pareils loisirs : il fallait donc prendre de sérieuses dispositions défensives, autres que celles qu'indiquait la répartition de nos troupes, puisqu'on n'avait eu la sagesse ni d'attendre l'heure propice, ni de s'entendre avec des alliés qui n'auraient demandé qu'à être prévenus à temps.

Les agents qui s'étaient occupés de ces négociations ne doutaient pas qu'elles ne réussissent ; celui qui y avait joué le principal rôle répondait du succès et « il le croyait d'au- « tant plus facile, disait-il pendant son séjour à Metz, que la « France aurait quelques revers au début ; l'amour-propre « des deux peuples n'aurait ainsi rien à redouter et leurs in- « térêts s'en trouveraient plus menacés.» Ces paroles prophéques nous reviennent aujourd'hui tristement à l'esprit; celui qui les prononçait n'entrevoyait certes pas les désastres que nous avons subis, et dont l'étendue a été telle, que les négociations et les bonnes dispositions des puissances ont disparu avec l'écroulement de notre force et de notre prestige. L'armée entière eût repoussé l'idée d'une pareille possibilité, si elle l'eût entendu exprimer; cependant on la retrouvait déjà dans la pensée d'un des conseillers les plus intimes de l'empereur, qui avait dit quelques jours avant : « Nous entamons une grosse partie, et il est à craindre que « nous n'ayons des revers au début; mais l'issue de la lutte « n'est pas douteuse, elle se terminera par notre triomphe, « grâce aux alliances qui viendront nous appuyer. » Ces quelques mots résument la situation politique telle que nous l'avons définie; ils expliquent les raisons qui ont pu déterminer l'empereur à ne pas prendre l'offensive, ils portent en eux la condamnation de l'imprudence et de la légèreté avec lesquelles le gouvernement s'était lancé dans une pareille entreprise.

Le premier acte du commandement de l'empereur à Metz indique clairement ses intentions; ce fut un ordre envoyé le 29 juillet au maréchal de Mac-Mahon, pour qu'il se bornât à faire éclairer la frontière et à la protéger de Bâle à Lauterbourg, avec ses divisions et celles du général Douay; on l'avertissait de plus qu'il n'aurait pas de mouvements à faire avant huit jours, c'est-à-dire le 6 août, date de la bataille qui se livra à Reichshofen; cette localité avait été occupée deux jours avant, le 27, par la division du général Ducrot, dans le but de couvrir la route de Bitche. Mais le maréchal avait été frappé des dangers que présentait un pareil éparpillement de ses forces, il insista pour que le corps du général de Failly se reliât étroitement à lui par les vallées des Vosges.

Il y avait là un avertissement grave dont on eût dû se préoccuper, en songeant à l'expérience de celui qui le donnait ; c'était le cas de prendre de sérieuses mesures de concentration, de profiter des admirables positions défensives que présentait le terrain, de rallier les corps les uns aux autres, puisqu'on était décidé à attendre l'attaque. Or rien de tout cela ne fut fait, pas plus sur le Rhin que sur la Moselle ou la Sarre ; nos troupes restèrent isolées les unes des autres, sans connaître souvent celles qui se trouvaient près d'elles, à tel point que leurs reconnaissances furent dirigées quelquefois sur des points occupés par nous et où elles croyaient devoir rencontrer l'ennemi. Vainement les officiers de l'état-major général insistèrent-ils pour qu'on leur envoyât les renseignements nécessaires, suivant les principes les plus élémentaires de la guerre ; on s'y refusa constamment, sous le prétexte que les commandants de corps n'avaient nul besoin de savoir ce que faisaient leurs voisins. Quant à leur indiquer les points sur lesquels ils devaient se réunir, ceux qu'ils devaient occuper en cas de retraite, les directions qu'ils devaient suivre pour se rejoindre, les dispositions qu'ils auraient à prendre en cas d'attaque sur tel ou tel point, comment ils devaient se soutenir les uns les autres, on n'y songea pas davantage ; les choses restèrent ainsi jusqu'à la fin de juillet.

Cependant l'impatience du pays commençait à se manifester, elle se traduisait dans les articles des différents organes de la presse. Sous l'impression des promesses qui avaient été faites, on croyait partout qu'en huit jours nous devions réunir 500 000 hommes sur la frontière, avec une avance considérable sur les Prussiens ; on s'étonnait que de pareils avantages ne fussent pas mis à profit et que le temps fût laissé à l'ennemi de s'organiser, quand nous devions être prêts à l'attaquer. L'empereur ne put se dissimuler ce sentiment, pas plus que l'impatience qui animait également les troupes; il se décida à y faire diversion par une opération sur Sarrebrück, où il comptait trouver un succès facile avec le retentissement d'un commencement d'hostilités.

Cette opération fut arrêtée pour le 2 août. Le général Frossard devait attaquer la ville avec son corps d'armée, pendant que deux divisions du général de Failly opéreraient une diversion en amont dans la vallée de la Sarre; deux autres divisions du maréchal Bazaine l'appuieraient en même temps en aval : c'était un mouvement qui allait entraîner l'action de 7 divisions, environ 60 000 hommes. Les ordres sont envoyés le 30 juillet; mais, dès le lendemain, des renseignements annoncent que les Prussiens ont concentré 40 000 hommes à Duttweiler, à quelques lieues de Sarrebrück, qu'ils se massent entre cette dernière ville et Sarrelouis, qu'ils ont franchi la Sarre, occupé la vallée de la Lautern, et que déjà leurs sonneries se font entendre dans la forêt de Kreuzwald sur notre frontière. Devant de pareilles informations, on se décide à prendre de plus grandes précautions, peut-être veut-on faire une tentative sérieuse sur des troupes encore disséminées, qu'il serait facile de disperser; il y aurait là l'occasion d'un brillant début qui retarderait de quelque temps toute tentative d'attaque...

Le maréchal Bazaine est informé qu'il participera à l'opération avec tout son corps d'armée; il sera appuyé par le corps du général Frossard, deux divisions du général de Failly et une du général Ladmirault; il devra prendre le commandement de toutes ces forces, qui s'élèveront à plus de 100 000 hommes; un plan d'opérations sera étudié par lui et soumis à l'empereur. Avec de tels moyens, c'était une véritable bataille qu'on pouvait livrer. Le maréchal Bazaine s'empressa d'arrêter un projet qui fut approuvé, l'ordre de l'exécuter lui fut transmis dans la journée du 1er août.

Il se fit alors dans l'esprit de l'empereur ou de ses conseillers un de ces revirements subits, semblable à tous ceux dont cette malheureuse campagne a donné le spectacle, sans qu'on puisse les expliquer. On craignit sans doute de trouver l'ennemi devant soi, d'avoir un engagement sérieux, d'être amené peut-être à poursuivre un avantage et à sortir de la défensive, comme si tout cela ne valait pas mieux que de laisser les armées prussiennes se constituer à quelques pas de nous et venir nous attaquer ensuite sur des points choisis à l'avance. Quoi qu'il en soit, l'ordre n'avait pas été plus tôt expédié que l'on renonça à l'opération telle qu'elle avait été projetée; elle fut réduite à une simple démonstration sur Sarrebrück, dont on voulut laisser la gloire au général Frossard et à son corps d'armée; le maréchal Bazaine et le général de Failly devaient se borner à montrer quelques troupes en amont et en aval, et à les faire agir isolément, s'il y avait lieu. L'empereur et le major général se réservaient d'y assister eux-mêmes et de donner sur le terrain des ordres ultérieurs, de telle sorte que le fait seul de leur présence annulait le commandement général confié provisoirement au maréchal. Celui-ci le comprit si bien, que, dans la journée du 2 août, il ne parut pas et s'abstint de venir saluer l'empereur et son fils.

Après le petit combat de Sarrebrück, qui méritait à peine l'honneur d'un bulletin, on retrouva les mêmes faiblesses, les mêmes incertitudes, le même manque de décision et d'énergie. On ne s'occupa pas davantage de savoir où était l'ennemi, ni ce qu'il faisait; sa présence était-elle constatée, on se gardait bien d'aller le chercher, et l'on vécut ainsi au jour le jour, en attendant les événements, sans vouloir rien prévoir. Il semblait aussi impossible de comprendre ce que l'on faisait que de deviner la pensée qui présidait à nos destinées. Au lieu d'une volonté, d'une direction unique, il y en avait trois qui agissaient à l'encontre, dans le sens souvent le plus opposé : l'empereur, le major général et les aides-majors généraux ; les ordres et les contre-ordres se succédaient sans intervalles ; les troupes, ballottées sur les routes d'un point à un autre, ne savaient plus que devenir ; dégoûtées par des marches et des déplacements inutiles, elles perdaient toute confiance dans le commandement.

La défensive exigeait un plan aussi bien que l'offensive ; mais ici on le cherche vainement, et l'affaire de Sarrebrück n'est pas faite pour l'indiquer. On assure cependant qu'on avait eu un moment la pensée d'abandonner complètement la ligne des Vosges et de ne défendre que celle de la Moselle; l'armée eût été séparée en deux masses, l'une au sud, couvrant Frouard et la communication avec Paris, l'autre plus au nord, s'appuyant sur Metz, toutes deux se reliant à Pont-à-Mousson. Il y avait là du moins une idée stratégique : on utilisait une des barrières naturelles de la France, dont l'enlèvement eût été difficile devant la réunion de toutes nos forces. Mais il devait se produire dans cette campagne ce fait inouï, qu'on ne saurait utiliser aucune de nos positions défensives et que les mesures seraient prises de telle sorte que les obstacles qui auraient dû assurer le salut deviendraient les causes de nos malheurs : à Reichshofen, Mac-Mahon est tourné et acculé dans les Vosges; à Sedan, son armée est rejetée sur la Meuse ; à Metz, l'ennemi franchit la Moselle sans résistance à quelques portées de nos canons, il coupe nos communications, nous isole du reste de la France, et nous enferme dans les lignes d'un camp retranché, où nous devons succomber. Le projet de défense de la Moselle, si tant est qu'il ait été formé, fut promptement mis de côté ; on recula sans doute devant l'obligation d'abandonner sans combat l'Alsace et la Lorraine, que des désastres allaient nous forcer de céder bien plus douloureusement ; on se laissa arrêter par des considérations de politique intérieure, auxquelles on voulut subordonner les opérations, comme plus tard sur la Meuse. Les résultats furent les mêmes et ils ne pouvaient pas être autres, parce qu'on ne viole pas impunément les règles fondamentales de la stratégie, en face d'un ennemi habile et résolu.

Puisqu'on se maintenait dans ces provinces, il eût fallu au moins adopter des mesures pour les protéger. Or, si l'on examine les emplacements de nos troupes sur la frontière, à des distances telles qu'elles ne peuvent se soutenir les unes les autres quand l'ennemi est déjà si proche, on ne s'explique pas les moyens sur lesquels a pu compter le commandement pour s'opposer à l'invasion prussienne. Le choix des centres d'approvisionnement établis par l'intendance vient apporter de bien autres doutes : en restant sur la défensive, il était naturel de placer nos grands magasins dans les places fortes, à l'abri d'un coup de main ou d'un échec sérieux. Le terrain, que l'armée occupait, présentait une foule de points avantageux ; au lieu de les utiliser, on accumula nos vivres dans des villes ouvertes, ou sur la frontière même, à Forbach, à Sarreguemines, comme si l'armée avait déjà franchi la Sarre ou se préparait à la franchir. On connaît, du reste, les résultats de cette répartition ;

la retraite précipitée du maréchal de Mac-Mahon laissa les magasins de Lunéville aux mains du prince royal, celle du général Frossard procura d'immenses ressources aux armées du prince Frédéric-Charles et de Steinmetz. Si les dispositions avaient été prises comme elles auraient dû l'être, si Metz et Strasbourg avaient contenu tous les approvisionnements, la première de ces places n'aurait pas capitulé avec toute une armée, à la date fatale du 27 octobre.

De quelque côté qu'on envisage les choses, on reste donc de plus en plus convaincu que l'empereur n'avait pas de plan arrêté, et que si ses conseillers en avaient eu un, il s'était refusé à le suivre : le hasard l'avait tant de fois servi, surtout dans sa campagne d'Italie, qu'il comptait peut-être sur le même bonheur et ne voulait prendre la responsabilité d'aucune résolution.

Le prince Napoléon, qui avait cru devoir l'accompagner à Metz ou qui y avait été engagé, bien qu'il n'eût aucun rôle à l'armée, avait cette triste conviction ; il s'en exprima souvent dans ce sens avec les personnes qui eurent occasion de l'y voir. Il paraissait très-frappé de l'espèce d'apathie qu'il avait été à même de constater chez l'empereur, d'un manque de résolution dont il n'augurait rien de bon, et avec la finesse d'esprit et d'observation qu'on lui connaît, il disait : « Nous recevrons des batailles et je ne doute pas de leur « succès ; mais nous n'en donnerons pas, parce qu'il faudrait « un plan et une pensée, et qu'il n'y en a pas. » On ne pouvait dire plus juste ; pourquoi faut-il qu'il n'y ait eu erreur que sur la prévision du succès ?

Au lieu des grandes conceptions et des graves préoccupations qu'exigeaient les circonstances, l'attention du commandement semblait se porter tout entière sur des mesures aussi intempestives qu'inutiles. Cette tendance s'était manifestée dès le début, quand déjà l'on savait que les approvisionnements n'étaient pas suffisants, que le matériel de campagne manquait sur bien des points, que les grosses réserves de munitions n'existaient pas, et qu'enfin le recrutement était impuissant à donner l'effectif sur lequel on avait compté. C'étaient là des questions assez sérieuses pour qu'elles absorbassent toutes les pensées; on sera bien étonné d'apprendre comment, au milieu d'une pénurie si regrettable, on s'occupait de réglementations bizarres, qui n'avaient de raison d'être qu'à la condition d'avoir une organisation toute faite et de marcher résolûment en avant.

Le 23 juillet, le major général s'adressa à lui-même, comme ministre de la guerre et pour l'instruction de son successeur, une note destinée à régler une fois pour toutes les détails d'administration auxquels pouvaient donner lieu la marche de l'armée et la suite de ses opérations; les mesures, qui y étaient indiquées, contrastent tellement avec l'état des choses et surtout avec celui qui suivra, qu'il est d'un intérêt historique de les faire connaître. Voici sommairement quelle en était la teneur :

« 1° On prendra toutes les mesures nécessaires pour
« assurer la marche des chemins de fer ; un personnel suf-
« fisant sera organisé pour le service de l'exploitation, en
« arrière de l'armée et en pays ennemi, pour les répara-
« tions de la voie, etc., etc.

« 2° Les mêmes mesures seront prises pour les télégraphes.

« 3° Les voies fluviales devront être utilisées pour les be-
« soins de l'armée ; on y installera de suite un service de
« remorquage et de halage, avec les relais nécessaires ; des
« magasins de matériel et des ateliers de réparations pour
« les bateaux seront établis sur les points importants ; on

« y installera des quais de débarquement et des gares
« d'emmagasinement.

« 4° Les maires devront requérir des bras pour les char-
« gements et déchargements dans un rayon de 2 lieues.

« 5° Toutes les routes d'étapes devront être immédia-
« tement organisées avec des fours, des magasins, des vi-
« vres, des réserves de biscuits et des ambulances. Aux
« gîtes principaux, il y aura des dépôts d'outils et d'us-
« tensiles de campagne, des ateliers de confection de mu-
« nitions et de réparation pour les voitures. Les maga-
« sins contiendront des approvisionnements de souliers,
« d'effets de linge et chaussures, de tentes-abris, etc., etc.
« Des infirmeries et des hangars pour les chevaux y seront
« installés, avec un service vétérinaire suffisant.

« Des emplacements seront déterminés de suite comme
« lieux de campement ; des locaux seront appropriés comme
« dépôts de prisonniers.

« Il devra également y avoir des relais de chevaux et de
« voitures, avec des réserves de fourrage pour les convois.

« 6° Les réquisitions de vivres seront faites dans les dé-
« partements et les cantons, par l'entremise des autorités
« civiles, qui indiqueront les gares ou les ports où les den-
« rées devront être conduites par des voitures de réqui-
« sition.

« 7° On aura soin d'utiliser tous les chemins parallèles
« pour faire marcher les troupes, de même que les lignes
« ferrées aboutissant aux mêmes destinations.

« 8° Le service des estafettes et courriers de l'armée pour
« le service de l'empereur sera organisé sur-le-champ.

« 9° On devra nommer des commandants de place aux
« différents gîtes d'étapes ; ils auront soin de réunir les iso-
« lés et de ne les mettre en route que par détachements ;

« ils faciliteront l'arrivée à l'armée des renforts, des armes,
« des vivres, etc., etc. Aucun homme ne sera dirigé sur
« l'armée sans être pourvu de tous les effets et matériel
« nécessaires ; tout homme qui ne se trouverait pas dans
« ces conditions sera arrêté et retenu par les commandants
« des têtes de pont.

« 10° Des mesures seront prises pour assurer la discipline
« des détachements, en les faisant conduire par des cadres
« proportionnés à leur effectif.

« 11° Les officiers sans troupe devront être montés, le
« transport de leurs bagages et de leurs vivres assuré.

« 12° Des commissions de remonte seront établies dans
« chaque corps d'armée, et en arrière sur les lignes d'opé-
« ration.

« 13° On devra organiser des moyens de transport suffi-
« sants pour toutes les personnes qui sont attachées à l'ar-
« mée, sans en faire partie intégrante. (L'énumération en
« était longue; on y trouvait des journalistes, des dessina-
« teurs, des historiographes, etc., etc.)

« 14° Ces mêmes personnes devront avoir un uniforme
« distinct, suivant les fonctions qu'elles remplissent; on
« s'occupera de le fixer immédiatement.

« 15° Les secrétaires et les plantons des différents états-
« majors seront pris dans la garde nationale mobile, pour
« ne pas affaiblir les cadres de l'armée.

« 16° Des médecins et des vétérinaires seront attachés
« en nombre suffisant aux réserves d'artillerie et du génie,
« aux équipages de pont, au grand parc et au quartier gé-
« néral.

« 17° Une forge de campagne sera donnée à chaque régi-
« ment de cavalerie et à l'état-major de chaque corps d'ar-
« mée.

« 18° Des cavaliers d'ordonnance permanents seront
« attachés aux officiers généraux et la ration de leurs che-
« vaux sera augmentée des deux tiers. »

On ajoutait, du reste, que quelques-unes de ces mesures ne seraient appliquées qu'au fur et à mesure que les opérations se développeraient ; parmi toutes celles qui étaient prescrites, les unes étaient utiles, les autres tellement élémentaires, qu'on ne comprend guère comment on les ait rappelées, d'autres enfin d'une application impossible en présence de la situation. Il serait curieux de rapprocher cette instruction des termes des télégrammes dans lesquels les généraux signalaient de différents points leur détresse et la pénurie de leurs ressources ; ne croirait-on pas vraiment qu'on comptât sur la mystérieuse baguette d'une fée pour remplir subitement et nos magasins vides et nos effectifs incomplets? En tout cas, l'inexécution de ces mesures impossibles à réaliser était par le fait même un aveu d'impuissance.

Un peu plus tard, à Metz, le commandement fit distribuer dans l'armée, à des milliers d'exemplaires, une petite brochure dite *le Fusil français*. Le but était d'en faire ressortir les avantages et la supériorité sur le fusil prussien, pour augmenter la confiance que pouvaient avoir nos hommes dans leur arme. On se demande vraiment comment on a pu croire que de tels moyens auraient une influence quelconque sur le moral de nos troupes ; c'était bien peu les connaître et ignorer le fond même de leur caractère. Nos soldats obéissent à d'autres mobiles ; il ne faut pas surtout venir leur dire, comme faisait cette brochure, que la trajectoire du fusil Dreysse est assez tendue, la vitesse initiale de son projectile assez lente, pour qu'un homme, en voyant le feu de son adversaire, ait le temps de se coucher et de se mettre à l'abri de la balle... L'ancienne tradition, qui enseignait à regarder en face le feu de l'ennemi et à ne saluer ni les balles ni les boulets, était plus noble et plus digne.

Après la leçon faite aux soldats, on voulut la faire aux généraux et aux officiers ; à l'aide d'idées émises par l'empereur, de notes provenant d'autres sources, on composa une sorte d'aperçu tactique qui semblait vouloir enseigner à tous, la veille du combat, comment ils devaient s'y prendre. S'il en eût été ainsi et que chacun eût dû alors étudier son métier, le temps manquait, c'était à désespérer du résultat avant d'avoir commencé ; cette instruction n'avait même pas l'avantage de rien apprendre de nouveau : on y retrouvait les applications roides et compassées du règlement, ses formations mathématiques, ses lignes successives, en un mot toutes les idées qui eurent pour résultat de faire subir à notre infanterie des pertes énormes par la portée des obus de l'ennemi, tandis que la sienne, habilement couverte et dissimulée, souffrait peu du feu de nos canons. Ce qui eût certes mieux valu que cette série d'instructions et de brochures, c'était de l'énergie, de la décision, une brillante offensive ou au moins un véritable dispositif de défense ; l'expérience acquise et le succès auraient plus appris que toutes ces élucubrations de la dernière heure.

On semblait vouloir continuer ainsi à attendre tranquillement les événements à Metz, quand un fait nouveau se produisit et vint modifier, paraît-il, les intentions de l'empereur. Ce fut, dit-on, une dépêche du duc de Gramont qui aurait insisté sur la nécessité de prendre l'offensive ; il ajoutait que la situation actuelle produisait le plus mauvais effet à l'étranger, où l'on commençait à douter de notre force et de notre puissance, qu'il en résulterait nécessairement une invasion de notre territoire et par suite un échec sérieux pour notre prestige; les négociations qu'il avait entamées avec les puissances étrangères pour en obtenir une alliance se trouveraient ainsi compromises; il était à craindre même qu'elles ne fussent rompues devant cet aveu tacite de notre faiblesse. Comme les combinaisons de l'empereur ne reposaient que sur ces espérances, il se crut obligé de céder aux remontrances de son ministre des affaires étrangères et de sortir de l'inaction dans laquelle il voulait se maintenir. Mais il était déjà trop tard; les forces prussiennes étaient presque constituées à nos frontières, et il eût fallu instantanément prendre un parti, ce qui eût été contraire à toutes les habitudes de cette campagne. Le major général, chargé sans doute des instructions de son souverain, se rendit au pied des Vosges, à Sarrebourg, pour y conférer avec le maréchal de Mac-Mahon, venu d'Alsace, et y arrêter le plan d'opérations qui résultait de ce changement d'intention; c'est là qu'il fut décidé que le 1er corps serait porté tout entier aux environs de Wissembourg et de Wœrth et que le 7e descendrait de Belfort dans le Bas-Rhin.

Du moment où on se disait résolu à attaquer, il fallait savoir où était l'ennemi, autrement que par des informations douteuses ou des bruits mensongers, répandus à dessein; aussi, pour la première fois, se décida-t-on à faire une reconnaissance sérieuse sur la Sarre, avec le corps du général Ladmirault et la division Metman du 3e; les instructions étaient envoyées le 3 août, et l'opération devait avoir lieu le 4. Dans la nuit, on reçut la nouvelle que 40 000 Prussiens étaient sortis de Trèves et marchaient dans la direction de Thionville ou de Sarrelouis; l'ordre fut aussitôt donné de faire rentrer en toute hâte nos quatre divisions, en marche depuis la pointe du jour, puis de mettre en mouvement le reste de nos troupes pour les réunir à celles du général Ladmirault ; le maréchal Bazaine fut invité en même temps à se porter de sa personne au milieu du 4° corps, pour y prendre le commandement de toutes ces forces. « Il y avait lieu d'espérer, écrivait le « major général, que l'ennemi allait venir nous attaquer « avec 40 000 hommes sur un point où nous lui en oppo- « serions 70,000. » Il fallait avoir encore d'étranges illusions pour compter sur de pareilles fautes ; ce contre-ordre témoignait de plus d'une timidité peu encourageante pour l'avenir, puisqu'il faisait reculer quatre de nos divisions devant un effectif égal. De semblables mesures étaient faites pour enlever à nos soldats le sentiment de leur supériorité ; elles n'étaient pas compensées par les brochures qu'on mettait entre leurs mains. Les Prussiens ne se montrèrent naturellement pas ; ils continuèrent leur mouvement de concentration dont le commandement avait été prévenu depuis longtemps, sans qu'il eût l'air de vouloir y ajouter foi.

Pendant qu'on espérait l'ennemi aux environs de Thionville, il parut à Wissembourg et y écrasa la division du général Douay. A la nouvelle de ce premier désastre infligé à nos armes, il n'y avait plus à douter de sa présence à nos portes ; on devait s'attendre d'un instant à l'autre à voir ses colonnes envahir notre territoire : c'était un nouveau renversement des projets du commandement, qui se trouvait ramené à l'obligation de se défendre, après avoir rêvé deux jours un rôle contraire, qu'il n'avait pas su prendre résolûment. Il fallait agir au plus vite et réparer, s'il était possible, la perte d'un temps précieux ; l'impulsion du commandement avait besoin de se faire sentir sur les lieux mêmes où l'ennemi allait apparaître. Mais l'empereur n'avait plus l'entrain, ni l'activité, ni la santé nécessaires ; la tâche dont il avait voulu se charger, il ne pouvait la remplir ; la responsabilité qu'il avait tenu à assumer pour lui seul, elle était au-dessus de ses forces ; en présence du danger, son indécision sembla augmenter encore. C'est alors qu'il dut regretter l'abandon du principe de plusieurs armées, quand les circonstances se chargeaient de lui en démontrer l'impérieuse nécessité ; force lui était d'y revenir, et malgré les souffrances de son amour-propre il se voyait contraint de se dessaisir de ce commandement qu'il avait voulu garder et de condamner l'organisation qui avait été son œuvre.

Mais c'était là un trop grand sacrifice auquel il ne put se résoudre, et il essaya de défendre pied à pied une autorité qu'il sentait lui échapper. Il décida, le 5 août, que le maréchal Bazaine prendrait le commandement des 2e, 3e et 4e corps, mais qu'il n'en resterait pas moins sous ses ordres directs, comme le reste de l'armée (garde et réserves de toutes armes). Le maréchal de Mac-Mahon fut mis le même jour, et avec les mêmes restrictions, à la tête des 1er, 5e et 7e corps. C'était une mesure bâtarde qui ne changeait pas la direction générale et ne laissait aucune initiative aux deux maréchaux.

Le duc de Magenta, seul, sur un théâtre éloigné, se trouvait à peu près affranchi d'une tutelle aussi gênante ; il avait, par suite de cette situation, une liberté d'action que le commandement pouvait difficilement entraver, ne sachant rien des lieux ni des circonstances du moment. Pour le maréchal Bazaine, il n'en fut pas ainsi : il put s'apercevoir de suite qu'on entendait que son commandement restât aussi fictif que par le passé ; on adjoignit bien la garde à ses autres corps d'armée, mais on eut soin de le prévenir que son action ne s'étendait qu'aux opérations de guerre ; cette disposition ne devait même pas être respectée.

La malheureuse affaire de Wissembourg avait enfin ouvert les yeux sur les dangers qu'il y avait à laisser les corps isolés les uns des autres, sans être à même de se prêter un appui réciproque ; devant une assurance aussi certaine du voisinage de l'ennemi, il semblerait qu'on eût dû ne pas perdre une minute ; il fallait mettre en mouvement immédiatement les troupes, leur faire doubler les étapes, les faire marcher la nuit, afin de ne pas être surpris et de pouvoir présenter au besoin le solide faisceau de nos forces réunies. Ces dispositions étaient d'autant plus urgentes, que le maréchal de Mac-Mahon avait insisté plusieurs fois pour qu'elles fussent prises, en ce qui le concernait ; déjà il avait demandé que le corps du général de Failly, qui s'était porté à Bitche, se reliât étroitement à ses divisions, ce qui n'avait pas été fait. Sur ses nouvelles observations, l'ordre fut envoyé dans la journée du 5 août, mais sans qu'on appuyât sur la rapidité de l'exécution, telle que les circonstances l'exigeaient. Il est certain que si le 5ᵉ corps en avait été prévenu, il aurait pu marcher la nuit et se trouver en ligne le lendemain assez à temps pour prendre part à la bataille de Reichshofen, tandis qu'une seule de ses divisions arriva pour assister à la déroute.

En même temps que cette mesure était prise pour le corps du général de Failly, on arrêtait un mouvement d'ensemble pour ceux du maréchal Bazaine, sans le consulter sur son opportunité, ni sur le choix des nouveaux emplacements assignés aux troupes ; on se contenta de le prévenir de ce qui avait été décidé, et on ne lui laissa même pas le soin de régler le détail de la marche ni de l'arrivée des colonnes.

L'ordre portait que le 2ᵉ corps (Frossard) se concentrerait à Bitche, le 3ᵉ (Bazaine) à Sarreguemines, le 4ᵉ (Ladmirault) à Haut-Hombourg, la garde à Saint-Avold ; ces positions s'étendaient sur une ligne presque droite d'environ 56 kilomètres, entre les deux points extrêmes de Saint-Avold et de Bitche ; le centre était Sarreguemines, situé à égale distance de ces deux dernières localités.

Ce ne pouvait être là qu'un mouvement préparatoire, et non une concentration réelle, telle qu'on la comprend pour livrer bataille. En effet, sur quelque point que l'ennemi se présentât, il était impossible que toutes nos troupes y fussent réunies dans la journée pour combattre. Si l'attaque se dirigeait sur Bitche, on ne pouvait compter ni sur la garde, ni sur le 4ᵉ corps ; c'était à peine si les troupes de Sarreguemines auraient le temps d'arriver. S'il prenait Forbach pour objectif, le 3ᵉ, le 4ᵉ corps et la garde étaient en état d'agir, mais le 2ᵉ restait inutilisé : c'étaient donc là de mauvaises conditions ; elles eussent été en tout cas préférables à la situation présente, qu'on ne sut même pas modifier à temps, grâce à la lenteur des décisions et au retard plus inexplicable encore de l'expédition des ordres. Ce ne fut que le 5 août au soir, ou mieux dans la nuit du 5 au 6, que ces ordres furent donnés ; les dispositions de départ devaient être prises immédiatement, mais le mouvement ne commencerait que le 7 au matin ; il devait être terminé dans la journée du 8, pour les divisions les plus éloignées. C'était peu se presser après un aussi sanglant avertissement ; l'ennemi sut prendre les devants avec autrement de rapidité et de décision.

Les procédés singuliers dont on continuait à user à l'égard du maréchal Bazaine n'étaient pas faits pour dissiper son mécontentement ; à la vue des petitesses et des faux-fuyants qui avaient été mis en œuvre vis-à-vis de lui, il n'y avait pas lieu de s'étonner de la véritable irritation qui l'animait et dont son entourage se faisait volontiers l'écho. Si le maréchal eût été avant tout un homme de devoir, ses griefs, quelque justes qu'ils pussent être, n'auraient rien changé à la conduite qu'il avait à tenir dans les circonstances graves où il allait se trouver ; il serait resté indifférent aux tracasseries dont il avait été l'objet, il n'aurait songé qu'à sauver son pays et à veiller aux intérêts de cette armée où il occupait le premier rang ; lui qui se disait si jaloux de se faire un grand nom, d'acquérir de la gloire, il aurait trouvé sa juste récompense dans l'accomplissement de ses devoirs, dans la reconnaissance de ces soldats qui le demandaient pour chef et étaient prêts à le suivre partout où il les mènerait. Malheureusement d'autres mobiles agissaient plus puissamment sur son esprit : il vit, dans la situation qu'on se plaisait à lui faire, une sorte de dédain pour son expérience et un manque d'égards blessant ; il s'isola de plus en plus dans le commandement de son corps d'armée, indifférent à ce qui se passait autour de lui, désireux d'échapper à une responsabilité qu'on se refusait à lui donner et résolu à ne prendre d'autres initiatives que celles qui lui seraient ordonnées. C'est ainsi que peut s'expliquer sa conduite pendant le combat de Spickeren (Forbach), dans cette malheureuse journée du 6 août, qui devait être marquée en même temps par le désastre de Reichshofen (ou Wœrth).

Dès la veille, le 2ᵉ corps avait dû quitter ses positions avancées devant Sarrebrück et se replier autour de Forbach, où s'était établi son quartier général ; il avait pris les emplacements suivants : la 3ᵉ division (Laveaucoupet), sur le plateau de Spickeren ; la 2ᵉ (Bataille), en arrière et à gauche du village, sur les hauteurs qui le dominent, du côté d'OEting ; la 1re (Vergé), à Stiring et Forbach, couvrant le chemin de fer et la route ; enfin la cavalerie en arrière.

Pendant qu'il exécutait ce mouvement de retraite, les troupes prussiennes se disposaient à prendre l'offensive sur toute la ligne ; déjà la prise de Wissembourg et des premiers contre-forts des Vosges avait ouvert notre frontière de l'Alsace à la marche de la troisième armée, sous les ordres du prince royal ; ses cinq corps d'armée se dirigeaient sur les positions occupées par le maréchal de Mac-Mahon. A l'ouest, entre Sarrelouis et Sarrebrück, s'était concentrée la première armée du vieux général Steinmetz, avec les VIIe et VIIIe corps, que devait plus tard rejoindre le Ier ; au centre s'avançait la deuxième armée, commandée par le prince Frédéric-Charles, et comprenant les IIe, IIIe, IVe, IXe, Xe, XIIe corps (saxon) et la garde ; elle se trouvait un peu plus en arrière, entre Neunkirchen, Hombourg et Deux-Ponts, prête à appuyer, selon le besoin, l'une ou l'autre des deux armées et à assurer leur liaison, jusqu'au moment où la direction donnée aux opérations leur permettrait de séparer leur action ; le dispositif adopté par les troupes prussiennes présentait ainsi une sorte de formation en échelons, en avant sur le centre. Dans les marches qui devaient suivre, ces forces étaient destinées à opérer un large mouvement de conversion, dont la première armée serait le pivot ; le but proposé était d'atteindre la vallée de la Moselle avec trois têtes de colonnes d'armée, maintenues à la même hauteur ou échelonnées à des distances telles qu'elles pussent se soutenir l'une l'autre pour assurer leur déploiement. C'était là un plan connu depuis longtemps, étudié par tous les officiers qui s'étaient occupés de ces graves questions, mais oublié sans doute par ceux qui nous commandaient, si l'on en juge d'après les dispositions qu'ils avaient prises.

Le 6 août était le jour fixé aux armées prussiennes pour l'entrée en France ; aussi, dès la veille, trois corps d'armée s'étaient-ils massés aux environs de Sarrebrück, en arrière des bois qui couvrent les hauteurs de la rive droite de la Sarre. Avec un service d'espionnage bien organisé, avec des reconnaissances de cavalerie faites comme elles auraient dû l'être, il eût été facile de savoir immédiatement ce qui se passait et se préparait à quelques kilomètres de la frontière ; mais il n'en fut rien, et le 2ᵉ corps fut fort surpris, bien qu'il se trouvât en première ligne, quand il vit se déployer devant lui, à neuf heures du matin, de grandes forces de cavalerie, que suivit bientôt une nuée de tirailleurs d'infanterie.

Plus heureux que le général Frossard, le maréchal Bazaine avait été prévenu à la pointe du jour d'une attaque probable de l'ennemi par un télégramme envoyé de Metz. On lui disait que, d'après des nouvelles données par les journaux anglais, les Prussiens comptaient nous attaquer dans la journée du côté de Carling, et on l'invitait à prendre des dispositions en conséquence. Il est triste de penser qu'un chef d'armée en était réduit à aller chercher dans les journaux étrangers des renseignements sur les desseins de l'ennemi et à en faire la base de ses opérations ; cette fausse nouvelle aurait pu avoir de graves conséquences. Carling est un village frontière, sur la route de Sarrelouis, séparé de Forbach par la forêt de Kreuzwald qui appartient à la Prusse, de telle sorte que, pour communiquer avec cette ville, il faut redescendre jusqu'à Saint-Avold et faire 30 kilomètres. Si le maréchal eût pris au sérieux l'avis qui venait de lui être donné, il eût porté immédiatement dans cette direction toutes ses divisions, dont le voisinage n'eût pas arrêté l'ennemi le soir devant Forbach, comme cela eut lieu; la retraite du 2ᵉ corps eût pu être entièrement compromise ou, en tout cas, se faire dans des conditions bien autrement déplorables. Mais habitué par l'expérience des derniers jours à se méfier des ordres ou des avis qu'il recevait de Metz, le maréchal se contenta d'aller de sa personne à Carling; il franchit la frontière avec son escorte et lança des cavaliers dans toutes les directions; les rapports qu'il en reçut ne signalant nulle part la présence de l'ennemi, il rentra à Saint-Avold, où était son quartier général, et se borna à prévenir la division Metman, campée à Bening, de se tenir prête et d'observer la vallée de la Rosselle, par laquelle l'ennemi chercherait peut-être à déboucher ; puis il attendit les événements.

Dès que le canon se fit entendre, il demanda au général Frossard par le télégraphe ce qui se passait devant lui; sur la réponse qui lui fut faite qu'il n'y avait rien de sérieux, qu'on n'avait besoin d'aucun secours, il ne jugea devoir prendre aucune mesure. Cependant, avec le commandement en chef tel qu'il lui avait été confié la veille, avec le bruit persistant de la canonnade, il semble que le devoir appelait le maréchal sur le lieu du combat, autant pour y donner des ordres que pour juger la situation dont il était responsable, *en cas d'opérations militaires*. Puisqu'il avait eu le bon esprit de ne pas se laisser émouvoir par le télégramme du matin et que ses troupes étaient restées dans leurs positions, il aurait dû au moins se conformer à la première loi de la guerre, en les envoyant au canon. Or elles se trouvaient toutes en situation d'arriver sur le champ de bataille en temps utile, si on les eût portées en avant dès l'ouverture du feu : la 1ʳᵉ division était à Sarreguemines, à 18 ou 20 kilomètres de Spickeren ; la 2ᵉ à Bening, à 10 kilomètres seulement ; la 3ᵉ à Puttelange, à 17 ; et la 4ᵉ à Saint-Avold, à la même distance. Leur présence eût changé complétement la face des choses ; un succès sur ce point eût arrêté le mouvement d'ensemble des forces prussiennes, malgré leurs succès en Alsace.

Le maréchal invoqua pour sa justification, il est vrai, les renseignements que le général Frossard lui avait donnés plusieurs fois dans la journée sur l'état des choses et l'inutilité d'un appui ; mais il n'avait pas à s'en contenter, en voyant l'importance et la durée du combat. On peut adresser le même reproche à quelques-unes de ses divisions, qui auraient dû mettre de côté toute considération pour se rapprocher immédiatement du théâtre de l'action ; la 2ᵉ ne voulut pas quitter le poste d'observation qu'elle avait pris sur la Rosselle, sans un ordre de son commandant de corps, bien qu'un officier fût venu demander sa coopération ; la 3ᵉ fit promener un de ses régiments avec une batterie jusqu'à Diebling, à 7 ou 8 kilomètres de son bivouac, et l'y fit rentrer ensuite sans qu'on sache pourquoi. La 1ʳᵉ division seule marcha dans la direction du canon, peut-être un peu tard ; elle était la plus éloignée et elle ne put arriver que lorsque la retraite était déjà prononcée.

Suivant les habitudes de sa tactique, l'ennemi n'avait engagé l'action qu'avec une forte avant-garde, composée de troupes du VIIᵉ corps ; ses efforts se portèrent d'abord sur les positions de Spickeren, de Saint-Arnual et de Stiring, tenues par les divisions Laveaucoupet et Vergé. Ses premières attaques furent repoussées ; il dut reculer et, à deux heures, le combat cessa pendant près d'une heure. La division Bataille, campée à Olɛting, à 4 kilomètres en arrière, n'avait encore reçu aucun ordre du général Frossard, quand son chef, plus qu'étonné de ce silence, prit sur lui d'envoyer une de ses brigades avec une batterie sur le plateau de Spickeren, qu'il savait être la clef de nos positions; elle y arriva au moment où le gros des forces prussiennes entrait en ligne : c'était le reste du VIIe corps, la plus grande partie du VIIIe et le IIIe, que le prince Frédéric-Charles avait détaché de son armée, au bruit du canon, avec une bien autre décision que celle dont nos généraux faisaient preuve. La division Bataille fut alors appelée, mais sa 1re brigade était déjà engagée à Saint-Arnual; la 2e seule put se rendre dans la vallée de Stiring, où le général Vergé demandait des renforts pour faire face aux troupes qui menaçaient de tourner sa gauche dans la direction de Forbach.

Le général Frossard ne se rendait qu'imparfaitement compte de la situation, et il eût été difficile qu'il en fût autrement, puisqu'il n'avait pas cru devoir encore se montrer sur le champ de bataille; resté chez le maire de Forbach, où il avait été déjeuner, il semblait n'attacher qu'une médiocre importance à ce qui se passait et ne pas se douter du péril que courait son corps d'armée. Cependant, sur la nouvelle de l'accroissement des forces ennemies, il se décida, à trois heures, à demander un régiment au maréchal Bazaine, l'assurant que ce simple renfort suffirait et pourrait être promptement renvoyé.

Le maréchal fit partir aussitôt par le chemin de fer un des régiments qu'il avait sous la main, et il dirigea une partie de sa cavalerie dans la direction de Forbach; jugeant, par la demande qui venait de lui être faite que les choses marchaient moins bien que ne l'avouait le général Frossard, il se décida à donner à ses divisions l'ordre de se porter en avant; mais il était trop tard, elles ne purent s'ébranler avant quatre heures, et à ce moment même le commandant du 2e corps, qui venait d'arriver sur le champ de bataille, voyait sa gauche et ses derrières menacés par un mouvement de l'ennemi dans la direction de Forbach. Il considéra immédiatement la situation comme perdue, donna l'ordre de se retirer sur Sarreguemines et disparut après cette courte apparition, laissant ses troupes dans un trouble indéfinissable ; elles ne savaient où ni comment se rallier, et il y eut des corps qui errèrent dans les villages et les bois jusqu'à une heure du matin, avant de trouver la direction qu'ils avaient à suivre. Le mouvement s'exécuta par OEting, Bousbach et Ippling, que venait d'atteindre la division Montaudon, du 3ᵉ corps.

L'ennemi n'osa pas entrer le soir dans Forbach, qu'il ne pouvait supposer ainsi abandonné ; il laissa la retraite s'opérer sans l'inquiéter ; elle continua, comme elle avait commencé, dans le désordre le plus complet. Le général Frossard, avec son état-major, arriva dans la nuit à Sarreguemines, y rallia la brigade du général Lapasset, du 5ᵉ corps, que le général de Failly y avait laissée, et indiqua Puttelange comme direction à suivre pour rejoindre le maréchal Bazaine. On fut pendant deux jours, au quartier général, sans nouvelles du 2ᵉ corps, et l'anxiété ne se dissipa que quand on apprit son arrivée à Gros-Tonquin et la continuation de sa marche sur Metz. Cette journée nous avait coûté 4 708 hommes mis hors de combat ; les troupes, engagées les unes après les autres, sans ordre, sans direction, n'avaient pris aucune disposition préparatoire. Elles y perdirent leurs tentes, leurs sacs, leurs effets de campement, et elles se trouvèrent sans vivres le soir même, obligées de marauder et de piller pour exister. Toutes ces causes de démoralisation vinrent encore ajouter aux funestes effets produits par la précipitation d'une pareille retraite.

Ne pas savoir ce qui se passait devant son front et n'avoir pris aucune mesure en cas d'attaque, c'étaient là des fautes graves, conséquences de la plus déplorable négligence. Mais ne pas se préoccuper d'une action qui s'engage, quand on est en première ligne et que l'on couvre une armée, ne donner aucun ordre pendant des heures lorsqu'on entend le canon, ne pas présider au combat, ne pas soutenir ni faire mouvoir ses troupes, ne pas juger par soi-même une situation, refuser l'appui d'autres troupes, ce sont là des faits qui ne s'expliquent pas et qui ne se seraient certainement pas produits, si le chef se fût conformé aux plus simples devoirs du commandement. On retrouve là l'un des anneaux de la chaîne fatale à laquelle sembla rivée cette malheureuse armée, depuis le début de la guerre jusqu'au jour de la capitulation.

Le dispositif des troupes dans le combat de Spickeren échappe à la critique par l'absence même d'ordres donnés; il n'en est pas ainsi pour la retraite que décida le commandant du 2º corps. De l'avis de plusieurs des généraux qui combattaient, elle n'était pas nécessaire, et en tout cas, il ne fallait abandonner Forbach et le plateau d'Œting qu'à la dernière extrémité. L'intendance y avait établi d'énormes magasins de vivres et d'effets qu'il était important de conserver à l'armée, déjà si pauvre en fait de ressources; de plus, avec une imprévoyance inouïe, on y avait envoyé par le chemin de fer un équipage de pont complet, mais sans chevaux pour l'atteler; ce précieux matériel était parqué en plein champ, sans possibilité d'être enlevé, prêt à devenir la proie de quelques uhlans, si les troupes faisaient un mouvement en arrière. Ces considérations eussent dû faire réfléchir le général Frossard et l'engager à soutenir une lutte acharnée jusqu'à l'arrivée des troupes du 3ᵉ corps. En admettant que la retraite fût indispensable, pourquoi prendre cette direction divergente de Sarreguemines qui eût permis à l'ennemi de séparer complétement le 2ᵉ corps et de l'entourer? D'OEting et de Bousbach, il y avait tout avantage à se rabattre directement au sud, où l'on savait être les divisions du maréchal Bazaine, et à indiquer Saint-Avold comme point de ralliement, au centre de ses positions. On se rapprochait de Metz, et dans la nuit du 6 la jonction était effectuée; en allant à Sarreguemines, on fut obligé plus tard de se rejeter vers Château-Salins pour échapper à la poursuite de l'ennemi et de faire une route plus que double de celle qui eût été nécessaire. Ces faits eurent une funeste influence sur le moral des troupes; ils leur enlevèrent une grande partie de la confiance qu'elles pouvaient avoir dans leur général.

Au premier moment d'irritation que produisit la nouvelle de ce désastre, la conduite du maréchal Bazaine, son inaction, celle de ses troupes furent très-sérieusement critiquées; les uns voulurent y voir une preuve d'hostilité ou de jalousie contre le général Frossard, une suite de sa mauvaise humeur; les autres crurent à une sorte de rancune contre le chef de l'État; les soupçons allèrent plus loin encore et l'on pourrait citer tel grand personnage du quartier impérial, qui s'écria devant plusieurs témoins : « C'est « à croire que Bazaine trahit!... » Il est juste d'ajouter qu'il trouva de nombreux défenseurs; ces accusations furent hautement repoussées et la faute fut rejetée en partie sur quelques-uns de ses généraux dont on accusa l'indécision, en partie sur le quartier général qui n'avait rien prévu, ni pris aucune disposition en vue d'événements imminents. Son absence du lieu du combat, qui fut un malheur, n'était que la conséquence de ces commandements mal définis qu'on venait d'inaugurer. Considérant comme illusoires les pouvoirs qu'on lui avait donnés et habitué à n'agir que sur des ordres directs de Metz, le maréchal ne prit pas la direction générale, comme il aurait dû le faire ; son coup d'œil et son expérience auraient embrassé facilement ce théâtre restreint, il aurait pu redresser les fautes, peut-être les réparer. Voilà ce qu'il faut regretter, sinon lui reprocher.

Au moment même où avait lieu le combat de Spickeren, se livrait la terrible bataille de Reichshofen ; le corps du maréchal de Mac-Mahon y était anéanti et entraînait dans sa déroute celui du général de Failly. La Lorraine et l'Alsace étaient envahies à la fois et les deux armées prussiennes, qu'allait suivre une troisième, marchaient de concert pour se réunir de ce côté-ci des Vosges. Ces désastres simultanés avaient atterré le quartier impérial, où l'on ne savait plus que faire en présence d'une situation presque perdue au début. Les opinions les plus diverses étaient émises, les avis se croisaient dans tous les sens ; une résolution n'était pas plutôt prise qu'elle était abandonnée, et ces indécisions vinrent encore ajouter à la confusion générale. Le spectacle auquel l'armée assista pendant les quelques jours qui suivirent aurait suffi à lui seul pour la démoraliser à jamais, si elle n'eût été composée d'éléments aussi solides, qui montrèrent par leur attitude ce qu'on aurait pu en obtenir en sachant les employer. Le 7 août, l'ordre est donné à tous les corps de se retirer sur Châlons, le ministre de la guerre en est prévenu, le parc de campagne, les équipages de ponts y sont renvoyés, les bagages et les chevaux de l'empereur y sont dirigés ; le soir même, on renonce à ce projet pour livrer bataille le lendemain à Saint-Avold et l'on porte toutes les troupes dans cette direction. Le 8, à quatre heures du matin, l'empereur monte en chemin de fer pour aller à Saint-Avold, mais il apprend que l'ennemi ne compte nullement combattre et qu'il poursuit tranquillement ses projets de concentration; il redescend de wagon et rentre à la préfecture, sans avoir pris de parti; il était facile de comprendre que l'armée prussienne tournait autour de nous pour gagner une nouvelle base d'opération; c'était le moment ou jamais de se jeter sur elle et de venger nos premiers échecs.

L'ennemi n'ayant pas paru, on se décida le 9 à se replier près de Metz et à prendre sur la Nied française des positions défensives d'une grande force, qu'on abandonna le lendemain pour venir se placer sous le canon de la place. L'empereur et le major général se rattachaient à l'espoir que l'ennemi tenterait une attaque contre nos positions; ils ne semblaient pas vouloir admettre qu'il pût continuer sa marche, sans détruire auparavant une armée dont la présence pouvait menacer ses lignes de retraite. Vainement leur dit-on qu'il n'y avait pas à attendre une pareille imprudence d'hommes aussi habiles que nos adversaires, vainement leur démontra-t-on que les Prussiens exécutaient de point en point le plan d'invasion depuis si longtemps médité, tracé par Clausewitz lui-même en 1831; ils ne voulurent pas y croire et caressèrent la seule idée où ils pensaient devoir trouver la réparation de nos premiers désastres.

Le 6e corps (maréchal Canrobert), qui était encore à Châlons, la réserve générale d'artillerie, la division de cavalerie d'Afrique furent appelés à Metz en toute hâte; partout les ordres furent donnés pour qu'on se tînt prêt au combat.

Afin de rendre en même temps aux troupes la confiance qu'elles avaient perdue et d'apaiser le sentiment de défiance qui se manifestait à l'égard de la direction générale, l'empereur se décida, en présence du danger, à donner plus d'extension à la situation du maréchal Bazaine, qui n'avait pas encore été consulté, auquel pas un avis n'avait été demandé jusqu'alors. On avait semblé tenir à lui dénier les plus belles prérogatives du commandement, la conception et l'exécution d'un plan, pour ne lui laisser qu'un fantôme apparent d'autorité qu'il ne pouvait pas exercer. Le 9 août, un décret impérial lui conféra le commandement en chef des 2e, 3e et 4e corps, avec un état-major général constitué aux dépens de celui de l'armée du Rhin. Le général Decaen fut appelé à le remplacer à la tête du 3e corps. Cette mesure ne répondait pas encore aux besoins de la situation; l'empereur n'en restait pas moins le chef de l'armée du Rhin et du maréchal Bazaine, dont le rôle de lieutenant subordonné n'avait pas plus de valeur que par le passé. Les opérations, restant dans les mêmes mains, ne pouvaient tourner que dans le même cercle d'incertitudes et de fautes, et il n'y avait pas à compter sur une résolution héroïque, capable seule de rétablir nos affaires.

Cependant les événements marchaient, les têtes de colonnes prussiennes approchaient de Nancy, pendant qu'elles avançaient au sud de Metz, et l'on savait si peu que faire ou l'on cherchait à se bercer de telles illusions, qu'à ce moment même, le 10 août, le major général écrivait au ministre de la guerre la dépêche suivante :

« L'empereur vous prie de diriger sur Metz le plus que
« vous pourrez de biscuit, havre-sacs, marmites et autres
« ustensiles de campement.

« *L'empereur compte prendre l'offensive sous peu de*
« *jours.* »

Mais le lendemain même le voile qui aveuglait le commandement devait tomber ; le rideau de troupes qu'il n'avait pas essayé de percer et auquel il s'était laissé prendre disparaissait, et l'on vit l'ennemi sur notre flanc, coupant notre ligne de communication avec la capitale, prêt à menacer nos derrières. Toute la France poussa alors un cri de détresse, auquel se joignirent les murmures de cette armée qui se sentait à demi vaincue, avant d'avoir combattu, par les fautes accumulées de ceux qui s'étaient chargés de la diriger; le Corps législatif s'associa lui-même à ce mouvement de l'opinion; il demanda, au nom du salut de la patrie, que le commandement fût changé, puisqu'il avait été inhabile et coupable.

Devant de telles manifestations, l'empereur fut contraint de reconnaître qu'il ne pouvait plus conserver une autorité qui lui était arrachée, malgré les efforts bien naturels qu'il avait faits pour la retenir; le 12 août, il abandonna le commandement de l'armée du Rhin, pour le remettre au maréchal Bazaine. Mais la faute qui avait été commise au début n'en fut pas moins maintenue; on ne parut pas vouloir comprendre que le maréchal serait impuissant à diriger les corps de Mac-Mahon qui échappaient à son action et que, par la force même des choses, il allait se former deux armées avec deux commandements distincts, à moins que toutes nos forces ne vinssent à être réunies. Le maréchal Le Bœuf donna en même temps sa démission de major général et le général Lebrun le suivit dans sa retraite, pour reprendre auprès de l'empereur ses fonctions d'aide de camp.

Il semblerait que, tout le terrain ayant été déblayé, le maréchal Bazaine allât se trouver seul maître absolu de la situation et libre d'obéir désormais à des inspirations vraiment militaires; il n'en fut pas ainsi : jusqu'au moment où il quitta l'armée, l'empereur s'efforça de conserver sur les hommes et les choses une influence directe, derrière laquelle se retrouvait la volonté de commander encore. C'est cette différence, apparente seulement dans les allures, que le maréchal peignit si bien, en répondant à un officier qui venait, le 14 août, lui dire que l'empereur désirait voir hâter le passage des troupes sur la rive gauche de la Moselle : « Ah ! oui, « hier c'était un ordre, aujourd'hui c'est un désir ; je connais « cela, c'est la même pensée sous des mots différents. » Ces paroles montrent assez qu'il n'avait pas oublié les déboires passés et combien lui pesait encore la situation que lui faisait la présence de l'empereur ; elles expliquent en même temps la conduite qu'il tiendra pour s'en affranchir, parce qu'il n'aura pas l'énergie de maintenir hardiment son indépendance.

Ce fut le 13 août que le maréchal Bazaine prit possession de son commandement. Le même jour, il se vit déjà arrêté par des influences étrangères dans le choix de l'homme qui devait être appelé à le seconder, à le remplacer au besoin, comme chef d'état-major général. Ses projets, à cet égard, étaient arrêtés depuis longtemps : une sorte de promesse l'avait lié à un de nos officiers généraux les plus distingués, au moment où il s'agissait de la formation de plusieurs armées, et où l'une d'elles devait lui être donnée. Profitant de l'occasion qui se présentait, il désirait que cet officier général lui fût adjoint pour diriger son état-major, et certes il dut s'étonner de l'opposition qu'il rencontra ; quel qu'en pût être le mobile, le but était de lui imposer comme chef d'état-major le second aide-major général, le général Jarras, dernière épave du naufrage dans lequel avait sombré l'ancien commandement de l'armée du Rhin.

Ce fut là, il faut le dire, une véritable faute de la part de ceux qui y contribuèrent. Quand on songe à l'importance des fonctions d'un chef d'état-major, à l'intelligence, la vivacité d'esprit qui lui sont nécessaires, à la concordance d'idées qui doit s'établir entre lui et le général en chef, à l'activité incessante qu'il lui faut déployer, à la vigilance continuelle qu'il a à exercer sur le service des avant-postes ou l'emplacement des troupes, à la lourde responsabilité qui pèse sur lui dans les marches et les opérations militaires, à l'emploi intelligent qu'il doit faire de ses officiers, à la tâche difficile d'aplanir les difficultés, à la cordialité des rapports à entretenir avec les différents chefs de service pour les faire concourir aux desseins du commandement, quand on songe à tout cela, on comprend combien il est rare de voir tant de qualités réunies dans un même homme et comme le choix doit en être difficile. Le fait seul de sa nomination ne suffit pas pour lui donner un autre caractère et des aptitudes nouvelles... Ne savait-on pas de plus qu'en plaçant près du maréchal un chef d'état-major qui ne lui était rien moins que sympathique, on détruisait à l'avance la confiance qui devait exister entre eux et qu'on multipliait les difficultés du commandement, au moment où le salut de l'armée exigeait qu'on le rendît facile ?...

Le maréchal Bazaine céda à la pression qui fut exercée et accepta le général Jarras; cette faiblesse fut un malheur pour lui et pour l'armée. S'il avait eu près de sa personne l'officier général qu'il désirait, il eût certainement été arrêté dans la voie où il entra plus tard ; éclairé sur les dangers qu'il devait y rencontrer, il eût du moins reçu d'utiles conseils, qui l'eussent peut-être sauvé de l'abîme dans lequel il nous a tous précipités.

La situation que l'empereur laissait au maréchal était des plus graves; ainsi que nous l'avons déjà dit, l'ennemi avait coupé la ligne de Frouard, il était maître du cours de la Moselle jusqu'aux portes de Metz. Il n'y avait donc pas de temps à perdre pour aviser; à la suite d'un conseil de guerre tenu chez l'empereur, il fut décidé que, le point le plus important étant de maintenir les communications avec Paris et l'intérieur, on en reviendrait à l'ancien projet de se retirer sur Châlons. Mais alors le mouvement pouvait s'exécuter en sécurité par les voies ferrées et les routes ordinaires; aujourd'hui il ne nous restait que la direction de Verdun pour gagner la Meuse et nous reporter dans les plaines de la Champagne, en arrière de l'Argonne; de plus, la présence ou le voisinage de l'ennemi nous forçait de marcher militairement, dans un ordre tel que nous pussions rapidement nous déployer et combattre. Les ordres furent aussitôt donnés; on abandonna Metz, en y laissant une garnison suffisante pour se défendre, mais avec des forts mal armés, à peine terminés. Le reste de l'armée devait prendre, dès le lendemain 14 août, la direction de Verdun, par les deux routes de Mars-la-Tour au sud, d'Étain au nord.

Ici se placent des questions assez importantes pour être examinées, bien que nous n'ayons pas les éléments nécessaires pour les résoudre. Le maréchal Bazaine a-t-il pris l'initiative de la retraite sur Verdun, comme de l'opération qui lui paraissait la meilleure, ou se l'est-il laissé imposer, ou n'a-t-il feint d'y adhérer que dans l'intention de se séparer définitivement de l'empereur, qui voulait prendre les devants, pour rentrer ensuite à Metz et y opérer à sa guise avec une entière liberté d'action?

Dans les ordres de mouvement donnés aux troupes le 13 août, rien ne permet de découvrir une arrière-pensée; les indications sont claires et nettes, la marche des colonnes est tracée même pour le 16, les vivres sont pris pour trois jours et l'intendance est invitée à former des convois d'approvisionnements proportionnés à la durée de la route jusqu'à Verdun, de telle sorte qu'on serait porté à admettre qu'à la date du 13, le maréchal semblait bien décidé à faire exécuter la retraite, que le projet vînt de lui ou qu'il lui eût été dicté par l'empereur; mais, en examinant l'itinéraire adopté et en tenant compte de certains faits, cette assertion ne paraît plus aussi certaine.

Une armée qui se retire traîne à sa suite, outre ses bagages ordinaires, tout l'immense matériel qui constitue ses parcs et ses approvisionnements; il ne la gêne pas dans une marche en avant, parce qu'il la suit à distance; mais dans une retraite, il faut le placer au milieu même des troupes pour pouvoir le défendre, et il en résulte un allongement fâcheux dans les colonnes; si l'on ajoute à ce surcroît de matériel les convois de vivres qu'on a amassés et qu'on ne peut abandonner à l'ennemi, on se trouve en présence d'une quantité énorme d'*impedimenta,* qui encombre les routes en même temps qu'elle ralentit la marche.

Dans les circonstances actuelles, il était facile de prévoir que ces graves inconvénients se présenteraient; on devait donc chercher à y remédier à l'avance, en multipliant le nombre des routes par lesquelles les convois et les colonnes pourraient s'écouler. Or, pour se rendre de Metz à Verdun, il en existe trois : la première, au sud, par Mars-la-Tour; la deuxième, au centre, par Etain; la troisième, un peu plus longue, mais meilleure, par Briey. Il était donc naturel de se servir de ces trois directions, tandis que le maréchal s'obstina à ne pas vouloir utiliser la troisième, sous le prétexte que les environs de Briey étaient fortement occupés par des corps ennemis venus de Thionville. Ce fait était si peu exact que, le 15 au soir, il eut soin de prévenir le maréchal Le Bœuf et le général Ladmirault, qui marchaient vers Etain, qu'ils n'avaient absolument rien à craindre sur leur droite, aucun Prussien n'ayant encore paru dans les environs de Briey ; en tout cas, il lui aurait été facile de le savoir, en dirigeant sur ce point quelques reconnaissances de cavalerie. Plusieurs observations lui furent faites à ce sujet, et toujours il se refusa à les admettre ; il voulut qu'on s'en tînt aux deux routes qu'il avait indiquées et qui présentaient le grave inconvénient d'avoir une origine commune jusqu'à Gravelotte. C'était préparer l'encombrement qui ne manqua pas de se produire et ralentir bénévolement la marche, quand tout engageait à l'accélérer pour gagner l'ennemi de vitesse et éviter un combat qui n'avait pas sa raison d'être devant la résolution adoptée. Si tel avait été le but du maréchal, il fut atteint : les têtes de colonne ne purent même pas arriver le premier jour aux points qui leur avaient été indiqués, et, si le retard ne fut pas plus grand, le mérite doit en être attribué au général Ladmirault, qui dirigea son corps par la route de Briey, contrairement aux ordres qu'il avait reçus.

Il faut ajouter aussi que le mouvement avait été commencé plus tard qu'il n'aurait dû l'être ; la décision une fois prise, il eût fallu ne pas perdre une minute et mettre immédiatement les troupes en marche, ou au moins les bagages, sous une forte escorte. Cela pouvait être fait dans la journée du 13, au besoin pendant la nuit, tandis que les premières colonnes ne partirent que le 14, à onze heures du matin. On aurait ainsi gagné vingt-quatre heures, le combat de Borny n'aurait pas eu lieu, et le 14 au soir l'armée aurait occupé les emplacements qu'elle n'atteignit que dans la journée du 16 ; avec une avance de deux étapes, la retraite sur Verdun se trouvait assurée, sans qu'on eût à craindre le moindre obstacle de l'ennemi.

Ces faits sont-ils assez concluants pour qu'on puisse établir que le maréchal Bazaine n'avait pas réellement l'intention de se rendre à Verdun ?... Dans ce cas, il faudrait forcément admettre qu'il avait déjà la pensée de se séparer de l'empereur, qu'il savait décidé à précéder l'armée, et que son but était de laisser à l'ennemi le temps de nous devancer, pour pouvoir arguer plus tard de l'impossibilité du passage... Il y a là des appréciations diverses sur lesquelles l'histoire seule pourra prononcer.

Ce ne furent, du reste, pas là les seules causes des retards qui se produisirent dans la marche des colonnes; nous devons reconnaître qu'ils furent dus également au combat que les Prussiens vinrent nous livrer, dans la journée du 14, autour de Borny. Vers midi, les corps du général Frossard et du maréchal Canrobert, ainsi que les réserves de cavalerie et d'artillerie, avaient commencé leur mouvement et atteint la rive gauche de la Moselle. Restaient encore sur la rive droite les corps des généraux Decaen et Ladmirault, et la garde, qui devaient les suivre; ils s'étaient déjà mis en marche, quand à trois heures leurs divisions d'arrière-garde furent assaillies par des masses prussiennes. Il fallut faire face à l'ennemi, rappeler les troupes qui s'étaient portées en arrière et soutenir les assauts multipliés de toute l'armée de Steinmetz, qui vint se briser contre notre résistance; elle fut contrainte de se replier à la chute du jour, sans avoir pu entamer nos positions.

L'empereur avait quitté Metz à deux heures, pour aller s'établir à Longeville et commencer l'étape qui devait le conduire à Verdun. Le maréchal Bazaine se disposait également à abandonner son quartier général de Borny, quand les premiers coups de fusil se firent entendre; il se porta aussitôt de sa personne sur le lieu du combat, et là, avec l'intrépidité et le calme qui le caractérisent dans l'action, il dirigea lui-même nos lignes et assura le succès de cette journée, où pour la première fois il exerçait le commandement qui venait de lui être confié.

« Le mouvement des troupes, dit-il dans son rapport
« officiel, devait s'exécuter par les deux ailes, et par consé-
« quent le demi-cercle qu'elles formaient en avant de Queu-
« leu et de Saint-Julien eût dû se rétrécir successivement
« jusqu'à venir s'appuyer sous le feu du fort Belle-Croix ;
« cette instruction ne fut pas exactement suivie, et les re-
« tards qui en résultèrent amenèrent le combat de Borny
« sur un point plus éloigné du rempart que celui où il
« aurait pu s'engager....................
« ....

« Il ne restait sur la rive droite que la division Grenier,
« formant l'arrière-garde du général Ladmirault, le 3ᵉ corps
« et la garde, qui devaient se mettre en marche les derniers,
« lorsque les Prussiens, prévenus sans doute de nos pro-
« jets, saisissent le moment où la majeure partie de nos
« forces est éloignée, pour venir attaquer celles qui gar-
« daient encore leurs anciennes positions.

« M. le général Decaen avait prescrit à son corps d'ar-
« mée de faire son mouvement en échelons, les divisions
« Montaudon et Castagny (1ʳᵉ et 3ᵉ) se retirant les pre-
« mières, les 2ᵉ et 4ᵉ (Metman et Aymard) restant face à
« l'ennemi et ne se mettant en marche que quand les deux
« autres auraient pris position en arrière. Ses ordres com-
« mençaient à s'exécuter lorsque les grand'gardes des
« divisions Montaudon et Castagny sont assez fortement at-
« taquées pour qu'on puisse y voir le prélude d'un enga-
« gement sérieux. Prévenu immédiatement de ce qui se
« passe, je prescris au général Decaen de prendre ses dis-

« positions de combat et de repousser vigoureusement l'at-
« taque.

« La division Montaudon appuie sa droite à la route de
« Strasbourg, en avant de Grigy, sa gauche au bois de
« Borny, qu'elle occupe fortement; la division Metman se
« porte sur le plateau qui est au nord d'Ars-Laquenexy et
« de la Grange-aux-Bois, s'appuyant au château d'Aubigny ;
« la division Castagny a sa droite en arrière de Colombey,
« sa gauche à la route de Sarrelouis ; enfin celle du général
« Aymard garde, depuis cette route, les crêtes du ravin qui
« s'étend dans la direction de Vallières. Toutes ces divisions
« se forment sur deux lignes, l'une déployée, l'autre en
« colonnes par division, et bientôt le feu est engagé sur
« tout le front. L'ennemi est invisible, masqué dans les bois
« qui le dérobent à notre vue; mais sa présence se révèle
« par un feu très-vif d'infanterie et d'artillerie ; l'intensité
« qu'il lui donne en face des divisions Castagny et Metman,
« ne laisse aucun doute sur son intention de percer le cen-
« tre du 3e corps et de s'emparer de la route de Sarrelouis,
« qu'il considère comme notre ligne de retraite.

« A peine le combat s'était-il engagé sur ce point, qu'une
« autre attaque était dirigée en même temps sur la division
« Grenier du 4e corps. Le général Grenier prend ses dis-
« positions pour la repousser et s'établit, la droite au vil-
« lage de Mey, la gauche à la chapelle de la Salette ; il fait
« prévenir en même temps le général Ladmirault, qui pré-
« sidait au passage de la Moselle par son corps d'armée et
« qui, faisant mettre sac à terre à ses 2 divisions, les re-
« porte en toute hâte avec son artillerie de réserve sur les
« positions de Saint-Julien. Les batteries divisionnaires ar-
« rivent les premières et appuient le général Grenier, dont
« les troupes refoulaient déjà l'ennemi et gagnaient du ter-

« rain ; elles sont bientôt suivies de la division de Cissey,
« qui entre en ligne à la gauche et dont le feu contribue à
« arrêter les masses d'infanterie qui s'étaient tenues mas-
« quées jusque-là. (C'était le Ier corps prussien qui arrivait
« au secours du VIIe engagé le premier.)

« A la nouvelle de l'engagement, la garde avait pris les
« armes ; de la position qu'elle occupait en arrière de la
« route qui réunit les deux villages de Borny et de Van-
« toux, elle s'était portée en avant, derrière le centre du
« 3e corps, pendant que la brigade Brincourt des voltigeurs
« allait occuper avec les batteries de sa division le mamelon
« du fort Queuleu, pour y appuyer la droite du général
« Decaen.

« Le combat se soutint ainsi jusqu'à la nuit ; toutes les
« attaques, que l'ennemi réitéra plusieurs fois avec une
« grande vigueur, furent repoussées et nos positions solide-
« ment maintenues. Les troupes de la première ligne avaient
« dû être relevées par celles de la deuxième, et ce fut de-
« vant leur résistance que s'arrêtèrent les derniers efforts
« de l'ennemi ; en même temps qu'il les renouvelait au
« centre, il tentait deux mouvements tournants sur nos
« ailes. A droite, la division Montaudon était menacée par
« de fortes colonnes, qui s'arrêtèrent devant le feu de ses
« batteries et de celles du général Brincourt. A la gauche,
« une masse compacte d'infanterie essaya de nous débor-
« der ; le général Ladmirault la fit charger à la baïonnette
« et elle se retira en désordre.

« Il était alors plus de huit heures, la nuit était arrivée
« et l'ennemi cessait le feu, se repliant de tous côtés, sans
« que j'eusse eu besoin de faire donner la garde, qui avait
« accentué son mouvement en avant.

« Je donnai aussitôt l'ordre aux troupes de reprendre

« leur marche sur Metz et de franchir la Moselle, en occu-
« pant par échelons les dernières crêtes qui protégent les
« deux routes de Strasbourg et de Sarrelouis. Le mouve-
« ment s'effectua, sans que l'ennemi songeât à l'inquiéter,
« et dans la nuit, le 3ᵉ corps, le 4ᵉ et la garde avaient re-
« joint sur l'autre rive les troupes qui y étaient déjà in-
« stallées.

« Le combat avait duré cinq heures et avait été brillam-
« ment soutenu sur tous les points; nos pertes s'élevaient à
« 3608 hommes, dont 200 officiers, parmi lesquels on comp-
« tait 3 officiers généraux; l'un d'eux, le général Decaen,
« avait été grièvement atteint d'un coup de feu à la jambe. »

L'armée entière accueillit ce succès avec un véritable enthousiasme, elle applaudit chaleureusement les débuts de
son général en chef et voulut y voir le présage d'une ère
nouvelle, qui allait faire oublier les malheurs et les fautes des
derniers jours. Mais il n'en fallait pas moins reconnaître
que, malgré notre succès, le but de l'ennemi avait été en
partie atteint (1) : il avait retardé l'exécution de notre mou-

---

(1) Jamais peut-être à aucune époque une armée n'a été trahie comme nous l'avons été dans cette malheureuse campagne; nous étions entourés d'espions de tous côtés; pas un mouvement n'était arrêté, pas une mesure n'était prise, que l'ennemi n'en fût immédiatement informé. La Prusse, depuis longues années, avait inondé le pays de ses émissaires et y avait réuni les éléments de l'espionnage le mieux organisé; vainement le gouvernement en avait-il été prévenu, vainement le général Ducrot avait-il eu soin lui-même d'en avertir l'empereur et ses ministres : on n'avait jamais tenu compte de ces renseignements ou on n'avait pas voulu y croire.

Ces espions avaient un signe de ralliement identique qui leur permettait de se reconnaître et de communiquer entre eux; de plus, ils avertissaient l'ennemi par des signes convenus à l'avance, tracés sur les arbres et les maisons, ou par des fusées dont le nombre et la couleur avaient une signification connue. Ces détails venaient d'être révélés par un des principaux espions prussiens qu'on avait ar-

vement et permis à l'armée du prince Frédéric-Charles de franchir la Moselle sans résistance et de nous prévenir sur la route de Verdun. Les rapports qui nous parvinrent dans la journée suivante ne nous laissèrent aucun doute à cet égard ; la division de cavalerie de Forton, qui formait l'avant-garde sur la route de Mars-la-Tour, avait trouvé devant elle des forces considérables qui ne lui avaient pas permis d'occuper ce point, comme elle en avait l'ordre ; elle avait été forcée de se replier sur le village de Vionville. L'ennemi se trouvait donc déjà sur notre flanc gauche et même devant nous ; sa présence indiquait l'intention bien arrêtée de nous barrer le passage et de livrer une bataille.

Quoi qu'il en soit, et malgré les retards qu'occasionnèrent le combat de Borny et les embarras de la route, nos troupes n'en arrivèrent pas moins en partie, le 15, sur les plateaux de la rive gauche ; le 3ᵉ corps, dont le maréchal Le Bœuf venait de prendre le commandement, en remplacement du général Decaen, blessé au combat de Borny, et celui du général Ladmirault restèrent seuls en arrière des points qu'ils devaient occuper ; la garde était arrivée le soir autour de Gravelotte avec sa cavalerie, que l'empereur avait attendue impatiemment toute la journée, pour s'en

rêté à son arrivée à la gare de Metz ; c'était un architecte d'origine autrichienne, homme fort intelligent, dont la correspondance se faisait en logarithmes. On fut bientôt à même de vérifier l'exactitude des renseignements qu'il avait fournis, pour essayer de sauver sa tête ; le 13 août au soir, au moment où les ordres de la retraite sur Verdun venaient d'être donnés, on aperçut distinctement trois fusées partant des pentes du Saint-Quentin ; les témoins de ce fait ne purent s'empêcher de s'écrier : « Nous sommes trahis, notre mouvement de « demain est annoncé aux Prussiens !...» Et en effet, le 14 août, nous étions attaqués à trois heures ; Steinmetz avait eu juste le temps de profiter du renseignement et d'arriver à marches forcées jusque sur nos positions.

faire escorter sur la route d'Etain. Son dessein était arrêté, et la nouvelle qu'il avait apprise du voisinage de l'ennemi ne faisait que redoubler son désir de gagner Verdun au plus vite, pour éviter d'être coupé de la capitale. Les fatigues de la journée nécessitant quelques heures de repos pour la cavalerie, il se décida bien à regret à remettre son départ au lendemain ; il le fixa à quatre heures et demie du matin, et fit partir de suite ses bagages et ses chevaux, sous l'escorte des cent-gardes.

Au même moment le maréchal Bazaine prévenait les commandants de corps que l'ennemi se trouvait déjà en force devant eux, avec 30 000 hommes environ, et qu'ils devaient s'attendre le lendemain à se voir disputer le passage ; il les pressait donc de rallier celles de leurs troupes qui étaient encore en arrière, *mais il ne les invitait pas moins à continuer leur marche le 16 et à se mettre en route dès la pointe du jour*. Telles furent les dernières dispositions prises dans la soirée du 15 août ; il faut convenir qu'elles semblaient indiquer bien nettement la ferme volonté de gagner Verdun et la Meuse.

Nous voici au 16 août ; à peine le crépuscule apparaît-il que l'empereur sort de la mauvaise auberge où il a passé la nuit ; son visage fatigué porte l'empreinte du chagrin et de l'inquiétude, les larmes semblent y avoir tracé de profonds sillons, son regard est plus voilé encore que d'habitude, sa démarche dénote l'affaissement moral qui l'accable ; dans son entourage, on voit la tristesse sur tous les visages, la désillusion dans toutes les pensées. Le maréchal arrive et cause quelques instants avec l'empereur et son fils. La brigade des dragons et des lanciers de la garde se forme sur la route, prête à l'escorter ; les voitures avancent et le signal du départ est donné.

Ce fut là un triste spectacle, qu'il n'est guère possible d'oublier, quand on en a été témoin : il y avait dans cette scène nous ne savons quoi de lugubre qui serrait le cœur. N'était-il pas navrant de voir ce souverain obligé de s'éloigner au moment même où ses soldats se préparaient au combat? Quel contraste entre ce départ et l'entrée triomphale à Metz, vingt jours auparavant !...

Le maréchal Bazaine se trouvait désormais seul, maître de ses actes, délivré de toute immixtion gênante ; il ne put s'empêcher d'en exprimer aussitôt sa satisfaction dans les termes les moins équivoques.

CHAPITRE II

Bataille de Rézonville (ou de Gravelotte).— Défense des lignes d'Amanvillers (bataille de Saint-Privat).— Retour de l'armée sous Metz.

A peine l'empereur s'était-il éloigné, que le maréchal modifiait les dispositions qu'il avait prises la veille au soir, bien que la situation fût restée la même ; il connaissait déjà la présence de l'ennemi autour de nous, ainsi que le retard qui s'était produit au 3ᵉ et au 4ᵉ corps, éloignés encore en partie des points qu'ils auraient dû atteindre. Il donna l'ordre de retendre les tentes et de reformer les bivouacs, avec défense de s'en absenter. *On devait attendre, pour se mettre en marche, les ordres ultérieurs qui seraient envoyés dans l'après-midi, lorsque tous les corps seraient arrivés à la même hauteur.* Il voulut en même temps que les voitures civiles (celles qui n'appartiennent pas au train régulier ou auxiliaire) fussent reportées en arrière de Gravelotte, mais en dehors de la route de Metz, qui devait rester libre, comme toutes les autres communications placées en arrière des troupes.

Il prévint le maréchal Le Bœuf, par une dépêche spéciale, qu'il avait à appeler à lui sans retard les troupes du 3ᵉ corps qui n'étaient pas arrivées la veille dans leurs positions, comme elles auraient dû le faire, et qu'il y aurait lieu de réprimander sévèrement les généraux dont les divisions n'avaient pas encore rejoint. Il ajouta que, l'ennemi n'ayant pas paru aux environs de Briey, le seul danger à redouter ne pourrait venir que du côté de Gorze; les communications avec la colonne qui s'avançait au sud devaient en conséquence être assurées de manière à pouvoir l'appuyer en seconde ligne, aussi bien aujourd'hui que dans le mouvement ultérieur sur Verdun.

Comment interpréter dans les ordres de marche un changement aussi prompt et aussi radical?... Quels projets ont motivé cette suspension inattendue?... Si le maréchal est résolu à gagner la ligne de la Meuse, il doit sentir la nécessité de presser son mouvement, au lieu de le retarder; plus il perdra de temps, plus l'ennemi accumulera de forces sur la route et lui rendra le passage difficile : s'il faut un combat, n'y a-t-il pas tout avantage à le livrer le plus tôt possible? Les troupes que le maréchal a sous la main sont plus que suffisantes pour engager une action et la soutenir jusqu'à l'arrivée des autres corps : ce sont le 2e et le 6e corps, la garde, la division de grosse cavalerie de Forton, toute l'artillerie de réserve, près de 80 000 hommes. La preuve de cette assertion est dans les faits mêmes de la bataille, où nous avons trouvé devant nous des forces bien autrement importantes que celles que nous aurions rencontrées le matin; le 3e corps n'a été cependant engagé que partiellement vers deux heures, le 4e qu'entre trois et quatre. [Voir le rapport officiel (1).] En admettant même que la présence de ces deux corps fût regardée comme indispensable dès le début, ils pouvaient entrer en ligne, à la gauche des autres troupes, par un mouvement bien plus rapide que celui qu'ils ont dû faire pour en gagner la droite (2)?... Peut-être le

---

(1) Ce rapport ayant été déjà publié, nous l'avons reporté aux pièces annexées.

(2) Dans le combat, le 3e corps vint se placer à droite du 6e, puis

maréchal, instruit par la triste expérience de Spickeren et de Reichshofen, craint-il de s'engager avant que la concentration de ses forces soit achevée et ne veut-il pas s'exposer à livrer un combat inégal. Mais il va se tromper étrangement : puisqu'il n'attaque pas, ce seront les Prussiens qui l'attaqueront, lui enlevant ainsi le bénéfice de l'offensive, sans lui laisser la possibilité d'attendre la réunion de ses troupes.

Du moment où la marche sur Verdun avait été décidée, malgré la connaissance que l'on avait du voisinage de l'ennemi, il fallait bien s'attendre à être attaqué un jour ou l'autre, soit en avant, soit en arrière ou sur son flanc ; les dispositions devaient être prises en conséquence, et l'on est en droit de regretter qu'on n'ait pas songé à diriger le convoi par la route la moins exposée, afin de laisser aux troupes une entière liberté d'action. Le maréchal se fût trouvé ainsi préparé à toutes les éventualités et, son but étant de passer, il n'eût plus eu à se préoccuper de sa ligne de retraite sur Metz, que l'ennemi aurait nécessairement coupée dans un avenir très-prochain.

Après avoir examiné ainsi la question sous toutes ses faces, que peut-on en conclure ? Que le maréchal Bazaine persévérait dans son dessein d'aller à Verdun, mais qu'il se trompait sur les moyens les plus propres à le faire réussir, ou qu'à ce moment déjà il y renonçait, ou que du moins sa résolution était ébranlée et qu'il s'en remettait au hasard pour prendre une décision définitive. Pour nous, il nous semble

---

le 4ᵉ à la droite du 3ᵉ, en face de Mars-la-Tour ; il est évident que si les troupes qui marchaient au sud avaient pu s'avancer le matin jusqu'à ce village ou au delà, les deux corps, qui ne se trouvaient pas à leur hauteur, n'auraient eu qu'à faire un changement de direction à gauche, pour se trouver immédiatement en ligne à leur gauche.

difficile de ne pas y voir un symptôme de cette hésitation, et ce symptôme prendra plus de consistance quand nous le rapprocherons des événements de la journée et des dispositions inattendues qui les suivirent.

Mais quel intérêt, dira-t-on, le maréchal Bazaine pouvait-il avoir à ne pas gagner Verdun et à se replier autour de Metz? Un intérêt tout personnel, qui le portait à s'isoler le plus possible, pour rester maître absolu de la situation et ne plus avoir à subir les influences et les tiraillements dont il avait tant souffert auparavant et qu'il devait craindre de retrouver, le jour où il aurait rejoint l'empereur et son entourage. Peut-être aussi s'était-il laissé séduire par l'opinion qu'avait émise en ces derniers temps le chef du génie de l'armée, le général Coffinières, récemment appelé au commandement supérieur de la place de Metz. Cet officier général s'était déjà opposé de tout son pouvoir au premier projet de retraite sur Châlons; il avait énergiquement soutenu que l'armée pouvait avec avantage compenser son infériorité numérique par l'appui qu'elle trouvait dans le camp retranché de Metz; protégée par les forts, défendue par le canon de la place, elle était dans une position inexpugnable, d'où elle pouvait rayonner au loin, pour battre en détail les forces ennemies qui seraient à sa portée; il lui était facile de venir s'y refaire de ses fatigues ou d'y chercher un refuge assuré en cas de revers.

Ce système, il faut en convenir, était séduisant, rationnel même, mais à la condition d'en accepter les conséquences et d'en poursuivre l'application; si c'était à son adoption qu'on devait le retrait de l'ordre de rentrer à Châlons, il aurait fallu alors attaquer l'armée du prince Frédéric-Charles, quand elle se prolongeait par le flanc, à quelques lieues de Metz, pour passer la Moselle. Après le brillant combat de Borny, on aurait dû profiter immédiatement du succès pour rappeler sur la rive droite les troupes déjà passées et se jeter avec elles, le lendemain, sur l'armée de Steinmetz, repoussée et ébranlée par son échec. Dans la disposition d'esprit où nous savons que se trouvait le maréchal Bazaine, rien d'étonnant que de pareilles idées l'aient impressionné; il pouvait entrevoir pour lui un rôle brillant, de grands succès, une gloire sans partage. Il échappait aux risques d'une bataille en rase campagne et sa réputation n'avait pas à redouter le désastre d'une retraite, comme avait été celle de Reichshofen. Il y avait là des mobiles assez sérieux pour qu'il fût tenté de renoncer à son mouvement et de venir reprendre ses positions en arrière; mais en suspendant la marche de ses troupes, il ne résolvait la question d'aucune façon, il renonçait à toute initiative et se bornait à attendre les événements.

L'ennemi poursuivait ses projets avec une bien autre décision : l'avant-garde de la deuxième armée avait atteint Mars-la-Tour dans la journée du 15 et avait fait reculer notre cavalerie. C'était le IIIe corps que le prince Frédéric-Charles avait chargé de nous barrer la route de Verdun; il fut soutenu, dans la matinée du 16, par le Xe, qui était parti de Pont-à-Mousson à neuf heures et demie. Ses premières troupes s'engagent par une violente canonnade contre la division de Forton, qui formait notre avant-garde; puis ses batteries se déploient en demi-cercle, en avant de la route que nous avions à suivre et contre notre flanc gauche. Le corps du général Frossard (2e) et celui du maréchal Canrobert (6e) prennent les armes et se forment sur les positions qui font face à celles de l'ennemi; la garde s'avance en avant de Gravelotte avec la réserve d'artillerie, et l'ordre est envoyé au maréchal Le Bœuf de se porter à la droite du maréchal

Canrobert, au général Ladmirault de suivre et d'appuyer le mouvement du 3ᵉ corps.

A onze heures, le maréchal Bazaine arrive sur le terrain et il lui faut peu de temps pour constater l'importance de l'affaire qui s'est engagée. Déjà les tirailleurs de l'ennemi ont gagné du terrain, déjà les lignes du 2ᵉ corps plient sur plusieurs points sous les efforts de sa redoutable artillerie. Il se porte aussitôt de sa personne en avant, ramène lui-même les troupes sur leurs positions et donne à tous, disons-le, aux généraux comme aux soldats, l'exemple du plus magnifique sang-froid. Le combat s'étend bientôt sur notre front, le 6ᵉ corps s'engage en entier, la cavalerie fait d'héroïques efforts contre les carrés prussiens et sabre les escadrons qui ont osé s'aventurer dans les intervalles de nos bataillons; l'artillerie de réserve ouvre le feu de toutes ses batteries et les grenadiers de la garde remplacent en première ligne les troupes épuisées, pendant que les voltigeurs surveillent les débouchés par où l'ennemi peut essayer de nous tourner. La lutte se soutient ainsi jusqu'au moment où le maréchal Le Bœuf entre à son tour en action et vient dégager la droite du maréchal Canrobert, fortement menacée; l'ennemi recule devant les forces nouvelles qu'il voit déployer à sa gauche, ses batteries se retirent successivement et le feu diminue peu à peu d'un bout à l'autre du champ de bataille; il était alors trois heures.

Le maréchal Bazaine n'avait pas quitté le centre de l'action; surveillant tout lui-même, il indiquait aux batteries les emplacements à prendre, aux bataillons les points à occuper, et il se multipliait dans une activité qui ne se démentit pas un moment, semblant oublier souvent ses fonctions de commandant en chef pour le rôle plus modeste d'un général ou d'un simple colonel. Il s'était porté jusqu'auprès du maréchal Le Bœuf, avec lequel il s'était concerté ; il avait envoyé des instructions au général Ladmirault, puis il était revenu à la gauche, convaincu, disait-il, que là était le danger, que là devait se faire le véritable effort de l'ennemi. Ce fut chez lui une préoccupation constante, qu'il avait déjà témoignée dans sa dépêche du matin et dont il ne se départit malheureusement pas pendant tout le reste de la journée ; qu'il y eût des dispositions sérieuses à prendre de ce côté, rien n'était plus juste : vis-à-vis d'un ennemi aussi entreprenant, la prévoyance était de rigueur. Mais avec l'entrée en ligne des troupes du maréchal Le Bœuf, et bientôt après de celles du général Ladmirault, les choses changeaient de face, et il suffisait de constater le mouvement de retraite de l'ennemi, l'interruption presque complète de son feu, pour comprendre que le danger n'existait plus ; le moment était venu de frapper un grand coup et de prendre en main l'offensive, pour rejeter victorieusement au loin cette armée qui avait tenté de nous interdire le passage. Dans l'état où étaient les choses, la combinaison à trouver était des plus simples ; il suffisait de concentrer les efforts du 3ᵉ et du 4ᵉ corps sur la gauche de l'ennemi, de la pousser vivement, pendant que le reste de nos troupes prononcerait une attaque de front. En admettant que ce mouvement réussît, et tout permettait de le supposer, la route de Verdun était ouverte, les Prussiens étaient rejetés en désordre sur la Moselle, et la journée pouvait se terminer pour eux par un véritable désastre. La chose était d'autant plus facile que nous n'avions devant nous que des forces très-inférieures ; les deux corps ennemis n'avaient pas encore été rejoints, comme ils le furent plus tard, par le VIIIᵉ, qu'avait détaché le général Steinmetz, et par la plus grande partie du IXᵉ.

Ou le maréchal Bazaine ne comprit pas cette situation, puisqu'il n'essaya pas d'en profiter, ou il ne voulut pas la comprendre, parce qu'il avait d'autres projets. On le voit, en effet, ne plus quitter l'extrême gauche de l'armée, observer les différents chemins qui conduisent de la vallée sur le plateau de Gravelotte, y appeler sans cesse de nouvelles troupes et les masser successivement à la tête des ravins qui vont à Ars et à Gorze ; toutes ses craintes sont pour un mouvement tournant de l'ennemi de ce côté, et il semble que sa seule pensée soit de rester en communication avec cette ville de Metz, dont il ne devrait plus avoir à se préoccuper. Quant aux corps de la droite, il semble les oublier entièrement et ne songer à utiliser ni leur concours, ni les résultats qu'ils avaient déjà obtenus. Marchant avec ses deux premières divisions droit à l'ennemi qu'il avait vu devant lui, le général Ladmirault avait été amené à suivre une direction divergente qui ne lui permettait pas de se relier étroitement au maréchal Le Bœuf.

Les choses en étaient là, quand les nouvelles troupes de l'ennemi arrivèrent en ligne à cinq heures et renouvelèrent le combat. L'occasion, qu'il faut savoir saisir, était perdue ; la lutte reprit, mais sans combinaison aucune de notre part. Ce ne fut plus qu'un échange de balles et de boulets qui se termina à la nuit par le maintien de nos troupes sur les positions conquises et la retraite de l'ennemi ; il ne fut même pas poursuivi, et il put s'arrêter en bon ordre à quelque distance du terrain où il avait combattu.

La présence des troupes prussiennes signalée dès la veille en avant de nous, les renseignements qu'on avait eus sur la direction de leurs colonnes et la rapidité de leur marche, l'action même qu'elles venaient d'engager et la position qu'elles avaient prise à travers notre route, tout semblait avoir indiqué clairement le but qu'elles se proposaient. Il s'agissait de séparer complétement les deux fractions de l'armée du Rhin : celle du maréchal de Mac-Mahon était déjà maintenue par le prince royal ; quant à nous, le prince Frédéric-Charles devait chercher à nous empêcher de gagner la Meuse et à nous rejeter à tout prix dans Metz. Il ne pouvait donc pas avoir eu la pensée de nous couper de la ligne de retraite qu'il désirait nous voir prendre : car nous aurions pu alors nous retirer au nord, où nous aurions trouvé les routes d'Etain et de Briey, et plus au nord encore celles des Ardennes. Nous l'aurions ainsi devancé sur la Meuse, quoi qu'il fît, et notre jonction se serait effectuée forcément en arrière sur un point quelconque, tant avec le maréchal de Mac-Mahon qu'avec les forces réunies au camp de Châlons. Si plus tard, au moment où le combat recommença, une attaque fut tentée par le défilé de Gorze, elle n'entrait pas dans le plan primitif de l'ennemi ; mais, ses projets ayant échoué par l'arrivée du 3ᵉ et du 4ᵉ corps, il avait dû reculer et céder le terrain ; comme on lui avait laissé le temps de se réorganiser, la question se résumait dès lors pour lui dans un succès, quel qu'il fût, sauf à en tirer ensuite le plus grand avantage.

Pour se convaincre de ces intentions, il suffit de relire le rapport officiel du prince Frédéric-Charles sur la bataille du 18 août ; on y sent son inquiétude sur la direction que nous avons pu prendre, quand il ne se voit pas attaqué dans la matinée du 17 (1) et qu'il s'aperçoit que l'armée française

---

(1) Le jour où les troupes furent livrées entre les mains des Prussiens après la capitulation, un colonel de la garde causa quelques minutes avec le prince Frédéric-Charles, qui avait tenu à assister à ce triste défilé ; dans la conversation, le prince lui demanda quel motif avait pu avoir le maréchal Bazaine pour ne pas l'attaquer de nouveau

a évacué ses positions de la veille; il ne doute pas que le maréchal Bazaine n'ait gagné pendant la nuit avec ses troupes la route d'Etain, qu'il n'ait pris une grande avance, et il craint de ne pouvoir plus l'atteindre; les corps qu'il avait appelés à lui reçoivent l'ordre de changer immédiatement de direction, et de se porter sur Etain et Conflans; c'est de ce côté qu'il dirige en même temps toutes ses reconnaissances. « Ou l'ennemi allait recommencer le combat le lendemain, « dit-il, pour s'ouvrir le passage à l'ouest, ou il avait pris « une autre direction, et il fallait arrêter sa marche et pro- « fiter de son mouvement de flanc pour une offensive déci- « sive. » Quel n'est pas son étonnement, quand il apprend que l'armée française a été au-devant de ses désirs et qu'elle s'est retirée elle-même sous les canons de Metz !... Dès lors le succès lui paraît assuré; mais certes, quelque grand qu'il l'ait rêvé, il n'a pu se le figurer tel qu'on s'est plu à le lui faire.

Au moment où la nuit mit fin au combat, le maréchal Bazaine était en avant de Rézonville, au milieu de notre première ligne de tirailleurs; il dirigeait lui-même les bataillons de la garde qu'il avait sous la main, pour repousser le dernier effort que l'ennemi avait voulu tenter. Le canon se tait, la fusillade s'arrête, nous sommes partout maîtres du champ de bataille, et tous nous attendons avec anxiété les mesures qui vont être prises pour poursuivre l'ennemi et compléter le succès. Mais le maréchal se contente de faire dire aux troupes qui l'entourent de rentrer dans les bivouacs qu'elles avaient le matin, puis il reprend silencieusement

le 17 et compléter ainsi ses avantages de la veille; il avoua qu'il l'avait craint toute la matinée et qu'il ne fut rassuré qu'après avoir été certain de notre retraite; ses renforts, ajouta-t-il, étaient encore trop éloignés pour qu'il pût compter sur leur coopération.

la route de Gravelotte et installe son quartier général dans l'auberge où avait couché l'empereur. Il fait appeler l'intendant en chef de l'armée et lui prescrit de se rendre de suite à Metz, avec une partie de son personnel, pour y chercher un convoi de vivres et l'en ramener à la pointe du jour. Si cette mesure ne présageait rien des projets à venir, elle indiquait du moins nettement l'intention de se maintenir dans les positions actuelles jusqu'au ravitaillement des troupes. On ne se l'explique guère, du reste, en présence des ordres donnés le 13 à l'intendance pour assurer les vivres jusqu'à Verdun, et en songeant à l'immense convoi que nous traînions avec nous.

Que s'est-il donc passé pendant les heures qui s'écoulèrent entre ce premier ordre donné et le moment où le maréchal fit appeler le chef d'état-major général? Nous l'ignorons ; ce qu'il y a de certain, c'est que toute hésitation a disparu dans son esprit sur les projets à venir ; il annonce ouvertement à l'armée son dessein de se replier autour de Metz. Voici les instructions données au général Jarras, à dix heures du soir, et transmises aussitôt aux commandants des corps d'armée :

« Après la bataille d'aujourd'hui, les corps ont dû re-
« prendre à dix heures leurs anciens campements ; par
« suite de la grande consommation qui a été faite de mu-
« nitions d'artillerie et d'infanterie, nous allons donc nous
« reporter sur le plateau de Plappeville.

« Le 2ᵉ corps occupera la position qui s'étend entre le
« Point-du-Jour et Rozerieulles.

« Le 3ᵉ se placera à sa droite, en avant de Châtel-Saint-
« Germain, vers les fermes de Moscou et de Leipzig.

« Le 4ᵉ, à la droite du 3ᵉ, vers Montigny-la-Grange et
« Amanvillers.

« Le 6ᵉ s'établira à Verneville.

« La garde se placera en arrière, entre Lessy et le vil-
« lage de Plappeville (1), où sera porté le grand quartier
« général.

« La division de cavalerie de Forton ira s'installer en
« avant de Longeville (2).

« La division de cavalerie du Barrail se placera à Saint-
« Privat, pour éclairer et garder la route de Briey.

« La réserve d'artillerie suivra la garde et s'établira sur
« le plateau de Plappeville, entre le fort Saint-Quentin et le
« col de Lessy... C'est là que l'artillerie des corps d'ar-
« mée devra venir demain recompléter ses munitions.

« Le mouvement devra commencer demain 17, à quatre
« heures du matin; il sera couvert par la division Metman,
« qui tiendra la position de Gravelotte et ira ensuite rallier
« son corps . . . .
. . . .

« . . . Dans le cas où l'ennemi entreprendrait une attaque
« sur nos lignes, le mieux serait d'indiquer comme point
« de ralliement, si cela était nécessaire, le plateau de Roze-
« rieulles, entre l'auberge de Saint-Hubert et le Point-du-
« Jour. . . . .

« . . . Dans le cas où les troupes qui sont en position
« depuis la bataille y seraient encore, vous les rappelleriez
« dès à présent, si la sécurité de vos campements ne s'y
« oppose pas. »

Dire la stupeur qui s'empara de tous, en apprenant un pareil ordre, est impossible. A Borny, on avait argué de la nécessité de continuer sans retard le mouvement de concen-

---

(1) Le village de Plappeville est de la banlieue de Metz, dans l'intérieur du camp retranché.
(2) Le village de Longeville est un faubourg de la ville.

tration sur Verdun, pour ne pas poursuivre l'ennemi, ni profiter du premier échec qu'on lui infligeait. Aujourd'hui, c'est après une bataille gagnée, au moment où l'armée prussienne est en retraite sur tous les points, où le passage peut nous être ouvert, qu'on vient alléguer d'autres motifs pour se retirer encore; on n'ose même pas affirmer son succès, en s'avançant sur cette route qui est devenue libre, en achevant le mouvement dont l'exécution vient d'être assurée par le sang de plus de 20 000 hommes (3 608 à Borny, 16 954 à Rézonville)...

La consommation des munitions ne pouvait être un motif sérieux; les réserves des corps, la réserve générale de l'armée étaient là pour remplir les gibernes des hommes et compléter les coffres des caissons : on pouvait y puiser sur les lieux mêmes aussi bien qu'à une lieue en arrière ou sur le plateau de Plappeville. Si l'on devait recourir aux ressources de l'arsenal de Metz, il était facile de les lui demander pendant la nuit, comme on avait si bien su le faire pour les approvisionnements. Et d'ailleurs, cette consommation avait-elle été si grande?... Dans l'artillerie, c'étaient des batteries de la réserve générale qui avaient été engagées le plus longtemps, et les pièces qui avaient le plus tiré n'avaient dépensé que cinquante-trois coups (1). Dans l'infanterie, quatre divisions n'avaient pas combattu ou n'avaient été engagées que partiellement (1 au 4e corps, 3 au 3e); le chiffre des pertes est là pour confirmer cette assertion : 3e corps, 797 tués, blessés ou disparus; 4e corps, 2 458.

Le 6e corps était seul dans une position plus désavantageuse, par suite des circonstances qui l'avaient empêché de compléter son organisation. Formé à Châlons, puis envoyé

(1) Renseignement fourni par les officiers de ces batteries.

à Nancy le 5 août, renvoyé à Châlons le 7, il avait été appelé à Metz en toute hâte le 9. Trois de ses divisions étaient seules arrivées avec leurs batteries; l'interruption des lignes ferrées avait fait rester en arrière une partie de sa deuxième division, ainsi que son artillerie et son parc de réserve, et cependant ce corps d'armée, qui, par suite des mouvements qu'il exécuta dans la journée du 17, n'avait pas été reprendre des munitions, se trouva en avoir suffisamment le 18 pour soutenir une lutte acharnée de onze heures à quatre heures. Nul doute que, s'il eût été maintenu le matin dans ses bivouacs de Rézonville, à quelques centaines de mètres du parc de la réserve générale, il n'eût trouvé immédiatement les ressources suffisantes pour une nouvelle rencontre.

Les positions que le maréchal faisait prendre à ses troupes ne laissaient d'ailleurs aucune espèce de doute sur ses intentions; s'il eût voulu continuer sa marche, en admettant même qu'il se crût obligé de se rapprocher momentanément de Metz pour faciliter son ravitaillement, il avait autour de lui assez de terrain pour y masser son armée; nulle nécessité ne le forçait de faire rentrer dans l'intérieur du camp retranché ses réserves d'infanterie, de cavalerie et d'artillerie, qui se trouvaient ainsi séparées des autres corps par une vallée d'un accès difficile et éloignées de 6 à 10 kilomètres; quant à lui, il fût resté sur le plateau pour préparer les éléments de son mouvement, étudier le terrain, au lieu d'aller se retirer dans une des jolies maisons de campagne de Plappeville, au centre de la banlieue de Metz. Il se chargea, du reste, de lever lui-même toute incertitude, s'il avait pu y en avoir encore; il envoya un contre-ordre à l'intendant en chef et le prévint qu'il n'y avait pas lieu de diriger sur Gravelotte le convoi d'approvisionnements qu'il avait demandé deux heures auparavant. Il écrivit en même temps au commandant supérieur de Metz pour le prévenir que son armée rentrerait le lendemain en partie dans l'intérieur du camp retranché, et qu'il se porterait de sa personne au village de Plappeville, où s'établirait son quartier général.

Il y a dans cette attitude nouvelle, si hautement proclamée, une sorte de mystère qu'il est difficile de pénétrer, et dont l'avenir donnera sans doute la clef. Si l'on en recherche les causes, on se trouve en présence d'un inconnu qui laisse le champ libre à toutes les suppositions. Plusieurs personnes ont voulu y voir la conséquence d'un ordre émanant de l'empereur, soit qu'il ait été donné directement avant son départ, soit qu'il ait été envoyé de Verdun par le télégraphe.

C'est, il est vrai, aussitôt après sa conversation avec l'empereur, au moment du départ de Gravelotte, que le maréchal suspend le mouvement de ses troupes et qu'il semble vouloir passer subitement de l'offensive à la défensive. Mais il est naturel de penser que si, à cette heure, la rentrée de l'armée à Metz avait été arrêtée de concert, il n'aurait pas tant pressé la concentration des 3e et 4e corps ; il aurait plutôt fait revenir en arrière ceux qui étaient le plus avancés, pour éviter une bataille imminente ou ne la livrer que sur un terrain plus favorable, dans les belles positions qui s'étendent autour de Gravelotte. Sa ligne de retraite aurait été assurée sous le canon des forts de Plappeville et de Saint-Quentin ; il aurait échappé ainsi aux incessantes préoccupations qu'il avait montrées pendant le combat. Enfin, dans la soirée, son premier acte ne serait pas d'envoyer chercher à Metz un convoi de ravitaillement. Tout tend donc à prouver qu'il ne pouvait y avoir eu de décision prise par l'empereur dans ce sens; les dépêches que nous verrons le maréchal lui adresser plus tard et dans lesquelles il annonce son désir de gagner Châlons, démontrent plus péremptoirement encore l'invraisemblance d'une pareille supposition.

Il n'y a pas eu davantage d'ordre envoyé de Verdun, ou les télégrammes du maréchal ne s'expliqueraient pas. Ce qu'il est possible d'admettre, c'est que l'empereur ait appris à Verdun l'approche de l'ennemi dans la vallée de la Meuse, qu'il se soit effrayé des dangers qui pourraient en résulter pour l'armée et qu'il en ait prévenu le maréchal, en l'invitant à modifier la direction de sa marche et à la reporter plus au nord. Tel aurait pu être l'objet de la dépêche que le maréchal aurait reçue le 16, affirme-t-on, à neuf heures du soir. S'il en avait été ainsi, ces renseignements l'auraient décidé à se reporter en arrière pour abandonner la route directe de Verdun et suivre plus tard celle des Ardennes, le long de nos frontières.

Si, au contraire, on veut admettre qu'il n'ait agi que par le fait de sa propre initiative, sous l'inspiration d'une idée arrêtée depuis longtemps dans son esprit, ses résolutions s'expliquent plus facilement; le choix des directions indiquées aux colonnes, l'ordre de la suspension de la marche le 16 au matin, ses préoccupations à la fin de la journée, tout se suit et s'enchaîne. Ce serait la conséquence logique des motifs qui le portaient à s'isoler... Autant de problèmes qui peuvent être posés, sans qu'on puisse encore les résoudre.

Le 17, à la pointe du jour, toutes les troupes se mirent en marche et se dirigèrent sur les emplacements qu'on leur avait assignés. Faut-il rappeler ici l'étonnement et le mécontentement qui se manifestèrent dans tous les rangs, chez les officiers comme parmi les soldats? A quoi sert de gagner une bataille, disaient les uns, pour nous faire battre en retraite?... C'était bien la peine de nous faire tuer, disaient les autres, pour nous ramener où nous étions auparavant!... Pourquoi cette fuite? ajoutait-on encore. Nous avons battu hier les Prussiens, et nous les battrons aujourd'hui, s'il le faut... Et le fait est que cette retraite devint bientôt une sorte de fuite.

Dès que l'ennemi ne nous aperçut plus devant lui, ses reconnaissances s'enhardirent; elles avancèrent sur le plateau et s'approchèrent de Gravelotte par les ravins et les bois. Les voitures civiles, qu'on avait fait parquer la veille autour du village et qui contenaient des vivres et des approvisionnements de toute nature, ne pouvaient s'écouler par les routes réservées aux troupes et à leur nombreux matériel; la division Metman ne pouvait seule défendre cet immense convoi de toute une armée, et, d'ailleurs, elle avait un rôle plus important à remplir en gardant le défilé qui s'étend en arrière de Gravelotte. Il eût été cependant cruel de laisser à l'ennemi tant de ressources accumulées à tant de peine, et l'on se décida à brûler tout ce que l'on ne pouvait sauver. Un immense brasier s'alluma, et l'on y jeta pêle-mêle les caisses de biscuit, les vivres de campagne, les effets de campement et de linge et chaussure. Nos ambulances, pleines de blessés, étaient abandonnées en même temps à Rézonville. Quel désastre!... et le lendemain d'une victoire!... Ces deux mots en disent plus que toutes les réflexions.

Le mouvement se termina dans la matinée, sans que l'ennemi, à peine remis de ses échecs de la veille, songeât à l'inquiéter sérieusement; les troupes s'installèrent dans leurs nouveaux bivouacs, à l'exception de celles du 6ᵉ corps. Leur commandant en chef, le maréchal Canrobert, prévint fort justement le maréchal Bazaine que la position qu'on lui avait indiquée autour de Verneville, lui paraissait dangereuse ; il s'y trouvait tout à fait en flèche, entouré de grands bois dans lesquels l'ennemi pouvait se glisser, et il lui demanda de se porter à la droite du 4ᵉ corps, sur le plateau de Saint-Privat, entre ce village et celui de Roncourt, à cheval sur la route de Briey ; cette modification ayant été autorisée, le 6ᵉ corps prit la droite de notre ligne de bataille, qui s'étendait par les plateaux de Roserieulles à Roncourt, sur une longueur d'environ 10 kilomètres.

Il y eut dans ce fait même une faute grave ou un oubli, si l'on veut, qui n'en eut pas moins le lendemain de terribles conséquences. C'est un principe indiscutable que les flancs d'une ligne doivent être protégés efficacement par des obstacles naturels ou artificiels, ou, à leur défaut, par de fortes masses d'artillerie ; or le 6ᵉ corps, ainsi que nous l'avons dit, était le seul qui n'eût pas son complet en bouches à feu, par suite des difficultés mises à son arrivée ; il n'avait ni les mitrailleuses ni les six batteries de réserve que comportait son effectif. On n'avait naturellement pas songé à le compléter pendant la marche sur Verdun, on n'y songea pas davantage au moment où on en faisait l'un des points d'appui de nos lignes ; on ne s'en occupa que quand il fut trop tard, après le retour sous Metz.

Peut-être le maréchal Bazaine se fût-il aperçu de cette erreur, s'il fût resté au milieu de ses troupes ou qu'il eût visité leurs positions ; mais il préféra s'installer à Plappeville et y attendre les événements dans un fatalisme tout arabe. Cependant des avis inquiétants lui arrivaient déjà de plusieurs points ; les officiers qui étaient en observation au fort Saint-Quentin et sur le clocher de la cathédrale, annonçaient le passage et la marche de fortes colonnes ennemies, se dirigeant toutes par Ars vers Rézonville, pendant que les paysans accouraient des villages que nous avions quittés le matin, pour prévenir du passage de nombreuses troupes qui semblaient également converger sur Mars-la-Tour et Conflans. Pas un avis ne fut envoyé aux commandants des corps, pas un ordre ne fut donné, pas une disposition ne fut prise pour le cas d'une attaque de l'ennemi ; on se reposa sur les instructions générales de la veille, dans lesquelles on engageait les généraux à faire faire des travaux défensifs de campagne pour couvrir leurs hommes et leurs pièces.

La nuit du 17 au 18 se passa sans aucun incident ; mais des renseignements plus précis encore que ceux de la veille ne tardèrent pas à arriver. Dès six heures du matin, le général Montaudon, du 3ᵉ corps, fut averti par ses grand'-gardes que des masses prussiennes se formaient en avant de son front ; il fit prendre les armes à sa division, l'établit sur sa position de combat et prévint le maréchal Le Bœuf, qui en rendit compte. Le commandant en chef n'en conserva pas moins le même mutisme ; les corps furent laissés à eux-mêmes, sans savoir comment ils devaient se relier, réunir leurs efforts ou profiter d'un succès ; ne recevant aucun ordre, ils se maintinrent dans une position d'expectative dont ils furent brusquement tirés à onze heures par l'apparition des colonnes prussiennes, suivie aussitôt d'une formidable canonnade.

L'ennemi avait mis à profit le repos que nous lui avions laissé depuis la bataille pour rallier les troupes qui avaient combattu et appeler à lui celles que leur proximité rendait disponibles ; le roi était sur les lieux avec le général de Moltke ; tous deux comprenaient que l'action qui allait s'engager devait avoir un résultat décisif sur l'issue de la campagne. Il s'agissait, dit le rapport officiel du prince Frédéric-Charles, de couper à l'armée française sa ligne de retraite sur Verdun (toujours la même pensée qui se retrouve) et de la battre sur les points où on la rencontrerait. Les deux armées du général Steinmetz (première) et du prince Frédéric-Charles (deuxième) allaient prendre part à cette lutte, dans laquelle le nombre des combattants devait dépasser les proportions ordinaires de la guerre moderne; son importance ne peut se comparer qu'à celle de la bataille de Leipzig.

D'après les dispositions arrêtées le 18 au matin, les VIIe et VIIIe corps de la première armée prenaient position à la droite, face au corps du général Frossard et à la gauche de celui du maréchal Le Bœuf; la deuxième, avec les IIe, IIIe, IXe, X[e], XIIe corps et la garde, formait le centre et la gauche de la ligne, vis-à-vis de nos positions d'Amanvillers, de Saint-Privat et de Roncourt : c'était un ensemble de huit corps ou 240 000 hommes que nous allions avoir à combattre, avec un effectif réduit à environ 150 000 hommes par les pertes des journées du 15 et du 16 et par l'affectation d'une de nos divisions à la garnison de Metz (division de Laveaucoupet).

On croira difficilement qu'après tant d'avis reçus, en présence d'un danger aussi menaçant, un général en chef ait pu s'abstenir d'aller visiter ses troupes et ses positions, de prendre les plus simples dispositions de combat, et d'attendre à son poste, sur le terrain, l'orage qui doit éclater d'un moment à l'autre; mais ce que l'on ne voudra jamais admettre, c'est qu'au bruit de l'effroyable canonnade qui s'engage sur toute notre ligne, à la nouvelle de l'attaque qui se prononce à la fois sur tous nos corps, il ne bouge pas, n'envoie pas d'ordres, et se contente de répondre aux officiers qui viennent le prévenir de ce qui se passe à une ou deux lieues de son quartier général : « C'est bien: votre général « a de très-fortes positions, qu'il les défende... » Ces quelques mots résument les seules instructions transmises dans la journée aux commandants de ces troupes, qui devaient lutter héroïquement jusqu'à sept heures du soir contre des forces aussi supérieures.

L'état-major général avait suivi le maréchal à Plappeville ; il était là tout entier dans l'impatience et l'anxiété, attendant l'ordre de partir, désireux d'aller rejoindre ses camarades et ses amis ; les chevaux avaient été bridés aux premiers coups de canon. Tous les officiers étaient prêts, ne doutant pas que d'un instant à l'autre ils n'eussent à accompagner le maréchal ou à le devancer pour porter ses instructions. Mais les minutes se passent, puis les heures, dans cette attente cruelle ; enfin, vers deux heures, le général Jarras prévient cinq officiers qu'ils aient à monter à cheval et à aller rejoindre au fort Saint-Quentin le maréchal, qui s'est décidé à partir ; les autres resteront à Plappeville et reprendront ce malencontreux et si souvent inintelligent travail de bureau, seul objet de la sollicitude du chef d'état-major général au milieu de tant de graves préoccupations qui semblent lui rester étrangères.

Un pareil ordre était bien fait pour jeter le découragement dans les esprits ; une lutte immense venait de s'engager à quelques kilomètres, et c'était le moment qu'on choisissait pour condamner à l'inaction ces officiers jeunes, actifs, pleins de bonne volonté, qui ne demandaient qu'à agir et à marcher ; leur rôle eût été de renseigner le commandant sur la situation des choses, sur les mesures qu'elle comportait ; mais on s'occupait bien de pareils détails à l'état-major général de l'armée du Rhin !... Ceux qui montaient à cheval se regardèrent à bon droit comme favorisés et gagnèrent au plus vite les hauteurs; ils craignaient de ne plus y trouver le maréchal, qui devait sans doute s'être porté sur le théâtre du combat. Quel ne fut pas leur étonnement, quand ils le virent sur le plateau, ayant mis pied à terre et faisant pointer lui-même, dans une direction opposée, deux ou trois pièces de 12 contre quelques bataillons prussiens qu'on apercevait sur les hauteurs de Vaux et de Jussy!...

Le bruit des détonations, la direction du feu ne laissaient cependant aucun doute sur les points où l'engagement devait être le plus sérieux; l'horizon était en feu vers le nord-ouest, devant nos positions d'Amanvillers et de Saint-Privat; bien qu'on fût à plus de 10 kilomètres de la droite de notre ligne, il était facile de comprendre que l'effort de l'ennemi se portait de ce côté, pour nous rejeter dans la vallée et nous enlever, avec la route de Briey, le dernier débouché par lequel nous aurions pu gagner encore Verdun et la Meuse.

La situation paraissait tellement grave de ce côté, qu'un des officiers, qui accompagnait le maréchal, ne put s'empêcher de lui faire remarquer combien augmentait l'intensité du feu dans la direction de Saint-Privat; il se contenta de lui faire une réponse analogue à celle que nous avons citée plus haut : « Ils sont dans de bonnes positions, qu'ils « les défendent; je vais du reste envoyer deux batteries de « la réserve au débouché de la route de Briey, pour le « garder, s'il y a lieu. » Ce fut, en effet, la seule mesure qu'il prescrivit dans cette fatale journée.

Le général Bourbaki, commandant la garde, était venu trouver le maréchal avant son départ : il lui avait demandé de faire prendre les armes à ses deux divisions d'infanterie et de les porter à l'extrémité du plateau de Plappeville, de manière à pouvoir agir en cas de besoin ; le maréchal l'y avait autorisé, mais à la condition qu'il ne s'engagerait pas. L'ordre fut exécuté ; la division des grenadiers, conduite par le général Bourbaki, vint garnir la lisière du bois de Saulny, pendant qu'une brigade de voltigeurs descendait au village de Châtel et que l'autre prenait position au col de Lessy ; quant à la cavalerie et à la réserve d'artillerie de la garde, elles ne quittèrent pas leurs bivouacs.

Lorsque le maréchal était arrivé sur le Saint-Quentin, qu'il avait vu cette ceinture de feu entourant nos positions, on eût été en droit de supposer qu'il allait s'en préoccuper et qu'il voudrait savoir exactement ce qui se passait sur le plateau ; il devait s'y rendre lui-même ou au moins y envoyer des officiers ; mais il ne songea à utiliser ni ses aides de camp ni les officiers qui l'avaient rejoint. Toute son attention se porta sur les petites diversions que faisait faire le général Steinmetz, en avant d'Ars, pour nous empêcher de porter nos forces au secours de notre droite. Il ne pouvait cependant y avoir aucun danger de ce côté : les canons de la place et du fort Saint-Quentin suffisaient pour arrêter dans cette direction toute tentative sérieuse ; la plus grande audace, jointe à la plus grande bravoure, ne permettait à aucun corps ennemi de s'aventurer au milieu de feux croisés aussi redoutables pour gagner l'intérieur du camp retranché ; il s'y serait trouvé exposé à l'action directe du rempart, sans possibilité de s'y soustraire.

Mais, depuis la journée du 16, il semble que la crainte d'être coupé de Metz par un mouvement tournant soit devenue chez le maréchal une idée fixe, et que toute autre combinaison militaire lui échappe. Pour parer à ce danger qu'il redoute encore, il a heureusement sous la main les seize batteries de la réserve générale, qui sont campées autour du fort ; c'est par son ordre que quelques pièces ont été amenées à bras et chargées de tirer sur les hauteurs de Vaux ; il détermine leur emplacement, en observe le tir, en constate les effets, et perd plus d'une heure à oublier que les destins de la France et de son armée se jouent en ce moment à 5 ou 6 kilomètres de là. Il remonte à cheval et traverse les bivouacs de cette réserve d'artillerie dont les pièces sont au parc, dont les chevaux ne sont même pas garnis ; plus loin il trouve les batteries de réserve de la garde, qui ne sont pas plus attelées, et il ne songe pas, en entendant ces canons qui tonnent autour de lui, qu'il a là 120 bouches à feu de gros calibre qui devraient être depuis longtemps sur le champ de bataille. A-t-il donc oublié et notre infériorité numérique et la disproportion de notre artillerie, comme calibre et comme chiffre, pour inutiliser ainsi la plus précieuse de nos ressources ?

C'est le moment où le prince Frédéric-Charles, qui suit l'action au milieu de ses troupes, désespère de briser la résistance que lui opposent les corps du maréchal Le Bœuf et du général Ladmirault autour d'Amanvillers, dans le bois des Génévaux, dans le village et les fermes environnantes, et qu'il se décide à tenter un immense effort sur la droite de notre ligne. Trois corps d'armée, près de 80 000 hommes, vont concourir à cette attaque ; la garde, soutenue par le Xe corps, se portera de front contre les positions de Saint-Privat, pendant que l'armée saxonne (XIIe corps) les tournera par Montois et Roncourt ; 14 batteries (84 pièces) sont réunies et font converger leurs feux sur les lignes du maréchal Canrobert, dont le centre est au village ; leur faible artillerie, qui ne se compose que des batteries divisionnaires (54 pièces), est bientôt impuissante à lutter contre ce formidable déploiement de bouches à feu, et les troupes sont réduites à se maintenir sur le terrain, sous une véritable pluie d'obus, pour attendre le moment où les colonnes ennemies seront à portée de leurs balles.

« Il est alors cinq heures, dit le prince Frédéric-Charles
« dans son rapport, le silence du canon de l'ennemi et
« l'heure avancée engagent à presser le mouvement pour
« décider du sort de la bataille avant la chute du jour; l'or-
« dre est donné au commandant de la garde, au prince de
« Wurtemberg, d'attaquer et d'enlever le village de Saint-
« Privat... Les brigades se précipitèrent avec une bra-
« voure qu'on ne saurait dépasser contre des hauteurs
« fortement occupées et battues par un feu rasant de mous-
« queterie; mais les pertes considérables qu'éprouvèrent
« nos bataillons forcèrent le prince de Wurtemberg à in-
« terrompre son attaque et à attendre la coopération des
« Saxons sur le flanc de l'ennemi. »

C'est avouer, en d'autres termes, que le mouvement était repoussé avec de grandes pertes pour les Prussiens, et qu'à ce moment encore notre infanterie restait maîtresse de ses lignes, malgré le dénûment d'artillerie dans lequel on l'avait laissée.

Pendant ce temps, le maréchal Bazaine ne quittait pas plus qu'auparavant le plateau de Plappeville; après l'avoir exploré au sud, il l'explorait au nord et cherchait un emplacement pour les deux batteries avec lesquelles il comptait, disait-il, garder le débouché de la route de Briey, comme s'il ne pouvait avoir d'autre préoccupation que d'assurer sa ligne de retraite et ses communications avec la ville. Il rencontre cependant quelques officiers qui lui donnent des nouvelles; les uns passent au galop avec leurs caissons, ils vont chercher des munitions au grand parc pour les batteries du 6e corps, qui n'en ont plus depuis une heure; les autres sont envoyés par le général Bourbaki, qui demande en toute hâte sa réserve d'artillerie : rien ne l'émeut. Le feu augmente d'intensité et paraît se rapprocher, il ne semble pas s'en apercevoir; la garde est près de lui, à quelques centaines de mètres, il ne songe pas à s'en rapprocher ni à donner la moindre instruction au général Bourbaki ; il atteint un des points dominants du plateau, d'où l'on découvre la route de Briey, et là il se trouve en présence du triste spectacle de la panique qui s'est emparée du convoi du 6° corps, au moment de l'attaque de Saint-Privat. Les voitures civiles, les équipages du train, les cavaliers qui les escortaient, tous fuient pêle-mêle sur cette route, dans la direction de Metz; la poussière l'empêche de distinguer les formes qui passent au milieu de ces épais nuages ; on peut croire à un désastre, à la déroute de notre artillerie ; il ne témoigne pas d'inquiétude et pense sans doute avoir tout prévu ou tout réparé quand il voit arriver ses deux batteries et qu'il en a déterminé l'emplacement. Puis il revient sur ses pas, s'assure au col de Lessy de la présence des voltigeurs chargés de garder cet autre débouché, et il rentre tranquillement à son quartier général de Plappeville, à l'heure où l'ennemi allait renouveler son attaque avec toutes ses forces réunies.

Voilà les faits tels qu'ils se sont passés pendant cette fatale journée, en face de ces princes, de ces généraux prussiens qu'on trouve à cheval, dès la pointe du jour, au milieu de leurs troupes, les suivant au plus fort de l'action, surveillant tout par eux-mêmes et ne quittant les champs de bataille que quand les ordres sont donnés pour la nuit et la matinée du lendemain !... Quoi d'étonnant que la victoire leur soit restée, malgré l'héroïque bravoure de nos soldats, qu'on a laissés toute une journée sans ordres, sans direction, sans munitions, sans secours?... Ces faits, tels qu'ils viennent d'être racontés, paraîtront si incroyables, qu'on pourra à peine en admettre l'exactitude, et cependant ils ne s'écartent pas de la plus stricte vérité.

Dans la situation où se trouvaient les choses sur le champ de bataille, il est facile de voir le parti qu'aurait pu en tirer un général qui n'aurait eu d'autre habileté que d'être présent au combat. Il aurait compris dès la première heure l'importance de l'action qui s'engageait, il aurait appelé à lui toutes ses réserves, en supposant qu'il eût fait la faute de les placer à la distance où se trouvaient les nôtres ; l'effort qui se prononçait sur la droite n'aurait pu lui échapper, c'est là qu'il aurait envoyé ses batteries de gros calibre, sa garde, sa cavalerie de réserve, qui n'eût jamais trouvé terrain plus favorable. L'attaque prussienne n'aurait peut-être pas eu lieu sur Saint-Privat ; si elle s'était faite, les troupes fraîches dont on disposait auraient permis de prendre hardiment l'offensive après l'insuccès de l'ennemi ; on ne peut dire les conséquences qui en seraient résultées.

A ce moment, l'armée de Steinmetz avait échoué dans toutes ses tentatives contre le 2ᵉ corps et la gauche du 3ᵉ ; les troupes en avaient été repoussées, décimées, à tel point qu'une panique s'y produisit, qu'une sorte de déroute commença et que l'ordre fut envoyé en toute hâte de débarrasser les ponts de la Moselle et leurs abords, pour permettre la retraite sur la rive droite (1) ; deux de ses corps d'armée, le VIIᵉ et le VIIIᵉ, s'étaient à peu près retirés de la lutte, leurs positions avaient dû être maintenues en partie par le IIᵉ.

---

(1) Ce renseignement fut confirmé par un hussard du 8ᵉ régiment qui avait été chargé de porter l'ordre en question, et qui depuis fut fait prisonnier ; c'était un commerçant de Cologne, rappelé pour la guerre sous les drapeaux.

Au centre, le IX⁰ corps n'avait pas été plus heureux ; il avait éprouvé des pertes considérables, dit le rapport prussien, quinze de ses pièces avaient été démontées ; le prince avait dû le faire appuyer et remplacer en partie par le III⁰ ; ainsi, sur ce point encore, l'ennemi non-seulement n'avait aucun avantage, mais il se soutenait difficilement. Avec un chef habile, sachant et voulant manœuvrer, on voit que les combinaisons ne manquaient pas ; tout pouvait être tenté à la gauche et au centre dès le milieu de la journée, et plus tard à la droite, lorsque la garde eut échoué à son tour contre Saint-Privat, grâce à l'énergie du maréchal Canrobert et à l'habile appui que sut lui prêter le général de Cissey : un changement de front, exécuté sur l'ordre de ce dernier par quelques-uns de ses bataillons, lui avait permis de prendre d'écharpe les colonnes prussiennes. Rien ne fut tenté, comme on l'a vu ; les corps ne cherchèrent qu'à maintenir leurs positions, et aucune combinaison tactique ne vint mettre à profit leurs héroïques efforts.

Dans un combat où l'ennemi avait mis en ligne près des deux tiers des forces avec lesquelles il avait envahi la France, la réserve générale d'artillerie fut laissée dans son camp, à plus de 6 kilomètres, la cavalerie de la garde ne monta pas à cheval, la grosse cavalerie resta à Longeville, dans la banlieue de la ville de Metz, et quant à l'infanterie de la garde, elle resta sans ordres jusqu'à six heures, à plus d'une lieue du champ de bataille ; quand elle se décida à marcher, sur les instances réitérées du général Ladmirault qui demandait du secours à tout prix, elle arriva trop tard et ne put qu'en imposer à l'ennemi par le déploiement de ses bataillons et le feu de ses batteries. Ces faits suffisent à eux seuls pour expliquer l'issue fatale de cette journée, dont les conséquences devaient amener Sedan, la capitulation de Metz et tous les désastres qui sont venus tomber depuis sur notre malheureux pays.

Aussitôt que la garde prussienne est ralliée et qu'elle se trouve prête à renouveler son attaque, le prince Frédéric-Charles la fait appuyer par le X⁰ corps, qu'il avait tenu jusque-là en réserve; ses batteries viennent augmenter le cercle de feu au milieu duquel se maintient encore le 6ᵉ corps, et ses bataillons se joignent à ceux de la garde. A ce moment, les Saxons avaient achevé leur mouvement tournant; Roncourt est enlevé, notre droite refoulée, et ils s'avancent sur Saint-Privat; les têtes de colonnes ennemies débouchent alors sur le plateau de tous les points à la fois, le village est en feu, nos troupes ne peuvent y rester; seul, le maréchal Canrobert veut y tenir encore, et ses aides de camp sont obligés de l'emmener. « Mais ses troupes, dit le rapport of-
« ficiel du maréchal Bazaine auquel nous allons laisser la
« parole, sont épuisées par cette longue lutte; elles ont dé-
« pensé jusqu'à leur dernière cartouche, les caissons des
« pièces sont vides; la résistance devient à peu près impos-
« sible devant les masses qui se renouvellent sans cesse, et
« le maréchal se voit forcé de donner le signal de la retraite,
« qui se fait face à l'ennemi, avec un ordre parfait, dans la
« direction de Saulny et de Woippy. . . . .
. . . .
« Ce mouvement a pour conséquence de découvrir la droite
« du 4ᵉ corps, sur laquelle les Prussiens dirigent alors le
« feu de leur nombreuse artillerie. Le général Ladmirault
« maintient pendant quelque temps ses divisions, qui sont
« battues d'écharpe et à revers; la garde, qu'il avait envoyé
« prévenir, ne put arriver assez promptement par l'étroit
« chemin du bois de Saulny, et les troupes du 4ᵉ corps sont
« forcées à leur tour de se retirer sur le plateau de Plappe-

« ville, où elles s'établissent. Un de ses bataillons se main-
« tient seul dans la ferme de Montigny-la-Grange et y passe
« la nuit; il contribue à protéger la retraite, que soutien-
« nent en même temps l'artillerie de réserve du 4ᵉ corps et
« les batteries de la garde qui en ont pu précéder l'infanterie.

« La division de grenadiers atteint alors (il est sept
« heures), non sans peine, le sommet du plateau où elle se
« déploie à droite et à gauche de l'artillerie, face à Saint-
« Privat, protégeant ainsi tout à la fois la retraite du ma-
« réchal Canrobert et celle du général Ladmirault ; sa pré-
« sence, aussi bien que la contenance des corps qui se
« retirent, en imposent à l'ennemi, qui n'ose pas s'aven-
« turer au delà des premières maisons de Saint-Privat.

« Le 3ᵉ corps résistait pendant ce temps à toutes les atta-
« ques de l'ennemi, aussi bien que le 2ᵉ ; M. le maréchal
« Le Bœuf, dont la droite n'était plus appuyée depuis la re-
« traite du 4ᵉ corps, y porte rapidement une brigade et deux
« batteries de réserve qui arrêtent les progrès de l'ennemi.

« La nuit arrive et le feu cesse sur toute la ligne. . . .
. . . . »

Quoi qu'en aient dit le rapport officiel et la dépêche que
le maréchal Bazaine adressa le 19 à l'empereur (1), la retraite était loin de s'être faite en bon ordre dans le 4ᵉ et le
6ᵉ corps ; à mesure que le mouvement en arrière s'accentua, le désordre se produisit, les troupes se mêlèrent les
unes aux autres, les hommes s'égarèrent ou se cachèrent
dans les bois, d'autres restèrent en arrière pour marauder,
et l'obscurité vint encore augmenter la désorganisation. Les

(1) On y lit : « Ce n'est que vers neuf heures du soir que le
« 4ᵉ et le 6ᵉ corps ont fait un changement de front, l'aile droite en
« arrière, pour éviter d'être tournés par la droite, tentative faite par
« des masses ennemies à la faveur de la nuit. »

officiers n'avaient pas reçu d'ordres et ne pouvaient diriger leurs soldats. La ligne de retraite n'avait été indiquée que d'une manière générale, les points de ralliement n'avaient pas été déterminés, de telle sorte que bientôt la confusion fut portée à son comble ; sur plusieurs points, il n'y avait plus ni bataillons, ni régiments, ni divisions, mais des amas d'hommes, de chevaux, et de voitures, qui représentaient dans la vallée de la Moselle le 6° corps, sur les hauteurs de Plappeville le 4°. Les deux autres corps s'étaient maintenus brillamment dans leurs positions de la journée, et comptaient bien les conserver ; le reste de l'armée était rentré dans ses bivouacs ou ne les avait pas quittés. Ce fut un grand bonheur que l'ennemi ne songeât pas à poursuivre son succès ; un régiment de cavalerie ou quelques compagnies qui se seraient avancées la nuit jusqu'à Woippy, auraient pu disperser complétement le 6° corps et lui enlever une grande partie de son matériel.

Pendant toute la soirée, on ne vit que généraux et officiers cherchant leurs corps ou demandant leur chemin ; les officiers d'état-major accouraient effarés au quartier général et venaient implorer des ordres. Les uns racontaient les malheurs de la fin de la journée, les autres se plaignaient du manque absolu de direction et d'instruction, et on leur répondait à tous : « Vous aviez des positions, vous deviez y « rester ; c'est votre faute, si vous êtes maintenant dans « l'embarras. » Ainsi apparaissait déjà dans le commandement cette tendance fâcheuse à s'excuser en rejetant sur d'autres la responsabilité.

Le maréchal n'avait plus quitté sa résidence ; c'est là que les nouvelles lui sont apportées, c'est là qu'il apprend peu à peu les événements qui viennent de se passer, et dont il semble avoir voulu méconnaître la gravité. Quelles réflexions n'a-t-il pas dû faire alors sur sa conduite pendant cette journée, sur les résultats qu'elle a amenés, sur la manière dont elle sera jugée?... Sa conduite est inexplicable à quelque point de vue qu'on l'envisage ; on ne peut accuser le maréchal de timidité : sa bravoure, son calme, son mépris du danger sont au-dessus de tout éloge. S'il ne voulait pas quitter Metz et qu'il eût renoncé au projet de gagner la Meuse, s'il tenait, comme il l'a dit plus tard, à conserver une armée à la France, pourquoi laisser engager ce combat? Il n'avait qu'à retirer ses troupes derrière le canon des forts, et à dire hautement qu'il ne voulait pas les exposer dans des conditions aussi inégales. Si, contre toute apparence, il avait encore l'intention de rejoindre l'empereur à Verdun, il devait se porter sur le champ de bataille et y tenter un effort décisif pour s'ouvrir le passage. Peut-on admettre qu'au bruit d'une pareille canonnade, après les informations qu'il a reçues, il n'ait pas voulu croire à un engagement sérieux qu'il voit se prolonger de onze heures du matin à la chute du jour? Ce serait un manque de jugement que la raison repousse.

Toute explication semble impossible... Peut-être faut-il chercher la seule qui soit plausible, dans les paroles qu'un journal belge mit à Bruxelles dans la bouche du général Chargarnier, et que son discours à l'Assemblée nationale a semblé venir confirmer. « Bazaine, aurait-il dit, a été in-
« capable de commander une si grande armée. Le grand
« nombre l'a complétement ébahi. Il ne savait point mettre
« en mouvement ses hommes, il ne savait point opérer avec
« ses forces. »

Le maréchal avait-il compris qu'il avait entre les mains d'excellents instruments, qu'il ne s'agissait que de les diriger pour en tirer de grands avantages, mais que cette tâche était au-dessus de ses forces, que s'il était un superbe soldat, un excellent divisionnaire, un bon commandant de corps, il lui manquait les inspirations du génie ou les leçons de l'expérience pour les triomphes du champ de bataille et la conduite d'une armée en campagne? Quoi qu'on en dise, l'étude et l'application des problèmes de la tactique et des combinaisons de la stratégie peuvent seules donner les vrais succès, faire les grands hommes de guerre. Les résultats que les Prussiens doivent à l'habileté de leur plan d'invasion et à la conduite de leurs opérations ne nous l'ont que trop prouvé.

La fortune avait favorisé le maréchal à Borny et à Rézonville : il devait sentir qu'il n'avait pas su profiter des occasions qui lui avaient été données de sauver son pays ; sa gloire s'était accrue, mais il ne fallait pas la hasarder davantage dans les risques d'une campagne, dans des opérations où les conceptions pouvaient lui faire défaut. Nos troupes sont en position, a-t-il pu se dire, qu'elles s'y maintiennent ; elles sont assez bonnes pour repousser une attaque, c'est leur affaire. Il n'y aura eu de ma part ni faute qui me compromette, ni plan qui puisse m'être reproché ; une simple action défensive n'exige ni combinaison ni intervention d'un commandant en chef : ce sera l'explication de mon absence du champ de bataille. S'il y a un échec, il n'atteindra pas ma réputation : le blâme retombera sur les troupes qui n'auront pas su garder les lignes que je les avais chargées de défendre... Est-ce là le mobile de la conduite du maréchal?... Peut-être!...

Quant aux résultats de la journée, ils sont lamentables ; ne parlons pas de nos pertes qui, toutes graves qu'elles sont (12 273 hommes), sont moindres que celles de l'ennemi ; le prince Frédéric-Charles accuse, pour la deuxième armée seule, 520 officiers et plus de 13 000 hommes mis hors de combat; la première armée a plus souffert encore, les renseignements allemands s'accordent à porter les pertes des Prussiens dans cette journée au delà de 25 000 hommes.

Si on examine la situation au point de vue stratégique, la voici telle qu'elle nous est faite. Notre première retraite sur Metz, notre passage sur la rive gauche de la Moselle, nous ont séparés complétement de l'est de la France : tout ce côté de la vallée est gardé par des troupes de l'armée de Steinmetz ; l'ennemi intercepte plus tard nos communications avec Paris, en s'emparant du chemin de fer et de la route de Nancy ; la retraite du 17 août nous enlève la route directe de Verdun que nous pouvions nous ouvrir la veille, et la perte du plateau de Saint-Privat nous fait perdre celle de Briey, la seule qui nous eût permis de gagner Châlons. Notre isolement allait devenir plus complet, l'ennemi devait profiter dans la nuit même de son succès pour couper la ligne ferrée et la route de Thionville, par lesquelles nous pouvions communiquer encore avec Paris et le nord de la France. Le prince Frédéric-Charles annonce, en effet, dans son rapport, que la cavalerie saxonne n'a pu, conformément à ses ordres, s'avancer jusqu'à Woippy, mais qu'elle est descendue dans la vallée et qu'elle y a détruit le chemin de fer et les fils télégraphiques.

Dès lors l'investissement est terminé : les forces ennemies se rejoignent sur les deux rives de la Moselle en amont comme en aval : nous sommes séparés de toute la France par une muraille de baïonnettes et de bouches à feu. Cette armée qui vient de perdre son dernier débouché en combattant, sera réduite à combattre encore pour le reprendre, et plus tard peut-être pour se frayer le chemin ; car personne n'ose douter de la possibilité de sortir de cette terrible impasse.

Deux corps avaient heureusement gardé intactes les positions formidables qui dominent à l'ouest le cours de la Moselle ; on était en droit d'espérer qu'avec leur énergie, avec l'appui qu'on leur donnerait, on pourrait se maintenir sur ces hauteurs et en repartir bientôt pour reprendre ce terrain si malencontreusement perdu, et jugé aussi indispensable à notre sécurité qu'à notre action militaire. M. le maréchal Bazaine ne le comprit pas ainsi ; complétant de lui-même le résultat que les Prussiens avaient en vue, il fit retirer les corps du général Frossard et du maréchal Le Bœuf et abandonna toute la ligne des hauteurs à l'ennemi ; son armée vint s'établir dans l'intérieur du camp retranché, d'où elle ne devait sortir, dix semaines plus tard, que désarmée et prisonnière.

Le maréchal se préoccupa sans doute de la manière dont sa conduite serait jugée. Aussi l'entendit-on se plaindre amèrement des troupes et de leurs généraux, en dégageant sa responsabilité pour la rejeter sur eux tout entière ; le mouvement en arrière du 6ᵉ corps avait déterminé la retraite de notre droite, on peut se rappeler la sévérité avec laquelle il en parla. Il tint à prouver, comme nous l'avons dit plus haut, que cette journée ne devait être dans ses projets qu'une action défensive, où le commandement n'avait pas d'initiative à prendre ; pour le mieux établir officiellement, il décida que dans les rapports et les pièces à fournir la journée du 18 août prendrait le nom modeste de *Défense des lignes d'Amanvillers*. Ce n'était plus une bataille, les reproches n'avaient pas à atteindre le général en chef…

L'empereur fut informé des résultats de la journée par une dépêche dont les termes étaient au moins singuliers, en présence des événements accomplis :

Le maréchal Bazaine à l'empereur.

« Camp du fort de Plappeville, 18 août 1870,
8 h. 20 du soir.

« J'ignore l'importance de l'approvisionnement de Verdun ; je crois qu'il est nécessaire de n'y laisser que ce dont a besoin la place.

« J'arrive du plateau ; l'attaque a été très-vive. En ce moment, sept heures, le feu cesse. Nos troupes constamment restées sur leurs positions. Un régiment, le 60°, a beaucoup souffert en défendant la ferme Saint-Hubert. »

Il y avait là ou une ignorance complète de ce qui s'était passé, ou le désir de n'y attacher qu'une médiocre importance.

L'abstention que le maréchal avait affecté de garder ne pouvait cependant se prolonger ; la situation était devenue des plus graves à la nuit, les commandants des corps envoyaient demander des ordres et, si l'on n'avisait pas sur-le-champ, la journée du lendemain pouvait marquer un désastre complet ; le moindre effort de l'ennemi l'aurait amené dans la plaine de Woippy, jusque dans l'intérieur du camp retranché ; nous pouvions nous trouver subitement acculés à la Moselle ou rejetés dans la ville. Le maréchal se décida à réunir toutes les troupes en arrière de la ligne des forts, aussi bien celles qui s'y étaient déjà retirées que celles qui restaient encore sur le lieu du combat ; les hauteurs se trouvaient ainsi évacuées. D'après les emplacements indiqués, l'armée allait former un vaste demi-cercle sur la rive gauche de la Moselle, tout en conservant l'ordre de bataille qu'elle avait eu la veille, la droite s'appuyant aux glacis du fort Moselle, son front couvert par les deux forts de Plappeville et de Saint-Quentin, sa gauche à la rivière, sous les canons du corps de place; ses positions devaient être défendues par des batteries, des lignes et des ouvrages de campagne. C'était une situation à peu près inexpugnable contre des attaques de vive force; mais on y était exposé sur bien des points au danger d'un bombardement, dont tous les coups auraient porté dans cette immense réunion d'hommes, de chevaux, de voitures, agglomérés sur un espace proportionnellement restreint; ce ne pouvait être qu'une disposition provisoire, prise en vue d'un renouvellement des attaques de l'ennemi.

L'ordre de mouvement, donné le 18 assez tard dans la nuit, fut légèrement modifié le lendemain matin, après l'arrivée des troupes sur leurs emplacements; il marque pour ainsi dire la fin du premier acte du drame qui s'est déroulé autour de Metz. Voici les dispositions qui y étaient arrêtées :

« Demain, 19 août, les troupes occuperont les emplace-
« ments suivants :

« Le 2⁰ corps se portera sur la route de Longeville et en
« arrière du village, sa droite appuyée au Saint-Quentin et
« touchant la gauche du 3⁰ corps.

« Le 3⁰ corps aura sa droite au hameau de Tignomont,
« son centre au col de Lessy, et il s'étendra par sa gauche
« jusqu'aux pentes sud du Saint-Quentin et à la colline de
« Charles-Quint; on construira une batterie de pièces de 12
« dans les carrières de Plappeville pour battre le ravin de
« Lessy, et une autre dans l'ouvrage avancé du Saint-
« Quentin.

« Le 4⁰ corps établira sa gauche à Tignomont, avec une
« forte batterie et des ouvrages en terre sur la montagne
« du Coupillon; sa droite se prolongera jusqu'au San-
« sonnet.

« Le 6ᵉ corps aura sa droite au saillant nord du fort Mo-
« selle, sa gauche au Sansonnet.

« La garde quittera ses campements actuels pour se porter
« au pied des pentes est du Saint-Quentin ; sa droite sera
« à la Ronde, à l'ouest du village de Devant-les-Ponts, sa
« gauche au pied des hauteurs, à l'extrémité du ban Saint-
« Martin.

« La réserve d'artillerie s'établira au ban Saint-Martin.

« La division de réserve de cavalerie ira camper dans
« l'île Chambière, entre les deux lunettes.

« Les troupes se mettront en mouvement à quatre heures
« et demie du matin, sans sonneries et sans bruit, pour ne
« pas éveiller l'attention de l'ennemi. »

C'en est donc fait ; l'armée du Rhin a cessé d'exister, et bien qu'on ait tenu à lui conserver ce nom dérisoire, elle va devenir, pour nous comme pour la France, l'armée de Metz ; la suite des événements montrera ce qu'on aura su en faire.

CHAPITRE III

Première tentative de sortie, le 26 août. — Seconde tentative, le 31 août
et le 1ᵉʳ septembre (bataille de Noisseville).

Les partis de la cavalerie saxonne que nous avons vus s'avancer dans la nuit du 18 au 19 jusqu'au bord de la Moselle, s'étaient retirés après avoir accompli leur œuvre de destruction ; grâce aux reconnaissances que voulurent bien faire les employés du chemin de fer de l'Est avec leurs locomotives, on constata que l'ennemi n'occupait pas encore la vallée sur la rive gauche ; les dégâts étaient peu considérables et il était facile de les réparer, ce qui fut fait immédiatement. La communication avec le Nord nous restant momentanément, il était urgent de la maintenir le plus longtemps possible ; l'administration de l'Est s'offrit à reprendre immédiatement le service, et elle fit une demande pour que la voie fût protégée contre les insultes de l'ennemi.

Avec la nombreuse cavalerie dont nous disposions (26 régiments), c'eût été chose facile ; c'était le cas ou jamais de lui rappeler ce qu'avaient fait les fameux raids américains ; la division du Barrail avait seule été engagée dans la journée du 18, et nul doute qu'on ne trouvât dans les autres des hommes assez déterminés pour assurer, pendant quelques jours encore, la sûreté de nos communications avec Thionville ; en plaçant de plus sur les convois quelques fantassins bien commandés, on pouvait être certain de prolonger la marche des trains jusqu'au moment où l'ennemi s'établirait en force dans la vallée. Mais on ne fit rien de ce qu'avait demandé la compagnie; on ne songea ni à employer une fois utilement cette cavalerie dont le rôle avait été jusqu'alors si peu compris, ni à protéger les convois par de l'infanterie; on avait cependant pour exemple les résultats heureux obtenus à Frouard et sur d'autres points, dans les jours qui précédèrent la rupture de la ligne de Paris. Si la voie et le télégraphe purent être encore utilisés dans la journée du 19 et dans une partie de celle du 20, on ne le dut qu'au zèle et au dévouement du courageux personnel de l'administration de l'Est, qui tint à honneur de continuer le service jusqu'à la dernière limite, sans se laisser décourager par l'indifférence du commandement. Quelques reconnaissances prussiennes reparurent dans l'après-midi du 20, et force fut d'interrompre les communications, puisqu'aucune mesure militaire n'avait été prise pour leur sécurité. L'ennemi ne prit cependant position que le 23 août dans la vallée et sur les hauteurs qui la commandent; la moindre démonstration eût permis de prolonger les transports un jour ou deux de plus.

Cette insouciance est d'autant plus singulière que, si les craintes sur le manque de munitions avaient été assez sérieuses pour faire ordonner la retraite le 16 au soir, elles devaient l'être bien davantage aujourd'hui qu'une nouvelle bataille était venue en augmenter la consommation. Le maréchal savait que deux convois, l'un de vivres et l'autre de munitions, avaient été dirigés par les lignes du Nord à destination de l'armée, puis arrêtés à Longwy, à la nouvelle du départ pour Verdun : les faire arriver à Metz devait donc être pour lui tout à la fois une nécessité et un acte de prévoyance; or ce résultat ne pouvait être obtenu qu'en assurant la marche des trains. Mais il se contenta de prévenir du fait la compagnie de l'Est, en l'invitant à se mettre en mesure de ramener ces convois, dès que la voie serait rétablie.

Le chef de l'exploitation fit de son mieux, et il parvint à faire entrer le convoi de vivres ; l'autre était attendu dans la journée du 20, mais on dut le retenir à Thionville quand on y apprit la nouvelle rupture de la ligne. Dans les circonstances où l'on se trouvait, les munitions semblaient plus nécessaires que les vivres, soit qu'on craignît une nouvelle attaque, soit qu'il fallût se frayer un passage ; aussi la déception fut-elle grande quand on les sut arrêtées à Thionville. L'administration de l'Est, abandonnée à elle-même, ne recevant aucune instruction, ne s'était préoccupée que du nombre des wagons à ramener ; elle avait fait partir les premiers en gare, sans se douter de l'utilité qu'il y avait à faire choix des uns plutôt que des autres.

Un fait inouï vint montrer plus clairement encore, à la même date, toute l'étendue du désordre amené dans le service des transports par la faute qu'on avait commise au début en négligeant les travaux de la commission supérieure des chemins de fer et les moyens qu'elle avait indiqués pour régulariser son action. A l'exemple de ce qui se faisait dans les armées étrangères, elle avait demandé un personnel d'officiers chargé, sur chaque ligne, de fixer la marche et la composition des trains, les embarquements et débarquements, en un mot de régler tous les détails du service suivant les exigences militaires ; cette proposition n'avait pas été plus adoptée que les autres, et on s'en était remis, comme en toute chose, au hasard et à l'ancienne routine. Les trains furent expédiés sur Metz sans aucun ordre, à la seule volonté des chefs de gare ; l'encombrement y devint tel, qu'on n'eut souvent pas le temps de décharger les wagons ; on dut les laisser sur la voie avec le matériel ou les approvisionnements qu'ils contenaient, jusqu'au moment où l'approche de l'ennemi vint contraindre les employés d'évacuer les gares de marchandises, situées en dehors du rayon des fortifications. Au moment où se fit ce travail, le 20 août, croyons-nous, on retrouva un grand nombre de ces wagons et on dut s'assurer de leur chargement; quel ne fut pas l'étonnement général quand on y retrouva un convoi entier de munitions, dont l'artillerie n'avait pas eu plus connaissance que le chef de l'exploitation ! Il venait à propos remplacer celui qu'on avait espéré vainement de Thionville.

Depuis la journée du 18, la question des munitions avait pris une gravité qu'elle n'avait pas le 16 au soir; la défense des lignes d'Amanvillers, puisque défense il y a, avait coûté plus de munitions que les combats de Borny et de Rézonville. La consommation totale s'était élevée à environ cent soixante-dix coups par pièce, plus de deux cents par mitrailleuse, c'est-à-dire à plus de la moitié de l'approvisionnement primitif, qui comptait trois cents coups pour canon, quatre cent cinq pour mitrailleuse. Si une nouvelle bataille eût été nécessaire après celle de Rézonville, pour gagner Verdun, on aurait donc eu largement de quoi y suffire; aujourd'hui les conditions étaient changées : il fallait compter sur plusieurs actions de guerre, l'inaction de l'ennemi étant aussi impossible à prévoir que celle dans laquelle on devait nous laisser. Le moment pouvait venir où nous aurions tiré notre dernier coup de canon, où nous aurions brûlé notre dernière cartouche. Cette terrible perspective, que les troupes ne soupçonnaient qu'imparfaitement, se présentait menaçante à l'esprit, quand le miraculeux convoi fut découvert. Dès lors toute crainte disparut; on compta voir reprendre promptement l'offensive et sortir de la situation où tant de fautes nous avaient placés.

La conduite du maréchal Bazaine paraissait étrange, inexplicable, contraire à ce qu'on attendait de lui ; mais on espérait que, s'il avait faibli un moment, il se relèverait par les qualités militaires qu'il était impossible de ne pas lui reconnaître. Ce ne fut que plus tard que les soupçons s'élevèrent sur ses intentions, quand on en vint à examiner sa conduite, ses ordres, ses actes ; les indices qu'on y trouva ne permirent plus de douter du projet qu'il avait formé de longue date de rentrer à Metz, ni de sa volonté de ne pas s'en éloigner.

Le 19, il adressa à l'empereur une nouvelle dépêche, pour compléter celle de la veille et rendre un compte plus exact de la situation ; elle a une véritable importance historique, parce qu'elle indique nettement l'intention de reprendre la campagne, et qu'elle eut pour conséquence la marche des troupes de Châlons sur les places du Nord-Est. En voici la teneur :

« Ban-Saint-Martin, 19 août 1870.

« L'armée s'est battue hier toute la journée dans les po-
« sitions de Saint-Privat et de Roserieulles. Ce n'est que
« vers neuf heures du soir que le 4ᵉ et le 6ᵉ corps ont fait
« un changement de front, l'aile droite en arrière, pour
« éviter d'être tournés par la droite, tentative faite par des
« masses ennemies à la faveur de la nuit. Ce matin j'ai fait
« descendre le 2ᵉ et le 3ᵉ corps de leurs positions, et l'armée
« est de nouveau groupée sur la rive gauche de la Moselle,
« de Longeville au Sansonnet, formant une ligne courbe
« qui s'étend par le Ban-Saint-Martin, derrière les forts de
« Saint-Quentin et de Plappeville. Les troupes sont fati-

« guées par suite de ces combats incessants qui rendent les
« distributions et tous soins impossibles. Il est absolument
« indispensable de leur accorder un ou deux jours de
« repos.

« Le roi de Prusse était ce matin à Rézonville avec le
« général de Moltke. Tout indique que les Prussiens veu-
« lent entreprendre quelque chose contre Metz.

« *Je compte toujours prendre la direction du nord et me*
« *jeter par Montmédy sur la grande route de Sainte-Mé-*
« *nehould à Châlons, si celle-ci n'est pas trop fortement*
« *occupée. Dans ce dernier cas, je marcherai par Sedan, et*
« *même par Mézières pour gagner Châlons.*

« Il se trouve sept cents prisonniers à Metz : ce serait un
« embarras pour la place en cas de siége. Je proposerai un
« échange au général de Moltke... (à communiquer à Mac-
« Mahon). »

Le maréchal reçut le lendemain une dépêche du maréchal de Mac-Mahon, qui se trouvait encore à Châlons. Elle
était ainsi conçue :

« Camp de Châlons. 16 août 1870, 3 h. 25.

« Si, comme je le crois, vous êtes forcé de battre en re-
« traite très-prochainement, je ne sais, à la distance où je
« suis de vous, comment vous venir en aide sans décou-
« vrir Paris. Si vous en jugez autrement, faites-le-moi
« savoir. »

Ce fut le 20 août, à onze heures et demie, que le maréchal Bazaine répondit à ce télégramme par un autre ainsi
conçu :

« J'ai dû prendre position sous Metz pour faire reposer
« les soldats et les pourvoir de munitions et de vivres.
« L'ennemi autour de moi devient de plus en plus fort.

« Pour opérer ma jonction avec vous, je prendrai proba-
« blement la direction du nord ; je vous ferai savoir quand
« je pourrai me mettre en marche, sans compromettre
« l'armée. »

A la lecture de ces lignes, il semblerait difficile de ne pas admettre que le maréchal eût eu alors la pensée réelle de quitter la ville et de venir rallier toutes les forces dont il avait reçu le commandement en chef par le décret qui l'avait mis à la tête de l'armée du Rhin. Cependant, si telle avait été sa pensée, il n'aurait eu qu'à marcher le 17 ou à maintenir ses positions de Saint-Privat; il n'aurait pas attendu le moment où son armée était dans des conditions moins favorables. L'augmentation des forces ennemies qu'il signalait n'existait réellement pas. Jamais nous n'avons eu autour de nous un effectif aussi considérable que celui que les Prussiens déployèrent dans la bataille de Saint-Privat, et on sait qu'aussitôt après, une partie de leurs troupes s'éloigna pour aller rejoindre le prince royal. On ne s'explique pas davantage l'espèce d'incertitude qu'il laissait maintenant entrevoir sur la direction qu'il suivrait, quand la veille il précisait les points par lesquels il comptait passer : Montmédy, si la route de Sainte-Ménehould n'était pas fortement occupée; Sedan ou Mézières, dans le cas contraire.

Il est vrai que, dans la situation telle qu'on l'avait faite, il pouvait y avoir plusieurs manières d'opérer pour quitter Metz et arrêter l'invasion prussienne ; les avis étaient partagés sur le choix de celle qui serait la meilleure. Les uns demandaient qu'on marchât au sud entre la Moselle et la Seille, les flancs appuyés par ces deux cours d'eau; les lignes d'opération du prince Frédéric-Charles se trouvaient ainsi coupées, celles du prince royal plus menacées encore quand on atteindrait Frouard. On pourrait alors opérer la destruction des voies ferrées et des ouvrages d'art, que l'ancien commandement de l'armée du Rhin n'avait même pas songé à prescrire, au milieu des retraites précipitées qu'il ordonnait de tous côtés; la marche des convois ennemis eût été arrêtée ou ralentie, et le roi Guillaume eût pu éprouver des craintes bien autrement fondées que celles qu'avait manifestées le maréchal, le 16 au soir, sur le manque de vivres et de munitions; il pouvait en résulter pour lui l'obligation de suspendre sa marche ou de revenir en arrière. Si le passage se fût exécuté heureusement, que nous n'eussions pas eu à nous dérober à l'ennemi par une marche trop rapide, Nancy, Lunéville étaient repris, les passages des montagnes interdits à l'ennemi; de là le maréchal pouvait s'établir sur les Vosges, où il eût été hors de toute atteinte, ou descendre de suite sur le plateau de Langres pour donner la main aux troupes du Midi, en menaçant le flanc et les derrières des armées allemandes. C'était, il est vrai, renoncer au projet de concentration de l'ancienne armée du Rhin, et condamner Mac-Mahon à un rôle purement défensif sur la Meuse, plus tard peut-être sous Paris, jusqu'au moment où Bazaine se sentirait assez fort pour écraser l'armée qu'il aurait devant lui et se porter au secours de la capitale.

Les autres voulaient qu'on se jetât vivement dans l'Est; on interrompait ainsi, disaient-ils, toutes les communications avec l'Allemagne. Les Prussiens se trouveraient pour ainsi dire bloqués eux-mêmes entre les Vosges et la Meuse, dans l'impossibilité de recevoir ni renforts, ni approvisionnements; il leur faudrait revenir en arrière pour s'ouvrir à leur tour un passage dans des conditions plus défavorables que celles qui existaient pour nous. Qui empêcherait alors de se porter au secours de Strasbourg, d'en faire lever le siége, de délivrer l'Alsace et de détruire ainsi la base d'opérations d'où partait l'invasion? Le prince royal n'oserait pas tenter le passage de la Meuse avant que les communications fussent rétablies, et Mac-Mahon suffisait pour l'arrêter; autant de temps gagné pour organiser la défense et réparer les fautes d'une administration qui n'avait su rien prévoir ni rien préparer.

Pour d'autres, il fallait reprendre la question au point où elle se trouvait dans la matinée du 18, c'est-à-dire chasser l'ennemi des positions de Saint-Privat qu'il nous avait enlevées, le battre complétement, s'ouvrir la route de Briey et gagner la Meuse au plus vite. C'était attaquer l'ennemi sur le point le plus fort de sa ligne, sur les positions où il avait massé le plus de troupes, et nul doute que si l'entreprise réussissait, le succès ne fût complet. La route eût été libre, mais comment diriger la marche? En s'avançant directement sur Verdun, on aurait trouvé devant soi les forces du prince royal, grossies des détachements venus de la première et de la deuxième armée, et l'on aurait eu en perspective une nouvelle bataille à livrer, un nouveau passage à s'ouvrir. Pour éviter cette rencontre, on pouvait se jeter de suite au nord et gagner les places des Ardennes; l'armée se maintiendrait entre elles et la frontière belge, qui couvrait l'un de ses flancs; elle atteindrait la Meuse sans que le prince royal vînt l'inquiéter dans sa marche, retenu comme il devait l'être par les troupes de Mac-Mahon, qui lui faisaient face.

Il y avait enfin une dernière opinion, qui voulait que la sortie se fît au nord, en suivant le cours de la Moselle; une fois le passage forcé, l'armée retrouvait sa liberté d'action et se portait sur les places frontières ou sur Thionville, suivant ce que commandaient les circonstances. C'était l'idée que le maréchal Bazaine semblait avoir adoptée, à en croire sa dépêche du 19, et on ne comprend pas pourquoi le 20 il n'y persistait plus. Il y a là un vague, une indécision que la dernière phrase de son télégramme n'est pas de nature à faire disparaître : « Je vous ferai savoir quand je pourrai me mettre en marche sans compromettre l'armée. » En voyant le maréchal grossir les difficultés qui l'entourent, douter déjà du plan qu'il devra suivre, on est amené à supposer que l'intention de quitter Metz était loin de son esprit, à l'heure même où il écrivait ainsi. Les événements vont confirmer cette supposition, quelque incroyable qu'elle paraisse.

Cependant ses paroles semblaient d'accord avec ses dépêches; à tous ceux qui l'approchaient, il parlait de l'impossibilité de rester longtemps dans cette situation et de l'effort qu'il y aurait à faire pour en sortir. Il ne voyait autour de lui que le désir de le suivre, et certes jamais général n'a trouvé de meilleures dispositions pour être secondé. La grosse question des munitions avait été résolue par le zèle de l'artillerie : le général Soleille pouvait informer le maréchal, le 22 août, que l'armée était réapprovisionnée et que dans la ville le service de toutes les bouches à feu était assuré; voici en quel termes il l'annonçait :

« Monsieur le maréchal, j'ai l'honneur et je suis heureux
« de porter à la connaissance de Votre Excellence les faits
« suivants.

« En ce qui concerne l'artillerie :

« 1° Toutes les batteries de combat sont complétement
« réapprovisionnées;

« 2° Tous les parcs, moins celui du 6° corps, qui n'a ja-
« mais rejoint l'armée, sont complets;

« 3° Les batteries (batteries divisionnaires ou de réserve)

« ont réparé leurs pertes en hommes et en chevaux et sont
« prêtes à marcher.

« En ce qui concerne l'infanterie :

« 4° L'infanterie doit posséder, d'après les rapports qui
« m'ont été fournis, les 90 cartouches de sac ;

« 5° Les réserves divisionnaires et les parcs de corps d'ar-
« mée portent 50 cartouches par homme environ ;

« 6° Un parc formé à la suite de la réserve générale con-
« tient, à l'heure qu'il est, 3 800 000 cartouches.

« Après ce dernier et suprême effort, l'arsenal de Metz
« est complétement épuisé.

« A la suite des journées du 16 et du 18, les troupes ont
« pu croire un moment que les munitions leur feraient dé-
« faut ; pour relever leur moral, je pense qu'il ne serait pas
« inutile que l'armée sût qu'elle est, aujourd'hui 22 août,
« complétement réapprovisionnée et prête à marcher.

« En ce qui concerne la défense de Metz :

« La place possède, aujourd'hui 22 août :

BOUCHES A FEU.

Canons de 24 (de place et de siége).	103
Canons de 12 (de place et de siége).	145
Canons de calibres inférieurs.	103
Mortiers.	189

APPROVISIONNEMENTS.

Projectiles. . .	(Approvisionnement plus que suffisant.)
Poudre.	400 000 kil.

FUSILS.

Fusils modèle 1866.	20 000
Fusils modèle 1867 (transformés).	3 256
Fusils à percussion.	37 889

CARTOUCHES.

Modèle 1866.	2 218 000
Modèle 1867.	1 018 340
Pour fusils à percussion.	3 759 000

« J'ai l'honneur, etc.   *Signé* : « J. Soleille. »

Malgré la demande du général Soleille, non-seulement l'armée n'eut pas connaissance de ces faits, qui pouvaient augmenter sa confiance, mais les commandants des corps n'en furent même pas informés; l'ignorance dans laquelle on les laissa devait avoir bientôt les plus tristes conséquences. Quant aux troupes, le maréchal Bazaine ne leur parla pas plus alors qu'il ne le fit plus tard; ce silence avait presque l'air, chez lui, d'un principe arrêté. Après trois grands combats, on pouvait s'attendre à le voir féliciter ses soldats de leur énergie, relever le moral de ceux qui avaient faibli dans la lutte, mettre à l'ordre de l'armée les noms des hommes qui s'étaient distingués et dont un grand nombre avaient payé leur bravoure de leur vie; il n'en fit rien. Contrairement à l'usage, il ne voulut même pas consentir à faire connaître par la voie de l'ordre les récompenses qu'il accordait, et dont la valeur eût été ainsi doublée aux yeux de ceux qui les obtenaient; les citations à l'ordre de l'armée étaient encore à faire, au moment de la capitulation, pour les combats des 14, 16 et 18 août. C'était tuer l'émulation dans ses plus nobles aspirations.

Certains actes significatifs semblaient cependant annoncer des intentions belliqueuses et le projet d'une action prochaine, comme si tout dans la conduite et le caractère du maréchal Bazaine devait rester à l'état d'énigme et autoriser les interprétations les plus diverses. Le 22 août, il fait porter le 3ᵉ corps sur la rive droite de la Moselle, en arrière des forts de Queuleu et de Saint-Julien; il remanie les bivouacs du 2ᵉ et du 4ᵉ corps, pour leur faire occuper l'espace resté vide sur les hauteurs de Plappeville. Il crée dans chaque régiment des compagnies de partisans, avec mission d'éclairer au loin l'armée et d'agir en tirailleurs en avant d'elle contre les batteries ennemies; le commandement en est donné aux meilleurs officiers, et cette organisation est complétée par celle des pelotons d'éclaireurs dans les régiments de cavalerie légère. Enfin une mesure plus importante, prise le 23 août, semble annoncer un mouvement imminent : c'est une réduction des bagages des officiers au strict nécessaire, avec la diminution des voitures régimentaires et la suppression, dans les marches, des cantinières et de leurs fourgons. Après de tels ordres, dont l'exécution est prescrite d'urgence, comment ne pas croire que l'armée va tenter de sortir ? Et personne ne doute que, si la tentative se fait, le succès ne soit assuré.

Le maréchal continue d'affirmer les mêmes intentions dans la correspondance télégraphique qu'il entretient pendant ces premiers jours avec l'empereur, le maréchal Mac-Mahon ou le ministre de la guerre ; ces dépêches et les réponses qu'elles motivaient ont été saisies en partie par les Prussiens dans les bureaux télégraphiques qu'ils ont envahis ; ils se sont empressés de les publier, et voici celles qu'ont données leurs principaux journaux :

Le maréchal Bazaine à l'empereur.

« Ban-Saint-Martin, 20 août 1870.

« Mes troupes occupent toujours les mêmes positions.
« L'ennemi paraît construire des batteries pour compléter
« notre investissement. Il reçoit sans cesse des renforts. Le
« général Marguenat a été tué le 16 août ; le bruit court
« qu'il est prisonnier. Nous avons dans la ville plus de
« 16 000 blessés. »

Le maréchal Bazaine au ministre de la guerre.

« Ban-Saint-Martin, 22 août 1870.

« Nous sommes sous Metz ; nous nous pourvoyons de

« munitions et de vivres. L'ennemi devient de plus en plus
« fort et paraît commencer notre investissement. J'écris à
« l'empereur, qui vous communiquera ma dépêche. J'ai
« reçu une dépêche de Mac-Mahon, auquel j'ai fait connaître
« ce que je croirai pouvoir entreprendre dans quelques
« jours. »

Il fait allusion aux deux dépêches précédemment citées, et dont le maréchal Mac-Mahon avait informé à son tour le ministre de la guerre par le télégramme suivant :

« Courcelles, 22 août 1870.

« Le maréchal Bazaine m'a écrit qu'il songe toujours à
« suivre sa ligne de retraite par Montmédy ; je prendrai mes
« dispositions en conséquence. »

Les incertitudes qu'avait pu avoir un instant le maréchal de Mac-Mahon sur la direction que prendrait l'armée de Metz étaient levées ; il se prépare dès lors à lui venir en aide et à la rejoindre, ainsi qu'il a été décidé, paraît-il, par le conseil des ministres ; des dépêches du général de Palikao et de l'impératrice ne laissent aucun doute à ce sujet. On assure que le maréchal ne se résigna qu'à contre-cœur à un mouvement qu'il considérait comme difficile et imprudent ; il aurait, dit-on, préféré défendre les passages de l'Argonne ou même se retirer sur Paris ; des considérations politiques intervinrent dans les résolutions à prendre : l'empereur n'aurait pu rentrer à Paris, après tant d'échecs, sans que son arrivée y fût le signal de graves désordres ; de plus, abandonner le maréchal Bazaine à ses propres forces, au moment où sa popularité avait atteint son apogée, cela eût été regardé comme un crime qui aurait soulevé l'indignation générale. En véritable soldat, en homme de devoir, le duc de Magenta se prépara donc à remplir de son mieux la mission difficile qui lui était imposée; après en avoir informé le ministre de la guerre, il en prévint le maréchal Bazaine par la dépêche suivante, qu'il fit porter par différents émissaires, pour être plus sûr de son arrivée.

Le maréchal de Mac-Mahon au général commandant à Verdun,
Au commandant supérieur de Montmédy,
Au maire de Longuyon.

« Envoyez au maréchal Bazaine la dépêche très-impor-
« tante que voici; faites-la-lui parvenir par cinq ou six cour-
« riers, auxquels vous payerez, pour remplir cette mission,
« les sommes nécessaires, quelque élevées qu'elles puissent
« être. »

Mac-Mahon à Bazaine.

« Reçu votre dépêche du 19. Je suis à Reims, je marche
« dans la direction de Montmédy. Je serai après-demain
« sur l'Aisne, d'où j'opérerai, suivant les circonstances,
« pour venir à votre secours. »

Bien que les journaux allemands n'aient pas indiqué la date de ce télégramme, il ne peut y avoir de doute; c'est après avoir reçu la dépêche du 19 du maréchal Bazaine que Mac-Mahon prévient le ministre de la guerre, à la date du 22; c'est donc en même temps qu'il répond à Metz et qu'il y fait connaître son mouvement, dans l'espérance que la marche des deux armées pourra être combinée en vue d'une jonction prochaine. On sait en effet que, le 23, le maréchal donna les ordres de départ, et qu'il s'avança vers la Meuse, convaincu que, de son côté, Bazaine allait quitter Metz ou du moins tenter de le quitter. Il devait espérer la réussite de nos efforts, soit que le passage fût surpris par de fausses démonstrations, soit qu'il fût ouvert de vive force ; l'étendue des lignes ennemies lui en démontrait à l'avance la faiblesse, et il avait lieu de penser qu'une attaque inattendue, énergiquement conduite, suffirait pour y faire une large trouée ; le cercle d'investissement une fois franchi, l'armée de Metz pouvait s'éloigner à marches forcées, gagner de vitesse un ennemi qui venait d'être battu et refuser tout nouveau combat, jusqu'au moment où elle serait assez rapprochée de celle de Châlons pour compter sur son appui. S'il lui fallait admettre la possibilité d'un échec, le cas où, impuissants à déboucher, nous serions rejetés dans notre camp retranché, il devait compter en être informé assez à temps pour revenir en arrière et se mettre en sûreté derrière nos lignes de défense.

De toutes les hypothèses, il en était une que le maréchal de Mac-Mahon n'avait pu faire : il n'avait pas pensé que le maréchal Bazaine, prévenu par lui, connaissant son mouvement, sachant qu'il venait, malgré le danger, lui porter secours, pourrait ne tenir aucun compte de cette importante nouvelle, la laisser ignorer à ses commandants de corps et s'appuyer plus tard de leurs avis pour ne pas quitter les remparts de Metz. C'est cependant ainsi que les choses se sont passées.

Le maréchal de Mac-Mahon s'est avancé, a louvoyé, tâtonné, pour attendre des informations de Metz et régler sa marche sur la nôtre ; mais il ne reçoit rien, l'ennemi se masse devant lui et appelle déjà une partie des troupes que nous avions autour de nous ; l'entreprise devient plus difficile, et le maréchal veut y renoncer, quand de nouveaux ordres de Paris lui font un devoir de venir en aide au maréchal Bazaine. Le mouvement est continué dans la direction des places qu'a indiquées le commandant de l'armée du Rhin comme devant être les étapes de son armée... On sait ce qu'il en advint; si la responsabilité du désastre de Sedan a été rejetée sur les hommes qui ont cru pouvoir subordonner l'action militaire à la politique intérieure, elle n'en doit pas moins atteindre celui dont les paroles ont provoqué le mouvement de Mac-Mahon, et qui n'a rien tenté pour le rejoindre et l'appuyer. Si l'armée de Metz eût essayé de sortir, quand elle devait le faire, si elle eût réussi, qui peut dire ce qui en serait résulté?... Ce qu'on peut du moins affirmer, c'est que l'armée de Mac-Mahon eût été sauvée.

Au moment où le maréchal de Mac-Mahon annonça à Metz sa marche vers Montmédy, il donna l'ordre sur trois points différents de faire porter sa dépêche par cinq ou six courriers, tant était grande l'importance qu'il y attachait. Nous ne pouvons dire combien de ces messagers arrivèrent, ni à quelle heure le maréchal Bazaine reçut le premier avis; mais ce que nous savons, c'est qu'une de ces dépêches lui fut remise dans le milieu de la journée du 23, par un agent de police de Thionville (1) qui s'était déjà offert plusieurs fois pour traverser les lignes prussiennes et qui avait réussi; le télégraphe avait pu la faire passer jusqu'à Thionville, et de là le commandant de place l'avait envoyée par un messager sûr. Un officier de l'état-major général se trouvait en ce moment pour affaires de service chez le maréchal, qui la lui communiqua. « Mais, monsieur le maréchal, s'é-
« cria-t-il, dès qu'il en eut pris connaissance, il n'y a pas
« de temps à perdre, il faut partir de suite. — De suite, de
« suite, lui fut-il répondu, c'est bien vite, mais après-de-

---

(1) Cet agent se rendit plus tard, dans la même journée du 23, auprès d'un jeune officier du 2ᵉ hussards, qui avait été peu de temps auparavant en garnison à Thionville, et pour lequel il était chargé de commissions amicales.

« main nous verrons. — Le plus tôt sera le mieux, croyez-
« moi, » ajouta l'officier, et il partit, heureux de la bonne
nouvelle qu'il venait d'apprendre.

Que la décision du maréchal de Mac-Mahon l'ait surpris
désagréablement, qu'elle l'ait contrarié dans ses projets ou
qu'elle l'ait satisfait, le maréchal Bazaine ne crut pas pouvoir se dispenser d'agir. Aussi est-il hors de doute qu'à ce
moment et dans les deux journées qui suivirent il manifesta la ferme intention de sortir de sa situation et de tendre
la main à l'armée de Châlons ; toutes les dispositions prises semblent du moins l'indiquer. Le 23, aussitôt après la
réception de la dépêche, paraît l'ordre de réduction des bagages en cas de marche. Le 24, on prescrit au général
Coffinières de jeter deux ponts sur chacun des bras de la
Moselle formant l'île Chambière, en aval de la ville, et avec
les ressources locales, afin de ménager le matériel de l'armée. Le 25, la division de cavalerie de réserve du général
de Forton et celle de la garde sont réunies sous les ordres
du général Desvaux pour former un corps de cavalerie, indice certain de grandes opérations de guerre ; en même
temps l'artillerie du 6e corps était réorganisée sur les bases
qu'elle aurait dû avoir depuis longtemps, avec un parc et
des batteries de réserve... Ces mesures préparatoires avaient
surexcité les esprits ; on comprenait qu'on était à la veille
de graves événements ; les souvenirs de Borny et de Rézonville donnaient à tous une confiance absolue. On attendait
l'ordre de mouvement, l'heure du départ ; chacun cherchait
à deviner les dispositions qui seraient prises pour le combat ou les moyens qui seraient employés pour l'éviter.

On se rappelle que le maréchal Bazaine s'était laissé pour
ainsi dire imposer un chef d'état-major général, malgré
le peu de sympathie qu'il lui inspirait ; les relations entre

eux étaient plus que tendues et, il faut l'avouer, le caractère du général n'était pas fait pour aplanir les difficultés, encore moins pour amener une confiance réciproque. Le maréchal ne voulait avoir avec lui que les rapports de service les plus stricts et les plus rares ; il ne le consultait en rien. On comprend combien cet état de choses était regrettable au point de vue de l'intérêt général, et combien il eût été nécessaire de le faire cesser ; mais le maréchal se croyait lié par la décision impériale, il n'avait pas l'énergie de se séparer d'un homme dont les services lui devenaient inutiles et la présence désagréable. Quant au chef d'état-major général, il acceptait cette situation, tout en ressentant ce qu'elle avait de blessant pour lui. Il en résultait que, dans les circonstances graves, le maréchal s'adressait à d'autres pour prendre leur avis, s'éclairer de leurs conseils ou leur confier ses desseins. Son choix s'arrêta souvent sur un officier dont il avait été autrefois à même d'apprécier les solides qualités militaires ; ce fut lui qu'il chargea dans cette occasion d'étudier un projet d'opérations d'après des bases générales qu'il lui indiqua.

En n'admettant que la possibilité du mouvement dans la direction du nord, le maréchal n'avait pas résolu toute la question ; il avait encore à fixer la direction générale et à tracer les itinéraires des différentes colonnes. Les conversations qu'il avait eues à ce sujet, les études qu'il avait fait faire, les renseignements qu'il avait demandés, tout indiquait de sa part une tendance marquée à opérer par la rive gauche de la Moselle, et ce fut en effet la première idée qu'il mit en avant. Il comptait utiliser la grande route de Thionville pour la colonne principale et le convoi ; le reste de ses troupes suivrait les chemins vicinaux qui relient les villages de la vallée, et marcherait le long de la voie ferrée, dont les remblais abriteraient les détachements chargés de couvrir le flanc gauche. Il voulait s'avancer ainsi jusqu'au confluent de l'Orne, y franchir cette rivière, et de là se diriger à marches forcées vers Montmédy par les routes de Longwy et de Longuyon et les communications intermédiaires; dans le cas où l'ennemi l'eût trop inquiété ou l'eût poursuivi trop vivement, il pensait pouvoir se retirer sur Thionville et y prendre un point d'appui où il était sûr de trouver des munitions et des vivres.

L'exécution de ce projet présentait des difficultés sérieuses qu'on lui fit observer: si l'ennemi n'avait encore que de faibles détachements dans la plaine, il occupait en force les hauteurs qui dominent la rive gauche; déjà des batteries s'y construisaient et, en supposant qu'elles ne fussent pas terminées, on ne devait pas moins avoir à redouter les projectiles de l'artillerie de campagne, qui pouvaient battre une vallée dont la largeur ne dépassait pas 4 kilomètres. Faire une marche de flanc sur un terrain aussi resserré et en présence des forces considérables qui prendraient position sur les hauteurs à l'annonce de notre mouvement, c'était une entreprise d'autant plus dangereuse, qu'un effort heureux pouvait acculer nos colonnes à la Moselle ou les couper sans qu'elles eussent en arrière l'espace nécessaire pour opérer de nouveau leur jonction. De plus, la rive droite était occupée par l'ennemi, moins fortement peut-être, mais il suffisait de quelques batteries pour venir croiser leurs feux avec celles de la rive gauche, jeter le désordre dans les colonnes et entraver la marche. Ce projet n'avait de chance de réussite qu'à la condition d'être maître à l'avance des hauteurs, dont la possession eût assuré la sécurité de la vallée: c'était alors le débouché de la route de Briey et le plateau de Saint-Privat à reprendre; si l'on réussissait, le mouvement par la vallée n'avait plus de raison d'être ; il ne pouvait qu'allonger la marche, nécessiter le passage d'une rivière près de son confluent et nous écarter de l'objectif qu'il fallait atteindre. Le maréchal dut comprendre alors toute la gravité de la faute qu'il avait commise en abandonnant les positions que le 2ᵉ et le 3ᵉ corps avaient su lui conserver dans la journée du 18. Il ne put s'empêcher de reconnaître la justesse des observations qui lui étaient présentées ; ne voulant pas tenter l'opération sur Saint-Privat, il abandonna son premier projet et se décida à en faire étudier un autre par la rive droite.

Ici du moins l'espace était vaste, l'armée pouvait se déployer facilement ; la ligne prussienne une fois percée, de nombreuses routes conduisaient vers le nord et permettaient de gagner facilement Thionville, sans avoir de passage de rivière à exécuter ; on était en droit de supposer qu'en agissant avec vigueur et rapidité sur un point, on aurait facilement raison d'un ennemi qui ne pouvait être en forces sur toute l'étendue de l'immense circonférence qu'il avait à défendre (plus de 50 kilomètres).

Cette base une fois admise, il y avait des idées qui se présentaient naturellement à l'esprit : les troupes pouvaient, au sortir du camp retranché, se déployer en arc de cercle de la Moselle à la route de Sarrebrück ; elles trouvaient devant elles cinq débouchés qui leur permettaient de se mouvoir à l'aise et d'éviter tout encombrement, jusqu'au moment où elles seraient obligées de combattre. C'étaient la route de Thionville par Argancy et Illange, le long de la rivière ; celle de Bouzonville, qui se dirigeait sur la même ville par Bettlainville et Kédange, en obliquant sensiblement à l'est ; le chemin de Sainte-Barbe, et enfin les deux routes de Sarrelouis et de Sarrebrück. Les quatre premières pouvaient être destinées à l'infanterie, la cinquième réservée au corps de cavalerie.

L'opération ainsi conduite exigeait la prise de la position de Sainte-Barbe, qui était fortement occupée et solidement appuyée par les bois et les villages qui en couvraient les abords ; c'était là que l'effort devait se produire, puisque, une fois ce point enlevé, les lignes ennemies ne seraient plus tenables. Une démonstration sérieuse pouvait être faite sur le front de la position, pendant qu'un mouvement tournant prononcé sur la route de Sarrelouis par le gros de nos forces viendrait la prendre à revers et forcer l'ennemi à l'évacuer ; le corps de cavalerie soutiendrait cette attaque, en protégerait le flanc et contiendrait les renforts ennemis qui tenteraient de se porter au secours des troupes engagées. En même temps, des troupes seraient portées au sud dans la direction d'Ars-Laquenexy, pour couvrir nos derrières et interdire le passage aux troupes prussiennes venant de la rive droite ou des autres points de la ligne d'investissement. L'ennemi une fois refoulé, l'armée continuerait son mouvement en pivotant sur sa gauche, et elle pourrait se former en deux colonnes parallèles, distantes entre elles de 6 à 8 kilomètres, celle de droite marchant par Vigy sur Bettlainville et Kédange, celle de gauche suivant la rivière ; entre ces deux directions, il existait un grand nombre de chemins intermédiaires qui permettaient de les relier l'une à l'autre et de faire marcher entre elles les convois et les bagages avec une entière sécurité. Les troupes placées au sud seraient rappelées plus tard et formeraient l'arrière-garde.

L'ensemble de ces opérations semblait présenter des conditions de succès et répondre au but que disait se proposer le maréchal, mais l'ampleur générale du mouvement ne lui convint pas. Il en modifia la base essentielle en n'adoptant pas l'attaque tournante par la route de Sarrelouis, ni la coopération du corps de cavalerie ; il se contenta d'admettre quelques-uns des points importants, l'attaque de Sainte-Barbe, le choix des deux routes de Bettlainville et d'Illange, l'envoi d'une division d'observation à Ars-Laquenexy. Il reconnut cependant qu'une attaque de front ne suffisait pas contre Sainte-Barbe et il décida qu'elle serait soutenue par une opération combinée de deux corps sur les abords mêmes de la position, ce qui ne pouvait pas donner, comme on le verra plus tard, les résultats prompts et décisifs qu'exigeait la situation ; de plus, la ligne de bataille étant sensiblement diminuée, il en résultait que la division envoyée à Ars-Laquenexy se trouvait presque isolée et que son action ne pouvait être efficace qu'à la condition d'être vigoureusement conduite. Quant au corps de cavalerie, dont le rôle semblait bien tracé, le maréchal ne se soucia pas de l'employer ; il le relégua en dernière ligne, en arrière de l'énorme masse de troupes qu'il allait accumuler sur le plateau du fort Saint-Julien.

Ces dispositions furent définitivement adoptées dans la journée du 25, mais elles ne furent copiées et envoyées aux commandants des corps d'armée qu'à dix heures du soir, afin de prévenir les indiscrétions et de dérober nos desseins aux nombreux espions que nous avions autour de nous. Les troupes devaient se mettre en marche à la pointe du jour dans les 2ᵉ, 3ᵉ, 4ᵉ et 6ᵉ corps.

Le 3ᵉ corps, déjà placé sur la rive droite depuis le 22 août, s'établira en arrière du village de Noisseville, la droite appuyée à la route de Sarrelouis ; l'une de ses divisions, la 2ᵉ, est désignée pour rester en avant du fort Queuleu et se porter dans la direction d'Ars-Laquenexy ; on sait le rôle important qui lui était réservé.

Le 2ᵉ traversera la ville et se placera en troisième ligne derrière le 3ᵉ, à hauteur de la ferme de Belle-Croix.

Le 4ᵉ passera par le pont construit en amont dans l'île Chambière et prendra position à 1 800 mètres à l'est du château de Grimont, à cheval sur la route de Sainte-Barbe.

Le 6ᵉ se servira de l'autre pont jeté en aval, et viendra s'établir en avant du bois de Grimont, sur la route de Bouzonville, de manière à se relier par sa droite aux troupes du 4ᵉ corps.

Le génie et les batteries de réserve suivront les troupes auxquelles elles sont attachées.

Les divisions de cavalerie des 2ᵉ et 3ᵉ corps seront sur le flanc droit, pour protéger et éclairer la droite de nos lignes. Celles du 4ᵉ et du 6ᵉ se formeront en bataille en avant du front de leurs corps d'armée.

L'infanterie de la garde, avec ses batteries et son artillerie de réserve, ne se mettra en marche que plus tard, de manière à pouvoir succéder sans interruption aux 4ᵉ et 6ᵉ corps dans le passage des ponts ; elle se placera entre le fort Saint-Julien et le bois de Grimont, à cheval sur la route de Bouzonville.

La réserve d'artillerie de l'armée suivra immédiatement, et le mouvement se terminera par le corps de cavalerie ; on les établira en arrière sur le plateau, à droite du fort Saint-Julien, mais en ayant soin de maintenir les chemins et les routes complétement libres.

Les services dépendant du quartier général, ses bagages et ceux de tous les corps viendront se masser dans l'île Chambière après le passage des troupes et y attendront des ordres ultérieurs.

Le commandant en chef n'indiquait ainsi que le premier dispositif à prendre, il se réservait de donner ses instructions sur le terrain pour la marche comme pour le combat.

A la lecture de l'ordre qui venait d'être envoyé, il était difficile de se défendre des premières réflexions qui se présentaient à l'esprit. N'avait-on pas déjà perdu un temps précieux, en remettant au 26 ce qui aurait pu être fait la veille? Dans les circonstances où l'on se trouvait, un jour de retard pouvait avoir une importance énorme. D'après la teneur de sa dépêche, le maréchal de Mac-Mahon devait être le 25 sur l'Aisne, sans doute à Attigny et à Vouziers, et de ces points il se trouvait encore à environ 12 lieues de Montmédy, c'est-à-dire à deux fortes étapes, en admettant qu'il pût y arriver par la voie la plus courte, sans être obligé de se rejeter vers le nord. Quant à nous, il nous fallait considérer la journée du 26 comme perdue pour la marche; sans prévoir même les encombrements ni les retards qui se produisirent dans le mouvement des troupes, on devait s'attendre à un combat sérieux qui exigerait plusieurs heures d'efforts et à la suite duquel il faudrait bien du temps pour opérer le ralliement et la formation des colonnes. Par suite de la direction qui devait être suivie, nous avions 8 lieues à faire pour gagner Thionville, puis 17 pour atteindre Montmédy, ou un total de 25 lieues qui ne représentait pas moins de quatre étapes, de telle sorte que l'armée de Châlons eût pu arriver le 27 ou le 28, quand nous ne pouvions nous y trouver que le 30.

Pourquoi le maréchal n'avait-il pas cherché à tromper l'ennemi sur ses projets, en faisant une démonstration vers un des points opposés de la ligne d'investissement? S'il avait fait passer la Moselle dès le 25 à un ou deux de ses corps d'armée, à son artillerie de réserve, au corps de cavalerie, s'il en eût envoyé quelques détachements au sud de la place, il aurait inquiété le prince Frédéric-Charles et l'aurait forcé de se concentrer dans une direction contraire à celle que nous devions suivre ; le lendemain, ces corps n'auraient plus eu la rivière à traverser, le passage des autres se fût effectué plus rapidement, et l'action eût pu s'engager de bonne heure. Il fallait du moins utiliser la garnison de Metz, l'envoyer menacer les lignes prussiennes du côté d'Ars ou de Jouy, lui faire commencer en en mot l'apprentissage de la tâche qu'elle allait avoir à remplir après le départ de l'armée. On pouvait regretter aussi que le maréchal n'eût pas songé à mettre les troupes en marche pendant la nuit. L'opération avait des chances certaines de réussir promptement, à la condition d'être une surprise ; si on ne laissait pas à l'ennemi le temps de se masser, on devait pouvoir profiter sûrement de son désarroi pour percer ses lignes. En ne commençant le mouvement que le matin, il y avait à craindre que nos troupes ne pussent arriver assez vite sur leurs positions, et que l'ennemi n'eût le temps de nous opposer des forces considérables.

Quoi qu'il en soit, les ordres sont donnés, les troupes sont prévenues, et la nuit se passe dans l'attente des événements du lendemain ; la diane se fait entendre avant le lever du soleil, les tentes sont pliées, les sacs chargés, et nous voyons au petit jour nos colonnes se diriger sur les points de passage qui leur ont été indiqués. Certes, si jamais armée crut marcher au combat, ce fut bien celle de Metz dans la matinée du 26 août... Et cependant toute cette mise en scène ne devait aboutir qu'au plus triste désappointement.

Bien que les instructions du maréchal n'eussent été communiquées officiellement qu'au dernier moment, les chefs des différents services qu'il avait dû consulter se trouvaient en avoir eu connaissance. Aucune objection sérieuse ne lui avait encore été faite sur la décision qu'il paraissait avoir prise, quand, dans l'après-midi du 25, deux officiers généraux, auxquels leur haute position donnait le droit d'exprimer leur opinion, vinrent le trouver : c'étaient le général Soleille, commandant l'artillerie de l'armée, et le général Coffinières de Nordeck, commandant le génie et, de plus, commandant supérieur de la ville de Metz. Tous deux s'étaient sans doute entendus à l'avance sur les observations qu'ils allaient présenter au maréchal pour le faire renoncer à son entreprise. Ce qui se dit dans cette visite, il est difficile de le préciser, mais on peut le deviner, d'après les opinions que ces deux généraux développèrent le lendemain dans le conseil de guerre qui fut tenu au château de Grimont, et où ils se prononcèrent énergiquement contre toute idée d'abandon de Metz.

Le général Coffinières dut reproduire la théorie que nous l'avons vu déjà émettre sur l'avantage qu'il y avait à ne pas s'éloigner de la place et à opérer au dehors en y prenant son point d'appui. La présence de l'armée à Metz immobiliserait des forces considérables, l'ennemi n'oserait pas s'avancer au cœur de la France, en sentant ses lignes d'opération sans cesse menacées ; le maréchal de Mac-Mahon aurait ainsi le temps de reconstituer son armée, Paris d'organiser la défense, et, en cas de retraite des troupes prussiennes, nous serions à même de leur faire éprouver des pertes cruelles. Quoiqu'on lui laissât une garnison de 19 000 hommes avec 4 000 gardes nationaux, la ville n'était pas, selon lui, en mesure de tenir plus de quinze jours ; sans la présence de l'armée, il était dans l'impossibilité de terminer les forts, leur armement et l'achèvement des défenses intérieures du corps de place... Qu'il nous suffise de rappeler ici qu'à ce moment le siége de Strasbourg était commencé, et que là, du moins, les 8 à 10 000 hommes qui s'y trouvaient surent résister jusqu'au 28 septembre; que la lettre du 22 août du général Soleille annonçait qu'à cette date l'armement de la ville était au complet, avec cinq cent vingt bouches à feu et un approvisionnement en munitions plus que suffisant; qu'enfin toutes ces considérations avaient dû être pesées quand la retraite sur Verdun avait été décidée, et qu'elles avaient dû paraître insuffisantes, puisqu'on ne s'y était pas arrêté.

Le général Soleille appuya les idées de son collègue; puis, examinant la situation au point de vue du service à la tête duquel il était placé, il affirma l'imprudence qu'il y aurait à s'aventurer en rase campagne avec un approvisionnement aussi peu considérable que celui dont il disposait; les résultats constatés à la suite des derniers combats et les renseignements contenus dans sa lettre si explicite du 22 août ne le rassuraient pas; il montra l'artillerie comme pouvant être sans ressources après deux batailles qui lui paraissaient certaines, l'armée dans l'impossibilité de se servir de ses armes et réduite peut-être à un désastre dont personne encore n'avait osé entrevoir la possibilité... On aurait pu lui répondre qu'après les trois journées des 14, 16 et 18, il restait encore plus d'un tiers de l'approvisionnement dans les coffres, et que, d'ailleurs, on était sûr de retrouver à Thionville un convoi de munitions qui suffirait largement à remplacer celles qui auraient été dépensées.

Voilà le langage qu'ont tenu ces deux généraux dans la séance du château de Grimont, tel qu'il a été rendu par des membres de ce conseil, désireux de s'excuser du mécompte général qu'ils voyaient sur les visages de leurs officiers et de leurs soldats. On est donc autorisé à penser qu'ils ont dû tenir le même au maréchal Bazaine, quand ils sont venus le presser de ne pas sortir de Metz.

Le maréchal repoussa, paraît-il, leurs observations, et leur déclara qu'il lui était impossible de ne pas persister dans ses projets. Leur parla-t-il de la dépêche du maréchal de Mac-Mahon, de l'avis qu'il avait de son mouvement? Nous l'ignorons. Quoi qu'il en soit, ces deux généraux ne s'en tinrent pas là : désireux de mettre leur responsabilité à couvert, ils rédigèrent une note explicative qui reproduisait les opinions émises par eux et qu'ils firent signer par une troisième personne, dont le nom ne nous est pas connu. Cette note, fort habilement conçue, rejetait à l'avance sur le commandant en chef les désastres qui pouvaient survenir; elle lui fut remise le 26 au matin. Dans l'état d'esprit où se trouvait le maréchal Bazaine, elle fit sur lui une profonde impression et l'ébranla dans ses résolutions; mais les ordres étaient donnés, il ne pensa pas pouvoir les modifier.

Au moment où nos troupes étaient déjà partout en marche, le général Coffinières revint le trouver et insista avec plus de force encore sur la nécessité de rester à Metz. Troublé par les réflexions de la nuit, par les difficultés qu'on s'était plu à lui montrer, le maréchal céda aux funestes conseils qui lui étaient donnés ; il n'osa cependant pas arrêter immédiatement le mouvement qui s'exécutait, parce qu'il se souciait peu de laisser rejaillir sur lui l'odieux et presque le ridicule d'un pareil contre-ordre. Prenant l'initiative d'une tactique à laquelle il aura désormais recours dans les circonstances critiques, il se décide à soumettre la question à un conseil de guerre auquel il appellera les commandants des corps d'armée et les principaux chefs de service; en la présentant sous les terribles aspects qu'on lui a fait entrevoir, il ne doute pas de la facilité qu'il aura de convaincre les hommes qu'il va consulter et au milieu desquels il sait devoir trouver d'éloquents appuis. Certain à l'avance de l'acquiescement qui lui sera donné, il contremande dès huit heures du matin les mesures qui lui sont personnelles, maintient la garde de son quartier général, fait abandonner le chargement de ses bagages et annonce à son entourage qu'il reviendra au Ban-Saint-Martin.

A neuf heures, la fatale nouvelle transpirait déjà; un officier de l'état-major général, que son service avait appelé chez le maréchal, l'avait répandue; à l'incrédulité générale il opposait les témoignages les moins récusables. C'était l'heure où l'état-major général avait reçu l'ordre d'être prêt à partir : ses chevaux étaient bridés, il attendait le signal; c'était aussi le moment où la plus grande partie des troupes devait être en position, où il eût fallu agir pour ne pas laisser à l'ennemi le temps de concentrer ses forces sur le point d'attaque, qui ne pouvait plus lui être caché. Le retard qui se produisit dans le départ ne prouva que trop l'exactitude du renseignement donné; quand on vit le maréchal partir à onze heures et demie, se diriger lentement vers les hauteurs de Saint-Julien, il n'y eut plus de doute possible, et la déception fut générale.

Au moment où son cortége passait la Moselle, le temps, menaçant depuis la veille, s'était entièrement gâté, la pluie se mit à tomber en véritables torrents. Le maréchal ne s'en rendit pas moins au château de Grimont, où il avait donné rendez-vous aux commandants des corps d'armée et aux chefs de service. Ceux-ci arrivèrent successivement, à l'exception du général Bourbaki qui présidait en ce moment au passage de la garde; on ne l'attendit pas, et la séance commença.

Le maréchal exposa la situation, le projet qu'il avait eu et les raisons qui le portaient à y renoncer; mais il ne dit rien de la dépêche du maréchal Mac-Mahon ni de la lettre du 22 août qui lui avait fait connaître l'état de l'approvisionnement en munitions. Ces omissions paraissent si étranges, qu'on aurait peine à y croire, sans les assurances données depuis par plusieurs membres du conseil. Après le maréchal, les généraux Coffinières et Soleille développèrent les opinions qu'ils avaient énoncées la veille, et dès lors la question fut résolue : les commandants des corps d'armée n'avaient pas les éléments nécessaires pour contrôler les assertions qu'ils entendaient émettre et qui devaient réagir forcément sur les opérations stratégiques ; ils ne virent que les difficultés de l'entreprise dont on leur cachait la nécessité, et ils jugèrent que, dans les circonstances telles qu'on les leur présentait, il y avait lieu d'y renoncer. Ce fut au moment où cette résolution venait d'être prise qu'arriva le général Bourbaki, plein de l'ardeur qu'on lui connaît ; son avis lui fut demandé, et, si l'on en croit son propre témoignage, il n'hésita pas un instant à déclarer qu'il fallait sortir au plus vite et à tout prix ; on lui fit connaître alors l'avis unanime de ses collègues, les raisons qui l'avaient motivé, et, en présence de cette opposition générale, il se contenta d'incliner la tête, sans ajouter un mot de plus ; puis il sortit fort mécontent de la chambre du conseil, et, appelant son aide de camp, il lui dit d'un ton qui ne dissimulait guère ses sentiments : « Qu'on renvoie de « suite la garde dans ses bivouacs du matin. » C'était la confirmation du désappointement auquel bien des officiers s'étaient refusés à croire jusqu'au dernier moment.

Cette première résolution prise, le maréchal consulta le conseil sur l'opportunité qu'il y aurait à profiter au moins de la réunion des troupes pour tenter un coup de main sur les positions ennemies ; mais l'état de l'atmosphère, la continuation de la pluie furent regardés comme incompatibles avec toute action de guerre, et on jugea qu'il valait mieux replacer les hommes dans les bivouacs fangeux qu'ils avaient quittés à la pointe du jour que de les faire camper dans la boue des terrains qu'ils auraient pu enlever à l'ennemi. Singulière manière de faire la guerre et de comprendre le métier de soldat, comme nous l'ont si bien fait sentir plus tard les Prussiens dans une circonstance que nous aurons à faire connaître! On se contenta de décider que, les jours suivants, on entreprendrait quelques opérations extérieures, comme application de la théorie sur laquelle on venait de s'appuyer pour rester à Metz.

Pendant ces malheureux débats, les troupes n'en avaient pas moins continué leur mouvement, qu'on ne supposait sans doute pas devoir exiger autant de temps; il s'y était produit un incident digne d'être cité pour montrer jusqu'où allait l'incurie dans certains services. L'ordre ayant été donné le 24 août de faire jeter deux ponts sur la Moselle, il était assez naturel de penser que, destinés au passage de l'armée d'une rive à l'autre, ils devaient avoir la solidité suffisante pour supporter tout ce qui constitue les troupes, hommes, chevaux et matériel. Le premier fut, en effet, construit avec toutes les garanties de résistance exigées; pour le second, on employa de vieux chevalets, afin de ménager le matériel neuf de l'arsenal, de telle sorte que, quand les troupes s'y présentèrent, le 26 au matin, on leur apprit que le tablier n'était en état de supporter ni chevaux ni matériel, et que l'infanterie seule pouvait y passer. Or, dans l'itinéraire tel qu'il avait été tracé, le 4ᵉ corps prenait le pont d'amont, pendant que le 6ᵉ se servait de celui d'aval; il en résultait que le mouvement du 6ᵉ corps était entravé dès le début, et qu'il n'y avait par le fait qu'un seul débouché. De là un retard considérable que la moindre surveillance eût prévenu et qui devait se faire sentir de plus en plus au passage des autres troupes.

Dans les dispositions que nous avons fait connaître, on a vu que non-seulement le maréchal avait sensiblement restreint la zone de déploiement, mais qu'il avait accumulé toutes les réserves sur un même point, aux alentours du fort Saint-Julien ; comme il n'existait qu'une seule route pour aller directement des ponts sur le plateau, et que les troupes n'avaient reçu aucune indication des autres voies qu'elles auraient pu suivre, il arriva qu'elles s'engagèrent toutes sur la même direction et qu'il s'y produisit un énorme encombrement. Ce sont là des faits inouïs à citer dans les fastes d'une campagne ; mais on ne s'en étonnera pas, quand on saura que le chef d'état-major général ne connaissait pas une seule des communications intérieures du camp retranché, et qu'il ne se préoccupa jamais de les faire reconnaître par ses officiers.

Le mouvement, qu'on pensait devoir être terminé à midi, continuait encore à l'issue du conseil de guerre, au moment où fut donné l'ordre de retourner dans les bivouacs. Il était alors deux heures : le 4e, le 6e corps et la garde étaient arrivés sur leurs positions, mais l'artillerie de réserve commençait à peine à gravir les pentes du Saint-Julien. Le mouvement en sens contraire qui s'opéra aussitôt, sans indications plus précises que le matin, ne fit qu'augmenter les embarras dans des proportions déplorables ; les caissons et les pièces qui faisaient demi-tour arrêtèrent pendant un temps infini les colonnes d'infanterie et le matériel qui les suivait, sous une pluie torrentielle, au milieu de véritables lacs de fange et de boue ; le désordre fut tel, que les troupes du 4e corps, qui rentrèrent les dernières dans leur ancien camp, n'y arrivèrent que le 27 à six heures du matin, après être restées vingt-six heures sous les armes.

Cette journée eut un effet déplorable sur le moral des troupes, qui y virent une nouvelle preuve de la fatale indécision de leurs chefs; elles leur en voulurent de ces souffrances et de ces fatigues inutiles. Un combat dont l'issue n'eût pas été heureuse, aurait eu sur elles une influence moins fâcheuse; en se retirant ainsi, c'était leur faire croire à un acte de pusillanimité ou à un aveu d'impuissance, en face de l'ennemi qu'elles avaient à combattre.

Avant que les corps d'armée quittassent les positions qu'ils étaient venus prendre dans la matinée, le maréchal modifia leur emplacement; les campements se trouvaient ainsi élargis et répartis à peu près également sur chacune des rives de la Moselle. Ce fut le dernier changement apporté à l'assiette des troupes jusqu'au jour de la capitulation.

D'après les ordres donnés, le 2e corps restait sur la rive droite, entre la Moselle et la Seille.

Le 3e s'étendait du fort Queuleu au fort Saint-Julien, la droite à la Seille, la gauche à la Moselle.

Le 4e devait occuper sur la rive gauche le village de Longeville et toutes les hauteurs de Plappeville, en arrière du fort de ce nom et de celui du Saint-Quentin.

Le 6e se reliait au 4e, en passant par la colline du Coupillon et le hameau du Sansonnet; il s'étendait par sa droite jusqu'au fort Moselle.

Les autres troupes conservaient leurs anciens emplacements. Dès le lendemain 27, le maréchal comprit qu'il ne pouvait laisser l'armée sous la pénible impression qu'elle avait ressentie de la journée de la veille et qu'il ne devait pas ignorer. Le programme arrêté au conseil de guerre de Grimont lui fournit un moyen d'y faire diversion; il prescrivit donc au général Frossard et au maréchal Le Bœuf de combiner une opération sur le village de Peltre, qui se trouvait être pour les Prussiens la tête de leur chemin de fer de Sarrebrück et, par suite, de leur communication la plus directe avec l'Allemagne. Depuis la frontière jusqu'à Peltre, on n'avait dans la première retraite sur Metz détruit ni un pont, ni un viaduc. La voie se trouvait donc parfaitement libre ; mais à partir de ce point, elle se rapprochait du canon de Metz pour aller rejoindre celle de Nancy ; l'ennemi ne pouvant utiliser cette dernière section, force lui fut d'arrêter ses trains à Peltre, qui était devenu par ce fait son principal centre d'approvisionnements. On avait appris par des espions qu'il s'y trouvait en ce moment un grand nombre de trains venus de Forbach avec des vivres et des munitions.

Le maréchal voulait que le 2e corps s'emparât du village, y prît le plus possible de vivres et détruisît le reste, pendant que le 3e corps ferait une forte démonstration du même côté et enverrait au loin sa cavalerie inquiéter l'ennemi et enlever des fourrages. Les commandants de ces deux corps devaient étudier l'opération et formuler un projet. C'est ici qu'apparaît pour la première fois la question des vivres : elle ne vient que trop montrer l'intention de rester à Metz et d'y attendre les événements ; comme les approvisionnements de la ville n'avaient pas été calculés pour une armée de 140 000 hommes, et qu'on avait négligé de plus de faire rentrer les ressources des environs, abandonnées à l'ennemi, il en résultait une situation des plus critiques, du moment où on renonçait à quitter la place.

Tout en reconnaissant l'utilité de l'entreprise dont on les chargeait, les deux commandants de corps y virent de grosses difficultés qu'ils exposèrent au maréchal : l'ennemi devait avoir beaucoup de troupes pour garder ses magasins, il en avait un centre considérable à Courcelles-sur-Nied; la position de Mercy-le-Haut, qu'il fallait enlever avant tout, était très-forte; la cavalerie trouverait les routes coupées; mille raisons, en un mot, qui se résumaient ainsi : cette opération amènerait une véritable bataille, et les 60 000 hommes dont ils disposaient ne suffiraient pas. Le maréchal n'insista pas, et le projet fut abandonné; il est de fait que s'il eût fallu une bataille, mieux valait la livrer pour s'en aller que pour ramener des vivres à Metz; mais elle n'eût pas été nécessaire, et il faut constater ici les symptômes d'un manque de confiance, d'une méfiance de soi-même, qui s'affirmeront de plus en plus pendant le mois de septembre.

La position prise par le 2e et le 3e corps sur la rive droite nécessitait le maintien des communications entre les deux rives; qu'on eût à appuyer ces troupes dans une opération extérieure ou à les faire agir contre un effort de l'ennemi, le passage de la Moselle ne devait plus être un obstacle à la rapidité de leur concentration; l'épreuve du 26 août avait suffisamment prouvé la défectuosité des ponts qui avaient été construits. Aussi, le 28, le général Coffinières fut-il invité à les refaire dans des conditions normales de solidité et à en ajouter un troisième; on ouvrit en même temps des routes pour en faciliter les abords et les débouchés, on améliora les communications secondaires qui donnaient accès sur le plateau de Saint-Julien. Etait-ce l'indice d'une nouvelle tentative de sortie, ou ne voulait-on que préparer les moyens d'action pour une de ces opérations extérieures arrêtées en principe par le conseil de guerre?... Toute l'armée comprenait que la situation ne pouvait se prolonger indéfiniment devant les progrès de l'envahisseur;

elle sentait qu'elle avait un rôle sérieux à remplir dans la défense du pays et elle y était prête.

La journée du 29 se passa sans nouvel incident; mais le 30 au matin, le bruit se répandit que le maréchal allait tenter une grande opération, probablement une nouvelle sortie; le même officier qui avait préparé sous ses ordres celle du 26 fut de nouveau appelé par lui, des renseignements de toute nature furent demandés sur Thionville, enfin les troupes reçurent l'ordre de se tenir prêtes à se mettre en mouvement vers midi ou une heure et de prendre immédiatement des vivres de réserve. On attendait avec impatience de nouvelles instructions, quand à midi le maréchal fit prévenir que le mouvement annoncé n'aurait pas lieu; les troupes n'en devaient pas moins se préparer à partir au premier signal.

Que venait-il donc de se passer? Pourquoi ce revirement subit, succédant quatre jours après à une tentative si malheureusement avortée? On supposa que le maréchal avait reçu du dehors un avis qui le prévenait de l'approche du maréchal de Mac-Mahon, et devant lequel il lui fallait renoncer à ses projets d'inaction; mais on ne savait quel avait pu être cet avis. Dans le *Rapport sommaire sur les opérations de l'armée du Rhin* (1), il est dit :

« Le 30 août, je reçus par le retour d'un émissaire que
« j'avais envoyé à S. M. l'empereur au camp de Châlons,
« l'avis suivant... » Puis suit la dépêche que nous avons déjà fait connaître, comme expédiée par le maréchal de Mac-Mahon le 22 août et parvenue à Metz le 23. La date d'arrivée que nous avons indiquée était toute naturelle, puisqu'à cette époque la ligne télégraphique de Thionville à Mézières fonctionnait encore, aussi bien que la ligne fer-

(1) Brochure publiée à Berlin par le maréchal Bazaine.

rée; l'avis du maréchal de Mac-Mahon au commandant de Montmédy, au maire de Longuyon, avait donc pu leur être transmis le 22 instantanément, et de là être envoyé avec la même rapidité à Thionville, autour duquel l'ennemi n'avait pas paru.

Ce qu'il y aurait eu d'extraordinaire, c'est qu'une dépêche de cette importance, confiée à un grand nombre de courriers, eût mis huit jours à parvenir, au moment où les agents de notre bureau politique traversaient encore les lignes avec une facilité qu'ils n'ont pas trouvée plus tard. Il faudrait admettre que de tous les émissaires auxquels elle aurait été confiée par les trois autorités mises en demeure par le maréchal de Mac-Mahon, aucun ne fût arrivé, tandis que le messager envoyé par le maréchal Bazaine à l'empereur au camp de Châlons aurait pu seul parvenir jusqu'à Metz, à la date du 30 août ; il faudrait de plus que ce même messager fût remonté jusqu'à Reims pour y trouver le maréchal de Mac-Mahon. Ce serait là que lui aurait été confiée une dépêche écrite en style télégraphique, quand il eût été si simple d'y donner une autre forme et d'y ajouter quelques détails d'exécution ; une pareille supposition est tout à fait impossible.

On est donc porté à en conclure que M. le maréchal Bazaine a bien pu recevoir le 30, comme il le dit, une dépêche de M. le maréchal de Mac-Mahon, mais qu'elle était la simple reproduction de celle qu'il avait déjà reçue ; son émissaire, en passant par Verdun, en avait sans doute été chargé par le général commandant la place. Les nouvelles que cet homme avait été à même de rapporter étaient plus graves; par les renseignements qui lui avaient été donnés, par ceux qu'il avait recueillis sur sa route, il avait pu faire connaître au maréchal la marche de l'armée de Châlons, la direction qu'elle suivait, le but de son mouvement et le départ d'une partie des forces prussiennes qui nous entouraient. Ces informations étaient trop sérieuses pour que le commandant en chef pût se dispenser d'agir ou au moins de faire une démonstration qui indiquât sa volonté d'agir. C'est ainsi que s'expliquent les premières instructions données dans la matinée du 30 et complétées plus tard dans la même journée.

A huit heures du soir, les ordres de mouvement furent envoyés pour être exécutés le lendemain à six heures du matin ; ils étaient de tout point identiques à ceux du 26 : même dispositif sur le terrain, mêmes positions à occuper, mêmes routes à suivre, même opération à exécuter ; il n'y avait que quelques différences de détail dans l'itinéraire. L'expérience faite n'avait servi à rien ; on ne comprenait pas davantage l'intérêt qu'il y avait à surprendre l'ennemi, ni à lui dérober pendant la nuit une partie de notre mouvement ; on avait vu les retards qui s'étaient produits, qui étaient inhérents à l'itinéraire adopté, et on ne le modifiait qu'imparfaitement. Il y avait trois ponts, il est vrai, et des routes améliorées à leur sortie ; mais il n'en restait pas moins le grave inconvénient de porter toutes les réserves sur le même point et de n'avoir qu'une seule route pour y arriver, de telle sorte que, quel que fût le nombre des chemins et des ponts donnant accès sur cette route, elle ne formait par le fait qu'un débouché unique pour toutes les troupes devant suivre la même direction ; c'était de mauvaises conditions pour assurer la vitesse du mouvement. Le 26, on n'avait pu juger exactement de l'étendue du retard, parce que le contre-ordre était arrivé trop tôt ; mais on pouvait facilement supposer ce qu'il aurait été ; on semblait l'avoir oublié ou n'en avoir tenu aucun compte. Le temps que devait durer pour chaque corps le passage des ponts lui avait été minutieusement compté ; d'après les calculs faits, les troupes devaient être en position à onze heures et demie ou midi au plus tard ; qu'il nous suffise de dire, pour en faire apprécier l'exactitude, que la réserve d'artillerie arriva à six heures du soir, le corps de cavalerie à neuf heures.

Non-seulement on ne cherchait pas à tromper l'ennemi, mais on semblait vouloir lui enlever toute espèce de doute sur nos projets ; on répétait les mêmes manœuvres, les troupes se montraient sur les mêmes points ; on eût dit que la journée du 26 n'avait été que la répétition de l'acte qui allait se jouer. Le maréchal fera attaquer Sainte-Barbe par les mêmes mouvements combinés ; le 3e corps se portera par Noisseville sur le flanc de la position, et le 4e marchera de front, pendant que le 6e s'avancera dans la plaine sur les routes de Bouzonville et de Malroy. Pas plus que le 26, il n'admettra de mouvement tournant ; la disposition de ses réserves en face de Sainte-Barbe indiquera suffisamment qu'il compte faire encore son principal effort sur le front de la position. Enfin, pour que rien ne soit changé au dernier programme, ce sera la même division du 3e corps qui ira observer le Sud des lignes prussiennes vers Ars-Laquenexy. La position de Sainte-Barbe une fois enlevée, les troupes se rabattront sur les deux routes de Bettlainville et d'Illange, pour gagner Thionville à marches forcées.

Dans le projet tel que l'a conçu le maréchal, surprendre l'ennemi n'est plus possible ; on doit s'attendre à trouver devant soi des forces appelées des points les plus voisins et prêtes au combat. Il faudrait donc attaquer au plus vite et culbuter par un premier et vigoureux effort le peu de troupes qu'il y a devant nous, pour empêcher la jonction de celles qui arriveront plus tard ; il faudrait, dans cette prévision, disposer dès l'abord d'une masse énorme d'artillerie, couvrir de feux la position qu'on vient enlever, la rendre intenable et s'en emparer aussitôt. Pour obtenir ces résultats, il était indispensable de disposer, dès le début, des batteries de 12 de la réserve générale, seules en état de lutter avec avantage contre l'artillerie ennemie; c'était à elles que revenait l'honneur de faire une trouée dans les lignes prussiennes, pendant que les batteries divisionnaires soutiendraient les mouvements de nos bataillons.

L'expérience des derniers combats n'avait que trop appris quelles masses d'artillerie on devait trouver en première ligne, et combien il serait difficile d'en éteindre le feu, si on s'acharnait à le contre-battre avant de mettre les troupes en marche. On devait savoir que, dans leur tactique, les Prussiens portent à l'avant-garde la plus grande partie de leurs pièces, même celles de la réserve des corps d'armée; il suffisait d'ailleurs de se reporter à la fameuse conférence faite à Berlin sur le nouvel emploi de l'artillerie par le prince de Hohenlohe, commandant l'artillerie de la garde, pour y retrouver les principes que l'ennemi appliquait si brillamment sur les champs de bataille. On ne tint aucun compte de ces enseignements. Les batteries de la réserve passèrent la rivière après les trois corps d'infanterie de la rive gauche, et ce ne fut qu'à six heures du soir qu'elles atteignirent le plateau.

Si l'on examine l'opération dans son ensemble, il est évident que notre droite était la partie faible de l'ordre de bataille; elle ne pouvait trouver d'appui sérieux que dans un dispositif de troupes ou dans les points qu'elle aurait enlevés à l'ennemi; elle pouvait être menacée par les attaques de flanc, atteinte par les projectiles des pièces à longue portée, arrêtée même dans ses mouvements; la gauche, au contraire, s'appuyait à la Moselle, et le centre était soutenu en arrière par les feux du fort Saint-Julien. Il y a donc tout lieu de s'étonner que le maréchal n'ait pas porté ses réserves sur l'aile qui, tout en étant la plus faible, n'en était pas moins chargée d'assurer le succès du mouvement. Si la garde eût été à même d'appuyer le 2ᵉ et le 3ᵉ corps, sa présence aurait certainement suffi pour donner aux attaques qui se sont faites de ce côté une intensité tout autre que celle qu'elles ont eue ; le corps de cavalerie aurait pu gagner le plateau de Cheuby et concourir au succès de la journée. Mais on sait que le maréchal n'en avait pas décidé ainsi : toutes les réserves, infanterie, cavalerie et artillerie, iront se grouper en une masse compacte, derrière le centre, autour du fort Saint-Julien.

C'est le 31, à la pointe du jour, que le mouvement commence ; le 2ᵉ et le 3ᵉ corps, placés tous deux sur la rive droite, sont en position dès huit heures du matin ; les avant-postes prussiens se retirent devant eux, et les emplacements indiqués sont occupés sans résistance ; à ce moment, les villages de Noisseville, de Nouilly, de Montoy, sont à peu près abandonnés par l'ennemi, et il suffirait de la moindre démonstration pour les enlever ; mais on n'y songe pas, l'ordre de mouvement ne comporte aucune instruction pour le combat, l'emplacement assigné laisse ces points en dehors ; pas un de nos généraux, pas même un commandant de corps n'oserait prendre sur lui de faire la moindre opération sans un ordre formel.

Il y a loin de là à l'audacieuse initiative des généraux prussiens qui attaquent toujours, sauf à se retirer, s'ils voient leur tentative inutile ; c'est ce qu'ils ont fait à Wissembourg, à Wœrth et à Rézonville. On sent que, là du moins, les belles instructions du grand Frédéric à ses bénéraux sont encore en vigueur. Ce qu'il y a de malheureusement trop certain, c'est qu'on aurait pu s'emparer facilement dès le matin de ces trois villages, qui eussent donné une base d'opération excellente. On disposait alors de cinq divisions d'infanterie, de deux de cavalerie et de vingt-sept batteries (162 pièces), en face desquelles il n'y avait qu'une poignée d'hommes, peut-être trois bataillons. On ne fit rien; l'ennemi amena des renforts, prit des dispositions de défense, et quand on fit attaquer ces villages à quatre heures du soir, c'est-à-dire huit heures plus tard, leur enlèvement coûta beaucoup de sang et ne fut achevé qu'après deux heures de combat.

Pendant que nos deux corps formaient les faisceaux et laissaient à l'ennemi de temps de se réunir, le 4ᵉ traversait la Moselle et venait s'établir sur la route de Sainte-Barbe, en arrière de Villers-l'Orme; on avait compté que son passage sur les ponts serait terminé à sept heures un quart, et qu'il pourrait être en position à huit heures et demie. Mais déjà le retard dans la marche des colonnes se produisait avec des proportions inquiétantes pour les troupes qui allaient suivre; ce ne fut qu'à onze heures que le général Ladmirault occupa l'emplacement qui lui était assigné. Ce qui venait de se passer faisait présager d'autres mécomptes; si le maréchal se fût tenu au courant du mouvement des troupes, il aurait pu remédier immédiatement au mal, en modifiant l'itinéraire tracé; il était facile, en effet, d'utiliser un point de passage dont on s'était servi le 26, et qu'on avait négligé cette fois sans raison : c'était la traversée de la ville de Metz et le débouché par les glacis du fort Belle-Croix. La réserve d'artillerie ou la garde aurait suivi cette direction qui était libre, et ce fait n'eût été que plus utile pour le résultat de la journée. On ne prit aucune mesure, on laissa les choses empirer de plus en plus, et il en résulta que le 6ᵉ corps ne fut placé qu'à une heure, la garde à deux heures et demie.

Le maréchal arriva sur le terrain avec les têtes de colonne du maréchal Canrobert (6ᵉ corps); il avait alors en position huit divisions d'infanterie, trois autres le suivaient immédiatement : c'était un effectif qui représentait à lui seul quatre corps d'armée prussiens. On pouvait donc s'attendre à le voir donner aussitôt l'ordre d'attaquer, avant que les renforts ennemis ne fussent arrivés des différents points de l'horizon d'où on les lui signalait. Mais il se contenta de faire venir les commandants des corps d'armée pour leur donner des instructions, ce qui demanda plus d'une heure ; il insista sur l'attaque qu'aurait à prononcer le maréchal Le Bœuf avec le 3ᵉ corps, comme étant le mouvement important de la bataille, il mit à sa disposition une des divisions du général Frossard (2ᵉ corps), puis il décida que le premier coup de canon tiré du fort Saint-Julien servirait de signal pour engager l'action. Comme s'il n'y avait pas eu déjà assez de temps de perdu et qu'il voulût en perdre davantage !...

L'ennemi avait mis à profit le répit qu'on lui avait laissé. Le rapport du prince Frédéric-Charles nous fait connaître les troupes qui étaient devant nous le matin, celles qui les rejoignirent et les heures de leur arrivée sur le champ de bataille. Lorsque le 2ᵉ et le 3ᵉ corps vinrent prendre position, la ligne prussienne de Courcelles-sur-Nied à Malroy (24 kilomètres) n'était défendue que par trois divisions d'infanterie (Iᵉʳ corps et la division de landwehr de Kummer). On voit par là les résultats que nous aurions pu atteindre en dérobant notre mouvement à l'ennemi et en le surprenant à la pointe du jour. Il n'y aurait peut-être pas eu de combat à livrer : le passage ouvert, les ponts de la Moselle rompus, nous nous retrouvions en pleine campagne, avec toute notre liberté d'action. Un peu plus tard, le général de Voigts-Rhetz traversait le pont de bateaux d'Hauconcourt avec une partie de son corps d'armée (le Xe). Le mouvement que nous faisions avait été prévu dans ses instructions, et il s'y conformait en se portant sur la rive droite ; il était alors environ dix heures. Les troupes prussiennes s'étaient resserrées entre la route de Sarrebrück et la Moselle, sur une étendue de 16 kilomètres ; elles présentaient à ce moment un effectif de 55 à 60 000 hommes, en face duquel nous avions déjà trois corps d'armée, comptant près de 90 000 hommes.

Le prince Frédéric-Charles ne s'était pas contenté de ces premières mesures ; il avait de suite envoyé ses instructions aux autres corps d'armée, et leur avait prescrit de se tenir prêts à marcher ; mais la plupart étaient fort éloignés et ne pouvaient arriver avant plusieurs heures. A huit heures et demie, le général de Manstein était prévenu qu'il devait concentrer ses deux divisions (division hessoise, 18e division et artillerie de réserve du IXe corps), l'une à Pierrevillers, l'autre à Roncourt ; ces deux points sont, le premier à 17 kilomètres, le second à 24 du champ de bataille. A neuf heures et demie, l'ordre était envoyé au général de Fransecki de réunir le IIe corps entre Briey et Auboué, au général de Alvensleben II de s'avancer de Dancourt et de Conflans dans la direction de Saint-Privat, dont il était éloigné de plus de 4 lieues ; de ce point, il lui aurait fallu en faire encore 6 pour arriver sur le théâtre du combat. C'étaient donc de véritables étapes qu'ils avaient à parcourir avant de pouvoir prendre part à la lutte ; nous aurions eu le temps d'agir et d'enlever Sainte-Barbe, sans avoir à craindre l'arrivée de nouveaux renforts. Une brigade du VIIe corps de l'armée de Steinmetz put seule atteindre Courcelles-sur-Nied vers midi, pour y remplacer les troupes que le général Manteuffel avait portées en toute hâte sur la position que nos mouvements indiquaient comme le but de nos attaques ; elle était de plus destinée à faire face à celle de nos divisions qui avait pour mission de s'avancer jusqu'à Ars-Laquenexy et d'inquiéter de là les communications de l'ennemi. Le prince ajoute dans son rapport que l'action ne s'engageant sur aucun point, voyant nos troupes faire la soupe au lieu de combattre, il fit reporter le Xe corps sur la rive gauche et se contenta de donner ordre à la division hessoise de continuer le mouvement qu'elle avait commencé à midi et de se porter à Antilly, où elle resterait comme soutien du général de Manteuffel ; ce ne fut qu'à quatre heures qu'elle atteignit cette position et qu'elle entra en ligne, comme nous l'apprend le rapport spécial de son commandant, le prince Louis de Hesse.

Pendant ces préparatifs de l'ennemi, le maréchal arpente à cheval la route de Sainte-Barbe, examine le terrain qui est devant lui, celui qui est à sa gauche et ne paraît se préoccuper en rien de ce qui se passera à sa droite ; il décide la construction d'un remblai destiné à abriter deux batteries de 12, dont le feu sera dirigé sur les lignes ennemies allant de Failly à Poix et sur une batterie de position établie en arrière. Avec quelque rapidité que nos hommes travaillent, la tranchée est longue à creuser dans les terres fortes et argileuses du plateau, et il s'en faut qu'elle soit achevée, quand on annonce au maréchal, à deux heures et demie, l'arrivée de la garde ; toute son armée est là, il ne lui manque que l'artillerie de réserve et le corps de cavalerie. On croit qu'il va agir, mais il n'en est rien ; l'ennemi n'a sans doute pas eu suffisamment de temps pour organiser la défense.

Un officier de l'état-major général l'avertit que de grosses colonnes ennemies sont en vue sur la rive gauche de la Moselle, qu'elles se dirigent vers les ponts d'Hauconcourt et que, évidemment, elles viennent prêter appui aux troupes qui sont devant nous ; il se contente de répondre avec calme : « C'est bien : ce sont les troupes de la rive « gauche qui arrivent. » Pas un mot de plus, pas un ordre nouveau donné ; il s'étonne cependant que le maréchal Le Bœuf ne commence pas son attaque et il se plaint de la lenteur du mouvement de la droite ; le chef d'état-major général lui fait remarquer qu'il a prescrit d'attendre le signal qu'il donnerait, et qu'aucun coup de canon n'ayant encore été tiré, il est naturel que le 3e corps reste immobile. La justesse de cette observation met fin à ses impatiences, mais ne le décide ni à donner ce signal, ni à modifier les instructions qu'a reçues le maréchal Le Bœuf. Il aperçoit distinctement devant lui les rassemblements ennemis en arrière de Sainte-Barbe, et il veut les disperser avec quelques-unes des pièces de 24 court du fort Saint-Julien ; on envoie des attelages en chercher trois, on les amène à grand'peine et on les couvre par un fort parapet ; toutes ces opérations exigent un temps énorme, mais enfin les pièces de 24 sont abritées comme les batteries de 12, et le maréchal se décide à faire tirer le premier coup de canon ; il était quatre heures du soir.

C'est avec ces quinze pièces qu'il va tenter d'éteindre le feu des nombreuses batteries que l'ennemi a déjà déployées entre les villages de Poix et de Servigny ; ce qui arriva était facile à prévoir : nos deux batteries de 12, auxquelles on en avait plus tard adjoint une troisième, ne purent tenir longtemps ; les pièces de 24 furent renvoyées au fort, et ce furent les batteries divisionnaires qui eurent à répondre à celles de l'ennemi. Si le maréchal avait eu la volonté sincère de réussir, il le pouvait encore à cette heure tardive, malgré ces retards inexplicables; il avait sous la main un nombre de bouches à feu de gros calibre suffisant pour faire taire celles de l'ennemi et suppléer à l'artillerie de réserve qui lui manquait ; en réunissant les batteries de réserve de la garde, celles du 6ᵉ corps qu'il eût maintenu sur la défensive, et en y joignant celles du 4ᵉ, il aurait pu faire agir à la fois seize batteries (quatre-vingt-seize bouches à feu), sous l'effort desquelles l'ennemi n'eût pu tenir ; notre infanterie eût eu le temps d'agir partout avant la fin du jour, la jonction de l'armée prussienne devenait impossible. C'était ce qu'avait si bien fait le prince Frédéric-Charles à Saint-Privat; l'exemple était assez près de nous pour qu'on n'eût pas le droit de l'oublier.

Le rapport officiel va nous apprendre comment fut engagé le combat et les phases diverses par lequelles il passa :

« Ces préliminaires nous firent perdre un temps d'autant
« plus précieux, que, d'après mes ordres, le premier coup
« de canon tiré des hauteurs de Saint-Julien devait être le
« signal de l'attaque; il ne put être donné qu'à quatre
« heures de l'après-midi. Il était alors bien tard pour pou-
« voir espérer la réalisation complète de l'opération que
« j'avais entreprise ; mais je comptais assez sur l'énergie
« des troupes et la décision de leurs chefs pour enlever la
« position de Sainte-Barbe et nous y établir avant la nuit.

« Au signal convenu, le maréchal Le Bœuf fait porter en
« avant les divisions Montaudon et Metman, la première
« dans la direction de Noisseville, la deuxième vers Nouilly;

« les forces ennemies qui occupent Montoy et Flanville,
« ainsi que les batteries en position autour de Retonfay,
« inquiètent bientôt la division Montaudon, dont une
« brigade se détache pour venir attaquer ces deux villages ;
« elle engage une lutte des plus sérieuses, dans laquelle elle
« doit être soutenue par la division Fauvart-Bastoul du
« 2ᵉ corps, que j'avais mise à la disposition du maréchal
« Le Bœuf. A six heures et demie, les deux villages sont en-
« levés et l'ennemi rejeté sur Retonfay, pendant que deux
« escadrons de dragons, qui ont mis pied à terre, attaquent
« Coincy ; ils y sont rejoints par deux bataillons de la bri-
« gade Lapasset (2ᵉ corps), et l'ennemi est bientôt obligé
« d'abandonner aussi cette position. Quelque brillantes
« qu'eussent été ces opérations, elles n'en avaient pas moins
« l'inconvénient de distraire des troupes de la direction que
« j'avais indiquée et d'affaiblir ainsi l'effort qui devait être
« fait dans le seul but déterminé. Les conséquences en fu-
« rent graves : Noisseville résista plus longtemps qu'il n'au-
« rait dû le faire, il ne fut enlevé qu'à six heures et demie, et
« ce fut alors seulement que nos colonnes purent aborder
« la position de Servigny ; le 4ᵉ corps, dont le mouvement
« devait se lier intimement à celui du 3ᵉ, avait dû se main-
« tenir jusque-là sous un feu violent d'artillerie pour attendre
« le moment de prendre l'offensive ; enfin ce retard se faisait
« sentir également à la gauche, où le maréchal Canrobert
« devait rester à hauteur du général Ladmirault, tout en
« prononçant son attaque sur Charly, Malroy et la route de
« Kédange.

« La division Metman (3ᵉ corps) est chargée d'enlever
« Servigny ; sa première brigade pénètre à gauche jusque
« dans les jardins qui en forment les abords ; mais elle
« trouve devant elle une résistance sérieuse, les rues sont

« barricadées, les maisons crénelées, elle est assaillie par un
« feu de mousqueterie devant lequel elle recule au delà de la
« crête et jusque dans le ravin. Au moment où ce mouve-
« ment en avant venait de se prononcer, j'avais prescrit au
« général Ladmirault de l'appuyer vigoureusement; ses
« deux premières divisions sont déployées, la division de
« Cissey à droite sur plusieurs lignes, la division Grenier à
« cheval sur la route, occupant en échelons les pentes cou-
« vertes de vignes du ravin de Villers-l'Orme ; en arrière
« est placée, comme réserve, la division de Lorencez. Tout
« ce corps d'armée s'ébranle en même temps, la charge est
« battue sur toute la ligne, Villers-l'Orme est enlevé, les
« premières tranchées prussiennes sont occupées et l'on
« avance sur les derniers retranchements que l'ennemi a
« établis en avant de Poix et de Servigny ; nos premières
« lignes les emportent et le 20e bataillon de chasseurs se
« jette sur Servigny à la baïonnette. Il pénètre dans les pre-
« mières maisons, mais il est arrêté par les barricades et le feu
« qui l'assaille de toutes parts ; le 1er et le 6e de ligne tentent
« de l'appuyer, mais vainement, quand la division Aymard
« du 3e corps vient prendre part à l'attaque. L'ennemi cède
« sur presque tous les points et il n'occupe plus qu'une
« seule maison crénelée où il tient encore.

« En même temps la division Grenier et la 2e brigade du
« général de Cissey attaquaient le village de Poix et les retran-
« chements établis sur le chemin de Failly ; les retranche-
« ments sont enlevés, mais le village résiste. La nuit est
« arrivée, les abords de la position ennemie sont inconnus,
« les régiments se sont confondus dans ces diverses atta-
« ques, et les généraux sont obligés de les rallier, avant de
« pousser plus loin une offensive que l'obscurité rend presque
« impossible.

« Dans le village de Servigny, la compagnie de partisans
« de la division de Lorencez est venue appuyer les efforts du
« général Aymard, qui se prépare à enlever la maison cré-
« nelée. A ce moment, l'ennemi prononce un retour offen-
« sif avec des colonnes qui viennent de Poix et de Sainte-
« Barbe; un feu violent de mousqueterie s'engage, à la suite
« duquel nos troupes évacuent le village et vont s'abriter
« dans les plis de terrain, à 300 mètres en arrière ; elles s'y
« maintiennent toute la nuit, tiraillant sans cesse avec l'en-
« nemi et prêtes à reprendre l'attaque le lendemain matin.

« A la gauche, le maréchal Canrobert avait fait avancer
« son corps d'armée dans la direction de Charly; les vil-
« lages de Chieulles et de Vany avaient été enlevés sans
« grands efforts par les compagnies de partisans et le mou-
« vement se prononçait vigoureusement, la division Tixier
« à droite, celle du général Lafont de Villiers à gauche et
« la 4ᵉ, Levassor-Sorval, en réserve avec la cavalerie, face
« au débouché de Malroy. La résistance que le corps du
« général Ladmirault trouvait devant lui me décida à pres-
« crire au maréchal Canrobert de modifier la direction que
« je lui avais primitivement indiquée et de porter ses efforts
« sur le village de Failly, dont l'occupation pouvait faire
« tomber la défense de Poix et de Servigny. La division
« Tixier se forme en échelons et s'avance sur Failly ; mais
« l'obscurité est venue, le 4ᵉ et le 3ᵉ corps se sont reportés
« en arrière, et le maréchal Canrobert juge indispensable
« de suspendre le mouvement du général Tixier pour res-
« ter lié avec le général Ladmirault; il fait en même temps
« avancer sa gauche et son centre pour reformer sa ligne
« de bataille.

« A dix heures du soir, après les différentes luttes de la
« journée, l'armée occupait les positions suivantes : A l'ex-

« trême droite, la division Castagny était entre le fort de
« Queuleu et Colombey (1), se reliant à la brigade Lapasset,
« qui occupait ce point, ainsi que le village de Coincy. La
« division Fauvart-Bastoul était sur la route de Sarrebrück,
« appuyée à Flanville; l'autre division du 2⁰ corps (division
« Vergé) s'était avancée jusqu'à la ferme de Belle-Croix et y
« restait en réserve.

« Dans le 3⁰ corps, la division Montaudon occupait Nois-
« seville et Montoy avec chacune de ses brigades. Les divi-
« sions Metman et Aymard entouraient Servigny.

« Le général Ladmirault avait également une division
« devant le village, une autre en face de Poix et devant le
« chemin de Failly; sa troisième division rapprochée des
« deux premières et en réserve.

« Le 6⁰ corps avait sa droite en arrière de Failly et s'éten-
« dait jusqu'à la Moselle, par les villages de Vany et de
« Chieulles.

« La garde s'était un peu avancée, la division de volti-
« geurs en arrière du 4⁰ corps, celle de grenadiers en
« avant du château de Grimont, de manière à couvrir nos
« réserves d'artillerie et de cavalerie qui étaient restées au-
« tour du fort Saint-Julien. »

(1) Non-seulement cette division n'avait pas occupé les positions qui lui avaient été assignées, mais elle avait laissé passer tranquillement devant elle les troupes et les batteries de l'ennemi, sans songer à les arrêter; elle s'était avancée à peine hors de la ligne de nos avant-postes, et elle y resta toute la journée sans tirer un coup de fusil, ni un coup de canon. Voyant les colonnes ennemies à bonne portée et jugeant les conditions favorables à l'attaque, un de ses brigadiers voulut sortir d'une inaction qui lui pesait; à peine avait-il mis ses régiments en marche, que le général de division lui envoyait l'ordre formel de revenir en arrière; c'était peu comprendre l'importance du rôle qui lui avait été assigné.

La journée était finie ; à son début, les espérances n'avaient pas été grandes, le souvenir de la déception du 26 était encore dans tous les esprits, la confiance qui avait été donnée si entière à notre chef au moment de sa nomination était singulièrement ébranlée par les derniers événements. Cependant, à la vue d'un tel déploiement de forces, à la pensée de tant d'existences qui allaient être mises en jeu, il était presque impossible de ne pas croire cette fois à une tentative sérieuse ; malgré les fautes commises qu'on ne pouvait s'empêcher de constater, on comptait sur la valeur des troupes pour les réparer. L'espoir ne fut pas long à disparaître, quand on vit ces hésitations de toute nature, ce temps perdu volontairement, ces marches et contre-marches sur la route de Sainte-Barbe, sans but comme sans utilité.

Devant nous, l'ennemi massait ses bataillons, prenait ses dispositions de défense, plaçait ses batteries, les augmentait d'heure en heure ; les colonnes de poussière qui s'élevaient au loin annonçaient l'approche de ses renforts qu'on voyait peu à peu entrer en ligne. Et, pendant que ces faits s'accomplissaient, le maréchal, impassible, surveillait la construction d'un épaulement... Les bruits les plus fâcheux commençaient à circuler ; le colonel Boyer, son aide de camp, qui ne pouvait monter à cheval, s'était rendu au fort Saint-Julien, où il aurait dit à un médecin, assurait-on : « Oui, le maréchal va essayer de passer ; mais il pense bien « que cela ne réussira pas... » Le même propos aurait été tenu par un autre officier de son entourage. Ces paroles se répétaient dans les groupes des différents états-majors, et la vue de ce qui se passait n'était que trop faite pour leur donner les apparences de la vérité.

Enfin le canon tonnait, le signal était donné, l'attaque

commençait et de nouveau l'espérance revenait. Mais le maréchal continuait à rester étranger à tout ce qui l'entourait, pour ne s'occuper que du tir de ses batteries ; il ne paraissait pas s'inquiéter de ce qui se passait du côté du maréchal Le Bœuf, où il savait être le nœud de la situation. Il ne lui envoyait aucun ordre, ne lui demandait aucun compte, ne songeait pas plus à y porter ses réserves qu'à s'y rendre de sa personne ; et cependant s'il eût été là, il eût pu redresser les fausses directions prises par l'attaque, mieux coordonner les mouvements des différentes divisions, exiger plus de vigueur dans les efforts de certaines d'entre elles, faire agir utilement celle qui se tenait immobile sous le canon de Queuleu. Sa présence eût été utile pour faire disparaître l'espèce d'antagonisme qui se manifestait entre les commandants des 2º et 3º corps, destinés à s'appuyer l'un l'autre, comme si d'aussi mesquines rivalités eussent jamais dû s'élever dans un moment où le salut de la France était en jeu. Le général Frossard avait vu avec regret une de ses divisions mise à la disposition du maréchal Le Bœuf ; il persistait à lui donner des ordres, de sorte que le chef de cette malheureuse division ne savait comment obéir aux instructions diverses qu'il recevait ; quelque déplorable qu'elle fût, cette situation n'en continua pas moins toute la matinée du lendemain.

Ces retards inexplicables, l'attitude du maréchal, n'étaient pas faits pour dissiper les craintes ; cependant les ardeurs étaient telles, qu'on ne voulait pas douter de ses résolutions. Au moment où le 4ᵉ corps s'ébranla, où la charge battit sur toute la ligne, le maréchal s'avança au milieu des bataillons ; il paraissait décidé, nos troupes marchaient avec un tel entrain, une telle régularité, que le succès semblait assuré ; l'ennemi se retirait en désordre, ses premières tranchées étaient enlevées, il n'y avait plus qu'à continuer, et avec de l'énergie nous pouvions aller prendre pied sur le plateau de Sainte-Barbe. Que les réserves suivent, qu'elles soutiennent les premières troupes, et le passage est ouvert... Telles étaient les pensées de tous, quand on vit le maréchal rejoindre la route de Sainte-Barbe, contourner deux fois une mauvaise auberge où l'on venait de se battre et revenir sur ses pas, sans dire un mot, sans laisser un ordre, reprenant la direction qui conduit à Saint-Julien et à Metz... « *Ah! nous sommes perdus*, s'écria-t-on de bien des côtés, *ce n'est que trop certain, il ne veut pas sortir... On l'avait bien dit.* » Le maréchal continue silencieusement sa retraite; la consternation règne dans son entourage, on s'y rappelle le départ de Rézonville et la détermination qui le suivit ; les circonstances se ressemblaient et les résultats devaient être les mêmes. A hauteur du fort de Saint-Julien, le maréchal rencontre la tête de colonne de la cavalerie de réserve qui terminait son mouvement, il était huit heures et demie du soir. Il arrive au village du même nom et s'y arrête, annonçant qu'il y passera la nuit; aucun ordre envoyé, aucun renseignement demandé aux différents corps d'armée sur les événements du jour, ni sur leur situation, rendez-vous donné à l'état-major général pour le lendemain à quatre heures du matin, et tout fut dit.

Le 1er septembre au matin, l'armée entière était dans l'attente de ce qui allait se faire; beaucoup ne doutaient plus de l'intention du maréchal de ne rien tenter de sérieux ; quelques-uns cependant se refusaient encore à y croire et espéraient pour la journée un grand effort, puisqu'ils savaient qu'une faible partie des troupes avait seule été engagée la veille. Mais le maréchal Bazaine allait se charger de faire vite disparaître ce reste d'illusions ; il appela le chef d'état-major général, et bien qu'il ne sût rien de ce qui s'était passé le soir après son départ, bien qu'il eût été en droit de compter sur les résultats du mouvement si bien commencé par le 4ᵉ corps, il ne lui en dicta pas moins la dépêche suivante qu'il prescrivit de faire porter de suite aux commandants des corps d'armée :

« Selon les dispositions que l'ennemi aura pu faire de-
« vant vous, nous devons continuer l'opération entreprise
« hier qui doit : 1° nous conduire à occuper Sainte-Barbe,
« 2° faciliter notre marche sur Bettlainville.

« Dans le cas contraire, il faut tenir dans nos positions,
« nous y fortifier, et ce soir nous reviendrons alors sous
« Saint-Julien et Queuleu.

« Faites-moi dire par le retour de l'officier qui vous por-
« tera cette note, ce qui se passe devant vous. »

C'était bien là un de ces ordres à double entente, tels qu'en avait tant donnés le commandant en chef de l'armée du Mexique ; on y retrouvait ces instructions confuses et ambiguës où la pensée ne se montre jamais, pas plus que la volonté, où la responsabilité trouve toujours un sens qui la dégage, et où les mots peuvent n'avoir que l'interprétation qu'il sera utile de leur donner.

En copiant ces lignes, un des officiers chargés de les porter ne put s'empêcher de dire au général Jarras : « Mais
« c'est impossible : c'est l'ordre de la retraite qui est donné
« là, les commandants de corps ne s'y tromperont pas. »
Il fallut obéir et la dépêche fut envoyée. A peine était-elle partie, que le maréchal en rédigea immédiatement deux autres qui étaient destinées à l'empereur ; la première annonçait un échec dans la tentative de sortie et l'obligation pour l'armée de rester autour de Metz ; le *Rapport sommaire sur les opérations de l'armée* en donne ainsi la teneur :

« Après une tentative de vive force, laquelle nous a ame-
« nés à un combat qui a duré deux jours dans les environs
« de Sainte-Barbe, nous sommes de nouveau dans le camp
« retranché de Metz, avec peu de ressources en munitions
« d'artillerie de campagne, ni viande, ni biscuit, enfin un
« état sanitaire qui n'est pas parfait, la place étant encom-
« brée de blessés. Malgré les nombreux combats, le moral
« de l'armée reste bon. Je continue à faire des efforts pour
« sortir de la situation dans laquelle nous sommes. Le
« général Decaen est mort. Blessés et malades, environ
« 18000. »

Les termes de cette rédaction ne peuvent pas plus se rapporter à la situation du 1er septembre au matin, qu'à celle
qui allait se produire dans la journée, après la retraite ; il
ne s'agit évidemment ici que d'un duplicata envoyé plus
tard, dans le but de confirmer l'échec du 1er septembre et
les *efforts continuels* du maréchal pour sortir de la situation.

La seconde dépêche annonçait, au contraire, le passage
de l'armée et sa marche sur Thionville. Toutes deux furent
remises à un officier supérieur qui était chargé de faire partir l'une ou l'autre, suivant les circonstances. C'était, il faut
l'avouer, une singulière prévoyance, en face des événements de la veille, ou la preuve d'une faible confiance dans
les résultats définitifs de la lutte qui allait se renouveler. Si
le succès déjà obtenu n'avait pas été plus important, c'est
que nos efforts, commencés trop tard, étaient restés partiels
et incomplets ; en les dirigeant mieux, on devait en espérer
davantage.

Le prince Frédéric-Charles en jugea ainsi, comme on
peut le voir dans son rapport :

« Pendant le combat qui s'engagea dans la fin de la jour-
« née, dit-il, il était évident que l'ennemi n'avait déployé

« qu'une partie des forces qu'on avait vues défiler sur la rive
« droite; tous nos postes d'observation confirmèrent le fait
« dans le cours de la journée. On devait en conclure que
« l'ennemi comptait continuer le combat le jour suivant,
« 1er septembre, et c'est dans cette pensée que le comman-
« dant en chef envoya, à sept heures et demie du soir, au
« général de Manstein l'ordre suivant : La fraction du
« IXe corps réunie près de Roncourt (18e division et ar-
« tillerie du corps d'armée) se rendra par une marche de
« nuit à Sainte-Barbe, en passant par Morange et Hau-
« concourt, et y fera sa jonction avec le général de Man-
« teuffel. »

Nos troupes occupaient, le 1er septembre au matin, les emplacements sur lesquels le manque d'ordres et d'impulsion était venu les arrêter, bien plus que la nuit; celles qui s'étaient le plus avancées n'avaient pas été soutenues; elles avaient dû, devant des retours offensifs, abandonner Servigny ainsi que les quinze pièces de position qu'elles y avaient prises et qu'on avait négligé de faire enlever de suite. Au lever du soleil, un épais brouillard couvrait toute la vallée de la Moselle; il s'étendait jusque sur nos positions et sur celles des Prussiens; le maréchal attendait sans doute qu'il fût dissipé pour prendre une résolution, quand le canon se fit entendre de nouveau. Nos commandants de corps n'avaient pas eu la peine de juger la situation, comme on les y avait engagés, encore moins de décider des mesures dont on avait tenu à leur laisser la responsabilité. C'était l'ennemi qui prenait l'offensive par un feu d'artillerie des plus violents dirigé sur le 3e corps et partant des hauteurs qui vont de Maizery à Sainte-Barbe, par Retonfay et le château de Gras; renforcé par les troupes qui lui étaient arrivées pendant la nuit, il disposait en ce moment d'un effectif qui ne dépassait cependant pas encore 65 000 à 70 000 hommes(1). Nous en avions 140 000.

On voit que la partie pouvait encore être gagnée bien facilement ; il n'eût fallu que le vouloir et prendre de promptes et énergiques décisions ; il n'en fut pris aucune, on n'engagea pas plus de monde que la veille, moins encore, puisque le maréchal fit rester le 4ᵉ corps sur la défensive, pour attendre, disait-il, le mouvement du 3ᵉ sur Servigny. Les réserves s'avancèrent un peu, mais on se garda de les engager ; quelques-unes des batteries de 12 furent seules envoyées sur le plateau et vinrent y contre-battre infructueusement le cercle de bouches à feu qui tonnait alors sur les positions du 4ᵉ corps. On ne se décida pas plus que la veille à agir avec toute la masse d'artillerie dont on disposait.

Quant au maréchal Le Bœuf, abandonné à lui-même, il se voyait devenu le point de mire des attaques de l'ennemi et ne songeait guère à prendre l'offensive ; tout préoccupé de conserver le terrain qu'il avait gagné le 31 août, il faisait mettre Noisseville en état de défense, transformer en réduit l'église et le cimetière, et payait intrépidement de sa personne pour maintenir ses troupes sous le feu presque concentrique qui commençait à les entourer. Sa situation devenait inquiétante, par suite de la position que l'ennemi occupait sur sa droite. A la nouvelle de la reprise du combat, de nouveaux renforts étaient accourus : le Xᵉ corps du général de Voigts-Rhetz avait repassé la Moselle et était venu remplacer les troupes qui faisaient face au maréchal Canrobert ; son arrivée et l'inaction dans laquelle avait été maintenu le général Ladmirault avaient permis aux Prus-

(1) C'étaient le 1ᵉʳ corps, la division de landwehr Kummer, la division hessoise, la 18ᵉ division du IXᵉ corps et la brigade Woyna du VIIᵉ.

siens de porter la plus grande partie de leurs forces contre le 3ᵉ corps.

Le prince Frédéric-Charles ne s'en tint pas là : il envoya au général de Zastrow, par le télégraphe, l'ordre de porter immédiatement trois brigades de son corps d'armée (VIIᵉ) à la gauche du général de Manteuffel, c'est-à-dire contre notre droite.

L'ennemi allait ainsi nous tenir en échec sur tout notre front, avec un effectif (120 000 hommes) moindre que le nôtre, et manœuvrer assez habilement pour en avoir un supérieur sur le point faible de notre ligne, que nous n'allions même pas soutenir avec les réserves qui y avaient été placées. Le général Frossard ne voulut engager ni ses batteries de réserve, ni la division Vergé qui lui restait ; quant à la division Castagny, du 3ᵉ corps, elle ne rendit aucun des services qu'on attendait d'elle. Si elle se fût trouvée à Ars-Laquenexy, comme il lui avait été prescrit, les troupes du général de Zastrow n'auraient pas pu défiler sous son canon en venant de Pouilly, de Peltre, de Jury ; elles auraient été obligées de faire un grand détour qui ne leur eût permis que d'arriver beaucoup plus tard ou d'engager un combat difficile contre de fortes positions. Elles passèrent sans être inquiétées, et leur feu se fit bientôt entendre sur la droite du maréchal Le Bœuf et du général Frossard. On se décida alors à rappeler le général Castagny et à lui faire prendre position près du 2ᵉ corps, à la hauteur de Colombey et du château d'Aubigny.

La division Fauvart-Bastoul, qui se trouvait à l'extrême droite, vit ses batteries impuissantes contre la masse de feux qui l'entourait ; le secours de l'artillerie de réserve du 2ᵉ corps lui ayant été refusé, elle abandonna ses positions sur la route de Sarrebrück et se retira en arrière. Les obus qui lui étaient destinés furent aussitôt dirigés sur les troupes de la division Montaudon, qui occupaient Montoy et Flanville et qui, ne se sentant plus couvertes, virent approcher le moment où elles seraient forcées à leur tour d'évacuer les deux villages. Le maréchal Le Bœuf s'indigna du mouvement en arrière qu'avait fait la division Fauvart-Bastoul et dont il ne savait pas le motif; il lui envoya l'ordre impératif de reprendre ses premières positions, ce qu'elle fit avec une grande vigueur. Mais il ne tarda pas à s'apercevoir qu'elle était en prise de toutes parts à l'artillerie ennemie, contre laquelle elle ne pouvait lutter; dans l'impossibilité de la faire appuyer par ses batteries de réserve, qui étaient toutes engagées, il se décida à lui prescrire de se retirer. Le général Fauvart-Bastoul refusa alors d'évacuer les positions qu'on venait de lui faire reprendre; tiraillé entre les ordres qu'il recevait en même temps du 2ᵉ et du 3ᵉ corps et qui se contredisaient, il ne voulut céder que devant un ordre écrit du maréchal Le Bœuf.

« C'est à ce moment-là, dit le rapport officiel dans une
« phrase que le maréchal ajouta de sa main, que la division
« de réserve de cavalerie se formait pour entreprendre une
« charge sur le terrain découvert qui est en avant de Servi-
« gny, et que les divisions d'infanterie de la garde se pré-
« paraient à en profiter pour prononcer un retour offensif
« qui aurait entraîné bien certainement les troupes des
« 3ᵉ, 4ᵉ et 6ᵉ corps les plus à proximité, et Sainte-Barbe
« aurait été enlevée. »

Que la cavalerie de réserve ait reçu à ce moment l'ordre de monter à cheval et de former ses escadrons, rien n'est plus exact; mais que le maréchal ait songé à la faire charger sur le terrain découvert qui se trouvait en amont de Servigny, c'est ce dont nous voulons douter : c'eût été l'envoyer à la mort, sans aucune chance de succès ; c'eût été renouveler, avec un résultat non moins certain, l'héroïque effort de Cardigan au combat de Balaklava. Il lui eût fallu traverser les trois ou quatre lignes d'infanterie du 4ᵉ corps qui occupaient tout le plateau entre le ravin de Villers-l'Orme et celui de Nouilly, puis se déployer sous le feu des batteries ennemies qui formaient un vaste demi-cercle s'étendant des hauteurs de Failly jusqu'au delà de Servigny ; en avant de leurs bouches à feu, les Prussiens avaient de nombreuses tranchées garnies d'infanterie et s'appuyant sur les villages de Poix et de Servigny, qui étaient barricadés et fortement occupés. Ajoutons qu'en ce moment le feu de l'ennemi était dans toute son intensité et qu'on ne pouvait guère songer à l'éteindre avec le peu de pièces qu'on faisait agir à la fois. Dans de semblables conditions, on avouera qu'une charge de cavalerie eût été une folie.

Quant aux divisions d'infanterie de la garde, elles s'étaient rapprochées, il est vrai, mais l'une dans la direction de Mey, pour soutenir la retraite du 3ᵉ corps, l'autre pour couvrir les abords du camp retranché et servir de réserve au 4ᵉ. Le rapport du général Bourbaki n'a fait mention d'aucunes dispositions préparatoires en vue d'un retour offensif ; si le maréchal Bazaine a tenu à en parler après coup, comme de la charge projetée de la division de Forton, il n'a pu avoir d'autre intention que de constater l'inutilité de ses efforts et de rejeter sur le 3ᵉ corps la responsabilité de l'inexécution du plan qu'il avait arrêté.

Voici comment se termine son rapport : « Les conséquences
« de la retraite de la division Fauvart-Bastoul furent des
« plus graves : le 3ᵉ corps, dégarni de tout point d'appui
« sur sa droite, dut abandonner toutes les positions qu'il
« avait conquises et se reporter sur celles qu'il occupait

« le 31, avant l'attaque. Son mouvement entraînait forcé-
« ment la retraite de toute la ligne de bataille, et l'opération
« que j'avais tentée, se trouvait par suite avoir complète-
« ment échoué.

« Pendant que ces faits se passaient à la droite, le 4ᵉ corps
« s'était maintenu dans ses positions de la veille devant Poix
« et Servigny, la division Lorencez ayant remplacé en pre-
« mière ligne la division de Cissey, qui avait passé en ré-
« serve. Le brouillard s'étant maintenu de ce côté jusqu'à
« huit heures, aucun coup de feu n'avait encore été échangé ;
« mais à peine a-t-il disparu, que les batteries ennemies se
« démasquent également devant le 4ᵉ corps ; les retranche-
« ments ont été augmentés dans les deux villages comme
« sur tout le terrain qui les environne, et ils paraissent oc-
« cupés par des forces considérables. Une attaque de front
« ne pouvait plus avoir aucune chance de réussir dans de
« pareilles conditions, et je prescrivis au général Ladmi-
« rault d'attendre la coopération du 3ᵉ corps, si elle devait
« se produire. C'est alors, au contraire, qu'eut lieu le mou-
« vement de retraite de la droite et que je me vis contraint
« de reporter le 4ᵉ corps en arrière, sur les hauteurs de
« Saint-Julien.

« Le 6ᵉ corps avait, de son côté, commencé l'attaque du
« village de Failly ; mais la division Tixier, qui en était
« chargée, s'arrêta en voyant le 4ᵉ corps ne faire aucun
« progrès en avant. Le maréchal Canrobert rappela ses
« troupes sur les positions de Vany et de Chieulles, les y
« maintenant solidement et faisant contre-battre avec succès
« l'artillerie ennemie par ses batteries de réserve. Quand
« le mouvement général de retraite s'effectua, je prescrivis
« au 6ᵉ corps de venir reprendre son emplacement de la
« veille entre Châtillon et la ferme de Grimont.

« J'avais fait, dès huit heures, avancer la division de vol-
« tigeurs de la garde pour soutenir au besoin les corps qui
« se retiraient; un de ses bataillons occupait le bois et le
« village de Mey; deux autres bataillons étaient établis
« dans les épaulements qui se trouvent en avant du fort, et
« dans lesquels j'avais fait ouvrir des embrasures pour une
« batterie de la réserve. Enfin, plus tard, la brigade Gar-
« nier, avec le bataillon de chasseurs et deux batteries, re-
« çut ordre d'aller se placer sur les pentes du vallon de
« Vallières pour y protéger la retraite du 2ᵉ et du 3ᵉ corps.
« Ces mesures de précaution n'eurent pas lieu du reste
« d'être utilisées; la retraite se fit partout dans le meilleur
« ordre, les divisions se retirant en échelons, sans que
« l'ennemi ait tenté nulle part de les inquiéter; dès que le
« mouvement fut partout dessiné, il cessa lui-même son
« feu, et nos troupes purent s'établir sur leurs emplace-
« ments dans le plus grand ordre.

« Il était alors midi. Je prescrivis aux commandants des
« corps d'armée de reprendre immédiatement les bivouacs
« qu'ils avaient quittés le 31 au matin, le 2ᵉ et le 3ᵉ corps
« restant sur la rive droite, le 4ᵉ, le 6ᵉ, la garde et les ré-
« serves repassant la Moselle sur les ponts de Chambière
« pour revenir sur la rive gauche. Ce dernier mouvement
« s'exécuta plus rapidement que la veille, et les troupes pu-
« rent occuper presque toutes avant la nuit leurs anciens
« emplacements. . . . .

« . . . Nos pertes, dans ces deux journées, se sont éle-
« vées au chiffre de 146 officiers et 3 401 hommes tués,
« blessés ou disparus. »

C'est ainsi que finit ce triste épisode : le but que le
maréchal avait dit se proposer n'avait pas été atteint, l'armée rentrait à Metz, et ceux qui se dévouaient au même

moment pour venir à son secours, restaient seuls exposés aux coups de l'ennemi. Le 26 août, ils auraient pu être sauvés ; aujourd'hui il était trop tard... Mais le succès eût conservé l'armée de Metz à la France, et en songeant aux efforts désespérés de la résistance qui s'organisa bientôt, on a le droit de dire que son action eût pu modifier les événements.

L'état de nos pertes suffirait à lui seul pour montrer ce qu'avait été ce combat de deux jours, si on les compare à celles que nous avions éprouvées à Rézonville et à Saint-Privat ; il n'avait duré par le fait que six heures, de quatre heures à sept heures le 31 août, de sept heures à dix heures dans la matinée du 1er septembre, et encore s'était-il localisé sur certains points de nos lignes. Pas un retour offensif n'avait été fait, pas une de nos réserves n'avait été engagée, à l'exception de quelques batteries ; des quatorze divisions d'infanterie que comptait l'armée, il n'y en avait que six qui eussent réellement combattu.

Au 2e corps, la division Vergé était restée en réserve, et la division Fauvart-Bastoul n'avait perdu que 130 hommes.

Au 3e, les divisions Montaudon, Metman et Aymard avaient supporté la plus grande partie des pertes dans les deux journées ; la division Castagny n'avait pas tiré un coup de fusil.

Au 4e, les divisions de Cissey et Grenier avaient vaillamment donné le 31 ; celle du général de Lorencez était en réserve, et le 1er septembre, quand elle se porta en première ligne, le 4e corps n'eut plus à soutenir qu'un feu de tirailleurs.

Au 6e, la division Tixier seule avait attaqué le village de Failly ; les deux autres, Lafont de Villiers et Levassor-Sorval, étaient restées en position.

Quant aux deux divisions de la garde, elles ne s'approchèrent que le 1ᵉʳ septembre du rayon des obus de l'ennemi, destinées qu'elles étaient à protéger la retraite.

Voilà ce que M. le maréchal Bazaine appelle *une tentative de vive force !...* Quand une armée est investie, entourée d'ennemis *dont le nombre grossit toujours*, qu'elle doit briser le cercle qui l'enferme, reprendre sa liberté d'action, faire en un mot une des opérations les plus sérieuses de la guerre, son chef doit exiger d'elle d'autres efforts ; il doit engager toutes ses forces, mettre en action toutes ses ressources, multiplier les attaques, les retours offensifs, s'il le faut, combattre jusqu'à la dernière limite du possible, puisqu'il sait que derrière l'insuccès sont la perte, peut-être le déshonneur. M. le maréchal Bazaine n'a rien fait de cela ; bien plus, il a pour ainsi dire mis l'ennemi dans la confidence de ses projets, en répétant avec soin sa mise en scène du 26 août ; il lui a laissé le temps de se reconnaître, de se concentrer et d'organiser une résistance qu'il désirait rencontrer pour avoir le droit de dire qu'il n'avait pu la vaincre. Quand les faits de ces journées seront connus, y aura-t-il un homme qui puisse admettre que le commandant de l'armée de Metz ait eu l'intention de forcer les lignes prussiennes et qu'il ait fait tout ce qui lui était possible de faire pour réussir ?...

Nos ennemis eux-mêmes n'ont pu croire à ce qui s'était passé. Voici ce qu'on lit dans le rapport du prince Frédéric-Charles : « Vers midi, le feu cessa sur toute la ligne, bien
« qu'il y eût encore, comme la veille, sur la rive droite,
« des forces ennemies importantes qui n'avaient pas combattu et qui faisaient la soupe. Il n'était donc pas invraisemblable de supposer que l'attaque se renouvellerait
« dans le cours de la journée, ainsi que cela avait eu lieu la

« veille. Ce fut dans cette attente que les dispositions sui-
« vantes furent prescrites : . . . .
« . . . .
« . . . Mais à deux heures et demie, quand on reconnut
« le retour de l'ennemi sur la rive gauche et que, par con-
« séquent, on n'eut plus à redouter le renouvellement du
« combat, le général de Alvensleben II reçut l'ordre, etc. »
Plus tard, dans les tristes conversations que le prince eut
avec quelques-uns de nos officiers au moment de la capitulation, il ne put s'empêcher de leur parler de ces deux journées et de leur demander des explications sur ce que nous y avions voulu faire; il avoua qu'il n'avait rien compris à nos mouvements, ni à notre inaction, ni à nos attaques, encore moins au plan qu'avait pu avoir notre général en chef.

Les faits ne parlent que trop pour démontrer les intentions du maréchal ; il est plus difficile d'en trouver le mobile et de découvrir les causes d'une conduite qui semble inexplicable. On ne peut que former des conjectures. Il est évident que les motifs qui ont poussé le maréchal Bazaine à renoncer le 16 à la marche sur Verdun, à rentrer le 18 sous le canon de Metz, n'ont pas disparu : il ne veut retrouver ni l'empereur, ni son entourage : il tient à rester seul, à ne pas compromettre sa réputation : si les événements le servent, il n'aura pas de rivaux qui puissent lui disputer la gloire qu'il sera à même d'ajouter à son nom.

Dans son inaction du 26 août, dans sa conduite du 1er septembre, quelques-uns ont voulu voir les effets d'une jalousie qu'il savait peu dissimuler dans ses conversations, aussi bien contre ses collègues que contre les hommes qu'il craignait de voir s'élever jusqu'à lui ; mais il semble impossible qu'un pareil sentiment ait pu assez l'influencer pour le décider à ne pas marcher au-devant de l'armée de Châlons... Et cependant, malgré soi, l'esprit ne peut s'empêcher de se reporter aux tristes souvenirs de certains épisodes des guerres d'Espagne du premier empire (1).

En voyant le maréchal ne faire aucun effort pour s'éloigner de Metz, en le voyant plus tard s'y maintenir immobile et inactif pendant deux mois, il faut bien admettre qu'il obéissait à certains mobiles : ou il regardait le succès comme impossible et ne voulait pas s'exposer à un revers, ou il se réservait pour le rôle politique qu'il entrevoyait derrière les événements actuels.

Mais, dans une situation ainsi faite, il avait dû envisager les différentes solutions qui pouvaient se présenter : le maréchal de Mac-Mahon, qui venait à lui, serait battu, ou il sortirait vainqueur de la lutte qu'il allait avoir à soutenir, ou se voyant sans nouvelles de l'armée de Metz, il renoncerait à son entreprise et se reporterait en arrière.

S'il est battu, les ressources militaires de la France sont en partie détruites, les Prussiens n'ont plus d'armée devant eux et ils arrivent droit sur Paris, qui n'est pas à même de résister ; l'empereur fait la paix après la défaite ou se voit contraint de la subir au milieu de sa capitale. Ce nouveau malheur ne peut-il pas être le signal de sa chute ? En tout cas, le maréchal Bazaine est sauvé ; il n'a pas participé au désastre, il reste avec la gloire de Borny et de Rézonville ; il devient l'homme de la situation.

Si Mac-Mahon est vainqueur, il est délivré ; placé sur les derrières des armées allemandes, il complète le succès par

(1) « C'est ainsi, dit M. Thiers, que le maréchal Soult fut un compagnon d'armes peu dévoué, en ne voulant pas braver un péril pour aller au secours du maréchal Masséna... Mais quel miracle que des hommes même distingués, même bons citoyens, même courageux, fussent quelquefois ou insouciants, ou inattentifs, ou désunis, ou jaloux.» (Thiers, *Histoire du Consulat et de l'Empire*, t. XII, p. 699).

des triomphes faciles et il sort de la guerre, grandi par les titres qu'il se sera acquis, sans avoir exposé sa réputation à sombrer dans les hasards du champ de bataille.

Si Mac-Mahon renonce à toute idée de jonction, la lutte militaire se répartit sur deux théâtres distincts qui ne pourront être que Paris et Metz. Au centre des positions fortifiées qu'il occupe, le maréchal Bazaine peut défier les attaques de l'ennemi et attendre une solution qui ne peut tarder dans les conditions actuelles de la campagne; c'est devant Paris qu'il y a lieu de penser qu'elle se résoudra, et, quelle qu'en soit l'issue, il aura la gloire d'avoir tenu en échec le prince Frédéric-Charles, sans avoir compromis son armée.

Mais ces prévisions ne se réaliseront pas. Le maréchal de Mac-Mahon sera battu; il succombera victime de son dévouement, l'empereur disparaîtra de la scène, l'ennemi trouvera devant lui une ville qui veut se défendre, un pays qui veut repousser l'invasion, la France entière qui se lève et combat. Si le maréchal Bazaine avait pu entrevoir de pareilles éventualités, qu'on n'en doute pas, l'armée de Metz serait sortie de ses lignes dans la matinée du 31 août.

C'était un jeu terrible que jouait là le commandant en chef, terrible pour lui par la responsabilité qu'il assumait, terrible pour le pays dont les éléments de défense allaient se trouver annulés ou anéantis, terrible pour son armée qui voyait devant elle la famine comme résultat de la prolongation de son séjour à Metz.

Déjà, le 21 août, la ration de pain avait été réduite à 375 grammes; l'autre moitié était remplacée par 300 grammes de farine, parce que l'intendance n'avait pas le nombre de fours nécessaires à la cuisson. Le lendemain, 22, la ration de sel était réduite à 10 grammes, celle de viande à 250 grammes et le lard à 200 grammes. Le 23, le foin était supprimé aux animaux et remplacé par 1 kilogramme d'avoine. Ces mesures n'annonçaient que trop la pénurie de nos ressources et faisaient prévoir des jours cruels dans un avenir qui ne pouvait être éloigné. Nous savions en effet que la ville de Metz avait des approvisionnements pour sa population et sa garnison, assez considérables pour qu'on n'eût pas eu besoin, au départ de l'armée, de se préoccuper de la question des vivres ; c'est ce qui excusait jusqu'à certain point la négligence qu'avaient mise les autorités à faire rentrer les denrées existantes dans les localités voisines. Le retour inattendu de l'armée avait modifié l'état des choses ; elle avait dû vivre, depuis le 17, sur des ressources qui ne lui étaient pas destinées, et ses 160 000 rationnaires avaient fait, pendant la dernière quinzaine d'août, une large brèche à l'approvisionnement local. La sortie de l'armée, le 31 août, aurait sauvegardé la situation, tandis que sa présence la faisait empirer d'une manière désastreuse, sans autre solution qu'un départ définitif, une délivrance, un désastre ou la fin de la guerre.

C'est au 1er septembre que finit l'histoire militaire de l'armée de Metz ; à partir de ce jour, un lugubre silence va se faire dans nos camps. Si plus tard, après bien des semaines, on entend encore nos balles siffler, nos canons tonner, si l'on voit quelques-uns de nos bataillons se jeter sur l'ennemi, lui enlever ses postes et ses batteries, c'est qu'il faut imposer silence à la population de Metz qui se plaint et gémit. Ces combats seront brillants, nos soldats y montreront jusqu'à la fin ce qu'on aurait pu faire avec eux ; mais ce ne seront que de vaines tentatives pour prolonger leur existence et attendre la solution des négociations engagées, ce ne seront que des réclames écrites avec leur sang pour abuser le pays par des apparences trompeuses de résistance.

DEUXIÈME PARTIE

NÉGOCIATIONS DEVANT METZ

CHAPITRE IV

DU 2 AU 24 SEPTEMBRE.

Capitulation de Sedan. — Chute de l'empire. — Premières communications avec le prince Frédéric-Charles. — Intrigue du sieur Régnier. — Départ du général Bourbaki.

En quittant le 1er septembre les hauteurs de Saint-Julien pour rentrer à son immuable quartier général du Ban-Saint-Martin, le maréchal Bazaine ne put se dissimuler le désappointement peint sur le visage de tous ceux qui l'entouraient, encore moins les pensées qui avaient dû surgir dans l'esprit de ceux qui avaient été à même de voir et d'apprécier les événements de ces deux journées ; comme pour s'excuser d'un mécompte qu'il voulait avoir l'air de partager, il dit d'une voix assez élevée pour qu'on l'entendît : « Eh bien ! puisqu'il en est ainsi, nous nous battrons main-« tenant tous les jours. » Mais, avant de paraître songer à des opérations extérieures, il lui fallait assurer la sécurité du camp retranché et protéger efficacement les troupes contre toute attaque de l'ennemi.

Déjà après le 18 août des batteries avaient été établies ainsi que quelques travaux de campagne, les routes avaient été coupées et barricadées, des tranchées-abris avaient été ouvertes sur plusieurs points. L'ordre fut donné d'augmenter le relief, l'armement et la valeur de ces différents ouvrages ; en même temps des lignes continues, appropriées aux formes du terrain, devaient couvrir les fronts de bandière, abriter la résistance et relier ces ouvrages les uns aux autres ainsi qu'aux grands forts qui leur servaient de points d'appui ; en avant, des postes fortifiés, de nouvelles tranchées, des fermes ou d'autres bâtiments mis en état de défense, étaient destinés aux grand'gardes pour soutenir le premier effort de l'ennemi, et laisser aux troupes le temps de venir occuper la vaste enceinte derrière laquelle le maréchal se proposait de les maintenir.

Le général Coffinières, comme commandant le génie, fut chargé d'établir le plan d'ensemble de ce système défensif, et l'armée concourut, dès le 27 septembre, à son exécution sur le terrain. De nombreuses corvées furent employées à ces travaux; elles eurent à compléter en même temps les terrassements et les batteries des différents forts dont les revêtements n'avaient pas plus été achevés que les parapets, dont les gorges étaient à peine fermées.

Ce ne fut pas un de nos moins douloureux étonnements que de voir l'état dans lequel se trouvait la ville de Metz, notre principal boulevard de l'Est, au moment où la guerre éclatait et où l'on disait au pays que tout était prêt pour l'entreprendre. Des grands forts détachés dont la construction avait été ordonnée par le maréchal Niel, pas un n'était terminé ; dans aucun d'eux les escarpes n'avaient été complétées, sur quelques points elles s'étaient écroulées et il avait fallu les soutenir par des poutres et des étais ; les fossés n'étaient pas creusés à leur profondeur, et quant aux contrescarpes, il n'y en avait aucune trace. Leur armement était réuni en entier à l'arsenal ; les pièces nouvelles avaient un approvisionnement restreint (190 coups), suffisant pour soutenir un siége et prolonger la résistance, mais peu proportionné à l'usage indéfini qu'on pouvait être obligé d'en faire, s'il fallait couvrir une armée pendant des semaines et fouiller au loin les camps et les postes d'un ennemi qui semblait éviter le combat.

Cependant, grâce aux efforts qui avaient été faits dès le milieu de juillet, grâce aux bras de nos soldats, on avait remédié au mal dans la limite du possible ; s'inspirant des grands exemples donnés à Sébastopol par le général Totleben, on avait remué la terre et allié habilement les travaux de campagne à ceux de la fortification permanente qui se trouvaient achevés ; on avait élevé des parapets et mis les pièces en batterie, de telle sorte qu'on pouvait dire que la place était déjà dans un état de défense respectable, au moment où M. le général Soleille écrivait que son approvisionnement en bouches à feu et en projectiles était plus que suffisant. Les forts de Queuleu et de Saint-Quentin étaient ceux dont le relief, les terrassements et l'armement étaient les plus complets ; ceux de Plappeville et de Saint-Julien ne présentaient guère que l'aspect d'immenses redoutes plus ou moins bastionnées, mais défendues par une puissante artillerie et très-suffisantes pour résister sur l'heure aux attaques de l'ennemi comme à ses boulets ; seul, le fort de Saint-Privat avait dû être abandonné, en raison de la situation arriérée des travaux, et on s'était contenté de le transformer en un ouvrage avancé de nos lignes de défense.

Le génie et l'artillerie avaient fait ainsi les plus grands efforts et certes c'était à leur zèle qu'on devait d'avoir pu réparer si vite les négligences et les lenteurs passées ; la ville de Metz pouvait se suffire à elle-même, si nous l'abandonnions ; elle devenait un camp retranché presque imprenable, si nous nous y maintenions. Mais comme nous l'avons dit plus haut, les conditions de l'approvisionnement en munitions changeaient avec le séjour de l'armée, qui aurait dû trouver là pour son service tout ce qu'elle était en droit de demander à une place de dépôt destinée en même temps à servir de base d'opérations. L'artillerie ne se laissa pas arrêter par les difficultés : elle s'occupa, après l'épuisement de l'arsenal de Metz, d'y constituer une nouvelle réserve ; des ateliers de cartouches furent organisés, on en fit quarante mille par jour ; des projectiles de campagne furent fondus dans les forges des ateliers du chemin de fer de l'Est, sous l'intelligente direction d'un de ses ingénieurs, M. Dietz, dont le zèle ne se démentit pas jusqu'au jour de la capitulation ; les obus, destinés aux grosses pièces, ne purent malheureusement pas être fabriqués, faute de houille ; cette matière de première nécessité, qu'on avait tirée jusqu'alors du bassin de Sarrebrück, fit bientôt défaut, et force fut de la ménager, dès les débuts de l'investissement, pour les besoins de l'avenir.

Les autres objets qu'auraient dû renfermer les magasins de la place manquaient absolument ; quant aux vivres, on sait déjà les mesures qui avaient été prises, en présence des perspectives qu'avait fait entrevoir la prolongation de notre séjour. L'insuccès de la tentative de vive force du 31 août, pour nous servir de l'expression du commandant en chef, et sa résolution d'attendre les événements augmentaient les difficultés ; il fallut donc recourir à de nouveaux expédients, et le 3 septembre il fut décidé qu'à partir du lendemain 4 la viande de cheval entrerait dans la consommation des ordinaires, à raison de 350 grammes par homme. Le préposé à la fourniture de la viande, représentant du grand financier parisien qui en avait obtenu l'adjudication pour toute l'armée, fut invité par l'intendance à se mettre en mesure d'exécuter cette décision ; il dut réserver les animaux qui lui restaient encore, pour l'alimentation de la ville et des hôpitaux, et se pourvoir de chevaux dans les corps et auprès des malheureux convoyeurs qui étaient accourus des départements voisins pour se mettre au service de l'armée et qui se trouvaient comme elle enfermés dans la ville, sans possibilité d'en sortir, ni de nourrir leurs attelages.

Le pain jusqu'alors ne semblait pas devoir manquer, grâce à la prévoyance de l'intendant chargé du service des vivres au début de la campagne. Effrayé de ce qu'il avait su à Paris, quand il y avait été mandé, sur l'insuffisance des approvisionnements, plus effrayé encore de ce qu'il avait trouvé ou plutôt de ce qu'il n'avait pas trouvé à Metz, il avait fait converger sur cette ville d'énormes quantités de blé qu'il tenait à avoir sous la main, pour pourvoir aux premières éventualités d'une marche en avant ; ce furent là de précieuses ressources que vinrent bientôt augmenter les approvisionnements trouvés dans les grands moulins établis sur la Moselle. Mais quand la nouvelle de la capitulation de Sedan fut connue, quand la chute de l'empire eut renversé ses premières combinaisons, le maréchal Bazaine se trouva en présence d'un nouvel état de choses qu'il n'avait pas prévu ; il comprit que la situation pourrait durer plus longtemps qu'il ne l'avait supposé et qu'il lui fallait assurer l'existence des troupes jusqu'à la solution qu'il pensait devoir se dénouer à Paris.

Aussi, le 13 septembre, la ration de pain fut-elle réduite à 500 grammes et celle de viande portée, par compensation, de 350 à 400 grammes ; c'était une quantité minime pour des hommes dont le pain forme la principale base de l'alimentation ; la privation était d'autant plus grande que la cherté et la rareté des légumes ne permettait pas de trouver dans les ressources locales le moyen d'améliorer les ordinaires. L'autorité médicale s'en plaignit, elle y vit une cause d'affaiblissement pour les constitutions les moins robustes et elle obtint que, comme équivalent, la ration de viande fût portée le 24 septembre à 500 grammes. Ajoutons de plus que dès le 20 la ration de sel avait été réduite à 2^g,50, celle de riz à 30 grammes et qu'il avait été décidé que le sucre et le café seraient remplacés, un jour sur trois, par une distribution d'eau-de-vie.

En même temps que ces difficultés se présentaient pour l'alimentation des hommes, celle des chevaux offrait un problème bien autrement difficile à résoudre ; il n'y avait pas eu là d'approvisionnement fait ; on en était réduit au dernier fond des magasins de Metz et aux ressources qu'on pouvait trouver dans la ville et dans les localités environnantes que l'ennemi n'avait pas occupées. Déjà le foin et la paille étaient supprimés ou réservés pour être distribués de loin en loin dans des proportions infiniment petites ; on les avait remplacés par une augmentation d'avoine qu'on fut bientôt obligé de faire disparaître, aussi bien qu'une partie de la ration normale. Le 5 septembre, elle fut réduite à 4^k,50, 4 kilogrammes, 3^k,50, suivant les armes ; le 7, on fit entrer le seigle dans sa composition pour 1/5 ; le 13, elle fut de nouveau réduite à 3^k,50, 3 kilogrammes, 2^k,50, et encore ces quotités minimes furent-elles si difficiles à réunir, qu'on autorisa le mélange du blé, dans des proportions compatibles avec l'état des ressources. Les chevaux souffrirent vite de cette insuffisance de nourriture ; tous ceux qui étaient faibles ou fatigués tombèrent et la diminution de leur effectif augmenta rapidement dans des proportions déplorables. Dès le 21 septembre, la moitié de la cavalerie avait disparu ; une décision du maréchal réduisit les régiments à 2 escadrons montés ; le reste des hommes devaient recevoir le fusil et l'équipement de l'infanterie : ils étaient destinés, disait-on, à renforcer la garnison de Metz, pour répondre aux demandes du commandant supérieur.

On essaya de remédier au mal par des moyens pour ainsi dire artificiels ; on prescrivit la récolte des sarments de vignes et des feuilles de certaines essences d'arbres pour les faire entrer dans l'alimentation, on envoya les chevaux pâturer sur quelques points de l'intérieur de nos lignes. Enfin on se décida, autant pour venir en aide à la population de Metz dont on épuisait les ressources que pour diminuer le nombre d'animaux à nourrir, on se décida, disons-nous, à livrer tous les matins aux abattoirs de la ville vingt chevaux de troupe, choisis parmi ceux qui offraient le moins de chances de résistance au régime nouveau auquel ils étaient soumis.

Les officiers qui tenaient à leurs montures ou ceux qui pensaient avoir à les utiliser dans les opérations à venir, durent faire de grandes dépenses pour les maintenir en état, et acheter à leurs frais de l'avoine et des fourrages ; un des commandants de corps d'armée eût même la générosité d'entretenir ainsi jusqu'à la fin l'escadron d'escorte qui lui était attaché : ce furent peut-être les seuls chevaux de troupe que la capitulation remit en bon état entre les mains des Prussiens.

En présence d'une situation si effrayante pour l'avenir, on serait en droit de s'attendre à voir le maréchal Bazaine prendre du moins les mesures de précaution indispensables pour augmenter ses ressources alimentaires ; s'il renonce à aller enlever à Peltre les magasins de l'ennemi, comme il en a eu la pensée, il a tout autour de ses lignes de gros et riches villages, de grandes fermes où les récoltes viennent d'être rentrées et où les Prussiens n'ont peut-être pas osé les enlever, sous la menace de nos canons. *Puisqu'il doit se battre maintenant tous les jours,* il peut entamer une série d'opérations extérieures, qui auront le double avantage de lui procurer des vivres et de prouver la sincérité des motifs qu'il a mis en avant le 26 août, pour expliquer les raisons qui l'ont fait renoncer à une sortie. Il n'a qu'à vouloir, à ordonner ; les illusions du passé ont résisté aux dernières déceptions, et dans l'armée on compte toujours sur l'habileté et l'énergie du commandant en chef ; ses officiers ne demandent qu'à marcher, ses soldats le suivront là où il les conduira. Mais il ne veut plus rien tenter de sérieux ; il attend les événements, tout en affirmant qu'il se préoccupe de la situation et *qu'il s'efforce de nous en tirer,* comme il le dit dans les duplicata de sa dépêche du 1er septembre.

Au lieu d'agir avec la netteté qui est l'apanage du caractère militaire, avec la décision qui est la base du commandement, il ne donnera que des ordres mal définis, conçus en termes vagues, laissant à ceux qui les reçoivent autant de latitude pour y obéir que pour ne pas les exécuter ; si les opérations qu'il aura indiquées ne sont pas faites, la faute en retombera sur les commandants de corps qui ne l'auront pas secondé, quand il aura voulu agir ; les reproches d'inaction qui pourront lui être adressés, ne devront pas l'atteindre.

C'est ainsi qu'il s'adresse au maréchal Canrobert pour lui faire enlever, le 2 septembre, une tranchée prussienne appuyée au château de Ladonchamps, puis le 3, le château lui-même. Le général Frossard doit le même jour s'emparer du château de Mercy-le-Haut, avec les troupes du 2e corps. Ces deux officiers généraux auront à étudier un projet d'attaque, à régler les détails d'exécution et à les faire connaître au commandant en chef. Plus tard, le 4 septembre, ils sont prévenus que le maréchal Le Bœuf est invité à les appuyer avec le 3ᵉ corps et à s'entendre avec eux pour la coopération à leur donner.

On conviendra qu'il y a dans cette manière de dire une singulière différence avec les formes nettes et péremptoires des dispositions (1) allemandes et les instructions claires et concises que le prince Frédéric-Charles donne à ses généraux. Ici ce ne sont pas des ordres, mais des avis ou des invitations à faire telle ou telle chose, en laissant aux chefs le soin d'examiner les moyens d'exécution, de les régler, de s'entendre eux-mêmes entre eux ; or qu'arrive-t-il ? C'est que les commandants des corps s'exagèrent les difficultés, ne comprenant pas l'opportunité d'une opération dont le but leur échappe ; que, désireux d'épargner la vie de leurs hommes, ils tendent à rejeter les uns sur les autres la plus lourde tâche et que, finalement, l'accord ne pouvant s'établir, ils concluent à l'inutilité ou à l'impossibilité de l'entreprise. Ce fut ainsi que les choses se passèrent pour les deux attaques projetées.

Malgré les avis contraires des commandants de corps, le maréchal eut cependant l'air de tenir à ce que ces opérations se fissent ; par une dépêche du 5 septembre, il renouvela ses premiers ordres au 6ᵉ et au 2ᵉ corps. On se préparait donc à enlever dans la matinée du 7 les deux positions de Ladonchamps et de Mercy, quand le 6 le maréchal déclara y renoncer. Les retards qu'on avait mis à exécuter l'attaque, écrivit-il, avaient donné à l'ennemi la possibilité d'en être prévenu ; des forces plus considérables avaient été réunies sur ces points et les défenses en avaient été augmentées ; les difficultés actuelles pouvaient donner lieu à des engagements plus sérieux qu'il ne l'aurait voulu.

(1) On appelle ainsi, dans l'armée allemande, les ordres de mouvement pour la marche ou pour le combat.

Le maréchal se trouvait avoir ainsi exprimé hautement l'intention de prendre position en dehors du camp retranché et de poser des jalons, destinés à servir de direction dans une sortie ultérieure : si elle n'a pas été remplie, il doit s'en prendre aux commandants des corps qui ont trouvé des impossibilités ou qui n'ont pas obéi, comme il se plut tant de fois à le répéter depuis. Il ne nous appartient pas d'accuser ou de disculper ces officiers généraux ; mais ce que nous tenons à établir, c'est que si le maréchal Bazaine avait attaché à ces opérations une importance réelle, qu'il eût eu la ferme volonté qu'elles se fissent, il s'y serait pris autrement. Il se serait rendu compte par lui-même ou par son état-major du terrain, de la situation de l'ennemi, de ses travaux ; sur ces renseignements, il aurait arrêté un plan d'opération et en eût réglé l'exécution dans son ensemble ; il lui eût alors suffi d'un ordre impératif donné à tel ou tel corps de porter tant de troupes sur tel point, à telle heure, d'y attaquer l'ennemi et d'enlever les positions indiquées, en laissant aux généraux le soin de fixer les questions de détail et le dispositif à adopter. Il est certain que devant cet acte de commandement, cette expression d'une volonté bien arrêtée, les choses se seraient faites à l'heure voulue, dans les proportions indiquées ; si les intentions du maréchal étaient sincères, on est obligé de convenir qu'il a fait preuve, dans ces circonstances, d'un manque de fermeté regrettable.

Quelques jours plus tard, un officier supérieur ayant eu occasion de lui parler de l'inaction dans laquelle il laissait l'armée, des dangers de cette situation et de la nécessité qu'il y avait d'en sortir au plus vite, le maréchal se plaignit amèrement de la mauvaise volonté qu'il trouvait dans ses commandants de corps, et de leur peu d'obéissance ; sur la réponse qui lui fut faite qu'armé d'une autorité absolue, il avait les moyens de briser toute résistance, il ajouta que vis-à-vis de collègues, de vieux camarades plus anciens ou plus âgés que lui, il lui était difficile de recourir à des mesures qui lui répugnaient. Dans de pareilles conditions et avec de semblables scrupules, le commandement d'une armée est impossible ; ce n'est pas ainsi que l'exercent les chefs qui comprennent le poids de la responsabilité qui pèse sur eux.

Ajoutons seulement que trois semaines plus tard, le 27 septembre, le maréchal ordonna formellement les mêmes opérations sur Ladonchamps, Peltre et Mercy, et qu'elles se firent avec le plus grand succès, telles qu'il les avait fixées et à l'heure qu'il avait marquée ; et cependant, à cette époque, les troupes prussiennes étaient devenues plus nombreuses, leurs lignes d'investissement avaient été complétées par des ouvrages et des batteries, les différentes localités avaient été mises en état de défense ; mais la ville de Metz demandait à grands cris que l'armée partît et ne continuât pas à consommer les ressources de la défense ; il fallait apaiser son émotion et lui fermer la bouche. Aujourd'hui nous n'en étions pas encore là, et voilà pourquoi ces opérations ne se firent pas, bien plus qu'en raison des retards qui s'étaient produits et qu'il eût été si facile d'éviter.

En dépit des tergiversations et des hésitations auxquelles elle assistait, l'armée n'en croyait pas moins encore à une action imminente, que le maréchal ou le prince Frédéric-Charles en prît l'initiative ; l'ennemi semblait faire de grands mouvements autour de nous, nos observatoires signalaient d'importantes colonnes qui se portaient de la rive gauche sur la rive droite dans la direction de Pont-à-Mousson ; personne ne supposait qu'une armée prussienne pût s'arrêter dans le succès et avoir la sagesse de ne pas le compromettre par une attaque chanceuse, quand elle comptait sur le temps pour nous réduire et nous prendre. Le prince était exactement renseigné sur notre situation. Par ses nombreux espions, il connaissait l'état de nos approvisionnements, la quantité de nos ressources; il savait que nos chevaux servaient déjà à l'alimentation, que nous ne pouvions plus les nourrir, qu'incessamment nous nous trouverions privés de nos moyens d'action; il avait apprécié à leur juste valeur les efforts faits le 31 août: il voyait cette inaction inexplicable et, jugeant par là le caractère et la portée de notre général, il ne doutait pas de triompher bientôt. Il avait de plus devant les yeux, ce que nous ignorions, l'exemple terrible de la capitulation de Sedan, et il entrevoyait pour lui la même gloire, pour nous le même désastre. Ce fut alors que toutes les mesures furent prises pour multiplier autour de nous les difficultés matérielles : des batteries de position furent élevées sur les points dominants et dans les coupures des routes; en même temps, l'artillerie des corps d'armée fut installée dans les villages de première ligne, de manière à pouvoir se porter rapidement sur les points par lesquels nous aurions tenté de déboucher; les tranchées furent successivement transformées en de véritables parapets, souvent sur des lignes parallèles, de manière à abriter l'infanterie et à donner plusieurs étages de feux. Grâce à notre inaction, ces travaux s'achevèrent tranquillement devant nous, sans qu'on songeât à les inquiéter, ni à les détruire, autrement que par le feu de quelques pièces à longue portée, et plus tard on arguera de cet état de choses qu'on aura laissé créer, pour expliquer l'impossibilité d'agir et de se faire jour.

L'attention publique venait cependant d'être éveillée par

des hourras et des cris inusités, que nos avant-postes et nos éclaireurs avaient entendus dans les camps prussiens : il y avait là comme une manifestation de joie qui ne pouvait être pour nous que l'annonce de quelque nouveau malheur. Dans la matinée du 7, une compagnie de partisans enlève un poste prussien, y fait quelques prisonniers et en rapporte un ou deux journaux allemands, qui sont envoyés au maréchal... C'est ainsi que nous recevons la première nouvelle de la catastrophe de Sedan, à laquelle s'ajoutaient la mort du maréchal de Mac-Mahon, disait-on, et la captivité de l'empereur. On rapproche de ces faits la date à laquelle les hourras ont été entendus, les observations faites sur le passage de la Moselle par ces troupes, qui n'étaient autres que de longues colonnes de prisonniers, et, malgré toutes les apparences de la vérité, on veut douter encore. Un officier de l'état-major général, que sa connaissance de l'Allemagne désignait naturellement pour ces sortes de missions, est aussitôt envoyé en parlementaire sous prétexte de traiter d'un échange de prisonniers qui nous était dû depuis quelque temps; aux avant-postes, il voit arriver le lieutenant-colonel de Burg, ancien attaché militaire à Paris, qu'il y avait connu, et qui lui apprend toute la réalité de nos désastres; des journaux lui sont donnés à lire, et il y voit la confirmation de tous ces faits, ainsi que le détail des événements qui en furent la conséquence, la retraite du prince impérial en Belgique, la séance du Corps législatif du 4 septembre, le départ de l'impératrice, la fuite du ministère, et enfin la constitution d'un gouvernement provisoire de tous les députés de Paris, sous le nom de *gouvernement de la défense nationale*.

Rien ne peut rendre les stupeurs, les colères, les douleurs qui se manifestèrent alors dans tous les rangs de l'armée;

et, faut-il l'avouer, l'indignation fut générale et contre le souverain qui s'était livré lui et ses soldats, et contre le général qui avait pu mettre son nom au bas d'un pareil acte, et contre cette armée qui n'avait pas tenté de se faire jour à travers les lignes ennemies ; les choses paraissaient tellement horribles qu'on se refusait encore à y croire. Toutes les pensées ne se reportaient du reste qu'aux événements militaires dont nous devions forcément subir le contre-coup, la question gouvernementale ou politique disparaissait complétement devant cette immense calamité publique ; il semblait à tous qu'il y eût là de telles hontes qu'elles brisaient tous les liens et les souvenirs du passé, de telles douleurs qu'elles ne pouvaient être étouffées que dans des cris de rage et de vengeance. Ah! nous ne nous doutions pas alors qu'un jour viendrait où il nous faudrait être humbles vis-à-vis de ceux auxquels nous adressions de si sanglants reproches, où notre honneur serait englouti dans une catastrophe mille fois plus déplorable. Qui de nous pouvait prévoir que notre fin soulèverait les flots de l'indignation populaire et qu'il nous serait donné de voir nos chefs bafoués par les femmes de nos campagnes, et nous-mêmes insultés par nos propres concitoyens ? L'armée de Sedan succombait du moins sous le canon, après neuf heures de combat, tandis que nous devions périr sous le coup d'odieuses négociations, sans que l'ennemi nous fît même l'honneur de brûler sa poudre, de dépenser ses balles ni ses boulets.

Le lendemain, 8 septembre, huit cents prisonniers environ nous furent rendus; c'étaient de malheureux soldats pris les uns à Beaumont, les autres à Sedan, et choisis à dessein pour que nous n'ignorassions rien de l'étendue de nos malheurs; quelques sous-officiers compris dans le détachement nous donnèrent de nombreux détails sur les événements des 30, 31 août et 1ᵉʳ septembre. C'est alors que nous comprîmes pourquoi nous avions trouvé si peu de monde devant nous dans notre attaque de Sainte-Barbe, et combien il eût été facile de passer, si on l'avait voulu ; la faute commise apparut plus grande encore et ses conséquences plus terribles que nous ne l'avions supposé. La liberté d'action dont allaient jouir les armées prussiennes, devenait pour nous une menace permanente autour de Metz comme sur un point quelconque du territoire. Des officiers échangés quelques jours après nous confirmèrent tous ces faits, et l'un d'eux, renvoyé de Mayence, y ajouta des renseignements plus complets sur la situation politique de notre pays et l'attitude prise au début par le nouveau gouvernement aussi bien que par la population de Paris.

Les Prussiens tentèrent aussitôt d'exploiter la démoralisation qu'ils supposaient devoir résulter pour nous de la nouvelle d'un pareil désastre; enhardis par les résultats obtenus à Sedan, ils espérèrent en finir de suite avec l'armée de Metz par les moyens qui venaient de leur réussir si bien. Les forces militaires organisées de la France eussent ainsi disparu du même coup, le pays leur eût été livré en entier, Paris seul n'eût pu résister à l'effort de toutes leurs armées réunies, et la guerre eût été promptement finie dans cette catastrophe générale.

Le 9, vers les sept heures du soir, au milieu d'un ouragan effroyable accompagné d'une pluie torrentielle, les coteaux qui nous dominent, les plaines qui nous entourent, s'illuminent soudainement des éclairs que vomissent à la fois des centaines de bouches à feu ; mettant à profit l'obscurité, l'ennemi rapproche ses batteries de campagne, et ses obus viennent éclater jusque dans nos camps de la rive gauche et sur ceux du 2ᵉ corps; les troupes du maréchal Le Bœuf, couvertes par la puissante artillerie des forts de Queuleu et de Saint-Julien, ont moins à souffrir de cette canonnade, qui se continue avec la même intensité pendant plusieurs heures.

Nos régiments prennent partout les armes, nos tranchées sont garnies et, sur tous les points, nous nous tenons prêts à repousser une attaque; loin d'être affaissée par la douleur qu'elle a ressentie, l'armée entière en est plutôt exaspérée, et tous ses sentiments se confondent dans une pensée de vengeance. Mais l'ennemi se borne à faire agir son artillerie; une tentative sans grande importance est faite contre le front du 2ᵉ corps, qui la repousse vigoureusement, et devant l'attitude de nos troupes, peut-être en raison de l'état de l'atmosphère qui ne s'améliore pas, le prince Frédéric-Charles se décide à faire cesser le feu. Ce fut à cela que se borna ce bombardement de Metz, dont les journaux prussiens firent grand bruit; il ne nous coûta que quelques hommes, et l'on peut dire que ce fut la seule entreprise que l'ennemi osât tenter contre nos positions jusqu'à la fin de l'investissement.

Son infanterie avait donné vigoureusement à Borny pour l'attaque de nos positions; depuis ce jour, elle ne se montra plus en ligne devant la nôtre. Le 18 août, si ses colonnes s'aventurèrent sur Saint-Privat, ce ne fut que quand le 6ᵉ corps eut suspendu son feu, faute de munitions. A Rézonville, sa cavalerie s'était élancée sur nos bataillons et nos escadrons, mais les pertes qu'elle avait subies ne l'engagèrent pas à recommencer le 18; elle se borna dès lors à ce rôle d'avant-garde et de reconnaissances lointaines qu'elle sut remplir si brillamment. L'artillerie prussienne avait seule une supériorité incontestable qu'elle avait su mettre à profit; elle se trouva impuissante devant les gros calibres de nos forts et de nos ouvrages, et elle renonça depuis lors à tout effort sérieux.

Dans de pareilles conditions, n'y a-t-il pas une douleur de plus à songer à ce qu'on a su faire de cette armée du Rhin, où l'on trouvait tant d'éléments de succès?... Un mot de M. de Bismark explique assez bien la situation ; il vint avec le roi visiter, dans la journée du 17 août, l'ambulance que nous avions abandonnée précipitamment à Rézonville, comme à la suite d'une défaite, et, dans une conversation qu'il eut avec un de nos officiers blessés, un aumônier qui nous rejoignit plus tard, l'entendit lui dire : « Ah ! si nous « avions des chassepots et que vous eussiez nos fusils, la « guerre serait finie dans quinze jours. » Puis il ajouta : « Et si vous aviez les généraux qui commandent nos ar- « mées, elle serait finie de même, mais d'une façon toute « contraire pour nous. »

Nous ne savons si le maréchal Bazaine pensait comme le chancelier de la Confédération du Nord, et s'il entrevoyait la fin prochaine de la guerre comme conséquence de cette opinion ; mais il ne pouvait se dissimuler les fautes qui avaient été commises, la gravité de la situation qu'il avait créée, ni les fatales conséquences qui devaient en résulter pour le gouvernement impérial. L'incapacité des premiers jours, les malheurs qui en étaient résultés, l'invasion qu'elle avait amenée, tout semblait avoir déjà condamné l'empereur et son trône, au moment où la colère publique lui enlevait violemment le commandement de son armée ; peut-être cette conviction avait-elle été une des raisons les plus sérieuses qui déterminèrent le maréchal à s'isoler complétement pour mieux séparer sa cause de celle du souverain et se ménager habilement une porte de sortie, suivant la tournure que prendraient les événements. Il ne pouvait ignorer

les conversations de tous, ni leurs craintes, ni leurs irritations ; dans l'entourage même de l'empereur, il semblait que toute illusion eût disparu, et l'on entendait à Metz ses officiers, ses favoris les plus intimes, parler de la possibilité d'une chute qui eût été traitée de chimère un mois auparavant ; quelques-uns même la prévoyaient avec une sûreté de coup d'œil qui ne s'est que trop réalisée. « Rappelez-vous la pré-
« diction que nous vous faisons, » disaient deux d'entre eux à un de nos camarades sur la place de la Préfecture, le 15 août, quelques minutes avant le départ de l'empereur ;
« nous sommes perdus : nous marchons à une catastrophe
« inévitable qui emportera l'empire, la société, et nous nous
« trouverons en face de la révolution déchaînée. »

Il y avait donc là une éventualité dont le maréchal avait dû tenir compte dans ses calculs ; son nom avait servi de drapeau à l'opposition du Corps législatif, c'était à elle et à la faveur populaire qui l'avait suivie qu'il devait son élévation actuelle ; n'était-il pas en droit de compter sur leur appui, au moment de la crise qu'il pouvait regarder comme imminente? La victoire seule, revenant sous nos drapeaux, eût su la conjurer. Que la France, abattue, humiliée sous une paix honteuse, sentît bouillonner dans son sein des ferments de vengeance, ou qu'elle tremblât de voir succéder aux désastres de la guerre les haines et les passions des discordes civiles, n'y avait-il pas bien des probabilités pour qu'elle se jetât dans les bras du général de son choix, sortant de la guerre sans échec sérieux, à la tête d'une armée intacte qui pouvait être entre ses mains un puissant moyen d'action ou de gouvernement?

On peut donc croire que la chute de l'empire n'étonna pas profondément le maréchal Bazaine ; mais les circonstances qui l'amenèrent et les résultats qui suivirent durent bouleverser ses prévisions et détruire les projets qu'il avait pu caresser. Il se trouvait en présence d'un gouvernement provisoire, gouvernement de fait qui s'était créé lui-même, et sous le nom duquel apparaissait clairement le mot de *république;* le passé des hommes qui le composaient, leurs opinions, leurs actes, tout indiquait, à n'en pas douter, les tendances du nouvel ordre de choses; il faut le reconnaître, cette forme de gouvernement avait été de toutes jusqu'ici la moins sympathique à l'armée, qui ne pouvait oublier ni les attaques ni la parcimonie des députés de la gauche à son égard, pas plus que les calomnies que déversaient chaque jour sur elle les journaux de cette nuance. C'est bien à tort qu'on a voulu la représenter comme un instrument servile du pouvoir, et c'était bien peu connaître sa composition et sa constitution, dont l'idée démocratique forme la base essentielle; elle ne demandait qu'une juste sollicitude pour ses intérêts en échange du temps qu'elle donnait et du sang qu'elle était prête à verser; elle ne connaissait qu'un drapeau, celui que la France portait et qu'elle avait à défendre sur les champs de bataille. Seule, au milieu de ces temps d'incrédulité générale, elle avait conservé une foi, *le devoir et l'honneur militaire*, et ses sentiments étaient si enracinés, qu'ils ont résisté aux efforts faits pour les détruire et qu'ils se sont manifestés dans ces appels lointains au pays, dans ces cris de douloureuse impuissance qu'ont fait entendre la plupart de nos compagnons de captivité. Il était impossible que le maréchal Bazaine ne pensât pas comme l'armée; quoique son passé, ses tendances, sa situation l'écartassent de la république, il l'eût cependant acceptée, peut-être facilement, s'il y eût trouvé la réalisation de ses espérances.

Mais la place qu'il eût ambitionnée était prise ; son éloignement lui avait enlevé les chances qu'il aurait pu avoir, s'il se fût trouvé sur les lieux. Le nouveau gouvernement, éperdu de sa hardiesse, épouvanté de la succession qu'il s'était arrogée, se trouvait en face d'une tâche à laquelle il était inhabile : défendre Paris et sauver la France. Il lui fallait un homme de guerre et il crut le trouver dans le général Trochu, entre les mains duquel il remit ses destinées, avec la présidence du gouvernement. La présence de ce rival à la tête de la nouvelle administration ne fut pas une des moindres causes du mécontentement du maréchal; il le voyait de plus entouré de certains noms qui lui rappelaient les attaques dirigées contre lui pendant la campagne du Mexique, ou dont la signification indiquait des tendances auxquelles il lui était difficile de s'associer. Sa jalousie trouva là un nouvel aliment : Mac-Mahon disparu n'était plus à craindre; elle se reporta tout entière sur le général Trochu, qui se trouvait l'avoir dépassé subitement et être devenu son chef; il ne se donna pas la peine de la dissimuler et l'on peut se rappeler la manière peu sympathique dont il s'exprimait dans les conversations sur le compte du président du gouvernement de la défense nationale. Ainsi, rivalité ou déboire, regret du passé ou antipathie pour la république, espérances trompées ou ambitions déçues, quels que soient les sentiments qui aient prédominé dans son esprit, il n'en est pas moins certain pour tous qu'à l'époque de la première confirmation des événements de Paris, il n'entendit nullement les accepter et encore moins reconnaître le gouvernement qui en était sorti; il le déclara même assez ouvertement devant son entourage pour qu'il ne fût pas possible d'en douter.

Cette situation d'esprit et le point de vue qui en résulte sont l'origine de toutes les fautes politiques que le maréchal ajoutera aux fautes militaires qu'il a déjà commises ; insouciant désormais du sort de son armée, il va rester pour ainsi dire étranger aux choses de la guerre, qui devraient seules l'intéresser, pour ne songer qu'à l'amoindrissement dont il croit être victime et à l'édifice de la position qu'il pourra se créer au milieu d'événements si contraires. Il oubliera qu'il n'est là que pour combattre, dégager son armée et lui rouvrir la campagne, sans s'inquiéter de ce qui se passe à Paris ou à Lyon. La vue des baïonnettes prussiennes qui nous entourent, le récit de nos désastres, de ces dévastations organisées dans nos villes et nos campagnes, devraient cependant suffire pour lui indiquer le seul devoir qu'il ait à accomplir. Ne comprend-il pas que, s'il sait se faire jour au travers de l'ennemi, s'il rend cette armée à la France, qui la lui a confiée et qui n'en a plus d'autre, il aura fait pour son salut plus que tout autre et se sera acquis des droits à la reconnaissance publique, devant laquelle s'effaceront les torts de sa conduite passée ?

Mais la défense du pays ne lui semble pas possible ; il ne croit ni aux ressources de nos populations, ni à l'énergie des Parisiens ; il ne veut tenter aucun effort, qu'il regarde comme inutile, pour sauver une situation déjà perdue. Il sait le gros des forces ennemies marchant sur la capitale, il admet peut-être un semblant de résistance après lequel les portes seront ouvertes ; puis il voit la paix arriver comme conséquence de ce succès et mettre fin à la guerre, sans qu'il ait eu besoin d'intervenir. Le triomphe de la Prusse peut faire disparaître ce gouvernement de surprise qui le gêne.

Le maréchal Bazaine a donc bien des motifs de persévérer dans l'expectative et de regarder la prise prochaine de Paris comme terme de la délivrance et solution de la question militaire. Mais la situation politique n'en reste pas moins entière; il y a lieu de supposer que des discordes intérieures se sont déjà produites et qu'il s'en produira d'autres, au moment où le gouvernement du 4 septembre s'écroulera et où il faudra le remplacer par un autre ordre de choses dont il est impossible de prévoir la forme. Le maréchal compte sans doute utiliser alors cette armée dont il ne se sert pas contre l'ennemi ; peut-être la ménage-t-il déjà dans la pensée de disposer d'un effectif plus considérable pour détruire l'anarchie et ramener un ordre de choses plus conforme à ses aspirations. Il doit désirer faire partager ses sentiments à son armée ou au moins au corps d'officiers, dont l'influence et la coopération lui seront nécessaires le jour où les événements le feront sortir et l'appelleront à un autre rôle.

Les circonstances vinrent le servir à souhait : les bruits les plus effrayants circulèrent dans les camps, venant on ne sait de quelle source ; ils y prirent une grande consistance et s'y accréditèrent peu à peu. L'inquiétude entra dans tous les cœurs ; la France était représentée comme livrée partout aux plus affreux désordres ; chacun en vint à craindre pour les siens, pour ses foyers, et à oublier que l'ennemi était autour de lui, sur le sol français. Devant une pareille anarchie, le nouveau gouvernement était sans force, sans moyens d'action ; il n'y avait pas à compter sur lui. On disait même qu'il avait été bouleversé, peu de jours après son installation, par une émeute de la populace de Belleville ; que les hommes qui le composaient avaient été remplacés par les chefs des clubs les plus avancés ; que Paris était dans la consternation, livré à l'anarchie et au pillage ; que les femmes y étaient insultées ; que des massacres avaient eu lieu... et qu'enfin la population, terrifiée, avait envoyé une députation au prince de Prusse, lui demandant de hâter son arrivée et de venir la sauver...

Il faut convenir que de pareils bruits étaient bien faits pour jeter l'alarme et la consternation dans les esprits ; en présence de pareilles calamités, c'était l'impuissance pour la France, la fin de toute résistance ; nos efforts isolés ne pouvaient plus la sauver ; et quel que fût notre attachement patriotique, qui de nous pouvait s'empêcher de songer à la famille qu'il avait laissée derrière lui et qu'il sentait menacée par ceux-mêmes pour lesquels il exposait son existence? Les convictions les plus fermes s'en trouvaient ébranlées, et les défaillances s'excusaient par les craintes légitimes pour des intérêts aussi chers. On se garda bien de rien faire pour démentir ces nouvelles ou mettre l'armée en garde contre leur véracité. Il semble, au contraire, qu'on ait tenu à les accréditer et même à les propager, si l'on en juge par la conduite que suivit le maréchal dans un épisode qui se produisit à la même époque, vers le 10 ou le 11 septembre.

Au milieu de toutes les illusions qui s'étaient produites après la déclaration de guerre, quand on se voyait déjà traversant, occupant des territoires ennemis, le major général avait trouvé utile, on ne sait guère pourquoi, d'attacher à sa personne un secrétaire d'ambassade, M. Debains, qu'il comptait charger de la correspondance à entretenir avec le ministère des affaires étrangères et de la solution des questions de droit international, qui ne pouvaient manquer de se présenter au delà des frontières. Il n'y eut pas d'invasion, pas de question internationale à traiter, et quand le major général eut donné sa démission, quand l'empereur quitta l'armée, au lieu de profiter de l'occasion pour disparaître d'un théâtre où il n'avait plus de rôle, notre jeune diplomate considéra comme un devoir de rester parmi nous et de partager notre sort; il obtint du maréchal Bazaine la faveur de continuer à compter dans son état-major.

La rentrée de l'armée sous Metz, son inaction, les événements de Paris, les dernières nouvelles qui se répandaient, tout contribua vite à lui prouver que sa place n'était plus au Ban-Saint-Martin, et qu'il ne pouvait y avoir qu'une position anormale. Il se décida donc à essayer de quitter la ville; s'armant d'un faux nom, d'un faux passeport, de ses connaissances de l'Allemagne et de la Belgique, il vint demander au maréchal la permission de tenter l'aventure et l'honneur de porter au gouvernement de Paris une dépêche qui l'informerait de ses projets et de la situation de son armée. Le maréchal accorda l'autorisation, mais ne voulut rien écrire et se contenta d'un message verbal insignifiant; il y avait à dire que la situation était bonne, les vivres difficiles, que l'ennemi était nombreux autour de nous, mais que le moral de l'armée ne s'en ressentait pas. On ne pouvait pas moins s'engager.

M. Debains se présente de bonne heure aux avant-postes de la division hessoise, sur la route d'Ars; il est conduit au village, chez le commandant des grand'gardes, qui le reçoit fort poliment, mais lui déclare qu'il ne peut le laisser passer sans un ordre du prince Frédéric-Charles, auquel des instructions vont être demandées. De nombreux journaux allemands lui sont donnés pour lui faire prendre patience; il cause avec le commandant hessois, avec d'autres officiers, qui lui dépeignent la situation de la France sous les plus sombres aspects, comme se plaisaient à la représenter les gazettes qu'ils avaient entre les mains; puis, à la nuit, il reçoit l'avis que le prince lui refuse le passage et qu'il doit retourner à Metz. Il est immédiatement reconduit à nos avant-postes et revient au quartier général du Ban-Saint-Martin.

Le soir même, il se présente au maréchal et lui raconte ce qu'il a lu, ce qui lui a été dit, appuyant peut-être avec une tendance involontaire d'exagération sur l'étendue de nos désastres, sur les désordres intérieurs, sur ceux de Paris, sur l'affaissement général de la France. Dès le lendemain, il est invité à reproduire par écrit les faits les plus saillants de sa conversation de la veille et, heureux d'avoir enfin un travail à faire, il s'étend dans un long rapport sur l'affreux spectacle que présente actuellement notre malheureux pays; ce n'étaient que tristesses et ruines accumulées les unes sur les autres, bien faites pour produire le découragement et anéantir toute espérance de salut. Ce rapport est porté au maréchal, qui le lit, le fait lire, et n'y voit sans doute qu'un tableau conforme à ses croyances ou à ses aspirations; car aussitôt il donne l'ordre que ces renseignements soient envoyés *in extenso* aux commandants des corps et aux chefs des différents services, pour être communiqués aux troupes; mais il comprend ce qu'il peut y avoir de grave dans une pareille communication et, afin de mettre sa responsabilité en partie à couvert, il prescrit que l'envoi soit précédé de l'annotation suivante : « M. Debains, « secrétaire d'ambassade, attaché au quartier général, a « tenté de franchir les lignes ennemies; arrêté aux avant-« postes pendant plusieurs heures, il en a rapporté les ren-« seignements suivants, qui proviennent de ses conversa-« tions avec les officiers prussiens et de la lecture des « journaux qui lui ont été prêtés. »

Le général Jarras rassemble ses officiers pour copier ce malencontreux rapport, et il faut dire ici à leur honneur que, si leur chef ne comprit pas l'imprudence de la mesure dont il se trouvait être l'exécuteur, il n'y eut qu'une voix parmi eux pour s'élever contre la publication d'un pareil document et sur les tristes conséquences qu'elle pouvait avoir. A leur demande, un de leurs colonels se rendit immédiatement chez le maréchal et s'adressa à son aide de camp, le colonel Boyer, pour qu'il obtînt que cette pièce ne fût pas envoyée. Le maréchal consentit à surseoir pour le moment : mais quelques heures plus tard il prit un biais qui, tout en supprimant la publication, n'en atténuait que peu l'effet et maintenait la connaissance de ces renseignements dans un cercle plus restreint, d'où il devait s'en ébruiter forcément quelques-uns, comme s'il avait un intérêt réel à ce qu'ils se répandissent. Des officiers furent désignés pour se rendre auprès de chacun des commandants des corps d'armée et leur donner lecture du rapport de M. Debains, sans leur en laisser copie ; c'était un procédé tout diplomatique, en situation avec le caractère de l'auteur.

Ainsi c'était au moment où l'armée avait besoin d'être soutenue, encouragée, où il fallait relever son moral en présence de nos désastres, que le maréchal accréditait par le fait de son intervention les bruits les plus inquiétants et les plus mensongers, égarés dans les feuilles allemandes pour la plus grande joie de nos ennemis. Le règlement lui prescrivait de les arrêter, de les démentir, d'en démontrer au moins l'origine suspecte, et malgré les observations qui lui furent faites il tint à les faire connaître. Dans l'ignorance absolue où l'on était de ce qui se passait au dehors, une pareille mesure ne pouvait qu'impressionner tristement les esprits, déjà frappés par les premières nouvelles.

Il fallait bien prévoir l'avenir, songer à ce que nous pouvions faire, à ce que nous allions devenir, et ceux qui veulent arguer aujourd'hui de leur insouciance, de leur confiance absolue dans le commandement, se dissimulent à eux-mêmes ou oublient les pensées menaçantes qui ont dû les assaillir à l'époque où tant de désastres leur étaient appris coup sur coup, où chaque jour venait leur apporter l'annonce d'un nouveau malheur. Pour les uns, c'était le plus grand nombre, il n'y avait qu'une solution possible et honorable : sortir de Metz à tout prix et sans perdre de temps, alors que l'armée avait encore ses forces vives et que l'effectif des chevaux lui permettait d'emmener son matériel d'artillerie avec une partie suffisante de sa cavalerie; une fois dans la campagne, sans bagages, sans *impedimenta*, on eût pu gagner l'ennemi de vitesse, se jeter au sud par les Vosges, par Langres, et atteindre Lyon, où l'on eût retrouvé des vivres et la sécurité; la France eût avisé, quel que fût son gouvernement, et on n'aurait eu qu'à se soumettre à sa décision. Les autres ne voyaient d'issue que dans la paix et désiraient qu'elle se fît aux conditions les meilleures, mais sur-le-champ, afin de mettre un terme aux maux de la guerre et aux calamités de l'invasion; le pays pourrait réparer ses pertes en quelques années, et qui sait si le jour de la revanche ne luirait pas bientôt? Mais ils se trouvaient en présence d'une grosse difficulté : qui ferait la paix et avec qui le roi de Prusse voudrait-il ou pourrait-il la faire? Et ils ne savaient comment la résoudre.

Tous d'ailleurs se rencontraient dans une même pensée, la nécessité d'en finir au plus vite d'une façon ou de l'autre et de prendre une décision prompte, l'attente et l'inaction leur semblant également dangereuses; il suffisait à tout homme sensé de constater la diminution des vivres par les modifications de la ration, l'affaiblissement graduel des hommes par les entrées des ambulances, la destruction progressive de la cavalerie et des attelages par la mortalité des chevaux, la difficulté de les nourrir et les livraisons quotidiennes faites aux abattoirs, pour comprendre qu'on était en face d'une situation qui ne pouvait se prolonger, sous peine de conduire fatalement à un désastre. Ce sont là des documents qui se trouvaient entre les mains de tous, et bien coupables sont ceux qui ne les ont pas lus ou qui ne s'en sont pas inquiétés, comme c'était leur devoir ; en face d'une perspective qui ne pouvait leur échapper, ils eussent secoué bien des insouciances, réveillé bien des torpeurs ; et leurs cris d'alarme justement écoutés, comme ils méritaient de l'être, eussent forcé le maréchal à prendre une résolution et nous eussent épargné l'épouvantable catastrophe qui devait mettre fin à notre existence militaire.

L'occasion d'élever la voix venait cependant d'être donnée aux chefs de l'armée les plus autorisés par leur position et leurs services ; la connaissance des événements survenus au dehors, ainsi que les rumeurs qui y avaient été ajoutées, s'étaient tellement répandues dans les camps, qu'elles étaient devenues l'objet de toutes les conversations et de toutes les inquiétudes ; on s'y étonnait à bon droit du silence que continuait à garder le commandant en chef. Il y avait pourtant là des faits d'une gravité telle, la chute de l'empire, l'avénement d'un nouveau gouvernement, qu'ils pouvaient atteindre l'armée dans sa discipline, dans la situation de quelques-uns de ses corps, dans son serment et son drapeau, et il paraissait inouï que des mesures n'eussent pas déjà été prises pour resserrer les liens de la confraternité militaire par un appel au patriotisme de tous, en face des dangers du pays. Vainement le maréchal reculait-il le moment où sa parole viendrait donner une sorte de sanction ou au moins de constatation à un ordre de choses dont il ne voulait pas ; en présence des préoccupations publiques et de l'agitation de la ville de Metz, il ne lui était plus possible de se taire. Mais il ne se décide pas à s'adresser à ses soldats, ni à leur faire entendre quelques-unes de ces paroles qui soutiennent le moral et raffermissent la confiance ; l'avenir de la situation présente semble sans doute trop inconnu pour qu'il vienne l'affirmer par un document officiel. Il préfère tourner la difficulté par une mesure semblable à celle qu'il a employée le 26 août, et il convoque, le 12 septembre, à son quartier général, les commandants des corps d'armée, les chefs des différents services et les généraux de division.

Dans cette réunion, il fait connaître l'ensemble des renseignements qui ont été recueillis aux différentes sources sur les événements de Sedan et de Paris, et la création du gouvernement provisoire qui s'est substitué à l'empire ; puis il annonce son intention de ne pas quitter les remparts de Metz et d'attendre les événements, dans les termes suivants, que nous empruntons à l'un des témoins de cette scène, M. le général Deligny : « Vous comprenez bien que « je ne veux pas m'exposer à subir le sort de Mac-Mahon ; « conséquemment, nous n'entreprendrons plus désormais « de grandes sorties ; chacun de vous se chargera de faire « de petites opérations de détail en avant de son front, afin « de tenir la troupe en éveil et de montrer à l'ennemi que « nous ne sommes pas morts. Je ne puis être partout ; je « m'en rapporte aux commandants des corps d'armée ; je « les laisserai juges de l'opportunité d'ordonner ces sortes « d'opérations. Nous attendrons ainsi les ordres du gouver- « nement. » Puis il charge tous les officiers généraux de réunir leurs corps d'officiers et de leur faire part de ce qu'ils ont entendu.

Les nouvelles qui venaient d'être données étaient déjà connues des membres de cette réunion et on ne leur apprenait là que les sources d'où elles émanaient ; tout en tenant compte d'une émotion bien légitime devant la longue énumération de tant de malheurs, faite pour ainsi dire officiellement, n'y a-t-il pas lieu de regretter qu'elle ait été assez profonde pour dominer les esprits de ces hommes qui s'étaient si souvent joués du danger, et aveugler leur prévoyance, au point de les abuser sur les conséquences du plan de conduite que venait de tracer M. le maréchal Bazaine? Leur silence pouvait être regardé comme une sorte d'acquiescement aux idées qu'il avait émises et « il semble qu'aucun « d'eux ne l'ait rompu, dit encore le général Deligny, parce « qu'ils n'en comprirent sur l'heure ni le vrai sens ni la « portée. »

La conduite du maréchal depuis le 18 août était faite cependant pour dessiller les yeux et enlever toutes les illusions. On ne pouvait oublier l'étrange promenade du 26 août, la triste mise en scène du 31 et ne pas être frappé de l'attitude prise depuis le 1er septembre. Que signifiait cette inaction déjà inexplicable pour tous et objet de tant de commentaires? Jusques à quand se prolongerait-elle? Il voulait attendre, disait-il, mais attendre quoi ? Les ordres du gouvernement? Comme si tout militaire, tout chef avait besoin d'ordres, d'instructions, quand l'ennemi est là, qu'il vous menace, qu'il ravage et brûle vos villages et vos villes, devant vous, à portée de vos canons ! Pouvait-on s'attendre à d'autres ordres qu'à celui de se battre et de repousser l'invasion, de la part d'un gouvernement quel qu'il fût, qu'il s'appelât empire, royauté ou république ? N'était-ce pas le moment de se rappeler ce grand principe énoncé par le général Foy (1) : « Tant il est vrai que pour les hommes de « guerre, le meilleur parti à prendre dans les révolutions « est celui qui respire la haine des étrangers » ?

Ces pensées avaient dû se présenter déjà à l'esprit de la plupart des généraux, comme on les entendait aux tables des officiers et dans les cafés de Metz, comme on commençait à les lire dans les journaux de la ville, à travers les découpures de la censure militaire. Il devait être évident pour tous qu'il n'était pas possible de maintenir plus de quelques jours la situation matérielle de l'armée sur un pied respectable ; cette période passée, c'était l'impuissance et plus tard la nécessité de mettre bas les armes. L'exemple même de Sedan n'était-il pas là, bien autrement menaçant pour nous le jour où nous n'aurions ni vivres, ni chevaux, ni artillerie ?

Malheureusement ces réflexions ne furent pas faites à la réunion du 12 septembre, au moment où elles eussent pu être utiles; elles se firent plus tard, chez le général Deligny, « chez quelques autres, dit-il, quand ils eurent à rendre « compte à leurs officiers du but de la communication qui « venait de leur être faite. » Mais le mal était produit ; les projets d'inaction arrêtés par le maréchal Bazaine n'avaient soulevé aucune objection, et fort de cette approbation tacite, il put dès lors annoncer hautement des intentions qu'il avait dissimulées depuis le 16 août et temporiser dans l'espérance d'une solution imprévue. Ce sera là une arme dont il saura user le jour où il entreprendra de se défendre plus sérieusement qu'il ne l'a fait dans son *Rapport sommaire sur les opérations de l'armée du Rhin.*

(1) *Guerre de la Péninsule*, t. III, liv. IV, p. 209.

Le jour même de cette réunion, un officier qui était déjà profondément convaincu des dangers de l'inaction trouva l'occasion de causer avec le colonel Boyer de la situation militaire et politique ; les idées émises dans leur conversation sont intéressantes à faire connaître. Cet officier exposa ses idées d'autant plus volontiers qu'il ne doutait pas qu'elles ne fussent rapportées plus tard par l'aide de camp à son chef : il insista d'abord sur la nécessité absolue de s'ouvrir un passage par les armes, dans le plus court délai possible ; mais il rencontra chez son interlocuteur une grande opposition à toute tentative de ce genre, comme il ne s'y attendait que trop. Il dut donc se rabattre sur une solution pacifique et envisager les difficultés qu'elle présentait. « Puisque les journaux allemands semblaient annoncer que le roi de Prusse se refusait à reconnaître le gouvernement de la défense nationale, comme ne lui offrant aucune garantie, il était évident qu'il reconnaîtrait encore moins l'espèce d'anarchie qui l'aurait remplacé, comme le bruit en courait, sous la direction des orateurs des clubs de Belleville. S'il désirait la paix, comme on lui en prêtait la pensée, il ne trouverait autour de lui ni autorité existante, ni corps constitué régulièrement, auquel il pût s'adresser et qui lui offrît des éléments de force suffisants pour faire exécuter la parole donnée. Au milieu de tant de ruines, il ne restait debout que le maréchal Bazaine et son armée ; ce serait avec lui que les négociations devraient être entamées un jour ou l'autre, si les résolutions du gouvernement prussien étaient sincères ; il pouvait trouver là un beau rôle à remplir pour sauver le pays et le délivrer au plus vite de l'étranger.

« Mais, avant tout, il était indispensable de savoir ce qui se passait réellement en France : si les bruits répandus étaient faux, si le gouvernement de la défense nationale existait encore et se maintenait, le maréchal n'avait évidemment qu'à marcher d'accord avec lui et à régler son attitude sur la sienne. On pouvait envoyer au prince Frédéric-Charles un parlementaire sérieux ; il serait chargé de lui dire que le maréchal n'avait que des informations incomplètes sur les derniers événements, qu'il pensait que la reddition du souverain avait dû modifier les relations des deux peuples, par suite celles des deux armées, et qu'il désirait être éclairé sur ces différents points. On pourrait demander aussi l'autorisation d'envoyer à Paris un officier qui se rendrait près du nouveau gouvernement, avec mission de savoir si la paix ou la continuation de la guerre devait sortir de ses résolutions. »

Voilà à peu près, paraît-il, quel fut le sens de cette conversation ; on serait tenté de croire qu'elle produisit une certaine impression sur le colonel Boyer et plus tard sur le maréchal, quand il en eut connaissance. Car ce fut deux jours après, le 14 septembre, qu'il se décida à écrire au prince Frédéric-Charles et à lui faire porter sa lettre par le colonel Boyer, accompagné d'un officier de l'état-major général. Il est à supposer toutefois qu'il n'en adopta que la partie relative au rôle personnel qu'il pouvait jouer, et qu'il rejeta bien loin toute idée d'entente avec le gouvernement à la tête duquel était le général Trochu ; les faits qui ont été déjà énoncés le font pressentir, et ceux qui vont suivre en donnent la certitude.

Dans cette lettre, le maréchal exprimait son ignorance des derniers événements de Sedan et de Paris, de la situation qui en était résultée pour la France, ainsi que son désir d'être mis au courant de faits qui devaient l'intéresser lui et son armée ; il priait de plus le prince de vouloir bien

14

donner audience à son premier aide de camp, pour entendre les communications qu'il le chargeait de lui faire. Nos deux officiers furent arrêtés aux avant-postes prussiens, sans être autorisés à les dépasser; on y prit la lettre et on promit de l'adresser immédiatement au prince, qui ferait connaître sa réponse, s'il y avait lieu. Telle était la consigne sévère donnée dans les lignes prussiennes et strictement exécutée, à l'encontre de ce qui se faisait de notre côté où les parlementaires étaient conduits au quartier général, dès qu'ils en faisaient la demande.

En effet, le lendemain 15, un officier prussien se présente à nos grand'gardes, et sur le désir qu'il en exprime, il est amené au maréchal auquel il remet la réponse du prince Frédéric-Charles. C'était une lettre des plus gracieuses, qui contrastait avec la forme roide et hautaine des communications précédentes qu'on avait eues avec l'état-major de la deuxième armée ou les commandants de ses corps. Le prince s'estimait heureux de pouvoir donner les renseignements qui lui étaient demandés par le commandant en chef de l'*armée impériale française,* et il l'informait des événements suivants : défaite complète de l'armée du maréchal de Mac-Mahon sous les murs de Sedan, sa capitulation qui avait livré à la Prusse 84 000 hommes avec armes et bagages, captivité de l'empereur et son internement au château de Wilhemshœhe près de Cassel, séance du Corps législatif du 4 septembre, départ de l'impératrice dans la journée du 5 suivi de la formation d'un gouvernement provisoire sous la présidence du général Trochu et avec le concours de certains personnages de la gauche, désordres intérieurs dans toutes les grandes villes de France, mais avec un caractère des plus alarmants à Lyon, et enfin refus formel de vingt-six départements de reconnaître la révolution faite à Paris...

Quant aux événements militaires, le prince annonçait que les armées du roi ne trouvaient devant elles aucune résistance et que leurs têtes de colonnes arriveraient le lendemain 16 sous les murs de la capitale ; il terminait en disant qu'il regrettait de ne pouvoir autoriser M. le colonel Boyer à se rendre près de sa personne, qu'il s'était fait une loi de ne permettre à qui que ce fût de franchir ses lignes, mais qu'il s'empresserait de donner ultérieurement au maréchal tous les renseignements qu'il désirerait, et de répondre aux communications qu'il voudrait bien lui faire par écrit.

Le maréchal comprit sans doute le piége qui lui était tendu ; aussi se contenta-t-il d'exprimer ses remercîments au prince soit en quelques lignes, soit de vive voix à son messager ; il ajouta qu'il n'avait rien à demander pour le moment et qu'il se réservait de profiter plus tard de la bonne volonté que voulait bien lui témoigner Son Altesse Royale. Il y avait dans la lettre du prince une sorte de courtoisie si peu en rapport avec le caractère altier de son auteur et une affectation si singulière dans l'emploi répété du mot *impérial*, qu'on pouvait, sans trop d'invraisemblance, y voir l'intention de la Prusse de ne pas reconnaître le nouveau gouvernement et une ouverture indirecte faite au maréchal pour agir dans ce sens et entamer des négociations sur la base de l'ancien ordre de choses.

Ces suppositions sont d'autant plus admissibles qu'au même moment le cabinet de Berlin exprimait des vues identiques par un communiqué officiel que faisait publier, dans un journal de Reims, le gouverneur de la ville. Il y était dit qu'« on ne devait plus se préoccuper que de la paix ; la guerre pouvait être considérée comme terminée, puisque la seule armée de la France était enfermée à Metz, sans possibilité d'en sortir, et que les troupes du prince royal n'avaient plus personne à combattre ; Paris ne pourrait opposer qu'une faible résistance, et le roi Guillaume, maître absolu de la situation, allait avoir à décider du sort de la France et à lui imposer sa volonté. On ne devait pas s'attendre à le voir traiter avec des hommes qui s'étaient emparés subrepticement d'un pouvoir qui ne leur appartenait pas, et qui n'avaient reçu du pays aucune sanction légale pour l'exercer. On ajoutait qu'il n'y avait aux yeux du roi que trois personnes avec lesquelles il pût conclure la paix, comme étant revêtues de l'autorité nécessaire : c'était l'empereur, dont les droits avaient été consacrés par le plébiscite du 8 mai, ou l'impératrice régente, qui tenait de lui ses pouvoirs, ou le maréchal Bazaine, qui se trouvait être l'autorité la plus élevée et la seule représentation régulière du régime impérial. »

Devant une pareille publication, le doute n'est plus possible. Que le but ait été d'éteindre toute velléité de résistance dans nos populations, en face d'une paix prochaine, ou que l'on ait eu la pensée d'affaiblir le prestige et la force du nouveau gouvernement dont les efforts désespérés pouvaient créer de nouvelles difficultés, il n'en faut pas moins reconnaître qu'il y avait là une sorte d'invite à l'adresse du maréchal Bazaine, bien faite pour le tenter et l'éblouir, puisque la Prusse venait d'elle-même le placer sur un pied presque d'égalité avec l'empereur et l'impératrice dans le règlement de la question politique. On pouvait le supposer informé de tout ce qui se passait en France par les communications extérieures qu'il devait avoir conservées, en dépit des lignes ennemies et de la surveillance qui y était exercée ; mais là était l'erreur : notre service d'espionnage était si mal organisé, que nous n'avions que de rares nouvelles du dehors, tandis que les agents prussiens fourmillaient encore à Metz et dans nos camps. Le document publié à Reims ne nous fut connu que vers le 15 ou le 16; il avait été reproduit dans un journal français, apporté par un officier, prisonnier de Sedan, qui parvint à s'échapper et à rejoindre l'armée; les journaux de Metz le publièrent aussitôt, et l'on ne s'étonnera pas qu'il ait produit sur les esprits une profonde impression.

Il y avait là un singulier rapprochement avec les prémisses posées dans la conversation que nous avons rapportée plus haut, et à la suite de laquelle une première démarche avait été faite près du quartier général prussien. Les termes et les formes de la lettre du prince Frédéric-Charles s'expliquent alors naturellement : il ne fait que se conformer aux volontés de son gouvernement, et si le maréchal se laisse séduire par le rôle auquel on le convie, il est prêt à lui en faciliter les moyens. Mais le moment n'est pas encore venu ; le commandant en chef ne peut songer à prendre une aussi grave détermination, ni à accepter le poids d'une aussi lourde responsabilité, avant que le dénoûment qu'il prévoit soit venu le dégager de toute crainte pour l'avenir. Pourquoi compromettrait-il sa popularité et s'exposerait-il aux reproches de ses concitoyens, quand la chute de Paris n'est qu'une affaire de quelques jours? Pourquoi précipiterait-il les négociations, puisqu'il lui reste assez de vivres pour tenir jusque-là et qu'il connaît la grande situation que l'ennemi lui destine ? Il a tout avantage à ne pas risquer imprudemment une pareille aventure politique et à se maintenir dans une réserve militaire, telle qu'il l'a indiquée à la réunion du 12 septembre.

Les motifs qui avaient empêché le maréchal d'annoncer officiellement à l'armée tous ces événements, n'existaient pas pour le général Coffinières, commandant supérieur de la ville de Metz, encore moins pour le préfet de la Moselle, qui se trouvaient tous deux en face d'une population fiévreusement émotionnée et d'un parti libéral nombreux et remuant, comme dans tous les grands centres. Déjà des démarches avaient été faites auprès d'eux pour qu'ils eussent à informer le public des nouvelles qu'ils avaient reçues et de la forme du nouveau gouvernement qui régissait la France. La communication faite par le maréchal aux officiers généraux parut sans doute au général Coffinières une constatation suffisante du nouvel ordre de choses pour qu'il se crût autorisé à rompre le silence. Le 13 septembre parut une proclamation signée de lui et du préfet de la Moselle, annonçant le changement de gouvernement et se terminant par un généreux appel au dévouement et au patriotisme des habitants.

Toute l'armée avait été à même de prendre connaissance de ce document, tant sur les murs de Metz que dans les différents journaux de la localité, et il était devenu impossible pour le maréchal de se taire plus longtemps devant le public : c'eût été de sa part une indication trop claire de ses sentiments, qui pouvait lui créer plus tard de sérieux embarras, si les choses tournaient autrement qu'il n'y comptait ; la prévoyance exigeait qu'il tînt compte des différentes éventualités de l'avenir. La confirmation que lui avait apportée la lettre du prince Frédéric-Charles ne lui permettait plus de douter de ce que lui avaient appris les journaux français qu'il avait depuis quelques jours entre les mains. Le 16 septembre, un ordre du jour vint annoncer à l'armée la captivité de l'empereur et la formation d'un pouvoir exécutif, après le départ de l'impératrice et du prince impérial. « Nos obligations « militaires envers la patrie en danger restent les mêmes,

« y était-il dit. Continuons donc à la servir avec dévoue-
« ment et la même énergie, en défendant son territoire
« contre l'étranger, l'ordre social contre les mauvaises pas-
« sions. » Il se terminait par la conviction que les troupes
resteraient à la hauteur de leur tâche et qu'elles continue-
raient à mériter la reconnaissance et l'admiration de la
France. C'étaient là de belles et nobles pensées, mais à la
condition qu'elles se traduisissent par des actes. Or, on
connaît les dispositions d'esprit du maréchal Bazaine, et il
est difficile de comprendre comment il peut espérer con-
quérir la reconnaissance et l'admiration par la fatale inaction à laquelle il est résolu. Sa volonté à cet égard est parfaitement arrêtée ; elle se retrouve dans les quelques actes
militaires qui marquent la fin de la période actuelle.

Le 10 septembre, on engage le général Ladmirault à faire
enlever un petit poste que l'ennemi a établi sur le plateau
de Plappeville, à l'entrée du bois de Châtel, dans une sorte
de maison désignée sous le nom de Chalet Billaudel ; de là
ses tirailleurs peuvent incommoder nos grand'gardes et
on doit craindre qu'ils n'y établissent plus tard le point de
départ d'une nouvelle ligne d'approche. L'opération ne fut
pas faite, sur les observations que fit valoir le commandant
du 4ᵉ corps.

Le 11, le maréchal avait déjà pris le parti d'annoncer le
lendemain, à la réunion des généraux, son intention de ne
plus rien tenter de sérieux au dehors ; aussi va-t-il s'occuper
de l'affermissement du camp retranché et de l'amélioration
de sa défense. Des ordres sont envoyés ce jour-là à tous les
commandants des corps pour donner plus de relief à leurs
lignes, augmenter le nombre des ouvrages et construire de
nouvelles batteries. Malgré les nombreuses observations
qui lui avaient été faites, à la suite du premier tracé pré-

senté par le général commandant le génie, et peut-être en raison du peu de confiance qu'il avait été appelé à constater chez certains chefs, le maréchal avait renoncé à comprendre dans nos lignes les positions importantes qu'il aurait été utile d'occuper sur la rive droite, aussi bien pour assurer notre sécurité et augmenter nos ressources que pour éloigner l'ennemi et le gêner dans ses mouvements ou ses concentrations. Si cela eût été fait au début, alors qu'il n'y avait aucune difficulté, on aurait pu dominer aisément le cours de la Nied et menacer à tel point les lignes d'approvisionnement de l'armée prussienne, qu'elle eût été peut-être forcée de livrer un combat pour les mettre hors de notre portée : c'était la chance la plus inespérée qui eût pu nous arriver; en tout cas, nous aurions vécu plus longtemps. Mais on devait faire preuve sur la rive droite de la même imprévoyance que pour les positions de la rive gauche, si malheureusement évacuées le 19 août.

Le simulacre de bombardement du 9 septembre avait fait comprendre le danger qu'il pouvait y avoir à se trouver resserré dans un espace aussi restreint et, puisqu'on se décidait à attendre sur place, force était d'étendre les campements, de porter plus en avant les grand'gardes et même d'occuper fortement, en dehors des lignes, quelques points importants nécessaires à la défense. Ce furent ces instructions qui furent envoyées le 11 septembre; elles indiquaient la série de travaux à exécuter sur le front de chacun des corps d'armée.

Le 14 septembre, M. le maréchal Le Bœuf fut prévenu qu'il aurait à faire une opération sur Courcelles-sur-Nied, où l'on savait, disait-on, que l'ennemi venait d'amasser de grands approvisionnements sous des baraquements ; il en réglerait lui-même les détails et ferait connaître au commandant en chef le projet qu'il aurait arrêté. Le commandant du 3ᵉ corps trouva de sérieuses difficultés à l'opération, qui n'eut pas lieu. Toujours la même manière de donner des ordres et, par suite, toujours le même résultat.

Le 15, ce fut encore le tour du 4ᵉ corps; on lui prescrivit de prendre d'urgence, dans la nuit même, un ouvrage ennemi qui avait été établi dans le bois de Vigneulles, sur le plateau de Plappeville, et que le génie regardait comme très-dangereux, parce qu'armé de pièces de siége il pourrait balayer les camps du 6ᵉ corps et envoyer des obus jusque dans l'intérieur de la ville. Le général Ladmirault rendit compte le lendemain que ses reconnaissances n'avaient trouvé que des tranchées ennemies et pas de batterie, qu'en conséquence il n'y avait eu lieu de rien enlever.

Dans la plupart des écrits qui ont paru sur les événements de Metz, on a adressé de sévères reproches aux autorités civiles et militaires de la ville pour n'y avoir pas fait rentrer toutes les denrées qui se trouvaient aux environs. Mais que dire d'un chef d'armée qui se retire sous une place, avec la ferme intention d'y rester, et qui ne se préoccupe pas dès le premier jour d'augmenter les ressources restreintes dont il sait disposer? Il a fallu l'épuisement rapide des magasins, la nécessité d'attendre une solution bien plus éloignée que celle sur laquelle il comptait, pour qu'il se décidât à s'occuper de cette grave question, quand il était si simple au début, alors que l'ennemi n'avait pas encore resserré ses lignes, de diriger des reconnaissances sur les points habités qui nous entouraient, d'y dresser un état statistique de toutes les denrées et de les enlever immédiatement, au besoin par la force. Que de ressources n'eussions-nous pas trouvées ainsi, qui auraient prolongé notre existence!

La négligence fut telle, que non-seulement on laissa l'ennemi envahir peu à peu les fermes et les villages éloignés que nous aurions pu vider, mais qu'on ne songea même pas pendant longtemps à ceux qui touchaient presque nos lignes, et où les coureurs prussiens osaient seuls s'aventurer pendant la nuit; il fallut que les habitants vinssent eux-mêmes déclarer leurs denrées, et prier l'intendance de les enlever et de les leur payer, dans la crainte qu'elles ne fussent prises ou brûlées un jour ou l'autre.

C'est ainsi que le maréchal fut prévenu, le 18, que le petit village de Magny-sur-Seille, distant de 7 à 800 mètres des postes du 2ᵉ corps, renfermait encore toutes ses récoltes et demandait à les livrer. Le général Frossard fut invité à en protéger l'enlèvement, que l'ennemi n'essaya pas d'inquiéter; près de mille voitures vinrent augmenter, dans cette journée et dans celle du lendemain, les ressources de nos magasins.

Le succès de cette tentative encouragea M. l'intendant Gaffiot à réparer de son mieux la faute qu'avait commise le commandement; il fit faire des recherches, prit des renseignements sur les localités voisines et proposa au maréchal d'autres opérations de la même nature. Le 20, toute une récolte de blé fut enlevée dans le petit hameau de Maison-Neuve, sous la protection des troupes de la division de Cissey. Le 21, l'avis fut donné au maréchal Le Bœuf qu'il eût à prendre des dispositions pour que, le lendemain à la pointe du jour, il assurât la sécurité d'un convoi de voitures destiné à prendre vingt-cinq mille gerbes de blé qu'on savait être dans le hameau de Lauvallier, à 1 500 mètres environ de la ferme de Belle-Croix, un de nos postes les plus importants. Le 22 au matin, le maréchal Le Bœuf informa le commandant en chef que l'opération n'avait pas eu lieu, parce que, l'ennemi se trouvant occuper ce point, il eût fallu engager une action.

Jusqu'à présent, le maréchal Bazaine s'était satisfait des observations qui lui avaient été présentées, pour renoncer aux entreprises qu'il avait indiquées et qui n'avaient d'autre but, comme il le disait, « que de tenir la troupe en éveil « et de montrer que nous n'étions pas morts. » Il se contentait de faire un dossier des difficultés qu'il avait rencontrées, à diverses dates, auprès des différents commandants de corps, toutes les fois qu'il avait eu l'intention d'agir ; c'était une excuse pour son inaction, comme la signature de ses lieutenants devait lui servir plus tard pour s'absoudre des négociations qu'il entamerait et du résultat qu'elles amèneraient. Mais les choses avaient changé de face : l'armée devait vivre et se soutenir jusqu'à la chute de Paris, dont les jours étaient comptés dans son esprit. Il ne se laissera donc plus arrêter par des observations ; les mesures qu'il prescrira seront dictées par un intérêt majeur et, dès lors, les ordres seront donnés en termes nets et précis, qui ne permettront pas d'en éluder l'exécution.

Le 22, quand il apprend que le fourrage sur Lauvallier ne s'est pas fait, il envoie au maréchal Le Bœuf l'ordre formel de l'exécuter le jour même, à midi, en employant la force s'il y a lieu ; il lui prescrivait en même temps de faire occuper et fouiller les villages de Nouilly et de la Grange-aux-Bois, et d'en enlever toutes les denrées.

A une heure de l'après-midi, les troupes quittèrent leurs bivouacs : la division Aymard (4e) prit position en avant du bois de Mey pour couvrir le flanc des autres troupes ; la division Metman (3e) marcha sur Nouilly, la division Montaudon (1re) sur Lauvallier, et la division Castagny (2e) sur la Grange-aux-Bois. Les postes ennemis se replièrent, à l'exception de celui de la Grange-aux-Bois, qui dut être délogé par nos tirailleurs. Le fourrage s'accomplit heureusement; l'ennemi s'était contenté de faire agir quelques pièces d'artillerie, de montrer des colonnes d'infanterie dans le lointain; quelques engagements de tirailleurs eurent encore lieu à la Grange-aux-Bois, mais l'opération était terminée, et les troupes purent regagner leurs emplacements à six heures du soir.

Le lendemain 23, le maréchal Le Bœuf est prévenu qu'il devra exécuter de suite un autre fourrage sur les villages de Vany et de Chieulles, pendant que les troupes du 6ᵉ corps feront une démonstration en avant des fermes de Saint-Eloy et de Thury, sur la rive gauche de la Moselle, et que la brigade Lapasset, du 2ᵉ corps, prononcera sur Peltre une sorte de mouvement offensif. Pour une opération combinée sur des points éloignés de nos lignes et aussi opposés, il eût fallu que les ordres fussent donnés à l'avance; on ne les envoya qu'à neuf heures et demie à l'état-major général, qui ne fut employé dans cette circonstance, comme pendant toute la campagne, qu'à les enregistrer et à les expédier; ils devaient nécessairement arriver trop tard. Il semblait vraiment que le maréchal n'eût pas conscience de ce que pouvait être un mouvement des trois armes réunies, ni du temps nécessaire à leur concentration; les tristes expériences faites depuis le début de la guerre auraient dû cependant servir de leçon.

Il en résulta que la division Aymard, chargée de l'opération, ne put sortir qu'à trois heures de l'après-midi de ses campements; elle y fut remplacée par la division Metman, qui avait mission d'observer l'ennemi dans la position de Sainte-Barbe, et de le forcer à y maintenir une partie de ses forces.

Les tirailleurs prussiens furent promptement délogés des villages de Villers-l'Orme, Vany et Chieulles, et le fourrage commença. Mais, fidèles à leur tactique, peu confiants dans leur infanterie en face de la nôtre, les Prussiens eurent recours à leur artillerie pour arrêter notre entreprise ; onze batteries vinrent se déployer successivement en demi-cercle autour des points que nous occupions, et sous la violence de ce feu, les voitures ne purent opérer leur chargement ; il fallut les faire rétrograder, puis replier les troupes du général Aymard, dont la présence n'avait plus de raison d'être. Pendant que ces faits se passaient, les diversions ordonnées au 2e et au 6e corps réussissaient dans la mesure qui leur avait été indiquée ; deux postes ennemis et les premières maisons de Peltre avaient été enlevés sans coup férir ; l'ennemi s'était retiré en toute hâte en arrière ; il en avait été de même aux fermes de Saint-Éloi et de Thury que les grand'gardes prussiennes avaient précipitamment abandonnées, sans tenter de les défendre.

Ce furent là les deux seules opérations de guerre que le maréchal Bazaine fit exécuter pendant la longue période du 2 au 24 septembre ; elles nous coûtèrent 104 hommes mis hors de combat, sur un effectif de 160 000 hommes, si l'on y comprend les 20 000 hommes de la garnison de Metz, et cela devant une armée prussienne qui ne dépassa jamais ce chiffre jusqu'au milieu de septembre. Des corps qui avaient été détachés pour écraser le maréchal Mac-Mahon, les uns ne revinrent qu'à cette époque, les autres ne furent remplacés que plus tard par des divisions de landwehr, et ce fut dans les derniers jours du mois qu'arrivèrent les troupes de remplacement, destinées à reporter à l'effectif du pied de guerre les bataillons affaiblis par les maladies et les pertes des premiers combats. Certes, si la

France comptait alors sur les héroïques efforts de son armée pour la sauver et l'aider à repousser l'invasion, elle s'abusait étrangement ; qu'elle sache au moins que tous étaient prêts à faire leur devoir et à se dévouer pour elle. La volonté de leur chef et ses combinaisons ont pu seules les condamner au triste rôle qu'il leur a fait jouer, et qui est venu augmenter dans la captivité l'étendue de leur désespoir.

La responsabilité qu'assumait par sa conduite le maréchal Bazaine était d'autant plus grande, qu'il voyait s'écouler les derniers jours où il savait pouvoir compter encore sur la vigueur physique de ses soldats que le nouveau régime alimentaire n'avait pas eu le temps d'altérer sensiblement, et sur leur énergie morale qui ne s'était pas affaiblie, comme cela a pu avoir lieu plus tard avec l'oisiveté, le dégoût, la nostalgie, fruits déplorables de leur longue inaction. Quant aux moyens matériels dont il eût pu disposer, il les avait déjà laissés diminuer dans des proportions qui constituaient un commencement de désastre ; nous avons dit que la cavalerie avait été réduite de moitié ; le quart des attelages du train et de l'artillerie avait disparu. La délivrance par une armée de secours était une hypothèse inadmissible ; la France n'avait de soldats qu'à Sedan et à Metz, les uns captifs, les autres en train de le devenir ; le peu qu'il en restait à Paris allait se trouver bloqué à son tour, et il eût été étrange d'espérer que les conscrits de la province, à peine réunis, armés, habillés, sans cadres, sans officiers, sans canons, vinssent affronter ces corps prussiens qu'un maréchal de France se regardait comme incapable d'attaquer avec les 160 000 hommes de nos meilleures troupes.

La paix ou plutôt la fin des hostilités pouvait donc seule le sauver, et il la lui fallait à tout prix ; mais le gouvernement de la défense nationale déclarait ne la vouloir qu'à des conditions honorables; s'appuyant des paroles mêmes du roi Guillaume, repoussant la responsabilité d'une guerre qu'il n'avait pas commencée, il refusait de se soumettre aux humiliations qu'on voulait lui imposer. Paris avait fermé ses portes; sa population entière avait couru aux armes, sans distinction de rang ni de classe, et les menaces n'avaient fait que l'encourager à une résistance énergique. Si les aigles prussiennes ne venaient pas flotter sur les palais de la capitale aussi promptement qu'il l'avait pensé, toutes les prévisions du maréchal allaient se trouver déçues, comme elles l'avaient été par l'avénement du gouvernement provisoire; l'inexorable logique des faits lui montrait un abîme devant lui et il se trouvait dans cette horrible perplexité quand l'ennemi, qui ne pouvait l'ignorer, songea à l'exploiter par une des ruses de guerre les plus habilement ourdies. Ce fut le cheval de Troie introduit dans la place, avec un cortége d'offres séduisantes, d'aperçus élevés et soi-disant patriotiques, d'honneurs à recueillir, de rêves d'ambition à réaliser, qui remplaçaient les guerriers de la Grèce cachés dans ses flancs; comme le vieux Priam, le maréchal Bazaine allait se laisser prendre aux avances trompeuses de l'ennemi.

Le 23 septembre, à huit heures du soir, se présenta à nos avant-postes un parlementaire prussien, chargé, disait-il, de nous amener un membre de l'Internationale qui avait pour mission de demander au maréchal le rapatriement de huit médecins luxembourgeois neutralisés par le brassard et retenus irrégulièrement à Metz; cet individu fut reçu par M. Arnous-Rivière, chef de bataillon de francs-tireurs, commandant de nos grand'gardes à Moulins, et conduit immédiatement par lui-même, dans sa voiture, au quartier général du commandant en chef. C'était M. Régnier.

Que ce personnage ait fait éclore de son cerveau les projets d'arrangement, de pacification, de trahison, de restauration, de gouvernement, qu'il s'est complu à dévoiler dans l'histoire de ses trames, ou qu'il ait été de longue main un agent au service de la Prusse qui jugea utile d'employer la fertilité de son esprit à une intrigue politique destinée à servir des intérêts militaires, il importe peu... Notre opinion personnelle est parfaitement arrêtée. Quand on songe à l'étiquette allemande qui ne se dément jamais, à la surveillance qui s'exerce dans les quartiers généraux en territoire ennemi, aux difficultés que rencontrent les simples mortels à aborder les grands de tous les pays, aux graves et incessantes occupations que devait avoir le chancelier de la confédération du Nord, quand on voit toutes ces barrières tomber subitement au château de Ferrières, M. Régnier y entrer dès qu'il se présente, le comte de Hatzfeld l'accueillir avec empressement, l'emmener dans sa chambre, puis le comte de Bismark faire attendre Jules Favre pour le recevoir (1), il est impossible de ne pas comprendre qu'on a devant soi un personnage parfaitement connu et attendu avec impatience.

Ce qu'il y a de certain, c'est que si M. Régnier n'était pas un agent prussien, le 14 septembre, le jour où il arriva à Hastings pour se présenter à l'impératrice, il le devint le 20 septembre, à Ferrières, quand il se mit aux ordres du comte de Bismark pour servir les intérêts de l'Allemagne, contrairement à ceux de la France, et entraîner le maréchal Bazaine dans une voie où son armée serait devenue pour ainsi dire l'alliée des troupes prussiennes contre notre pro-

(1) Voir ces détails dans la brochure publiée par M. Régnier : *Quel est son nom ? M... ou N...*

pre pays. Nous ne comptons pas suivre M. Régnier sur le terrain où il s'est placé dans sa brochure et encore moins raconter d'après lui ce qu'il a fait ou dit à Metz; mais, pour ne pas interrompre notre récit, nous ferons connaître ce que nous avons vu et su alors de ce qui s'y était passé pendant sa présence.

Le 23, il eut avec le maréchal une première entrevue qui se prolongea jusqu'à onze heures du soir, et dans laquelle il lui exposa sans doute le but de sa mission. On connaissait déjà le prétexte de son arrivée: le rapatriement des médecins luxembourgeois; mais il était évident qu'un pareil sujet n'exigeait pas une conversation aussi longue, à une heure aussi avancée pour les habitudes des camps, et que ce parlementaire mystérieux cachait sous son habillement bourgeois un personnage chargé d'une mission politique.

Parti avec l'agrément du prince Frédéric-Charles, il devait être un envoyé prussien. Etait-il chargé de traiter, d'annoncer la conclusion de la paix ou d'apporter au maréchal des propositions conformes aux idées exprimées dans le journal de Reims? Voulait-on voir en lui un agent du gouvernement provisoire, habilement déguisé en membre de l'Internationale? Toutes les suppositions se faisaient et sa présence constituait un véritable événement au milieu des états-majors du Ban-Saint-Martin. Le doute fut vite dissipé à la nouvelle de son départ pour les lignes prussiennes et à l'annonce de son retour dans la journée du lendemain: on ne pouvait plus voir en lui qu'un agent de la Prusse, un négociateur peut-être, qui retournait près du prince prendre ses instructions et arrêter les bases d'un arrangement.

Cette pensée bouleversa bien des esprits; il y en avait

déjà tant qui doutaient du maréchal, qu'ils craignaient de le voir tomber dans un piége de l'ennemi ou se laisser entraîner par son intérêt à quelque démarche imprudente; ces craintes étaient d'autant plus légitimes, que le retour pour le lendemain ne permettait pas de douter de l'accueil fait par le commandant en chef aux ouvertures de ce personnage. Ce qui paraîtra ici singulier, ce fut la légèreté avec laquelle le maréchal Bazaine s'engagea et se compromit vis-à-vis d'un individu qui se présentait à lui comme envoyé de l'impératrice, sans papiers, sans pouvoirs établissant la réalité de sa mission; il ne songea même pas à lui en demander, comme il l'avoua plus tard à un de nos amis, quand il sut le résultat de la mission du général Bourbaki et l'indignation de l'impératrice à la nouvelle du rôle odieux qu'on lui avait fait jouer à son insu. « Il m'a mon-
« tré, disait-il, la photographie de la maison qu'habitait
« l'impératrice à Hastings et je m'en suis contenté. J'ai
« bien peur, ajouta-t-il, d'avoir eu affaire à un intrigant. »
Il aurait dû dire avec plus de raison : « à un agent prussien qui m'a joué et auquel j'ai livré les secrets de ma situation et de mes pensées. » Sa conduite en cette circonstance ne peut s'expliquer que par la nécessité où il était de sortir de l'impasse dans laquelle il s'était placé; il y entrevit une occasion de se tirer d'embarras ou de faire la paix, et il la saisit avec empressement, comptant en tirer profit pour lui-même, sans s'inquiéter de la moralité ni de l'efficacité des moyens.

M. Régnier ne put traverser les lignes prussiennes, quand il s'y présenta à minuit; il dut coucher à Moulins, et ce ne fut que le 24, à cinq heures du matin, qu'il fut reçu dans les avant-postes ennemis, d'où il se dirigea de suite sur le château de Corny, quartier général du prince

Frédéric-Charles. A midi, le drapeau parlementaire fut arboré de nouveau sur la route d'Ars, M. Régnier reparut et le commandant Arnous-Rivière le ramena chez le maréchal. Pendant le trajet, notre personnage avait causé plus librement que la veille ; tout fier de la mission qu'il remplissait, il avait pris un air d'importance et de protection plutôt déplacé, et il avait laissé entendre à son conducteur qu'il avait apporté une lettre de l'impératrice dont il était l'envoyé : le maréchal Bazaine y était invité à prendre en main la cause de la régence, à la soutenir avec son armée et à demander au maréchal Canrobert et au général Bourbaki l'appui de leur nom et de leur épée pour opérer cette restauration.

Ce sont là les seuls renseignements que nous ayons eus alors sur le but de la mission du sieur Régnier et sur ce qui se passa entre lui et ces trois officiers généraux dans le cabinet du maréchal ; le commandant Arnous-Rivière les tenait de lui-même et s'était empressé de les faire connaître.

Ce que nous en savons aujourd'hui prouve que M. Régnier n'était nullement l'envoyé de l'impératrice et que, bien loin de lui donner une lettre, elle avait refusé de le recevoir ; la fausseté de ces premiers points peut à bon droit faire douter du reste de ses assertions. Mais on ne peut nier que le nom et la personnalité de l'impératrice n'aient été mis en jeu dans cette triste intrigue. Le maréchal Bazaine a-t-il cru à son intervention, sur les assurances de M. Régnier, ou a-t-il feint d'y croire parce qu'il la regardait comme la voie de salut la meilleure et la plus profitable à ses intérêts ? Il y a là un mystère que l'avenir éclaircira peut-être ; ce qu'on est obligé d'admettre, c'est que le maréchal entra dans les idées que lui développa M. Régnier sur la direction à donner aux événements, qu'il se plaça au point de vue que désirait lui voir adopter le cabinet prussien et qu'il se berça de nous ne savons quels rêves fantaisistes de combinaisons politiques dans lesquelles il jouerait un grand rôle et deviendrait le sauveur, puis l'arbitre de la France, à la grande confusion des hommes qui tentaient alors de défendre leur pays.

L'accueil qu'il fit à M. Régnier et les longs pourparlers qu'il eut avec lui ne le montrent que trop ; mais on en a la preuve dans les idées qu'il se plut à développer lui-même trois ou quatre jours plus tard à un officier, avec l'intention sans doute de les répandre et d'y préparer les esprits. Les projets annoncés étaient si extraordinaires, que cet officier les résuma dans des notes dont voici à peu près la teneur :

« La Prusse n'entend pas plus traiter avec le gouvernement provisoire de Paris qu'avec la république, s'il vient à la proclamer ; elle ne veut reconnaître comme gouvernement du pays que l'empire ou ses représentants. C'est dans ce but qu'elle veut s'adresser au maréchal Bazaine pour maintenir ou ramener ce gouvernement.

« Aux ouvertures qui lui auraient été faites dans ce sens, voici la réponse qu'il aurait donnée et les conditions qu'il aurait posées : l'armée sortirait de Metz avec armes et bagages et se retirerait sur un point du territoire déterminé, dans une zone neutralisée, où l'on convoquerait le Corps législatif et le Sénat, tels qu'ils existaient à la dernière session. La Prusse s'engagerait à débloquer Metz, sur laquelle il ne se reconnaissait aucune action ; elle laisserait autour de la ville, qui restait soumise à l'autorité du général Coffinières, un rayon assez large pour permettre à la population et à la garnison de subvenir aux besoins de leur nourriture. Elle consentirait en même temps à retirer son armée de dessous les murs de Paris et à la reporter sur une ou plusieurs positions qui seraient déterminées.

« Cet état de choses serait ainsi maintenu jusqu'au moment où les deux Chambres auraient statué sur l'établissement d'un gouvernement régulier dont la reconnaissance pourrait être consacrée par la sanction d'un plébiscite, si les circonstances justifiaient de la nécessité de cette mesure.

« La Prusse, de son côté, s'engagerait à reconnaître ce gouvernement, quel qu'il fût, même dans le cas où il ne représenterait pas la continuation de l'empire, c'est-à-dire la minorité du prince impérial et la régence, puisque toutes les informations portaient à croire à une abdication de l'empereur.

« Quant à la décision prise par les deux Chambres, fût-elle ou non appuyée par le vote de la nation, elle devrait être considérée comme ayant force de loi pour le pays et l'armée. La mission du maréchal aurait alors pour but de rétablir l'ordre en France et d'y faire reconnaître le gouvernement acclamé par ses représentants. »

Ajoutons que les paroles aussi bien que les faits indiquaient assez clairement la pensée du retour du prince impérial, avec une régence dans laquelle le maréchal occuperait la place principale.

On ne comprend vraiment pas comment un homme a pu se faire d'aussi étranges illusions, de croire qu'il allait entraîner son armée à sa suite et la transformer en un instrument politique de sa grandeur et de son pouvoir. C'était bien peu connaître ce qu'il y avait de générosité et de dévouement dans tous ses rangs que de supposer qu'elle consentirait à venir combattre, pour ainsi dire, à côté des

Prussiens ceux des siens qui luttaient héroïquement pour la défense de leurs foyers. Quand un chef d'armée abandonne son rôle devant l'ennemi pour devenir un chef de parti politique à l'intérieur, il faut qu'il puisse compter sur ses soldats et qu'il se les soit attachés par ses grandes qualités, par son génie ou ses talents, par d'éclatants succès, par une popularité justement conquise ou au moins par d'immenses largesses, comme les prétoriens du Bas-Empire. Or quel était celui de ces titres que pouvait revendiquer le maréchal Bazaine pour se voir aveuglément suivi par ses soldats et ses officiers? Aucun. Bien plus, il s'était isolé de ses troupes, n'avait avec elles aucun contact, ne leur parlait jamais et ne se montrait à elles dans aucune occasion; ces proclamations par lesquelles l'empereur Napoléon Ier et tant d'autres savaient les électriser et se mettre en rapport avec elles, il s'était constamment refusé à en faire; leurs ambulances, il n'avait jamais voulu en visiter une seule, malgré les demandes réitérées qui lui avaient été adressées; leurs installations, leurs campements, les soins auxquels elles avaient droit, l'intérêt qu'elles méritaient, il semblait que ce fussent choses étrangères à sa pensée, peu dignes de ses préoccupations, et il fit si bien, que ses soldats le connaissaient à peine, qu'il passait inaperçu au milieu d'eux et qu'il eut lieu de s'étonner un jour de voir pour la première fois un poste lui rendre les honneurs.

Il y avait là des conditions singulières qu'il aurait dû ne pas méconnaître, au moment de tenter une pareille aventure.

Si l'esprit de discipline lui assurait une obéissance absolue dans les actes militaires en face de l'ennemi, pouvait-il y compter de même le jour où il viendrait exiger de ses soldats et de ses officiers leur adhésion à ses desseins politiques et leur coopération à une véritable guerre civile? Une pareille pensée est tellement odieuse, qu'on ne comprend pas comment le maréchal a pu s'y arrêter et croire à sa réalisation ; il fallait que la nécessité fût bien grande ou que M. Régnier trouvât un terrain bien préparé.

Les propositions de cet agent, quelles qu'elles aient été, furent soumises de nouveau au commandant en chef le 24 septembre, aussitôt après son retour ; l'entretien dura environ une heure, après lequel le maréchal monta à cheval pour aller conférer avec le maréchal Canrobert et le général Bourbaki.

Les trouva-t-il? leur confia-t-il les étonnantes ouvertures qui venaient de lui être faites? leur développa-t-il son plan et ses projets? On l'ignore. Il rentra vers trois heures à son quartier général et y retrouva le sieur Régnier qui l'attendait dans son cabinet, où il s'était soustrait aux regards curieux d'un public fort intrigué de sa présence et du but qu'elle pouvait avoir.

Peu de temps après arrivaient successivement le maréchal Canrobert, puis le général Bourbaki ; il s'ensuivit entre ces quatre personnages un long colloque, qui ne dura pas moins de deux heures. Que s'y dit-il? Comment les choses furent-elles présentées par l'agent de la Prusse?

Le secret sur tous ces points fut strictement gardé (1). Mais, à en juger par la colère que manifesta plus tard le général Bourbaki, lorsqu'il vit la manière dont il avait

---

(1) Pendant cette journée, M. Régnier ne sortit pas du cabinet du maréchal, dont les portes étaient interdites à tout le monde ; seul, le maréchal Le Bœuf, qu'on n'osa pas arrêter, y entra vers quatre heures; mais, au silence qui s'établit, à l'accueil qui lui fut fait, il comprit qu'il était de trop et se retira aussitôt.

été joué, il est à présumer que M. Régnier abusa étrangement de l'honnêteté et de la droiture de ces deux officiers généraux; il leur répéta sans doute sa fable d'une mission venant de la noble fugitive d'Hastings, fit appel à leurs sentiments légitimes de dévouement et de reconnaissance, et insista pour que l'un d'eux se rendît immédiatement auprès de l'impératrice, dans la pensée de mettre fin aux hostilités et d'arrêter les calamités que cette malheureuse guerre entraînait pour la France. Il ne put cependant laisser ignorer que le comte de Bismark avait donné son acquiescement à ces négociations, que ce départ était autorisé par lui et qu'il en apportait l'assurance officielle du prince Frédéric-Charles.

Ce ne sont là que des suppositions, mais les faits qui suivirent leur donnent une vraisemblance presque irrécusable.

Le maréchal Canrobert se refusa formellement à quitter son poste; il n'avait pas fait abnégation de la situation à laquelle pouvaient l'appeler son ancienneté et ses services, pour se séparer de ses troupes au moment du danger et des souffrances qu'il voyait arriver.

Le général Bourbaki n'était pas plus disposé que lui à changer son rôle militant pour celui de négociateur; on s'adressa à son cœur chevaleresque, on lui montra la femme malheureuse qui faisait appel à l'un d'eux, et, comme le plus jeune, il finit par céder aux instances qui lui furent faites; mais il voulut un ordre écrit du maréchal, qui pût le couvrir vis-à-vis de l'armée et des troupes confiées à son commandement. L'ordre fut signé et il alla en toute hâte faire ses préparatifs de départ.

C'en était fait: M. Régnier avait réussi dans sa mission à Metz, le maréchal était compromis vis-à-vis de la Prusse;

il l'avait mise à même de savoir, par l'intermédiaire de cet agent, la détresse dans laquelle allait se trouver son armée et la facilité qu'on aurait à en avoir raison, en persévérant dans le même ordre d'intrigues et de ruses.

Le départ du général Bourbaki devait être dissimulé aux avant-postes prussiens, qui n'en avaient pas moins reçu du prince Frédéric-Charles l'ordre de le laisser passer. Il s'était habillé en bourgeois et était venu se mêler, vers les six heures, au groupe de médecins qu'on renvoyait et qui avaient si bien servi de prétexte à M. Régnier pour s'introduire dans nos lignes. Mais la nuit n'était pas encore arrivée ; le maréchal craignit que le général, qui ne voyait aucun motif de se cacher, ne fût reconnu, et que son départ avec cet envoyé prussien ne produisît une triste impression, en faisant deviner une partie de la vérité ; sous prétexte de leur donner à dîner, il retint les médecins jusqu'à huit heures du soir et ce fut alors seulement que M. Régnier se mit en route avec son cortége, au milieu duquel se confondait le commandant de la garde impériale. Comme la veille, les grand'gardes ennemies ne les laissèrent pas approcher, il fallut coucher à Moulins ; le général Bourbaki dut attendre la matinée du 25 pour traverser les positions de l'armée prussienne et se diriger sur le Luxembourg, d'où il comptait gagner la Belgique et l'Angleterre.

Dans la même journée, le 25, un ordre du jour vint annoncer à l'armée en quelques mots l'envoi du général Bourbaki en mission et son remplacement provisoire dans le commandement de la garde par le général Desvaux.

Il n'y avait plus à douter, et les bruits qui en avaient déjà couru se trouvaient ainsi confirmés : le maréchal Bazaine était entré dans la voie fatale des intrigues et des négociations.

Peu de gens osaient en espérer des résultats heureux. Seuls, le nom du négociateur et son caractère pouvaient rassurer les esprits alarmés de ce qu'ils soupçonnaient. On ne connaissait ni le but ni l'objet de sa mission, mais on commençait à le dire parti pour Hastings ou pour Wilhelmshœhe. Au milieu du vague de toutes les idées qui se présentaient, apparaissaient de la part du maréchal la pensée et le désir d'une restauration.

CHAPITRE V

DU 25 SEPTEMBRE AU 10 OCTOBRE.

Mission du général Bourbaki. — Projet d'une nouvelle tentative de sortie. — Petites opérations de guerre. — Combat de Bellevue. — Conseil de guerre pour l'ouverture des négociations avec l'ennemi.

A la nouvelle du départ du général Bourbaki, l'émotion fut grande dans l'armée ; elle avait peine à s'expliquer les motifs qui avaient pu le forcer de s'éloigner au moment où elle croyait à une sortie de vive force et à des opérations de guerre, dans lesquelles sa présence à la tête de la garde eût pu être si utile ; malgré les bruits qui s'étaient répandus sur le but politique de son voyage, on hésitait à y ajouter foi, tant de pareilles idées semblaient contraires au sentiment public et au devoir que presque tous pensaient avoir à remplir en face de l'invasion. Les conjectures les plus opposées étaient émises et chacun s'abordait pour se demander les raisons de cette singulière disparition ; ceux qui se croyaient les mieux informés parlaient de voyage à Hastings ou à Wilhelmshœhe, de retour de l'empereur, de rétablissement de la régence ; les autres affirmaient son départ pour Versailles, afin d'y traiter de la paix ; d'autres le supposaient envoyé près du gouvernement provisoire ou de la délégation de Tours, pour l'éclairer sur notre situation ; mais au fond de bien des pensées se voyaient une profonde anxiété et de tristes pressentiments. L'inconnu de l'objet de cette mission, le silence gardé par le maréchal dans l'ordre du jour qui l'avait annoncée, les circonstances mystérieuses qui avaient accompagné son départ, c'étaient là autant de motifs peu propres à dissiper les doutes, encore moins à rasséréner les esprits.

Dans la ville de Metz, l'émotion avait été bien autrement sérieuse; comme elle n'était pas maintenue par le sentiment de la discipline, elle avait pris promptement les allures d'une agitation publique, que compliquait l'effervescence des idées libérales, surexcitées par l'avénement du nouveau gouvernement. On y portait sur la conduite du maréchal Bazaine un jugement autrement sévère que dans l'armée, où l'on s'obstinait encore à conserver d'anciennes illusions et à compter sur la finesse et l'habileté de son chef pour se tirer de la situation présente. La population était loin d'avoir la même confiance; elle ne comprenait rien à l'inaction des troupes depuis tant de semaines, et voyait le danger dont la menaçait l'épuisement rapide de ses approvisionnements. Les premières démarches faites près du prince Frédéric-Charles et la longue présence d'un émissaire prussien à notre quartier général n'en étaient pas restées ignorées; on apprit bientôt à Metz les négociations politiques qu'on disait entamées, les projets qu'on prêtait au maréchal pour une restauration; le mécontentement augmenta, on y vit l'intention de livrer la ville à l'ennemi, et le reproche de trahison fut hautement accentué dans les réunions publiques comme dans les rangs de la garde nationale. Le bruit de l'absence du général Bourbaki vint ajouter encore à la confusion des esprits; les bons souvenirs qu'il avait laissés dans la ville quelques années auparavant, pendant son commandement territorial, se réveillèrent, et, ainsi qu'il arrive fréquemment dans les émotions populaires, en présence de l'inconnu qui planait, les versions les plus étranges circulèrent sur les causes de sa disparition.

Selon les uns, le général s'était opposé aux projets politiques du maréchal; selon les autres, il avait voulu le forcer à sortir avec son armée et l'avait menacé de résister à toute tentative de trahison : le maréchal s'était battu en duel avec lui et l'avait tué; il l'avait fait enfermer dans une vieille tour d'un bastion, ou le retenait prisonnier à l'École d'application d'artillerie, ou même il le gardait à vue dans sa maison et en avait garni les abords de canons pour empêcher ses soldats ou les habitants de Metz de venir l'enlever. Tous ces bruits coururent, et avec une telle insistance, qu'une députation de la garde nationale se rendit à l'École d'artillerie pour délivrer le prisonnier et ne se retira que sur les assurances formelles du général commandant l'établissement; plus tard on vit d'autres délégués de la milice citoyenne venir au Ban-Saint-Martin s'assurer de la présence des canons dont on leur avait parlé, et reconnaître le lieu où le général Bourbaki pouvait être gardé.

C'étaient là de singuliers écarts d'imagination; nous ne les avons relatés, malgré le peu de sérieux qui s'y rattache, que pour mieux faire comprendre où en était alors l'esprit de la ville et dans quelles dispositions elle se trouvait à l'égard du maréchal. On s'y étonnait à bon droit du peu de sollicitude qu'il avait montrée jusque-là pour ses intérêts, de l'isolement où il s'était renfermé vis-à-vis de la population dans ses actes comme dans ses paroles; on lui reprochait de n'avoir jamais paru à Metz, de n'avoir visité aucun établissement, aucune des défenses qui venaient d'être remises en état, de n'avoir rien dit ni écrit sur les derniers événements politiques, et on lui en voulait de n'avoir donné aucun témoignage de satisfaction ni d'encouragement à ceux dont le patriotisme et l'abnégation se traduisaient journellement par les soins multipliés dont ils entouraient nos soldats.

Les femmes surtout montraient un dévouement dont l'histoire devra consacrer à jamais le souvenir. Toutes, sans distinction, s'étaient vouées au service des malades et des blessés et venaient suppléer par leur dévouement à l'insuffisance de notre personnel : elles s'étaient réservé pour elles seules une énorme ambulance organisée sur la promenade, sous des tentes et des wagons ; on les y voyait le matin faisant les pansements, le jour gardant leurs malades, leur apportant leur nourriture ou leur faisant la lecture ; jusqu'à la fin, leur charité ne se démentit pas. On chercha plusieurs fois à faire sentir au maréchal qu'il y avait pour lui un devoir à se rendre à cette ambulance et à y remercier celles qui prodiguaient si généreusement leurs soins et leur temps ; il sembla toujours reconnaître la justesse de ces observations, mais il n'en tint aucun compte, puisque, comme nous l'avons dit, il ne visita pas une seule fois ses blessés et se garda de jamais se montrer dans la ville.

A ces causes d'irritation venaient se joindre les souffrances matérielles que devait nécessairement produire la situation alimentaire dans les conditions où on l'avait laissée arriver. Que la faute en doive être attribuée aux autorités civiles et militaires de la place, comme le prétend M. le maréchal Bazaine dans sa brochure, ou qu'elle doive retomber sur lui tout entière, aux termes de l'article 245 de l'ordonnance du 13 octobre 1863, où il est dit : « Lorsque le « ministre de la guerre ou le général commandant l'armée « juge que la place, déjà en état de guerre, est menacée « d'un siége, il ordonne au commandant de la place..., etc., « etc. », il n'en est pas moins certain qu'aucune des sages mesures prescrites par le règlement n'avait été prise. Nous nous bornerons à constater que le texte ne laisse aucun doute sur l'initiative à prendre, que le maréchal était commandant en chef de l'armée depuis le 12 août, et qu'au moment où il donnait des ordres pour la marche sur Verdun, il devait considérer la ville de Metz comme destinée à être assiégée peu de jours après son départ. Par suite de la non-exécution de ces mesures ou de la négligence avec laquelle avait été envisagée la question des vivres pendant les premières semaines de notre séjour, l'armée n'aurait pu continuer à subsister sans recourir aux approvisionnements de la place. Le maréchal se vit donc obligé d'en changer la destination; pour expliquer le fait, comme pour couvrir la responsabilité du commandant supérieur, le général Coffinières, il appuya ses ordres sur les dispositions de l'article 244 du règlement, qu'il est important de citer :

« Le général commandant une armée dans l'arrondissement duquel une place *en état de guerre* se trouve comprise, veille à ce qu'il y reste en tout temps une garnison suffisante pour en assurer la garde conjointement avec la garde nationale. Il ne touche aux munitions de guerre et de bouche formant l'approvisionnement de la place que dans le cas d'absolue nécessité et d'extrême urgence ; *il les fait remplacer le plus tôt possible.*

« Si la place est menacée d'un siége, il complète la garnison et les approvisionnements par tous les moyens qui sont en son pouvoir. »

Rappelons, dans l'intérêt de nos lecteurs qui ne sont pas au courant de nos règlements, que *l'état de guerre* existe pour une place lorsqu'elle est en première ligne ou à moins de cinq journées de marche des places, camps et positions occupés par l'ennemi pendant la guerre ; qu'elle est déclarée au contraire *en état de siége*, lorsque son investissement est fait par des troupes ennemies qui interceptent les communications du dehors au dedans et du dedans au dehors, à la distance de 3 500 mètres des crêtes du chemin couvert.

Ces définitions établissent clairement la situation dans laquelle se trouvait la ville de Metz; l'article 244 était donc invoqué à tort par le maréchal Bazaine, puisqu'il ne s'applique qu'à l'état de guerre, avec la condition de remplacer le plus tôt possible les vivres empruntés. Du moment où la place était menacée d'un siége, et à plus forte raison quand elle était en état de siége, comme c'était le cas, il n'avait d'autre mesure à prendre que de compléter ses approvisionnements par tous les moyens en son pouvoir; son armée ne devait être considérée que comme une armée de secours opérant sous le canon de la place pour en faciliter la défense; du moment où elle ne pouvait pas vivre, elle n'avait qu'à s'en aller. Le règlement ne laissait pas d'autre alternative au maréchal Bazaine; en agissant autrement, c'était compromettre le sort futur de la ville et aggraver le poids d'une responsabilité déjà si lourde.

Devant ces mesures antiréglementaires, que devait faire le commandant supérieur, M. le général Coffinières? Se refuser à les exécuter lui était impossible; comme il l'établit dans sa défense avec une juste raison, il était de tous points subordonné au commandant en chef, d'après les termes de l'article 4 du même règlement. Il eût pu sans doute donner immédiatement sa démission, comme il le fit plus tard, le 14 octobre, au moment où les difficultés étaient devenues telles, que la situation était désespérée et qu'il était évident que personne ne se soucierait d'accepter une succession aussi dangereuse; en maintenant énergiquement sa résolution, il eût repris ses fonctions de commandant du génie de l'armée et se serait épargné bien des reproches qu'il était à même de prévoir. Mais ce qu'il est difficile de comprendre de sa part, c'est que, connaissant l'état des choses, appréciant l'irrégularité des mesures prises, il ait toujours non-seulement opiné, mais insisté pour que l'armée ne quittât pas Metz, quand les intérêts qui lui étaient confiés lui faisaient un devoir de demander son éloignement : on a déjà vu les démarches qu'il avait faites dans ce sens lors du projet de retraite sur Châlons, avant la tentative du 26 août, et nous aurons à en citer une plus grave dans les premiers jours d'octobre, à une époque où la sortie de l'armée pouvait offrir une dernière chance, tandis que son maintien à Metz assurait sa ruine et celle de la ville. Il n'y avait pas de doute possible pour le général Coffinières sur l'étendue de nos ressources alimentaires; il les connaissait par la quantité de rations qu'il nous fournissait, et il n'ignorait pas que quelques jours suffisaient pour les absorber entièrement. Que craignait-il?... que, l'armée partie, la place ne fût assiégée et promptement forcée de se rendre? Cela n'eût été du moins qu'un demi-malheur, mille fois préférable à la catastrophe finale. Qu'espérait-il?... que, l'armée restant, et avec elle le maréchal Bazaine, le sort de la place serait subordonné aux décisions du commandant en chef et que sa responsabilité serait mise à couvert par celle que porterait l'autorité supérieure? Il y a là des calculs qu'il est difficile d'expliquer autrement que par des vues personnelles; s'il y a des reproches à faire au général Coffinières, ce sont ceux-là qui doivent lui être adressés, et non pas ceux auxquels il a cru devoir répondre, parce qu'ils n'ont pas de raison d'être.

L'investissement de la place avait été complété le 20 août; à partir de cette date, il n'était pas plus possible d'y faire entrer de nouvelles denrées alimentaires autrement que par des opérations de guerre, qu'il n'y avait crainte d'en voir sortir celles qui s'y trouvaient. La diminution des vivres était dès lors facile à prévoir pour le commandant supérieur ; mais il ne sembla pas s'en préoccuper pendant les premières semaines, s'inspirant sans doute de la confiance que montrait le maréchal Bazaine dans l'avenir prochain d'une solution. La fameuse séance du 12 septembre et l'intention si nettement formulée de laisser l'armée à Metz lui ouvrirent plus tard les yeux sur la nécessité de prendre des mesures immédiates et de se rendre compte des ressources que renfermait la place, en dehors des approvisionnements militaires. Sur sa demande, le conseil municipal avait été convoqué deux jours après, le 14, pour s'occuper de la question alimentaire, du taux et de la quotité des rations qui seraient allouées aux habitants. Le lendemain, 15, un arrêté prescrivait aux autorités civiles de faire le recensement des blés et farines existant dans la ville et de régler le prix de ces denrées en même temps que celui de la viande de cheval qui allait entrer en distribution. Ce fut le 18, avons-nous vu, que, sur la demande du général Coffinières, l'ordre avait été donné à l'armée de livrer chaque jour vingt chevaux pour la nourriture de la population ; ce chiffre ne fut bientôt plus suffisant, et le 30 septembre il fut porté à cinquante. Si les mesures prescrites pour le recensement furent mal exécutées, et le fait n'est que trop certain, la faute en doit être attribuée tout entière aux agents civils, qui ne surent pas remplir leur mission ou qui cédèrent à des complaisances coupables.

On a reproché à l'armée d'avoir gaspillé les ressources de la ville, de les avoir enlevées journellement à des prix fabuleux que ne pouvait atteindre la population pauvre. On ne peut nier, en effet, que bien des abus n'aient eu lieu, que la solde des troupes ne passât en achats de pain, de denrées, de légumes, qui n'eussent pas dû sortir de Metz pour aller approvisionner les camps. Les officiers, disait-on, encombraient les boutiques, les restaurants, les cafés, contrastant par leurs dépenses avec les souffrances des habitants, pendant que les soldats envahissaient les boulangeries, les marchés et les cabarets. Il y avait du vrai dans ces plaintes, dont le général Coffinières se fit souvent l'écho près du commandement ; mais on ne prit que des mesures inefficaces qui ne pouvaient empêcher l'émigration quotidienne des camps, où l'inaction et l'oisiveté laissaient les journées inoccupées, où chacun s'empressait d'aller chercher à Metz les distractions qu'il ne trouvait pas dans ses bivouacs, alternativement poussiéreux ou boueux. Le mal eût pu être facilement arrêté : il eût suffi de lever les ponts-levis de l'avancée et de n'autoriser l'entrée de la ville que pour affaires de service, ou simplement de prescrire tous les jours des revues ou des exercices, comme les Prussiens nous en donnaient l'exemple sous nos yeux. On les voyait, en effet, dans leurs avant-postes manœuvrer comme en garnison, faire le manége, l'école de tirailleurs ; chaque dimanche avait lieu une revue du prince Frédéric-Charles ou de leurs commandants de corps. Mais on eût ainsi entretenu l'esprit militaire de nos troupes, ce dont semblait se soucier fort peu notre général en chef ; qu'eût-il fait de cette masse d'hommes qu'il laissait inoccupés, s'il leur eût refusé les distractions de la ville, qui faisaient trêve à leurs ennuis et les maintenaient dans une confiante insouciance ?

Le malaise général qui commençait à se faire sentir à Metz, et qui était dû à tant de causes diverses, était attribué par l'opinion publique au maréchal et à l'étrangeté de sa conduite ; on s'y indignait hautement de sa tranquillité dans son château du Ban-Saint-Martin. Avec une juste prévoyance, on s'alarmait de l'avenir réservé à la ville. Le mouvement des esprits dans ce sens s'accentua de plus en plus, et le péril parut tel, qu'un grand nombre d'habitants crurent devoir rédiger une pétition; ils demandaient que l'armée sortît de son camp retranché et entreprît des opérations assez sérieuses pour s'ouvrir la campagne, ce résultat pouvant seul laisser à la ville les ressources nécessaires à son alimentation et à la durée de la défense. Cette pétition circula dans les différents quartiers et se couvrit immédiatement d'un grand nombre de signatures.

Le maréchal Bazaine fut informé de ce qui se passait. Pour répondre d'avance à l'espèce de mise en demeure d'agir qui allait lui être adressée, il se décida à entreprendre une petite opération sur le village de Peltre et à la pousser plus loin, jusqu'à Courcelles-sur-Nied, si cela était possible, pour y enlever les approvisionnements de l'ennemi. Depuis le 23 septembre, tout entier aux intrigues du sieur Régnier, il n'avait pris aucune mesure militaire importante. Le corps de cavalerie, dont la création, le 25 août, avait donné tant de fausses espérances, avait seulement été dissous le 25 septembre, par suite de la diminution des chevaux et de la nomination du général Desvaux au commandement provisoire de la garde.

Ce fut le 26 septembre que les ordres furent donnés pour l'opération à exécuter le lendemain sur Peltre; elle devait être faite par la brigade Lapasset, du 5e corps, restée avec le général Frossard depuis le combat de Spickeren; son général avait été chargé de l'étudier, de la diriger, et on lui avait adjoint le 90e de ligne de la division Castagny (3e corps); il devait faire enlever le château de Mercy, devenu un des postes ennemis les plus importants, pendant qu'il marcherait sur le village; le 14e bataillon de chasseurs et une compagnie de partisans seraient embarqués en même temps dans des wagons fermés, et remorqués par une locomotive blindée jusqu'à la gare de Peltre, pour y prendre l'ennemi à revers. Une fois les chasseurs et les partisans mis à terre, la locomotive devait marcher à toute vapeur sur Courcelles-sur-Nied, n'emmenant avec elle qu'un wagon blindé dans lequel seraient restés quelques hommes déterminés. Arrivée à ce point, on y eût accroché rapidement les trains chargés de vivres qu'on savait y être arrêtés, et le convoi fût reparti pour Metz en toute hâte, y ramenant des approvisionnements inespérés. C'était là une entreprise hardie que se chargeait de conduire un énergique et habile ingénieur de la compagnie de l'Est ; il répondait du succès : les renseignements qu'il avait lui donnaient la certitude que la voie était libre jusqu'à Courcelles, que les rails n'en avaient pas été enlevés et qu'aucune coupure n'y avait été faite.

Pour le maréchal, l'opération avait l'avantage de fermer la bouche aux mécontents de Metz, d'augmenter ses ressources et de lui permettre d'attendre avec plus de sécurité l'issue de la mission du général Bourbaki. Afin de la faciliter, il ordonna pour la même journée deux diversions : le 3ᵉ corps serait chargé de faire un fourrage à Colombey et Lauvallier, pendant que le 6ᵉ s'emparerait du château de Ladonchamps et enlèverait les approvisionnements des localités voisines.

Dans la matinée du 27 septembre, avant le jour, le général Lapasset massa ses troupes derrière les fermes de la Haute et de la Basse-Bévoye ; elles s'ébranlèrent à neuf heures, au signal donné par le canon du fort Queuleu. Le 90ᵉ marcha résolûment sur le château de Mercy, dont les abords étaient protégés par deux tranchées ; la position fut attaquée de front par un bataillon déployé, les deux autres en colonne la tournant par les ailes, au pas de course, sans tirer un coup de fusil. Le feu ne s'engagea que devant le château ; les portes en étaient barricadées et les fenêtres garnies d'épaisses traverses de bois, avec des intervalles servant de créneaux ; une trentaine d'hommes, armés de haches, se ruèrent sur ces ouvertures et les enfoncèrent. La position était enlevée, les défenseurs pris ou tués ; quelques-uns s'étaient réfugiés dans les caves, dont ils ne purent sortir, le feu ayant pris à l'intérieur et l'incendie ayant gagné rapidement tout le bâtiment, qui s'écroula dans les flammes quelques heures après.

En même temps, les deux régiments du général Lapasset s'avançaient à droite, sous sa direction, sur le village de Peltre, et le combat s'engageait avec les troupes chargées de sa défense ; le train, parti de Montigny avec le bataillon de chasseurs, arrivait au même moment ; mais ici, comme dans tant d'autres circonstances, nos projets avaient été dévoilés. Un espion, qui vendait de l'eau-de-vie dans les ateliers du chemin de fer, avait vu les préparatifs qui s'étaient faits, et la nuit même, franchissant nos lignes, il s'était hâté d'aller prévenir l'ennemi, qui prit des mesures immédiates ; le parc de bestiaux qui se trouvait près de là fut reporté en arrière, et la voie coupée en avant de Peltre, à hauteur du hameau de Crépy, de manière à y arrêter notre convoi sous le feu d'un poste qui venait d'y être placé. En effet, à la vue de la coupure, la locomotive dut stopper, nos soldats sautèrent en bas des wagons, et ils furent assaillis immédiatement par une fusillade des plus vives qui leur fit éprouver des pertes sensibles. Sans se laisser émouvoir, ils enlevèrent promptement les maisons, en délogèrent l'ennemi et vinrent rejoindre les troupes du général Lapasset, en concourant par la droite à l'attaque qui s'exécutait de front. Les Prussiens déconcertés abandonnèrent le village et se retirèrent en désordre, laissant entre nos mains 150 prisonniers; les approvisionnements qu'ils n'avaient pu enlever furent rapportés à Metz, à la plus grande joie de nos soldats. Mais il y avait loin de là au ravitaillement qu'on avait espéré; l'interruption de la ligne ne permettait plus de songer à aller à Courcelles-sur-Nied; dès que le butin eut été recueilli, l'ordre de la retraite fut donné, Mercy et Peltre furent évacués et les troupes rentrèrent dans leurs camps sans être inquiétées.

Pendant cette attaque, la division Montaudon, du 3ᵉ corps, s'était portée sur Colombey; la ferme et les bois de ce nom avaient été enlevés après une certaine résistance, un fourrage y avait été fait et les troupes s'étaient retirées avec les dernières voitures du convoi. Le maréchal Le Bœuf avait dû renoncer à aller à Lauvallier, qu'occupaient des forces considérables et dont les approches étaient défendues par des batteries de position.

De son côté, le maréchal Canrobert dirigeait la division Tixier sur le village des Maxes; la 1ʳᵉ brigade s'y installait ainsi qu'à Frandonchamps, après en avoir repoussé l'ennemi. A gauche, la division Levassor-Sorval fouillait les bois de Woippy, s'emparait de Sainte-Agathe, du château de Ladonchamps et poussait même ses tirailleurs jusqu'à Saint-Remy et Bellevue. Les ordres du commandant en chef n'avaient malheureusement pas été plus précis en cette occasion que dans celles qui avaient précédé; s'ils étaient devenus clairs et formels pour les opérations à exécuter, ils étaient silencieux sur les résultats à obtenir, comme sur les positions à garder après le succès. Les localités enlevées furent partout abandonnées faute d'instructions, même celles qu'il eût été utile de garder et auxquelles le maréchal sembla plus tard attacher de l'importance, quand l'échec de la mission du général Bourbaki vint lui faire sentir la nécessité d'une nouvelle tentative de sortie. Mais alors cette pensée était loin de son esprit, il se préoccupait peu des conséquences que pouvait avoir la possession de telle ou telle position; si d'autres intentions eussent été nettement exprimées, nul doute que les commandants des corps ne s'y fussent conformés, comme ils l'ont toujours fait, quand des ordres catégoriques leur ont été donnés.

En somme, cette opération n'avait produit qu'un résultat insignifiant; elle avait coûté 383 hommes mis hors de combat et n'avait rapporté que des ressources infimes pour l'alimentation de l'armée. Nos troupes y avaient donné des preuves de leur entrain et de leur véritable valeur; elles avaient enlevé partout les travaux de l'ennemi et ses défenses par de brillantes attaques, qui convenaient bien plus à leur caractère que la défensive où on s'était plu à les maintenir dans la plupart des affaires de la campagne.

Les Prussiens se montrèrent fort irrités de ces petits échecs, ou du moins ils le prouvèrent par les représailles qu'ils exercèrent contre les localités d'où nous les avions délogés. Après notre retraite, ils y revinrent en force et se vengèrent des opérations de guerre les plus légitimes sur des populations inoffensives, sur des vieillards, des femmes et des enfants, en les expulsant de leurs chaumières et y mettant le feu. A la nuit, les flammes de l'incendie vinrent rougir le ciel de tous les points de l'horizon; c'étaient les villages de Peltre, Colombey, Frandonchamps et des Petites-Maxes qui brûlaient. Un pareil fait est tellement horrible dans le siècle de civilisation où nous vivons, que nous nous abstiendrons de le juger, avant d'avoir lu le rapport officiel de l'état-major prussien. Pour que le prince Frédéric-Charles ait cru devoir donner de pareils ordres, il faut qu'il ait eu des raisons militaires ou politiques que nous ne sommes pas à même de connaître et dont l'importance pourra seule expliquer d'aussi sauvages dévastations, commises de sang-froid. La guerre n'avait pas encore pris le caractère d'énergique acharnement qui lui a été donné depuis et qui a si bien rappelé le Tugendbund et les grands efforts de 1813, dont l'Allemagne est à bon droit si fière ; il semblait que de pareils actes ne dussent plus jamais se produire autre part que dans les luttes des peuplades de l'Afrique ou de l'extrême Orient.

Le combat de Peltre avait suffi pour ramener dans les camps l'entrain et la gaieté que l'ennui et l'oisiveté paraissaient en avoir chassés ; la facilité du succès obtenu faisait bien augurer de l'avenir et donnait pleine confiance pour la grosse opération qu'on s'obstinait à attendre, en dépit des négociations politiques engagées, dont le résultat était douteux. Seuls, le maréchal Bazaine et quelques-uns des plus hauts dignitaires de l'armée, initiés au secret de la mission du général Bourbaki, avaient foi dans sa réussite ; ils attendaient impatiemment des nouvelles du négociateur. Des rumeurs confuses annonçaient déjà le départ de l'Angleterre de l'impératrice et du prince impérial, et leur arrivée à Metz ; on indiquait presque l'époque où on aurait à les recevoir. Un journal, connu par ses relations officielles, annonçait à la ville, sous peu de jours, *une visite auguste.* Un commandant de corps réunissait chez lui, le 29 septembre, les officiers nouvellement promus, et leur apprenait qu'on était à la veille d'une solution, que la régente intervenait auprès du roi de Prusse et que la paix sortirait de ces négociations. Ces bruits s'étaient répandus en même temps parmi les troupes ennemies, les prisonniers les avaient rapportés, et dans les communications antirèglementaires qui s'échangeaient entre les avant-postes, les Prussiens disaient que la fin de la guerre était certaine dans un avenir très-prochain.

Le maréchal Bazaine s'était rattaché à ces espérances avec un tel empressement, qu'il crut prudent de faire disparaître tout symptôme des doutes qui s'étaient produits dans son esprit, comme des hésitations qu'il avait pu avoir après la confirmation des événements de Paris. Or, le jour même où il s'était décidé à annoncer à l'armée l'avénement d'un nouveau pouvoir, par son ordre du 16 septembre, il avait fait mettre de côté les imprimés destinés aux nominations, aux décrets et aux actes importants du commandement, parce qu'ils portaient en tête les armes impériales et que le libellé y rappelait les pouvoirs émanant de l'empereur; puis il prescrivait à l'imprimeur de l'armée d'en établir cinq cents autres dans lesquels l'écusson et tous les souvenirs de l'empire devaient être supprimés. Quand la visite de M. Régnier fut venue lui ouvrir un nouvel horizon, il se repentit de la légèreté avec laquelle il avait semblé renier un passé dans lequel il voulait voir encore le présent et l'avenir; remettant alors au rebut les nouveaux imprimés, il s'empressa d'en retirer les anciens qu'il avait rejetés quelques jours auparavant, et dont il se servit jusqu'à la fin. Deux nominations seulement avaient été faites d'après le nouveau libellé; les officiers qu'elles concernaient se trouvent ainsi avoir entre leurs mains une pièce curieuse, autant par sa rareté que par les indications qu'elle donne sur la variation des sentiments du commandant en chef.

Tant d'illusions devaient vite s'évanouir. Dans la matinée du 29 septembre, un parlementaire arrivait chez le maréchal Bazaine, porteur de deux lettres, l'une du prince Frédéric-Charles, l'autre du général Bourbaki, chiffrée et datée d'Hastings. Le but de la mission se trouvait ainsi connu ; c'était auprès de l'impératrice que le général s'était rendu, et bien que ce renseignement ne fût pas suffisant pour dévoiler ce qu'il y avait été faire, on pouvait en conclure que la pensée d'une restauration n'avait pas dû être étrangère à son voyage. Ce fut après la capitulation que nous apprîmes de la bouche d'un de nos amis les détails de cette négociation ; il les tenait d'un de ses parents chez lequel le général Bourbaki s'était arrêté à Luxembourg, quelques jours plus tard, quand il avait voulu revenir prendre à Metz le commandement de ses troupes ; les voici tels qu'ils nous furent rapportés.

Le général était parti, convaincu qu'il était appelé par l'impératrice, pour répondre au désir du roi de Prusse de mettre fin aux maux de la guerre ; il n'avait pas cru devoir refuser ce service à son pays ni cette preuve de dévouement au malheur. Son absence ne devait durer que quelques jours, après lesquels il viendrait reprendre son poste ; toute pensée contraire ne lui était pas venue à l'esprit, et si nous en croyons même le témoignage de son aide de camp, la certitude du retour lui aurait été donnée dans l'entretien qu'il avait eu avec M. Régnier. A son arrivée à Bruxelles, il avait vu quelques-uns de ses anciens amis, dont le langage avait suffi pour l'éclairer sur la portée de l'intrigue dans laquelle l'avait lancé le maréchal Bazaine : aucun d'eux ne connaissait M. Régnier, n'en avait entendu parler, et il était douteux qu'il eût eu affaire à un intermédiaire sérieux entre la régence et le quartier général de Versailles. Ce qu'il y apprit de l'attitude noble et digne prise par l'impératrice, de l'isolement dans lequel elle se tenait et de sa volonté de ne pas faire intervenir dans de pareils moments un intérêt dynastique était bien fait pour lui prouver que le maréchal Bazaine avait été dupe d'un imposteur ou qu'il s'était joué de lui sciemment. Il comprit l'imprudence qu'il avait commise en s'éloignant de l'armée et ne s'abusa pas sur les reproches qu'il pourrait encourir; son ressentiment se reporta tout entier sur le maréchal, qui l'avait ainsi entraîné hors de la ligne du devoir, où il s'était toujours si loyalement maintenu, et il l'exprima hautement à tous ceux qui le virent en Belgique.

Malgré ses appréhensions, il se crut obligé de continuer son voyage et il partit pour Hastings. En le voyant arriver, l'impératrice aurait été saisie d'un profond étonnement et des plus funestes pressentiments : « Général, que venez-vous « faire ici?... M'annoncer sans doute un nouveau malheur,... « la capitulation de Metz,... la destruction de l'armée de « Bazaine. — Mais non, madame, aurait répondu le gé- « néral... Votre Majesté m'a demandé... et me voici... » Puis il aurait raconté ce qui s'était passé avec M. Régnier, son départ, le but qui l'avait motivé. L'impératrice, comme nous l'avons dit plus haut, aurait manifesté son indignation sur le rôle qu'on lui avait attribué à son insu; elle n'était pour rien dans une pareille intrigue, n'avait pas vu M. Régnier et s'était refusée à toute espèce de démarche politique vis-à-vis de la Prusse. Plongée dans la plus affreuse douleur, elle ne songeait, aurait-elle dit, qu'aux calamités de la guerre, aux infortunes de cette France dont le salut était le seul objet de ses vœux. Consacrer par l'autorité de son nom l'humiliation et la ruine d'un pays était un acte qui répugnait à ses sentiments chevaleresques ; c'était de plus la guerre civile qu'on venait lui offrir en perspective, et nulle considération n'était assez puissante pour lui faire ajouter ce nouveau malheur à ceux qu'elle déplorait tous les jours. Devant de telles paroles il n'y avait plus à douter, l'imposture était dévoilée : le général avait été joué, et son irritation s'exhala sans doute tout entière dans la lettre chiffrée qu'il envoya au maréchal Bazaine.

Il n'eut plus qu'une pensée, retourner à son poste ; il écrivit aussitôt au prince Frédéric-Charles pour lui demander l'autorisation de rentrer à Metz ; la passe que M. Régnier lui avait remise, et qui était au nom de cet agent, ne comportait pas cette autorisation. La fatigue du voyage ayant fait rouvrir la blessure dont il souffrait depuis longues années, il dut se reposer quelques jours ; puis, le 4 octobre, il se remit en route et vint attendre à Luxembourg l'issue de sa demande, dont il ne semblait pas douter.

Mais l'ennemi pouvait craindre le retour d'un homme dont le caractère et les qualités étaient connus ; sa présence à Metz eût pu être gênante pour les projets ultérieurs ; il eût parlé, dévoilé les trames qui s'ourdissaient, montré les piéges qu'on tendait, et au besoin il eût agi, peut-être contraint le maréchal à agir. Les fils de nouvelles intrigues étaient trop bien préparés pour qu'on se risquât à les voir briser au moment de la réussite, quand on savait, par les confidences faites à M. Régnier, qu'il ne fallait plus qu'un peu de patience et que, le 17 octobre, la famine viendrait livrer notre armée sans défense aux mains de l'ennemi. Il fut donc répondu au général Bourbaki que sa demande était étrange ; il avait dû savoir qu'il ne serait pas autorisé à rentrer ; son départ n'ayant été toléré qu'à cette condition, il n'y avait pas lieu de lui délivrer de sauf-conduit. Désespéré de cette réponse, le général s'adressa au Foreign office, à lord Granville, et le pria d'user de son influence auprès du roi de Prusse pour lui obtenir l'autorisation qu'il se voyait refuser contre son attente.

Le ministre anglais se prêta gracieusement à cette démarche, qui fut mieux accueillie à Versailles qu'elle ne l'avait été au quartier général de Corny, si nous devons en croire le général Boyer, qui raconta, au retour de sa première mission, que M. de Bismark lui avait fait voir une lettre du général Bourbaki au roi pour lui exprimer sa profonde gratitude sur l'autorisation qui lui était donnée d'aller reprendre le commandement de la garde. Cet échange de correspondances avait nécessité plusieurs jours, on était alors au 15 octobre; le général Bourbaki ne pouvait ignorer l'inaction systématique dans laquelle s'était maintenu le maréchal Bazaine ni les conséquences fatales qu'elle devait avoir; il avait été à même de connaître la fameuse date du 17 octobre et le sort qui attendait l'armée à son échéance. C'eût été une folie de venir se mettre lui-même dans les chaînes de la captivité et de prendre sa part d'une situation à laquelle il n'avait pas participé; il comprit qu'il lui restait à remplir un rôle plus noble et plus utile. Guidé par ses ardeurs généreuses et patriotiques, il abandonna un chef qui ne savait que négocier avec l'étranger, pour porter son épée à cette France qui luttait avec toute l'énergie du désespoir. Ainsi se termina cet épisode, que le maréchal avait considéré comme son moyen de salut, tandis qu'il n'avait fait que lui ouvrir la voie dans laquelle il allait trouver sa perte et celle de son armée.

En même temps que lui parvenait la lettre du général Bourbaki, le parlementaire prussien lui en remettait une du prince Frédéric-Charles, qui lui annonçait la demande de ce général pour rentrer à Metz et les motifs du refus qui lui avait été fait; c'était lui dire l'insuccès de cette mission et anéantir ses espérances. Le prince profitait de la même occasion pour lui apprendre la capitulation de Strasbourg, qui avait eu lieu la veille, 28 septembre; c'était un coup destiné à frapper ce caractère irrésolu et à affaiblir en lui les idées de résistance.

Après l'exemple donné à Sedan par le souverain, la nécessité imposée au général Uhrich, en présence de tant de malheurs, devant la chute prochaine de Paris, n'y avait-il pas là une sorte d'invitation à se résigner à cette extrémité douloureuse et à suivre le sort que d'autres avaient accepté? Si telle n'avait pas été l'intention du prince, en tout cas sa communication était bien faite pour inspirer ces réflexions à un homme qui devait savoir tout ce que son armée avait perdu de valeur effective pendant le mois de septembre.

L'écroulement de l'échafaudage politique construit sur les données apportées par M. Régnier venait grossir le nombre des déceptions qu'avait successivement subies le maréchal Bazaine depuis la bataille de Rézonville, c'est-à-dire depuis plus de six semaines. Quelques jours à peine le séparaient du terme fatal qu'il connaissait comme étant la dernière limite de l'existence de ses troupes; il lui fallait bien songer à sauvegarder sa position personnelle, dans la prévision d'un désastre qui devenait imminent. L'adhésion de la régence lui échappait, il n'avait plus qu'à paraître se rallier au gouvernement de la défense nationale, devenu l'âme de la résistance de Paris et de celle de la France. Aussi son attitude et son langage changèrent-ils subitement; s'il lui restait au fond du cœur les sentiments que nous avons fait connaître, ses paroles ne les trahissaient plus. Le silence qu'il avait gardé jusqu'alors sur la mission du général Bourbaki, il le rompit de lui-même et affecta de parler fort légèrement des motifs du départ de cet officier général; il ne s'agissait, selon lui, que d'une demande adressée à l'impératrice pour vouloir bien le relever, lui et son armée, de leurs serments, afin que, les consciences une fois dégagées, les scrupules ayant disparu, on pût reconnaître loyalement le nouveau pouvoir et opérer de concert avec lui pour le salut du pays ; il ajoutait du reste qu'il n'avait pas de nouvelles du général et qu'il en attendait de jour en jour.

Que ce fût un mot d'ordre ou que l'effet en dût être attribué à la connaissance du refus éprouvé à Hastings, cette nouvelle manière de voir semblait avoir été adoptée en même temps par quelques-uns des principaux chefs de l'armée. « La consolidation du gouvernement provisoire, l'énergie dont Paris faisait preuve, sa volonté de se défendre à outrance, et surtout l'honorabilité des généraux qui s'y trouvaient à la tête de l'armée étaient autant de raisons, disaient-ils, qui avaient modifié leurs idées ; il n'y avait plus qu'à se rallier au gouvernement existant et à le soutenir de tout l'appui de nos armes. » C'étaient là de bonnes dispositions, qu'il eût fallu utiliser de suite.

Un d'entre eux, le général Coffinières, profita de l'espèce d'indépendance que lui assurait sa situation de commandant supérieur de Metz pour s'adresser directement au gouvernement provisoire et lui donner ainsi un témoignage d'adhésion. Il écrivit à la délégation de Tours une longue lettre où il rendait compte de la situation de la ville, de l'état des esprits, et où il se plaignait assez amèrement, paraît-il, de la conduite du maréchal Bazaine et de certains faits qui le concernaient ; puis il confia sa dépêche au petit ballon qui emportait journellement nos microscopiques correspondances, confiées au souffle des vents et à la bonne volonté de ceux qui les ramassaient ; quelques-uns de ces aérostats furent assez heureux pour aller jusqu'en pays ami, mais le plus grand nombre tombèrent entre les mains des Prussiens, à peu de distance de nos lignes, et ce fut le cas de celui-ci. Tous les papiers qu'il contenait furent envoyés au quartier général ennemi pour y être dépouillés ; il n'y en avait que deux ayant de l'importance, la lettre du général Coffinières et celle d'un journaliste anglais laissé à Metz contre tous les règlements ; cet aimable étranger envoyait à Londres une correspondance détaillée où il dépeignait sous les plus sombres couleurs la situation de l'armée et de la ville, qu'il regardait comme désespérée et présageant une catastrophe dans un avenir prochain. Il faut avouer qu'au moment où l'on montrait une telle sévérité pour les dimensions et l'insignifiance des lettres des officiers, il était singulier de constater un pareil défaut de surveillance à l'égard de communications aussi dangereuses. Le prince Frédéric-Charles garda les pigeons, mais il renvoya au maréchal les deux lettres en question, en les accompagnant de quelques lignes courtoises ; dans celle du général Coffinières, les passages relatifs au maréchal avaient été soulignés au crayon rouge ; l'autre était un témoignage trop irrécusable de la connaissance de notre situation pour qu'il fût possible de se méprendre sur l'intention. Le maréchal ne sembla pourtant pas s'émouvoir de l'aventure, il affecta même de plaisanter si légèrement sur le mauvais caractère du général Coffinières, qu'on put croire qu'il n'attachait qu'une minime importance à sa démarche.

Dans son *Rapport sommaire*, il dit avoir tenté à diverses reprises (15 et 25 septembre) de se mettre en relation avec le gouvernement de la défense nationale, et lui avoir adressé, en trois expéditions, une dépêche dont il donne la teneur ; il ajoute que ces missives restèrent toujours sans réponse et qu'aucun de ses émissaires, qui n'étaient autres que des soldats de bonne volonté, ne pût revenir. Nous n'avons pas le droit de mettre ici en doute de pareilles assertions; nous devons dire cependant qu'on disposait au quartier général d'un certain nombre d'agents, qui avaient jusqu'alors servi au maréchal pour les dépêches qu'il avait eu à faire passer. Ces agents étaient pour la plupart civils, à l'exception de deux ou trois au plus qui venaient des sous-officiers ou des rangs de la troupe; ils étaient sous les ordres directs du chef du bureau des renseignements, et c'était par son intermédiaire qu'ils étaient envoyés hors des lignes. Or cet officier n'a jamais eu à leur confier, à cette époque, aucune missive pour le gouvernement provisoire; il a donc fallu que, dans ces deux occasions, le maréchal eût renoncé à la voie qu'il avait toujours suivie et qu'il suivit encore depuis. On ne trouvera certainement pas moins singulier qu'il ait eu la pensée de s'adresser à la délégation de Tours le lendemain du jour où il envoyait le général Bourbaki à l'impératrice dans un tout autre motif. Ajoutons enfin que, s'il n'a employé comme émissaires que des soldats de bonne volonté, c'est qu'il l'a voulu; il pouvait disposer des agents éprouvés du bureau des renseignements, ou au moins des fonctionnaires et des officiers qui s'offraient à lui depuis longtemps pour traverser les lignes, et dont il refusa constamment les services. Il y avait entre autres un sous-intendant, M. Martini, qui avait montré autant d'intelligence que d'audace dans des missions précédentes; un employé du trésor, le jeune sous-lieutenant de Goyon, et deux interprètes, MM. Protykiewiecz et de Valcour, qu'il se décida à faire partir plus tard; leur mission réussit, comme on le sait, peut-être autrement qu'il ne l'eût désiré. Mais alors tout était fini, il n'avait plus de ménagement à garder; les impressions que ses envoyés allaient emporter ne pouvaient plus rien compromettre ni rien changer.

Il est juste cependant de faire remarquer que, s'il n'est

pas parvenu à se mettre en relation avec les membres du gouvernement de la défense nationale, ceux-ci sont bien coupables de leur côté de n'avoir rien tenté pour communiquer avec lui et savoir ce qui se passait réellement à Metz. La rigueur de l'investissement présentait plus de difficultés pour sortir de nos lignes que pour y rentrer ; ce que nous avons vu journellement ne laisse aucun doute sur la possibilité qu'il y aurait eu d'introduire un messager ou même un agent de la délégation de Tours. Si le fait avait eu lieu, si le choix de la personne dans ce dernier cas avait été intelligent, sa présence aurait pu embarrasser singulièrement le commandant en chef, sa mission n'aurait pu être méconnue qu'à condition de rompre avec le pouvoir dont elle émanait ; la situation se dessinait alors nettement en un refus de reconnaissance du gouvernement du 4 septembre. Qu'aurait fait l'armée, quelle attitude auraient prise ses chefs ? On ne peut le prévoir ; mais on est en droit d'affirmer qu'elle se fût refusée à s'associer à des combinaisons entraînant forcément l'appui matériel ou moral des armes prussiennes. En tout cas, le maréchal Bazaine n'aurait pas tenté de justifier les mesures qu'il sera obligé de prendre plus tard dans l'intérêt de la France et de son armée, comme il le dit, « en l'absence de toute espèce « d'ordres et par suite de l'ignorance où on l'avait laissé de « ce qui se passait à Paris et à l'intérieur ».

Les démarches qu'il assure avoir tentées auprès du gouvernement provisoire et le changement de son attitude pouvaient peut-être le rassurer sur sa responsabilité politique ; mais il n'en restait pas moins la responsabilité militaire sur la conduite de la guerre et sur les conséquences qu'elle amènerait infailliblement, avec la prolongation de la situation. La ville de Metz, directement mise en cause dans son existence et son avenir, continuait à s'inquiéter ; la pétition dont nous avons parlé avait été remise au maire solennellement, avec prière à lui et au conseil municipal de la porter à la connaissance du maréchal et d'user de leur influence pour en obtenir l'éloignement de l'armée. Les sentiments qui y sont exprimés sont assez beaux, assez patriotiques, ils font trop d'honneur à une population victime aujourd'hui de tant d'intrigues et de fautes, pour que nous ne la reproduisions pas :

« Metz, le 27 septembre 1870.

« Monsieur le maire ,

« Nous avons accueilli avec gratitude l'expression de pa-
« triotique confiance que vous mettez en nous ; c'est pour y
« répondre que nous oserons appeler aujourd'hui votre at-
« tention sur la situation de notre ville. Il vous sera permis,
« à vous, le représentant naturel et respecté d'une vieille
« cité qui veut rester française, de faire, à cette occasion,
« telle démarche que vous jugerez nécessaire et de parler
« avec la simplicité et la franchise que commandent les cir-
« constances.

« Il ne nous appartient pas de rappeler tout ce qu'a tenté
« notre ville depuis le début de la guerre. Ce n'est point
« d'ailleurs pour marchander son concours que nous le
« rappellerions ici. Nous avons confiance que son patrio-
« tisme croîtra en raison même des épreuves qui peuvent
« nous attendre encore. Mais il est des difficultés qu'il est
« bon de prévoir, puisque le temps ne fait que les accuser,
« et que, dans une certaine mesure, nous pensons qu'on
« peut y pourvoir. Nous croyons que l'armée rassemblée
« sous nos murs est capable de grandes choses, mais nous

« croyons aussi qu'il est temps qu'elle les fasse. Chaque
« jour qui s'écoule amènera pour elle et pour nous des diffi-
« cultés nouvelles.

« Faute de nourriture, ses chevaux, réduits à l'impuis-
« sance, paralyseront peu à peu ses mouvements et dispa-
« raîtront bientôt. Le froid, la pluie peuvent aussi revenir
« entraver toute opération et amener un cortége de mala-
« dies plus redoutables peut-être que les blessures. Avec le
« temps aussi et malgré la sage réglementation de nos
« vivres, la faim, mauvaise conseillère, peut égarer les es-
« prits peu éclairés, dans la ville et dans les camps, et ame-
« ner des conflits terribles qu'un patriotisme supérieur a
« seul pouvoir de conjurer.

« Nous croyons donc qu'il est temps d'agir, parce que
« l'insuccès lui-même vaut mieux que l'inaction ; parce que
« tous les moments sont comptés ; parce que, sans pouvoir
« discuter ni même indiquer des opérations, le simple bon
« sens nous montre clairement que des entreprises énergi-
« quement et rapidement conduites avec l'ensemble des
« forces dont on dispose peuvent amener des résultats
« considérables, peut-être décisifs. Laisserons-nous venir le
« jour où, pour avoir fermé les yeux, il nous faudra recon-
« naître que les retards nous ont été funestes ?

« Certes, toute tentative est périlleuse, mais avec le
« temps le péril sera-t-il moindre ? Quels secours attendons-
« nous d'ailleurs ?

« Est-ce la question politique qui se mêle à tort à la ques-
« tion militaire et qui commande ces lenteurs? Dira-t-on
« que c'est à Paris que notre sort doit se décider ?

« Vous ne le penserez pas, monsieur le maire, et avec
« toute l'énergie que vous donne une autorité que vous te-
« nez de tous, vous direz comme nous que c'est à Metz,

« avec les ressources existant à Metz et sous Metz, que se
« régleront les destinées de notre ville. Pour celles de la
« France, il ne nous appartient pas, il n'appartient à per-
« sonne, ni à un parti ni à un homme, de les régler dans le
« secret. C'est au grand jour et pacifiquement que le scrutin
« auquel nous avons été conviés pourra seul en décider.
« D'ici là, quelle plus noble ambition que celle de sauver
« notre pays, de prêter la main aux luttes grandioses que
« soutient notre capitale et d'imiter l'héroïsme de Stras-
« bourg ? Nous avons confiance que toute démarche tentée
« par vous répondra à des conseils déjà formés dans le
« silence et que, s'inspirant d'une situation peut-être uni-
« que dans l'histoire, le commandement aura cette autorité
« et cette décision qui s'imposent et qui produisent des
« victoires.

« Qu'on pardonne donc, s'il en est besoin, à la franchise
« de notre langage.

« Il n'y a dans notre pensée ni désir déplacé d'ingérence
« ni récrimination.

« Il n'y a pas surtout le dessein de froisser aucun des
« sentiments qui méritent le respect, et qui en ce moment
« doivent nous rapprocher tous. C'est parce que nous vou-
« lons que l'armée et la population soient entièrement
« unies, c'est parce que nous croyons que cette union peut
« amener de grandes choses que nous vous adressons cet
« appel.

« Il nous a semblé que nous avions le devoir d'élever
« notre voix, parce qu'elle vous apporte dans sa sincérité le
« reflet des passions qui agitent notre population, de notre
« responsabilité et d'un patriotisme résolu à tous les sacri-
« fices. Si dures que soient les exigences de la situation,
« vous savez bien, monsieur le maire, que notre ville les

« supportera, et vous avez le droit de le dire, puisqu'elle ne
« veut pas être la rançon de la paix et que, après le long
« passé d'honneur qu'elle trouve dans ses annales, elle ne
« veut pas déchoir. »

Cette pétition fut remise au maréchal à la fin de septembre. Avec cette espèce de bonhomie extérieure qui était l'un des traits les plus saillants de son caractère, il répondit à la députation qui la lui apportait qu'il était tout à fait dans les mêmes idées, que le sort de la ville devait rester distinct de celui des troupes et qu'il se préoccupait de faire agir l'armée au dehors, comme il l'avait montré par les dernières opérations qui n'étaient que le prélude d'actions plus sérieuses. C'était ainsi qu'il accueillait toujours ceux qui venaient le solliciter ou lui présenter des observations; il répondait dans le sens le plus agréable à ceux qui lui parlaient et il s'en tirait avec de belles promesses. Cependant, cette fois, la gravité des reproches indirects qui lui étaient adressés, lui fit sentir que ses fautes étaient jugées par un public clairvoyant; il devait les faire oublier, s'il ne voulait pas qu'il lui en fût demandé compte par un gouvernement autre que celui qu'il avait espéré restaurer et dont la reconnaissance lui eût accordé un bill d'indemnité.

Ce furent ces considérations qui le déterminèrent sans doute à se préparer à une nouvelle tentative de sortie; le projet n'en fut pas travaillé comme l'avaient été ceux du 26 et du 31 août; et nous savons seulement par les conversations qu'il eut alors et les renseignements qu'il demanda, comment il entendait conduire cette grosse opération. La direction générale devait toujours être celle du nord, malgré les désavantages qu'elle présentait et qui n'étaient pas compensés, comme au mois d'août, par la possibilité d'y rejoindre une autre armée. Nous avons dit la tendance que le maréchal avait montrée de tout temps pour un mouvement par la rive gauche, ainsi que les observations qui lui avaient été faites pour l'en détourner; il y revint encore cette fois, mais en modifiant ses premières idées d'après un plan nouveau qui ne laissait pas que de présenter de sérieux dangers. Il partageait l'armée en deux grosses masses marchant, l'une sur la rive droite, l'autre sur la rive gauche, séparées par un large cours d'eau et sans communications entre elles; il avait désigné le maréchal Le Bœuf pour commander la droite formée des 3ᵉ et 2ᵉ corps, pendant que le maréchal Canrobert s'emparerait des hauteurs de gauche avec les 4ᵉ et 6ᵉ et prendrait à revers les batteries de l'ennemi. Au centre, marcheraient le maréchal, la garde, les réserves et les bagages; on devait ainsi gagner la place de Thionville, sous le canon de laquelle on attendrait d'autres instructions, suivant le plus ou moins de réussite de l'opération.

Le seul avantage que pouvait présenter cette combinaison était de contraindre l'ennemi à morceler également ses forces et par conséquent à diminuer la disproportion, qui commençait à cette époque à devenir sérieuse; en supposant nos attaques faites rapidement et une avance de marche gagnée immédiatement dans la direction donnée, il était évident que le gros des forces ennemies aurait trop de chemin à faire pour pouvoir venir à temps nous barrer la route. Mais on pouvait craindre que plus tard nos flancs ne fussent sérieusement menacés; il y avait alors un grave inconvénient à placer des corps dans l'impossibilité de se soutenir les uns les autres; si la colonne de droite éprouvait un échec grave, elle courait le danger d'être acculée à la Moselle, sans aucune issue possible. Enfin le passage de l'Orne était un obstacle sérieux; les renseignements permettaient, il est vrai, de supposer que les ponts n'étaient pas détruits ou que du moins la réparation en serait facile; on pouvait d'ailleurs faire descendre les bateaux qui se trouvaient sur la Moselle et remédier ainsi, en cas de besoin, au manque de communication entre les deux rives.

L'opération, telle qu'elle était conçue, pouvait donc offrir une certaine chance de succès, à la condition d'être énergiquement conduite. On atteignait Thionville, mais là les difficultés devenaient plus grandes. Que ferait-on? Où irait-on? A ces questions qui lui avaient été posées, le maréchal ne répondait que d'une manière vague et évasive. On se jetterait entre les places de la frontière et les pays limitrophes, pour gagner le nord de la France et se rabattre ensuite sur Paris; si l'ennemi était assez en force devant nous pour qu'il fût impossible de nous ouvrir un passage, nous aurions toujours la ressource d'entrer en pays neutre et de nous y faire désarmer; cela vaudrait mieux que de capituler dans la place et de livrer à l'ennemi nos hommes et nos armes.

La possibilité d'une capitulation se présentait donc déjà à la pensée du maréchal, puisqu'il l'exprimait; on la retrouvait également dans les étranges propos de son entourage, qui semblait accepter plus facilement que lui une pareille perspective. Davoust et Kléber avaient été forcés de capituler, et personne n'avait songé, disait-on, à leur en faire un déshonneur. Quoi donc de plus naturel que de les imiter? En quittant Metz, le maréchal ne saurait où aller, quelle direction suivre pour se mettre à l'abri de l'ennemi. Il courait risque de voir son armée faite prisonnière ou détruite en rase campagne, et, ce qu'il fallait avant tout, c'était conserver une armée à la France pour l'avenir; la captivité ne serait que passagère et, à la paix, le pays retrouverait des cadres qu'il était important de ménager. Voilà les singulières théories qu'on entendait déjà émettre. On pouvait y répondre avec raison que jamais le pays ne comprendrait qu'une armée de 140 000 hommes fût restée six semaines enfermée dans des lignes sans livrer bataille; qu'elle aurait dû en sortir à tout prix, quelles que fussent les pertes qu'elle dût subir; qu'en tous cas elle devait se battre tous les jours pour nuire à l'ennemi, et que ce ne serait qu'après un épuisement complet en hommes, en vivres, en munitions, que la nécessité d'une capitulation pourrait être admise. L'honneur militaire ne pouvait admettre d'autres conditions.

Les théories émises dans la maison du maréchal n'en subsistèrent pas moins; l'influence de leurs auteurs fut assez grande ou leurs principes assez séduisants pour que le maréchal s'y ralliât quelques jours plus tard; il adoptera l'idée de finir comme ces grands hommes, et il invoquera leur souvenir dans son dernier ordre du jour pour se faire absoudre par ses contemporains.

Il ne faut pas croire, du reste, que ces terribles questions ne fussent envisagées qu'au quartier général; si la confiance dans le maréchal, l'insouciance sur la marche des événements se maintenaient encore dans les rangs de l'armée, il n'en était déjà plus de même parmi beaucoup d'officiers, qui s'effrayaient de l'abîme où ils se voyaient conduits. Bien des généraux se rendaient compte que le mois d'octobre, dans lequel on entrait, devait amener une solution et, en présence de l'inaction du chef, ils commençaient à entrevoir une catastrophe. N'avons-nous pas entendu l'un d'eux nous dire qu'il passait ses loisirs à étudier dans l'histoire les situations qui se rapprochaient de la nôtre : que le jour même il avait lu le siége de Mayence où se trouvaient enfermés Kléber, Marceau, le commissaire de la Convention Merlin; que les troupes y avaient mangé les chevaux, puis les chiens, les rats; qu'elles avaient capitulé ensuite avec les honneurs de la guerre et la promesse de ne pas servir contre l'empire d'Allemagne pendant un an? elles avaient formé ainsi l'armée de Vendée de la république. Ce rapprochement eût été frappant d'à-propos si nous eussions été renfermés dans la ville de Metz et que notre effectif n'eût pas été aussi considérable. « Il faut espérer, répondîmes-nous, qu'avec « des conditions aussi différentes nous ne finirons pas de la « même façon. » Quant à ceux qui se sont retranchés depuis derrière leur éloignement ou leur ignorance des choses pour expliquer leur stupéfaction inattendue au moment de la catastrophe, il faut envier leur quiétude parfaite au milieu d'indices aussi menaçants.

Après avoir étudié son nouveau projet de sortie, le maréchal Bazaine sembla résolu à l'exécuter. Pour en faciliter l'accomplissement, il était indispensable d'être maître de quelques points situés en avant de nos lignes, et dont la possession entre les mains de l'ennemi eût gêné nos premiers mouvements; il fallait de plus disposer d'un certain nombre de chevaux suffisamment nourris pour pouvoir faire quelques étapes. C'était là une grosse difficulté avec la pénurie de nos magasins; les mesures administratives qui avaient été prises n'avaient pu parer à l'épuisement des denrées; la décision du 30 septembre, qui avait fait entrer la betterave pour 500 grammes dans la ration de fourrage, ne suffisait pas pour assurer une proportion suffisante à l'alimentation des animaux, bien que l'effectif en eût diminué dans des proportions énormes. Les livraisons faites à la boucherie avaient été portées successivement au chiffre de cinquante-cinq chevaux par jour et par corps d'armée le 30 septembre, puis à soixante-quinze le 4 octobre, sans compter celles qui étaient destinées à la ville de Metz. Force était donc de chercher des ressources au dehors, dans les localités que nous n'avions pas encore visitées. Ces deux conditions, nécessaires à la réussite, furent les motifs des petites opérations qui se firent dans les premiers jours d'octobre.

Des points à occuper, celui que le maréchal considérait comme le plus important était le château de Ladonchamps, qui dominait la vallée sur la rive gauche et commandait tout à la fois la route et la voie ferrée. Enlevé le 27 septembre par le 6e corps, il avait été abandonné par erreur ou faute d'ordres assez explicites. Le 29 septembre, le maréchal Canrobert fut prévenu que l'ennemi y faisait des travaux importants, et qu'en raison de ce fait il y avait lieu d'enlever la position et de s'y établir; mais il répondit que, les rapports de ses reconnaissances n'ayant signalé aucun travail, il n'avait pas cru devoir faire reprendre le château. Il se souciait peu, du reste, il faut le dire, d'y voir ses troupes installées sous les feux croisés des deux rives, sans utilité apparente, puisqu'il ne connaissait pas les motifs de l'importance que semblait y attacher le maréchal.

Le 30 septembre, l'ordre fut donné au général Ladmirault de s'emparer du chalet Billaudel et du village de Lessy, sur le plateau de Plappeville. L'occupation de ces points devait permettre de déboucher plus tard sur les hauteurs de Saulny et d'arrêter tout mouvement ennemi par le ravin de Châtel. L'opération fut faite par des troupes de la division Lorencez, le 1er octobre au matin; elle eut pour résultat la prise du chalet et du village, qui furent mis en état de défense et reliés immédiatement à nos positions par des tranchées.

Dans la nuit du 2 octobre, sur un nouvel ordre du commandant en chef, le château de Ladonchamps fut enlevé pour la seconde fois par le 6e corps. Deux bataillons de la division Levassor-Sorval, précédés par les compagnies des partisans de cette division, surprirent le poste ennemi qui s'y trouvait et occupèrent le château sans coup férir, ainsi que la ferme de Sainte-Agathe; l'ennemi tenta vainement trois retours offensifs, qui furent successivement repoussés. La position fut aussitôt reliée à nos lignes par une double caponnière et on y construisit une batterie armée de quatre pièces de 12 de siége.

Le lendemain, pendant la nuit, on enleva les approvisionnements qu'on avait trouvés dans la ferme de Sainte-Agathe.

Ce fut après ces opérations que le maréchal jugea le moment d'agir arrivé. Le 4 octobre, il convoqua chez lui, à quatre heures et demie du soir, les commandants des corps d'armée et les chefs des différents services pour leur annoncer ses intentions, leur développer le plan qu'il comptait suivre et indiquer à chacun le rôle qu'il aurait à remplir. Des mesures préparatoires allaient être prises immédiatement, telles que l'évacuation de toutes les ambulances de l'armée sur celles de la ville, le renvoi aux petits dépôts des hommes malingres, une nouvelle diminution des bagages des officiers, et enfin la réduction des batteries à quatre pièces; c'était là un fait grave, conséquence forcée de notre séjour à Metz, plus regrettable que la disparition presque totale de la cavalerie qui pouvait fournir à peine un escadron par régiment. Il y avait là de cruels aveux à faire, et il serait intéressant de savoir comment s'y est pris le maréchal pour expliquer à ses lieutenants les motifs qui avaient amené la continuité de son inaction. Le général Coffinières fut invité en même temps à prescrire les mesures nécessaires à la sécurité de la ville et à faire connaître l'étendue de ses besoins, auxquels on subviendrait dans la limite du possible. Les commandants des corps devaient, de leur côté, arrêter les dispositions préparatoires et attendre les ordres de mouvement qui leur seraient envoyés ultérieurement.

Dès le lendemain matin, 5 octobre, le maréchal reçut une lettre du général Coffinières, exposant une longue série de demandes qu'on lui accorda toutes. La principale était une augmentation de la garnison, dont il avait estimé l'effectif minimum à 19 000 hommes par une dépêche du 1er octobre. Sur les nouvelles observations qu'il présentait, on devait la porter à environ 29 000 hommes, en y comprenant la garde nationale. Elle se décomposait ainsi :

Division Laveaucoupet (du 2e corps)......	8 488 hommes.
Trois bataillons de Metz (formés des réservistes dirigés sur Metz et n'ayant pas rejoint leurs corps, des prisonniers rendus); dépôts des régiments d'artillerie et batteries à pied; ouvriers d'artillerie; troupes du génie; réservistes de l'artillerie; petits dépôts laissés par l'armée; garde mobile et francs-tireurs.	11 600 —
Cavaliers démontés armés de fusils.....	5 000 —
Total.....	25 088 hommes.

Garde nationale...... 4 000 hommes.

Il y avait là de quoi pourvoir aux besoins de la défense, et l'éloignement de l'armée allait laisser des vivres en quantité suffisante. Tout semblait donc arrangé à la satisfaction du commandant supérieur, et on était en droit de se croire à la veille d'un départ définitif, quand ceux qui devaient y participer ou le désirer vinrent eux-mêmes s'y opposer et entraver les projets du commandant en chef.

Le maréchal Le Bœuf insista, dès le lendemain du conseil de guerre, sur l'impossibilité de l'opération qu'il avait à diriger; les six divisions dont il allait disposer ne lui paraissaient pas suffisantes pour pouvoir déboucher; il s'appuyait sur l'impuissance des efforts faits le 31 août avec toute l'armée, oubliant sans doute qu'une faible partie avait seule combattu dans cette journée; la zone d'action qui lui était assignée était d'ailleurs d'une étendue plus restreinte et présentait de moins fortes positions; il déclarait cependant ne pouvoir agir sans un renfort, et il demandait que la garde lui fût adjointe.

Sur l'autre rive, le général Ladmirault voyait devant lui, disait-on, de grosses difficultés et ne paraissait avoir qu'une médiocre confiance dans le succès.

Le maréchal semblait cependant tenir à son projet, quand il reçut, le 5 au soir ou le 6 au matin, une nouvelle lettre du général Coffinières, inexplicable après la réponse faite à ses demandes. Le commandant supérieur lui reprochait d'abandonner la ville de Metz à elle-même après avoir épuisé ses approvisionnements et rendu ainsi la prolongation de la défense impossible; il assurait qu'elle était hors d'état de résister sans la présence de l'armée, et il lui faisait entrevoir 15 000 nouveaux blessés, venant à la suite du combat, remplir les ambulances de Metz, déjà occupées par 20 000 malades (il n'y en avait aux ambulances, à cette date, que 14 627); il n'aurait pour eux ni moyens de pansement ni ressources en vivres; le développement du typhus serait de plus la conséquence de cet encombrement. Ce départ amènerait donc, dans un laps de temps très-court, la chute de la ville de Metz, et avec elle la perte de la Lorraine, dont elle était la clef. Il terminait en rejetant sur le maréchal la responsabilité des événements qui se produiraient, et il en appelait au jugement de la postérité sur la funeste résolution qui allait être prise.

Il est impossible de comprendre comment une pareille

lettre a été écrite par le même homme qui déclare « que ses « efforts ont toujours tendu à sauvegarder les intérêts de la « place et à défendre ses ressources alimentaires » (*Capitulation de Metz*, par le général Coffinières de Nordeck, p. 62), et que nous verrons quelques jours plus tard, au conseil de guerre du 10 octobre, demander « s'il ne serait « pas préférable de tenter le sort des armes avant d'entamer « des négociations, le succès de cette tentative pouvant « rendre les pourparlers inutiles, ou bien le résultat de nos « efforts pouvant peser dans la balance par les pertes que « nous aurions fait subir à l'ennemi » (*Rapport sommaire* du maréchal Bazaine, p. 19). En cherchant à retenir l'armée à Metz, le général Coffinières devait savoir qu'il lui fallait l'alimenter avec les dernières ressources de la ville, puisque nos magasins étaient vides ; son éloignement pouvait seul le soustraire à cette obligation, et s'il l'avait oublié, ce qui n'est pas admissible, la perspicacité des habitants de Metz s'était chargée de le lui rappeler par la pétition du 27 septembre.

La prévision des 15 000 blessés était exagérée ; il était évident qu'un combat nous ferait subir des pertes sensibles, mais ne pouvant se rapprocher de ce chiffre, dans les conditions où il se livrerait. La bataille de Rézonville nous en avait donné 10 120, et l'action qui s'engagerait devrait se rapprocher plutôt des affaires du 31 août et du 1ᵉʳ septembre, dans lesquelles le nombre des blessés ne s'était élevé qu'à 2 495. En admettant même le chiffre de 10 000, il n'y avait pas là une préoccupation telle qu'elle dût être un obstacle au mouvement projeté. Tous les villages situés dans l'intérieur du camp retranché et que nous aurions abandonnés, eussent offert des locaux suffisants pour les installer ; les spacieuses maisons de campagne qu'occupaient les généraux et les états-majors eussent pu être transformées en ambulances et diminuer d'autant les charges à imposer à la ville. Il n'y avait pas à s'abuser : si notre effort réussissait, nos pertes seraient peu sérieuses au début, c'est-à-dire sur un terrain assez rapproché de la ville pour permettre une évacuation ; ce qu'il y avait à craindre, c'est qu'elles ne continuassent pendant la marche sur des points où il nous faudrait abandonner nos blessés, le salut de l'armée exigeant qu'elle ne s'arrêtât pas. En tout cas, il est permis de se demander pourquoi cet inconvénient grave existait aux yeux du général Coffinières le 5 octobre, alors qu'il supposait le maréchal décidé à partir, et pourquoi il ne s'en préoccupait plus le 10, quand il voulait qu'on tentât le sort des armes et qu'il voyait toute idée de sortie abandonnée.

La menace de la chute de la place et de la perte de la Lorraine n'était pas plus sérieuse : est-ce que M. le général Coffinières supposait que cet état de choses pût se soutenir longtemps ? Ne voyait-il pas que, quelques jours encore, l'armée allait être aussi impuissante à se mouvoir qu'à combattre ? Que voulait-il donc attendre ?... Des négociations ? Mais il s'y opposa plus tard, parce qu'il y reconnaissait un piége tendu par la Prusse... La chute prochaine de Paris, et la paix comme conséquence ? La place eût résisté seule jusque-là et la défense eût alors cessé tout naturellement... Le terme de l'existence de l'armée était fatalement marqué ; le jour où elle cessait de vivre, Metz tombait ou se trouvait livrée à elle-même, comme elle l'eût été par son départ ; d'ailleurs, ainsi que nous l'avons déjà dit, la perte d'une place, quelle que fût son importance, pouvait-elle entrer en balance avec celle de la seule armée du pays ?

La conduite du général Coffinières est d'autant plus

regrettable, que son influence, déjà si funeste dans d'autres circonstances, contribua à modifier les intentions du maréchal et à le détourner de la seule voie qui eût encore pu sauver l'armée. Les résolutions énergiques qu'il proposera plus tard, l'opposition qu'il fera aux tentatives de négociations, les difficultés qu'il élèvera pour le partage des vivres, ne seront plus que des démonstrations intempestives et inutiles.

En même temps qu'il voyait cette opposition se prononcer contre ses projets et qu'il se rendait compte du peu de confiance de ses lieutenants, le maréchal était ébranlé par l'espèce de désapprobation que rencontrait dans son entourage toute résolution énergique. Nous avons dit plus haut les motifs sur lesquels on s'appuyait pour le dissuader de s'aventurer en rase campagne; le général Boyer insistait dans ce sens avec toute l'autorité de son âge, de son grade et de sa longue intimité; dès cette époque, il pouvait être considéré comme le chef de la singulière école qui poussait à des négociations et admettait volontiers la captivité comme dernière étape de ce qui restait, après deux mois, de l'armée du Rhin; il se préparait ainsi au triste rôle qu'il a rempli plus tard.

La situation était cependant tellement grave que, malgré tous ces obstacles, le maréchal se serait peut-être décidé à agir, si un incident n'était venu raviver ses espérances sur la chute prochaine de Paris. Dans l'ignorance où il était de la répartition des forces assiégeantes et de ce qui se passait au dehors, il avait tenu, avant de rien entreprendre, à se procurer les renseignements nécessaires; il avait décidé, dans ce but, que les corps d'armée essayeraient de faire quelques prisonniers en avant de leurs fronts. Ce fut d'après ces ordres que, dans la nuit du 5 au 6 octobre, le commandant de nos grand'gardes de Moulins fit enlever par ses francs-tireurs le petit bois de Châtel et le poste prussien qui y était établi ; on y trouva des journaux allemands allant jusqu'à la date du 2 octobre et on s'empressa de les transmettre à l'état-major général. L'un d'eux annonçait une tentative de Jules Favre pour obtenir un armistice ; les conditions imposées par le roi lui avaient été communiquées et on attendait le soir, à Ferrières, la réponse du gouvernement de la défense nationale. On y lisait également que le fort inachevé de Montretout avait été enlevé par les Prussiens, après une faible résistance.

Dès que le maréchal eut connaissance de ces nouvelles inattendues, son attitude changea immédiatement et n'exprima que trop les sentiments qui l'agitaient. Une demande d'armistice, c'était des préliminaires de négociations, la paix en perspective ; le fait s'expliquait par la prise de Montretout, l'occupation des hauteurs qui dominent Paris et la menace d'un bombardement ; la capitale ne pouvait plus résister ; le gouvernement cédait devant cette crainte, ou la population, affolée de terreur, allait le contraindre à se soumettre. Pour lui, c'était l'éclaircissement de la situation, la solution désirée et la fin de toutes ses inquiétudes ; il n'y avait plus à tenter le sort douteux d'un combat, il suffisait d'attendre avec patience les événements qui allaient se dénouer aux bords de la Seine. C'est ainsi que fut abandonné, le 6 octobre, le projet de sortie si péremptoirement annoncé deux jours auparavant et que s'évanouit notre dernière espérance de salut.

Cette perspective prochaine d'une solution ne devait avoir de valeur qu'autant que la résistance se prolongerait et que les approvisionnements permettraient de vivre jusqu'à l'heure de la délivrance ; mais les magasins allaient être vides dans un délai très-rapproché ; il fallait pouvoir les remplir et se donner la possibilité d'attendre le résultat des négociations de Ferrières. Le maréchal se décida donc à tenter une opération sérieuse sur les magasins prussiens établis à Courcelles-sur-Nied ; il donna l'ordre, le 6, au maréchal Le Bœuf d'étudier un projet d'attaque sur ce point, en lui promettant le concours de deux divisions, l'une de la garde, l'autre du 2ᵉ corps, auxquelles on adjoindrait encore la brigade Lapasset ; avec ses quatre divisions, c'était un effectif de plus de 50 000 hommes dont allait disposer le commandant du 3ᵉ corps. Cette invitation n'eut pas plus de succès que tant d'autres ; dès le lendemain matin, le maréchal Le Bœuf vint expliquer au commandant en chef toutes les raisons qui motivaient à ses yeux l'impossibilité de l'opération : il n'y avait que peu de magasins à Courcelles, on ne pourrait rien y enlever sous le feu de l'ennemi, c'était une véritable bataille à livrer, etc., etc. Le maréchal Bazaine céda devant ces observations.

Pressé par une impérieuse nécessité, il ne pouvait cependant renoncer au projet de reformer une sorte d'approvisionnement ; aussi se décida-t-il immédiatement à porter ses efforts d'un autre côté. En arrière des premières lignes prussiennes établies dans la vallée au nord de Metz se trouvaient deux fermes importantes, désignées sous le nom de Grandes et Petites-Tapes ; des récoltes abondantes y avaient été rentrées, et quoiqu'elles servissent depuis longtemps à l'alimentation des grand'gardes ennemies, on pouvait peut-être y trouver encore des ressources importantes. Ce fut dans cette pensée que le maréchal résolut de faire enlever ces deux points dans la journée du 7. Par suite de la latitude laissée aux Prussiens depuis longtemps, leurs postes avaient été mis partout en parfait état de défense ; appuyés les uns aux autres, ils se trouvaient encore couverts par de fortes tranchées. Il y avait donc là une opération assez sérieuse à entreprendre pour qu'il y eût à craindre que les résultats obtenus ne fussent pas compensés par les sacrifices qu'elle entraînerait.

Ces graves considérations auraient peut-être arrêté le maréchal dans son projet, s'il ne s'était pas trouvé en même temps sous l'empire d'une autre nécessité. La délivrance qu'il espérait allait le mettre en face de la France qui lui demanderait compte de ses actes, et d'un nouveau gouvernement contre lequel il avait agi par son entente avec M. Régnier. Avoir conservé son armée intacte pourrait ne pas être regardé comme un acte suffisant pour l'absoudre des reproches qu'il craignait de se voir adresser ; il lui fallait pouvoir dire hautement qu'il avait énergiquement combattu et fait le plus de mal possible à l'ennemi. Or les petits fourrages exécutés jusqu'à ce jour ne pouvaient passer pour des opérations de guerre sérieuses ; de son côté, l'ennemi, sûr de son fait, s'était bien gardé de rien entreprendre et d'user ses forces contre une armée qu'il savait devoir prochainement périr. C'était à peine s'il nous envoyait de loin en loin quelques obus, comme distraction pour ses soldats ; les canonnades qu'il dirigea sur le château de Ladonchamps, sur les villages de Sey, Chazelles, Lessy et le chalet Billaudel dans l'intérieur de nos lignes étaient aussi insignifiantes que la petite attaque qu'il avait tentée sans succès, dans la journée du 6, sur nos avant-postes de Lessy. Tous ces faits, sans importance militaire, ne pouvaient créer au commandant en chef les titres dont il avait besoin pour la justification de sa conduite pendant ce long investissement. Ce fut là, à n'en pas douter, une des raisons qui l'engagèrent à entreprendre une opération assez localisée pour qu'elle ne compromît rien, mais assez sérieuse pour qu'elle eût du retentissement.

Dans la matinée du 7, l'ordre fut envoyé au maréchal Canrobert de faire exécuter un fourrage sur les deux fermes des Grandes et Petites-Tapes et sur les hameaux de Bellevue et de Saint-Remy ; ces localités se trouvaient toutes dans la plaine de Woippy, en avant des lignes du 6ᵉ corps et du château de Ladonchamps, qui était devenu de ce côté le point extrême de nos positions. Les troupes de ce corps d'armée devaient protéger l'opération et être soutenues par la division Deligny des voltigeurs de la garde ; elles s'avanceraient dans la vallée jusqu'au ruisseau des Tapes, en avant des fermes de ce nom, et s'y maintiendraient le temps nécessaire pour faire enlever les denrées sur le terrain conquis. L'administration reçut en même temps l'ordre de réunir les moyens de transport dont elle disposait ainsi que ceux des corps d'armée, de manière à accélérer l'opération, dont on ne pouvait se dissimuler le danger en présence des batteries de position que l'ennemi avait élevées sur les deux rives, et qui croisaient leurs feux sur les points dont il fallait se rendre maître ; il y avait même lieu de supposer que ce déploiement d'artillerie augmenterait encore par l'entrée en ligne des batteries de campagne qui viendraient appuyer la résistance de l'ennemi.

Le maréchal prévint le commandant du 6ᵉ corps des difficultés qu'il entrevoyait ; mais il pensait les faire disparaître ou les atténuer par les dispositions qu'il faisait prendre en même temps sur les deux flancs par le 3ᵉ et le 4ᵉ corps. M. le maréchal Le Bœuf devait porter une de ses divisions en avant de la ferme de Grimont, sur la route de Bouzonville, et lui faire occuper les villages de Chieulles et de Vany, de manière à attirer sur elle les troupes et les batteries installées à Malroy, au bord de la rive droite de la Moselle. Quant au général Ladmirault, il lui était prescrit de s'emparer avec une division du 4ᵉ corps du bois de Vigneulles, du village de ce nom, de Saulny et de s'établir sur les hauteurs dominant le bois de Woippy ainsi qu'aux débouchés conduisant à Plesnois et à Villers-les-Plesnois.

Tous ces mouvements devaient être exécutés immédiatement, de manière que l'attaque pût commencer à onze heures; mais, comme dans tant de circonstances précédentes, l'ordre ne fut transmis qu'à neuf heures et demie à l'état-major général et il parvint trop tard aux corps d'armée pour que les troupes fussent en position à l'heure dite; elles ne quittèrent leurs campements qu'à onze heures et ne purent franchir les lignes qu'à une heure. « Les forces du
« maréchal Canrobert, dit le bulletin officiel du maréchal
« Bazaine, s'étendaient de la Moselle au bois de Woippy,
« à hauteur des Maxes, de Ladonchamps et de Sainte-
« Agathe. La division Deligny des voltigeurs de la garde, à
« laquelle on avait adjoint les quatre compagnies de partisans
« de la division Tixier, occupait tout le milieu de la plaine;
« elle était sur trois lignes à 500 mètres l'une de l'autre. A
« sa droite, le 9ᵉ bataillon de chasseurs de la division Tixier
« bordait la Moselle, observant la rive droite et destiné à
« répondre au feu de l'ennemi venant de Malroy. A gauche,
« le bataillon de chasseurs de la garde était massé derrière
« la ferme de Sainte-Agathe; plus à gauche encore, se trou-
« vait la brigade Gibon de la division Levassor-Sorval, avec
« les compagnies de partisans des 3ᵉ et 4ᵉ divisions du
« 6ᵉ corps; elle occupait le bois de Woippy et devait en
« déboucher sur Sainte-Anne et le hameau de Bellevue.

« Au signal donné, toutes ces troupes s'ébranlent en
« même temps; la 1ʳᵉ brigade des voltigeurs dépasse les

« Maxes, refoule les tirailleurs ennemis, enlève Frandon-
« champs et pousse ses propres tirailleurs jusqu'à hauteur
« des Grandes-Tapes, pendant que la 2ᵉ brigade s'empare
« de Saint-Remy, où elle trouve une résistance énergique. A
« peine notre mouvement s'est-il dessiné que l'ennemi ouvre
« une violente canonnade des batteries d'Olgy et de Malroy,
« de Semécourt et de Fèves, et de celles qu'il a placées dans
« la plaine à Ammelange et en avant de Maizières. Malgré
« l'intensité de leurs feux et les pertes qu'ils nous font subir,
« la division Deligny n'en continue pas moins à se porter
« en avant, entraînée par le brillant exemple de ses chefs
« et de ses officiers. Les Grandes-Tapes sont enlevées par
« la 1ʳᵉ brigade et bientôt la 2ᵉ reste maîtresse des Petites-
« Tapes. Le bataillon des chasseurs de la garde s'était em-
« paré en même temps du hameau de Bellevue, que le génie
« mit en état de défense, et il était venu s'embusquer dans
« un fossé à 500 mètres en avant.

« A l'extrême gauche, la brigade Gibon, précédée des
« compagnies de partisans, avait traversé les bois de Woippy
« et s'était jetée sur Sainte-Anne dont elle ne s'empara
« qu'après de sérieux efforts ; non-seulement elle trouva
« devant elle le feu des batteries ennemies, celui qui par-
« tait des tranchées, mais elle eut encore à faire face à la
« fusillade dirigée sur sa gauche que ne couvraient pas
« les troupes du 4ᵉ corps.

« A trois heures, tout le terrain indiqué était en notre
« pouvoir ; notre première ligne avait atteint le ruisseau
« des Tapes et le bordait du chemin de fer à la Moselle.
« Mais l'ennemi semblait augmenter d'heure en heure le
« déploiement de son artillerie ; des réserves considérables
« apparaissaient dans le lointain et je jugeai prudent, pour
« parer à toute éventualité, et bien qu'une partie des troupes

« du 6ᵉ corps fût encore en deuxième ligne, d'appeler
« comme réserve la 1ʳᵉ brigade de la division Picard des
« grenadiers de la garde ; je la fis placer à la gauche, les
« zouaves entre le bois de Woippy et Sainte-Agathe, le
« 1ᵉʳ grenadiers à la maison rouge avec deux batteries de
« la garde.

« L'appui que je voulais faire donner au maréchal Can-
« robert par les diversions des 3ᵉ et 4ᵉ corps n'avait pas
« produit tout le résultat que j'en attendais. Au 3ᵉ corps,
« la division Aymard, chargée d'occuper les positions indi-
« quées, n'avait pas dépassé sur la route de Bouzonville la
« tranchée que l'ennemi y avait établie entre la Moselle et
« le village de Rupigny ; elle se trouvait ainsi dans l'impos-
« sibilité d'agir contre les batteries de Malroy. Sa 2ᵉ bri-
« gade avait enlevé rapidement Chieulles et Vany ; elle
« s'étendait par sa droite jusqu'à Villers-l'Orme et Mey, sur
« la route de Sainte-Barbe. Ce mouvement fit sans doute
« craindre à l'ennemi une nouvelle attaque de ses positions
« de Poix et de Servigny ; aussi déploya-t-il bientôt de ce
« côté des forces considérables appuyées d'une nombreuse
« artillerie. Le maréchal Le Bœuf fit alors avancer la divi-
« sion Metman à la droite de celle du général Aymard,
« sur le versant nord du ravin de Ventoux, jusqu'à Lauval-
« lier ; mais tout se borna sur ce point, de la part des
« Prussiens, à une démonstration dans laquelle ils n'enga-
« gèrent que leurs batteries.

« A la gauche, ce fut la division Grenier du 4ᵉ corps qui
« fut chargée de soutenir l'opération du maréchal Canro-
« bert. La 1ʳᵉ brigade occupa Lorry, Vigneulles et son bois,
« sans coup férir, les petits postes ennemis se retirant de-
« vant nous. La 2ᵉ, à laquelle on avait adjoint le bataillon
« de chasseurs, pénétra dans le bois de Woippy au même

« moment que la brigade Gibon et s'avança au delà, dans
« la direction de Villers-les-Plesnois. Elle occupait en même
« temps le poste ruiné de la Tuilerie et le vallon de Saulny,
« où elle se maintint en deçà du village. Mais ces troupes
« ne gardèrent pas assez longtemps leurs positions; elles
« suivirent un mouvement de retraite momentané de la
« brigade Gibon pendant l'attaque de Sainte-Anne et se re-
« tirèrent jusqu'auprès de Woippy, se bornant à observer
« les débouchés des bois pour arrêter tout mouvement de
« l'ennemi du côté de la plaine.

« En présence de l'intensité du feu de l'ennemi qui ne
« diminuait pas et de la direction convergente qu'il lui avait
« donnée sur les points dont nous nous étions emparés, il
« n'était pas possible de réaliser l'opération de fourrage
« que j'avais voulu faire; nos voitures n'auraient pu tra-
« verser un terrain sillonné en tous sens par les obus et
« force fut de les faire rentrer au camp. Je maintins néan-
« moins les troupes sur les positions conquises, afin de bien
« affirmer notre succès, et je ne donnai qu'à cinq heures et
« demie l'ordre de se replier dans l'intérieur de nos lignes.
« La retraite se fit dans le meilleur ordre sous la protection
« de notre artillerie de campagne et de nos batteries de po-
« sition; elle ne fut pas inquiétée par l'ennemi autrement
« que par le feu de ses batteries, quoiqu'il pût disposer
« alors de forces considérables; il était d'ailleurs tenu en
« respect par notre poste avancé de Ladonchamps, où la bri-
« gade de Chanaleilles s'était établie dès le début de l'action
« et s'était solidement maintenue sous une véritable pluie
« d'obus.

« Bien que l'opération de fourrage projetée n'ait pu avoir
« lieu, cette journée n'en constitue pas moins pour nos
« armes un brillant succès. Nos troupes s'y sont vaillam-

« ment comportées et l'ennemi chassé de toutes ses posi-
« tions, abandonnant ses tranchées et ses ouvrages, laissa
« entre nos mains 535 prisonniers, dont 4 officiers. Malheu-
« reusement nos pertes sont sérieuses ; elles s'élèvent à
« 1 257 hommes, parmi lesquels on compte 3 officiers
« généraux. »

Le but qu'on se proposait n'avait donc pas été atteint, comme le constate le rapport officiel ; ce résultat était facile à prévoir, et disons qu'il avait été prévu au seul examen des dispositions arrêtées. Il suffisait de regarder la carte pour comprendre que les troupes du maréchal Canrobert allaient être obligées de s'avancer sous le feu concentrique des batteries ennemies établies en demi-cercle de Malroy à Semécourt, et qu'après avoir dépassé Frandonchamps elles seraient prises d'écharpe et à revers par celles de Malroy et d'Olgy. Les diversions qu'avaient à exécuter les 3ᵉ et 4ᵉ corps n'avaient pas une importance suffisante pour dégager les flancs du 6ᵉ ; les limites qu'on avait tracées à leur action étaient trop rapprochées pour qu'on pût espérer voir le feu de l'ennemi se détourner d'une attaque sérieuse, et se diriger sur des troupes qui s'arrêtaient en position, à une grande distance des points sur lesquels se portait notre principal effort. Il eût semblé plus rationnel de leur attribuer le rôle offensif, en leur faisant tourner ou attaquer Malroy et Olgy à droite, Fèves et Semécourt à gauche ; le terrain se fût ainsi trouvé dégagé sur les flancs et le convoi eût pu s'avancer sans inquiétude jusqu'aux Tapes, sous la protection des troupes chargées de le couvrir et de défendre la vallée ; dans la combinaison prescrite, au contraire, le convoi et les troupes devaient être en première ligne formant l'échelon du centre, pendant que les divisions de soutien restaient en arrière ; ajoutons, comme l'indique le rapport, qu'elles ne s'avancèrent pas assez loin et que leur action fut ainsi à peu près annulée.

Par les dispositions adoptées, on est donc porté à croire que le maréchal n'attachait qu'une importance secondaire aux ressources qu'on eût trouvées dans ces diverses localités; ce qu'il avait désiré, il l'avait obtenu : un combat brillant, des prisonniers, un bulletin et des pertes assez considérables pour qu'on pût y voir une action sérieuse. Le fourrage à faire avait été le prétexte sans lequel il lui eût été difficile d'expliquer une entreprise dont le but était d'enlever à l'ennemi des positions intenables, pour les lui abandonner ensuite; elle ne pouvait avoir d'autre résultat qu'un chiffre regrettable de morts et de blessés, dont l'existence eût dû être sacrifiée plus utilement. Comme la retraite du 17 août et la tentative du 31, cette opération fut une nouvelle énigme pour le prince Frédéric-Charles; il en demanda l'explication, avouant qu'il n'avait pu comprendre le dessein du maréchal Bazaine. Il n'y avait là qu'une pensée en vue de la responsabilité à venir, et l'armée ne s'y trompa pas, si l'on en juge par les opinions qui y furent hautement exprimées. Ce qu'il y a de certain, c'est que le maréchal tint à bien constater l'état de nos pertes, pour ne pas laisser amoindrir l'importance de l'engagement; les journaux de Metz ayant indiqué un chiffre inférieur à la réalité, il s'empressa de le faire rectifier.

Peut-être avait-il aussi l'intention de démontrer les difficultés d'une tentative de vive force afin de clore définitivement la bouche à ceux qui avaient la folie de l'espérer encore. Car ce fut ce jour-là qu'il arrêta dans son esprit la résolution de reprendre les négociations avec l'ennemi, soit qu'il eût appris, comme il le dit, l'insuccès de la proposition d'armistice de Jules Favre, soit que la pénurie de nos ressources ne lui permît pas d'en attendre le résultat. Mais, après les mécomptes de la mission du général Bourbaki, il ne s'engagera plus avec la même légèreté, et ce sera aux généraux auxquels il a déjà confié ses projets le 12 septembre qu'il s'adressera pour régler ses démarches et les couvrir de l'appui que lui donneront leurs signatures. Aussitôt après le combat du 7 octobre, il adressa la lettre confidentielle suivante aux commandants des corps d'armée et aux chefs des différents services :

« Le moment approche où l'armée du Rhin se trouvera
« dans la position la plus difficile peut-être qu'ait jamais dû
« subir une armée française. Les graves événements mili-
« taires et politiques qui se sont accomplis loin de nous et
« dont nous ressentons le douloureux contre-coup, n'ont
« ébranlé ni notre force morale ni notre valeur comme ar-
« mée. Mais vous n'ignorez pas que des complications d'un
« autre ordre s'ajoutent journellement à celles que créent
« pour nous les faits extérieurs.

« Les vivres commencent à manquer, et, dans un délai
« qui ne sera que trop court, ils nous feront absolument dé-
« faut. L'alimentation de nos chevaux de cavalerie et de
« trait est devenue un problème dont chaque jour qui s'é-
« coule rend la solution de plus en plus improbable; nos
« ressources sont épuisées, nos chevaux vont dépérir et dis-
« paraître.

« Dans ces graves circonstances, je vous ai appelés pour
« vous exposer la situation et vous faire part de mon senti-
« ment. Le devoir d'un général en chef est de ne rien lais-
« ser ignorer, en pareille occurrence, aux commandants
« des corps d'armée placés sous ses ordres et de s'éclairer
« de leurs avis et de leurs conseils.

« Placés plus immédiatement en contact avec les troupes,

« vous savez certainement ce qu'on peut attendre d'elles,
« ce que l'on doit en espérer. Aussi, avant de prendre un
« parti décisif, ai-je voulu vous adresser cette dépêche, pour
« vous demander de me faire connaître par écrit, après
« un examen très-mûri et très-approfondi de la situa-
« tion, et après en avoir conféré avec vos généraux de divi-
« sion, votre opinion personnelle et votre appréciation
« motivée.

« Dès que j'aurai pris connaissance de ce document,
« dont l'importance ne vous échappera point, je vous ap-
« pellerai de nouveau dans un conseil suprême, d'où sor-
« tira la solution définitive de la situation de l'armée dont
« S. M. l'empereur m'a confié le commandement.

« Je vous prie de me faire parvenir, dans les quarante-
« huit heures, l'opinion que j'ai l'honneur de vous deman-
« der et de m'accuser réception de la présente dépêche. »

Des termes mêmes de cette lettre, il ressort les faits suivants :

1° Que les chefs de l'armée n'ignorent pas la situation
de leurs troupes, qui ne pourront plus vivre dans quelques
jours ;

2° Que le général en chef a tenu, dans les circonstances
graves, à s'éclairer de leurs avis et de leurs conseils, et que,
par suite, il rejette sur eux une partie de la responsabilité
dans la conduite qu'il a suivie ;

3° Que ce sera encore sur leurs opinions, appuyées de
celles des généraux de division, qu'il arrêtera la solution
définitive à adopter ;

4° Qu'il considère comme non avenus les événements
politiques accomplis, et qu'à ses yeux l'empereur est toujours le représentant du pouvoir dont il tient son autorité ;

5° Par le silence même qui est gardé sur le projet de

sortie annoncé au conseil de guerre du 4 octobre, il est évident que le maréchal y a renoncé et que le tableau de la pénurie de nos ressources alimentaires et militaires n'a d'autre but que d'indiquer des négociations comme seule issue possible.

Ce fut le lendemain, 8 octobre, que les généraux de division furent réunis chez les commandants de leurs corps et appelés à donner leur avis par écrit sur les résolutions à prendre. C'était la première fois qu'ils étaient directement mis en cause, et il y avait une étrange inconséquence à venir les consulter sur les résultats d'une situation à laquelle ils étaient étrangers, et qui ne se fût certainement pas produite si on les eût consultés plus tôt. On ne peut y voir qu'un expédient *in extremis* destiné à couvrir les fautes commises. Comme le général en chef, les commandants des corps comprirent la gravité de l'opinion qu'ils avaient à émettre; ils cherchèrent à dégager leur propre responsabilité par la déclaration collective qu'ils firent signer à leurs généraux, bien qu'ils n'eussent été invités qu'à conférer avec eux.

Les documents publiés nous ont fait connaître quelques-unes des déclarations arrêtées dans ces différentes réunions. « A la garde, il fut demandé qu'on entrât sur l'heure en « arrangements, afin de ne point être acculé à la dernière « ration de vivres et de pouvoir tenter, en temps opportun, un « suprême effort; car on y supposait que le prince Frédéric-« Charles avait les pouvoirs nécessaires pour traiter, et que « l'on saurait de suite à quoi s'en tenir sur le degré des exi-« gences prussiennes. Les généraux préféraient, disaient-ils, « mourir les armes à la main, à la tête de leurs troupes, « que de souscrire à des conditions humiliantes. » (*Armée de Metz*, par le général Deligny, p. 48.)

Dans une lettre adressée de Trèves, le 4 novembre, à *l'É-*

toile belge, M. le général Bisson donna le texte suivant du procès-verbal arrêté entre les généraux du 6ᵉ corps dont il commandait la 2ᵉ division : « N'ayant plus de vivres, l'ar-
« mée de Metz consentirait à capituler, à condition qu'elle
« rentrerait en France avec drapeaux, armes et bagages,
« pour se retirer dans une des villes du Midi, s'engageant
« à ne pas servir contre la Prusse pendant le reste de la
« campagne ; la ville de Metz serait libre de continuer sa
« défense. Si ces conditions n'étaient pas acceptées par l'en-
« nemi, nous étions résolus à poursuivre un passage les ar-
« mes à la main, et à nous faire tous tuer plutôt que de nous
« rendre. »

Au 3ᵉ corps, nous savons qu'après un partage de voix à peu près égal, les généraux de division s'étaient ralliés à la même opinion : accepter une convention honorable qui permît à l'armée de se retirer avec armes et bagages, ou opérer une sortie de vive force. Nous ne connaissons pas celle qui fut émise dans les 2ᵉ et 4ᵉ corps ; mais il est à supposer qu'elle différait peu de celle du 3ᵉ, si nous en jugeons par le vote des commandants de ces corps dans le conseil de guerre qui fut rassemblé deux jours après.

Ces réponses s'accommodaient suffisamment avec le désir du maréchal d'entamer de nouvelles négociations ; il aurait pu craindre que la vigueur déployée par nos troupes dans la journée du 7 eût été un argument dont on se fût servi pour démontrer la possibilité d'un combat et la nécessité de l'engager sans retard. Mais sous le sombre tableau qui avait été fait de la situation intérieure de la France, sous le coup de l'affaiblissement de nos moyens militaires, on avait jugé plus prudent et plus humain de demander des conditions honorables, sauf à recourir à la force en cas de refus. C'était donc la porte ouverte à une entente avec l'ennemi, d'après l'opinion même des chefs de l'armée ; sur ce terrain, le maréchal comptait retrouver d'avantageuses combinaisons, qui remplaceraient celles qui avaient été si malheureusement renversées par l'attitude de l'impératrice.

La gracieuseté qu'affectait pour lui le prince Frédéric-Charles et les égards qu'on lui témoignait pouvaient lui faire supposer que son prestige était grand à Versailles; il y obtiendrait peut-être la situation qu'on lui avait fait entrevoir, et avec elle le salut de son armée, plus tard son concours. Il fallait bien peu connaître l'ennemi auquel on avait affaire pour se bercer d'aussi étranges illusions ; attendre une générosité quelconque de la Prusse, c'était oublier les leçons du passé, les exemples les plus récents de l'histoire contemporaine, les suites même de la catastrophe de Sedan. De quel droit voulait-on espérer pour nous d'autres conditions que celles qui avaient été imposées à l'armée du général Wimpffen? Si elle avait succombé sous l'étreinte de cinq cents bouches à feu, n'allions-nous pas périr sous celle de la faim? Les situations allaient être les mêmes et on devait s'attendre aux mêmes conditions.

Si le maréchal avait envisagé les choses à ces différents points de vue, avec moins d'imprévoyance et de légèreté, il aurait compris qu'il allait de nouveau servir de jouet au comte de Bismark jusqu'au jour fatal où, le sachant réduit à une impuissance absolue, celui-ci jetterait le masque et viendrait lui déclarer qu'il n'avait plus qu'à se soumettre à la volonté du vainqueur. S'il avait connu l'Allemagne, qu'il eût étudié ses tendances, ses aspirations, dans ses gazettes comme dans ses publications, il se serait rendu compte de la haine dont y était entouré tout ce qui rappelait la France; il n'aurait attendu de ses jalousies et de ses rancunes qu'une guerre sans pitié, des humiliations calculées, la destruction froidement arrêtée de toutes les sources de notre force et de notre prospérité. Mais c'était beaucoup demander!... Que nos généraux aient pu avoir un instant de pareilles illusions, le fait est regrettable; mais il s'explique par la confiance qu'ils voyaient dans le chef. Pour le maréchal Bazaine, qui vient, avec l'autorité de sa position, propager l'idée d'une négociation, en faire entrevoir la nécessité, l'excuse n'est pas possible; il était de son devoir d'apprécier à l'avance les conséquences qui en résulteraient; s'il l'eût fait, sa conduite n'aurait sans doute pas été la même, il n'aurait pas renoncé si facilement à ce projet de départ qu'il jugeait exécutable deux jours auparavant.

Au 8 octobre, la sortie en masse de l'armée était bien réellement possible : si, la veille, l'opération faite sur les Tapes avait été autrement conçue, autrement soutenue; si les troupes, au lieu d'être arrêtées pendant trois heures sous des feux convergents d'artillerie, avaient été laissées à leur entrain, nul doute que la vallée nous eût été ouverte dans la direction de Thionville. Les pertes eussent été grandes, mais on se fût dégagé, et eût-on dû passer dans le Luxembourg, tout était préférable à ces négociations dont on ne pouvait être que victime. Ce n'est pas là une opinion personnelle, nous l'avons entendu émettre par des généraux qui ne doutaient pas de cette possibilité.

Il faut reconnaître toutefois que la situation n'était plus ce qu'elle avait été pendant tout le mois de septembre : à cette époque on aurait pu, avec de l'énergie et de bonnes dispositions, forcer victorieusement le passage, emmener la plus grande partie du matériel et se diriger sur tel point du territoire jugé le plus avantageux. Aujourd'hui on ne pouvait plus espérer que s'esquiver par un effort vigoureux, mais à coup sûr des plus honorables.

Une décision toute contraire étant arrêtée dans l'esprit du maréchal, il lui fallait prolonger l'existence de ses soldats jusqu'à l'issue des négociations, sous peine de voir leurs armes tomber de leurs mains et l'ennemi venir les prendre, sans passer par la formalité d'un protocole. Les magasins étaient vides ; force fut donc de réduire la ration, déjà si malheureusement restreinte : on décida qu'à partir du 9 octobre, la ration de pain ne serait plus que de 300 grammes, au lieu de 500 : par contre, la ration de viande de cheval serait portée à 750 grammes, au lieu de 500. Une ration d'eau-de-vie devait être distribuée tous les deux jours et une indemnité de 25 centimes accordée par jour et par homme. Cette diminution ne parut pas encore suffisante et, pour remédier au manque de blé, on prescrivit la fabrication du pain avec de la farine de boulange, c'est-à-dire sans blutage.

La plus grande privation infligée à nos hommes était le manque de sel, si nécessaire aux besoins habituels de l'alimentation, et plus encore dans les circonstances actuelles, pour faciliter la digestion de la viande fadasse qui était le fond des distributions. On avait cherché à remédier au mal par l'emploi de l'eau légèrement salée d'une source située au pied du fort Belle-Croix ; mais ce n'était qu'un palliatif insuffisant qui ne remplaçait pas la matière première. Nos hommes digéraient difficilement ces énormes quantités de viande, et, le pain venant à leur manquer, ils ne tardèrent pas à dépérir sous l'influence de cette privation. Les officiers étaient tous soumis au même régime que celui de la troupe ; les rations supplémentaires que leur accorde le règlement avaient été supprimées depuis le commencement de l'investissement. Leur solde leur permettait, il est vrai, de trouver au dehors quelques ressources qu'ils payaient fort cher; ils souffraient moins; ceux qui avaient été prévoyants et qui avaient su amasser des provisions, ne souffrirent que de la rareté du pain.

Telle était la situation, quand le maréchal convoqua, le 10 octobre, à huit heures du matin, les commandants de corps et les chefs de service pour « tenir ce conseil suprême « d'où devait sortir la solution définitive de la situation « de l'armée. » Le procès-verbal, signé de tous les membres, est inséré en entier dans le *Rapport sommaire sur les opérations de l'armée du Rhin;* nous nous contenterons de l'analyser et d'en extraire les points principaux.

La séance commença par un long exposé dans lequel le maréchal constata l'absence de toute communication avec la capitale et le nouveau gouvernement, comme de tout indice annonçant l'approche d'une armée de secours; puis il dépeignit la situation de l'armée sous des couleurs assez sombres pour frapper les esprits et les mieux disposer à l'acceptation de ses idées. L'état des choses se résumait ainsi :

Avec toutes les ressources disponibles et la quotité de la ration telle qu'elle venait d'être fixée, les vivres pouvaient aller jusqu'au 20 octobre, en y comprenant les deux jours de biscuit que les hommes avaient dans le sac (il y avait tout lieu de supposer qu'ils étaient consommés).

Tous les chevaux devaient être considérés comme perdus sous peu de jours, vu l'impossibilité de les nourrir.

L'état sanitaire était compromis par la présence dans la place de 19 000 blessés ou malades (à cette époque, le chiffre officiel des ambulances était de 14 767) (1) et par l'absence de médicaments, locaux et abris. Le typhus, la variole et le

(1) Il est vrai qu'un certain nombre était soigné en plus dans les maisons particulières.

cortége des maladies épidémiques commençaient à envahir les établissements hospitaliers et la ville.

L'affaiblissement causé par la mauvaise alimentation ne pouvait qu'augmenter ces causes morbides ; il en résultait que, si l'on y envoyait un nombre considérable de blessés, il y aurait impossibilité de les installer et danger immédiat pour la santé publique.

On voit que les observations de M. le général Coffinières avaient porté leurs fruits ; elles étaient habilement développées pour combattre d'avance, dans un sentiment d'humanité, toute proposition énergique tendant à l'emploi de la force ; rapprochées du tableau que l'armée allait présenter dans quelques jours et de l'impossibilité de tout secours extérieur, elles indiquaient clairement que, dans la pensée du chef, il n'y avait d'autre issue qu'une négociation.

Le procès-verbal ne dit pas si cet exposé lamentable souleva de la part de quelques-uns des membres les observations qu'ils étaient en droit d'adresser à celui qui, par le fait de sa seule volonté, avait amené l'armée à une situation aussi désastreuse ; il est à supposer qu'elles ont dû se présenter à l'esprit de tant d'hommes honorables. Accepter de pareils actes le jour où un avis était demandé, c'eût été presque s'y associer.

Le maréchal donna ensuite lecture au conseil des rapports des commandants des corps d'armée et de la place de Metz, indiquant leurs opinions personnelles et celles de leurs généraux de division ; puis il résuma la situation militaire dans les quatre questions suivantes, qui furent soumises à la discussion et résolues dans les termes indiqués ci-après :

« 1° L'armée doit-elle tenir sous les murs de Metz jus-
« qu'à l'entier épuisement de ses ressources alimentaires ?

« Oui, à l'unanimité..., parce que la présence de l'armée

« sous les murs de Metz y retient, en les immobilisant,
« 200 000 ennemis, et que dans les conditions où elle se
« trouve, le plus grand service que l'armée du Rhin puisse
« rendre au pays est de gagner du temps et de lui permettre
« d'organiser la résistance dans l'intérieur. »

Il n'y a donc pas de doute possible ; tous les membres de ce conseil ont été d'avis qu'il n'y avait pas à quitter Metz, ni à tenter d'en sortir, parce qu'ils retenaient autour d'eux des forces ennemies considérables. Cette raison aurait eu une certaine valeur, si ce séjour avait dû se prolonger pendant un temps appréciable suffisant pour l'organisation de la résistance du pays ; mais il devait finir forcément le 21 octobre, d'après l'exposé même du maréchal, et à cette date, faute de vivres, il faudrait battre la chamade ; ville et armée tomberaient du même coup, et les 200 000 Prussiens reprendraient leur liberté d'action. Si le conseil eût opiné au contraire pour une opération de vive force et l'éloignement de Metz, que fût-il arrivé ? En admettant le succès, la ville restait avec des ressources suffisantes pour tenir au moins pendant vingt-cinq ou trente jours ; les troupes du prince Frédéric-Charles étaient employées, les unes à maintenir la place, les autres à nous poursuivre et à nous tenir en échec ; elles devenaient beaucoup moins rapidement disponibles que dans le cas de la solution adoptée, avec un terme aussi rapproché ; de plus, on sauvait l'armée et une partie de son matériel, quand même elle eût été forcée de chercher un refuge en pays neutre. Si elle était repoussée, la situation ne changeait pas et il n'y avait à se préoccuper que de la question des blessés, à laquelle le général Coffinières ne semblait plus attacher l'importance que lui avait donnée le maréchal, d'après ses précédentes indications.

On est porté à en conclure qu'il a suffi que le chef ait

manifesté son désir et son intention de rester à Metz, pour que le conseil se soit rangé à son avis, comme le 26 août, comme le 12 septembre, par une sorte d'habitude de la subordination. Il y a là un fait caractéristique de la dernière époque dans laquelle nous avons vécu ; on y a vu se perdre l'indépendance des caractères, la revendication de la responsabilité, qui avaient été autrefois les plus beaux priviléges des grandes positions.

« 2° Doit-on continuer à faire des opérations autour de
« la place, pour essayer de se procurer des vivres et des
« fourrages ?

« Non, à l'unanimité..., en raison du peu de probabilités
« qu'il y a de trouver des ressources suffisantes pour vivre
« quelques jours de plus, à cause des pertes que ces opéra-
« tions occasionneraient et de l'effet dissolvant que leur in-
« succès pourrait avoir sur le moral de la troupe. »

Il est certain que cette solution répondait au sentiment général que les résultats du combat des Tapes n'avaient pas peu contribué à fortifier. Autant les sacrifices eussent été faits volontiers pour un but utile, une entreprise de salut, autant ils paraissaient regrettables à tous dans l'espoir aléatoire de quelques mesures de blé. Le vote du conseil n'a donc été ici que l'expression de l'opinion de l'armée.

« 3° Peut-on entrer en pourparlers avec l'ennemi pour
« traiter d'une convention militaire ?

« Oui, à l'unanimité...,à la condition toutefois d'entamer
« les ouvertures dans un délai qui ne dépassera pas qua-
« rante-huit heures, afin de ne pas permettre à l'ennemi de
« retarder le moment de la conclusion de la convention jus-
« qu'au jour et peut-être au delà du jour de l'épuisement
« de nos ressources.

« Tous les membres du conseil de guerre déclarent éner-
« giquement que les clauses de la convention devront être
« honorables pour nos armes et pour nous-mêmes. »

La solution donnée à cette question était la conséquence obligée de la résolution de rester à Metz; puisque nous devions cesser d'exister comme armée le 21, il fallait aviser au sort qui nous attendait dans un délai de onze jours, et tenter de l'améliorer par des conditions débattues avec l'ennemi. Il n'en faut pas moins déplorer la facilité avec laquelle les membres du conseil ont pu admettre les thèmes politiques sur lesquels s'est appuyé le maréchal Bazaine, si nous en croyons le témoignage donné par M. le général Coffinières dans sa défense : la volonté du roi de Prusse de ne pas traiter avec le gouvernement provisoire, l'obligation où l'on se trouvait de considérer comme non avenues la captivité de l'empereur et la retraite de l'impératrice, l'appui à donner au rétablissement de la régence, avec l'accord au moins tacite des baïonnettes prussiennes. Plus perspicace que ses collègues, le commandant supérieur de Metz aurait seul déclaré « qu'il n'était pas admissible que les Prussiens
« nous laissassent rentrer en France pour rétablir l'ordre, et
« que ces ouvertures n'étaient qu'un leurre pour nous faire
« arriver à l'extrême épuisement de nos faibles ressour-
« ces (1). » C'étaient là de bien justes pensées, et il y a lieu de s'étonner qu'après les avoir exprimées, leur auteur ait pu se rallier à l'opinion de tous et participer à l'unanimité du vote.

Quant aux illusions énoncées sur l'honorabilité des clauses de la convention, répétons que c'était préjuger bien innocemment les dispositions d'un ennemi acharné, avec la ma-

(1) *Capitulation de Metz,* par le général Coffinières de Nordeck.

gnanimité des sentiments chevaleresques inhérents au caractère français.

« 4° Doit-on tenter le sort des armes et chercher à percer « les lignes ennemies ?

« La quatrième question en amène une cinquième ; M. le « général Coffinières de Nordeck demande s'il ne serait pas « préférable de tenter le sort des armes, avant d'entamer « des négociations, le succès de cette tentative pouvant « rendre les pourparlers inutiles, ou bien le résultat de nos « efforts pouvant peser dans la balance par les pertes que « nous aurions fait subir à l'ennemi.

« Cette question est écartée par la majorité et il est décidé « à l'unanimité que, si les conditions de l'ennemi portent « atteinte à l'honneur militaire, on essayera de se frayer un « chemin par la force, avant d'être épuisé par la famine et « tandis qu'il reste la possibilité d'atteler encore quelques « batteries. »

En faisant cette proposition subsidiaire, M. le général Coffinières était conséquent avec les pensées qu'il venait d'exprimer, moins avec les votes qu'il avait émis dans les questions précédentes ; car tenter le sort des armes et rester à Metz n'était pas une solution de la situation alimentaire qui exigeait impérieusement des pourparlers et une conclusion, à la date du 21.

Quant aux autres membres du conseil, la logique, découlant des résolutions adoptées, leur faisait un devoir de repousser la proposition de leur collègue.

La rédaction laconique et si peu explicite du résultat de la discussion relative à la quatrième question laisse planer une incertitude complète sur ce que le conseil a voulu entendre par les mots : *portent atteinte à l'honneur militaire.* Il n'y a pas d'atteinte à l'honneur quand le chef et ses troupes ont rempli leur devoir, tel que le prescrivent les règlements et les lois militaires, quelque dures que soient les conditions qui leur sont imposées, puisqu'ils ne sont pas maîtres de les fixer ; les adoucissements qui peuvent y être apportés ne dépendent que de la générosité de l'ennemi et de l'admiration qu'ont pu lui faire éprouver les efforts héroïques de la défense. La capitulation de Metz, telle qu'elle a été conclue, n'aurait donc porté aucune atteinte à l'honneur, si les obligations imposées à une armée en campagne, à une place assiégée, avaient été strictement remplies ; mais elles ne l'ont pas été et c'est au pays qui jugera, de décider sur qui doit retomber la responsabilité de la faute, sur cette armée toujours prête à marcher et à faire son devoir, ou sur le chef qui l'a immobilisée pendant des semaines, sous l'empire des considérations les plus étranges.

En présence de termes aussi vagues, on serait presque tenté de croire que le conseil aurait admis comme possible et acceptable une simple capitulation, telle que celle que nous avons subie, si les dénégations énergiques de plusieurs de ses membres, que nous aurons lieu de citer, n'étaient venues plus tard infirmer cette supposition ; et cependant nous avons dit que quelques-uns avaient déjà pressenti tout le péril de la situation. Les généraux de division avaient été plus catégoriques dans leurs déclarations ; ils repoussaient la pensée d'une simple capitulation et n'admettaient que celle qui leur eût permis de se retirer avec armes et bagages sur un point du territoire ; ce sera du moins un mérite pour eux d'avoir indiqué nettement les limites qu'ils croyaient ne pouvoir être franchies, sous peine de forfaire à l'honneur. Les membres du conseil auraient été mieux inspirés en adoptant cette rédaction qui ne laissait aucun doute et qui eût forcé la main au commandant en chef, au jour décisif, sous peine d'assumer pour lui seul une responsabilité terrible ; ils ne se seraient pas exposés au reproche qui leur a été fait d'avoir facilité par leur faiblesse ou leur imprévoyance les manœuvres du général en chef et de n'avoir pas su, par leur attitude et leur énergie, empêcher le désastre qui devait en résulter.

Le dernier membre de phrase, où il est dit qu'*on essayera de se frayer un chemin par la force, avant d'être épuisé par la famine*, n'est qu'un correctif sans valeur du moment où on ne doit pas tenir à son exécution ; il y aura lieu de s'étonner de l'oubli d'un semblable engagement, puisqu'il était la condition *sine quâ non* de l'autorisation donnée d'entamer des négociations, en les renfermant dans des limites honorables ; les généraux de division avaient affirmé hautement cette nécessité, dans le cas où le départ de l'armée ne pourrait s'effectuer tel qu'ils le comprenaient.

Ce fut après quatre heures de discussion que furent arrêtées les décisions du conseil de guerre qui fixaient le sort de l'armée de Metz. Celui de la ville n'avait pas été débattu et il semblait entendu qu'elle resterait en dehors, destinée à défendre ses remparts après l'éloignement de l'armée, qu'il eût lieu d'accord avec l'ennemi ou par l'emploi de la force.

« Ces décisions se résumaient ainsi, dit le procès-verbal :

« 1° On tiendra sous Metz le plus longtemps possible ;

« 2° On ne fera pas d'opérations autour de la place, le
« but à atteindre étant plus qu'improbable ;

« 3° Des pourparlers seront engagés avec l'ennemi dans
« un délai qui ne dépassera pas quarante-huit heures, afin
« de conclure une convention militaire honorable et accep-
« table pour tous ;

« 4° Dans le cas où l'ennemi voudrait imposer des condi-
« tions incompatibles avec notre honneur et le sentiment du

« devoir militaire, on tentera de se frayer un passage les « armes à la main. »

Sur la demande du maréchal Bazaine, le conseil accepta comme négociateur son aide de camp, le général Boyer, et ce fut là une condescendance fâcheuse vis-à-vis du commandement. Dans des circonstances aussi graves, ce choix devait faire craindre une conformité de vues et d'intérêts dont il y avait lieu de se défier, après les bruits qui avaient circulé, après la conduite inexplicable qui avait créé la cruelle nécessité en face de laquelle on se trouvait. Il eût été important de s'adresser à une autre personnalité, dégagée de tout lien avec le commandant en chef et n'ayant à s'inspirer que des intérêts réels de l'armée, dans les démarches qui allaient être faites comme dans les renseignements qui seraient rapportés.

Ces considérations ne se présentèrent malheureusement pas à l'esprit des membres du conseil, qui approuvèrent la proposition du maréchal.

Une lettre fut immédiatement adressée au prince Frédéric-Charles; on lui demandait l'autorisation pour le général Boyer de se rendre à Versailles, au quartier général du roi, dans le but d'y ouvrir des négociations.

La condamnation de l'armée de Metz était prononcée.

CHAPITRE VI

DU 11 AU 25 OCTOBRE.

Première mission du général Boyer au quartier général du roi, à Versailles.
— Agitation des camps et de la ville. — Situation intérieure. —
Deuxième mission du général Boyer près de l'impératrice, à Chislehurst.
— Rupture des négociations par la Prusse. — Dernière tentative faite par
le général Changarnier.

Dans la matinée du 11 octobre, un parlementaire prussien vint apporter la réponse du prince Frédéric-Charles à la lettre qui lui avait été adressée la veille ; c'était le refus de l'autorisation demandée pour le général Boyer. Les projets du commandant en chef se trouvaient brusquement anéantis ; quant aux résolutions émises par le conseil, il fallait y renoncer, accepter la nécessité d'une tentative de vive force, ou attendre encore et s'en remettre au destin de la marche des événements.

Devant ce renversement des combinaisons de la veille, le maréchal crut devoir faire un nouvel appel à ses conseillers ; il les convoqua pour le lendemain, 12, à huit heures du matin ; il s'agissait de leur faire connaître le refus du prince et l'impossibilité de négocier avec le quartier général de Versailles, puis d'arrêter les résolutions que commandait cette situation inattendue, enfin de profiter de leur présence pour leur faire signer le procès-verbal de la séance du 10, pièce importante que le maréchal avait intérêt à mettre en règle pour les justifications de l'avenir.

Le conseil était à peine réuni, qu'un nouveau parlementaire arriva au quartier général, porteur d'une dépêche dans laquelle le prince Frédéric-Charles exprimait des dispositions toutes contraires à celles de la veille : il annonçait que, sur la volonté du roi, le général Boyer était autorisé à se rendre à Versailles, qu'il trouverait à Ars un train express préparé pour lui et que des ordres avaient été donnés partout pour faciliter son voyage. Il était évident que, dans sa première réponse, le prince avait obéi au devoir militaire et à la consigne qui lui avait été donnée ; la seconde ne pouvait s'expliquer que par les considérations politiques qui étaient intervenues et dans lesquelles il n'était pas difficile de reconnaître l'œuvre du comte de Bismark ; des négociations traînées en longueur faisaient gagner quelques jours, après lesquels l'armée de Metz cessait d'exister ; on évitait ainsi un coup de désespoir qu'on pouvait redouter, une perte d'hommes inutile, et on arrivait avec plus de certitude au résultat désiré.

La solution obtenue répondant aux vœux de tous, le conseil n'avait plus de propositions à discuter. Le général Coffinières profita seul de la circonstance pour affirmer avec plus de force que par le passé le principe de la séparation des intérêts de Metz et de ceux de l'armée ; il insista sur la nécessité où il se trouverait de ne plus rien céder des vivres de la place à partir du 20 octobre ; c'était une limite que le soin de la défense ne lui permettait pas de dépasser. On lui donna acte de sa déclaration sans observation, tant était grande la conviction que tout serait fini à cette date d'une façon ou de l'autre ; puis on se sépara, après avoir accepté le procès-verbal de la précédente séance et l'avoir signé.

Le général Boyer fit immédiatement ses préparatifs de départ ; à midi, il quittait les lignes françaises et allait trouver à Ars le train qui l'attendait et l'aide de camp du prince, chargé de lui servir de guide ou plutôt de gardien ; car on exigeait qu'il ne communiquât avec aucun de ses concitoyens, pas plus pendant le voyage qu'à Versailles.

Il n'était pas possible que de pareils faits, connus aussitôt qu'ils s'étaient produits, passassent inaperçus, malgré l'insouciance du plus grand nombre. A Metz, le bruit d'un projet de négociation s'était répandu dès le 10 au soir ; la journée du lendemain fut fort agitée, des rassemblements tumultueux se formèrent ; les uns se portèrent chez le commandant supérieur pour le sommer de proclamer la république et d'affirmer la résolution de ne pas capituler sans s'être défendu ; les autres envahirent l'hôtel de ville, y jetèrent le buste de l'empereur par la fenêtre et arrachèrent l'aigle du drapeau qui flottait au balcon. Ce dernier incident avait ému avec raison les chefs de l'armée ; ils ne pouvaient voir d'un œil indifférent fouler aux pieds le symbole sous lequel nos soldats se rangeaient, et qui était regardé par eux comme le signe de l'honneur militaire et du ralliement ; la singulière théorie sur la valeur des drapeaux émise depuis par le commandant de l'armée du Rhin, n'était pas encore connue. Aussi, dans le conseil du 12, en fut-il question ; on demanda même que l'aigle fût replacée au besoin par la force. Mais le général Coffinières s'y refusa, à moins d'en recevoir l'ordre par écrit, ne voulant pas ajouter, disait-il, aux difficultés de la situation par des luttes intestines ; le maréchal, ainsi mis en demeure, ne se prononça pas et les choses en restèrent là.

La réponse faite par le commandant supérieur n'avait pas satisfait la population remuante de Metz ; loin de se calmer, l'agitation ne fit qu'augmenter, les groupes continuèrent à se former dans les journées du 12 et du 13, sans parvenir à s'entendre sur ce qu'il y avait à faire ; des mesures graves que commandaient les circonstances venaient d'être prises et n'avaient pas peu contribué à redoubler l'inquiétude. Dans la conviction où il était du départ prochain de l'armée, le général Coffinières avait constitué et réuni, le 13 octobre, le conseil de défense et le comité de surveillance des approvisionnements, en exécution des articles 258 et 260 du règlement sur le service des places ; il avait de plus organisé cinq commissions chargées de faire de nouvelles perquisitions de vivres dans toutes les maisons, sans en excepter celles qui étaient restées inhabitées ; il en avait informé le conseil municipal, expliquant la nécessité et la rigueur de cette disposition par la situation précaire des ressources laissées à la ville pour sa défense ; le mal si bien prévu dans la pétition du 27 septembre s'était produit, il était trop tard pour y remédier.

Ces nouvelles vinrent surexciter encore les esprits et, dans la soirée du 13, il se forma une nombreuse démonstration à laquelle prirent part les officiers de la garde nationale. L'hôtel de ville fut de nouveau envahi ; le maire, qui présidait alors le conseil municipal, reçut les délégués et, séance tenante, une déclaration fut rédigée de concert avec la municipalité et les représentants de la milice citoyenne, à l'adresse du commandant supérieur ; prévenu de ce qui se passait, celui-ci se rendit sur la place et chercha à apaiser le tumulte, en annonçant le prochain départ de l'armée, la liberté d'action ainsi rendue à la ville de Metz et sa résolution de la défendre jusqu'à la dernière extrémité. Ces promesses ne lui parurent sans doute pas suffisantes pour ramener l'ordre et le calme, car le lendemain, 14, il répondit à la déclaration qui lui avait été adressée par une lettre officielle au maire de la ville ; elle ne disait rien de plus, peut-être même moins que ses paroles de la veille.

On y remarquait cependant les phrases suivantes : « Tout
« ce qu'il sera humainement possible de faire pour la dé-
« fense, nous le ferons sans aucune hésitation. Nous de-
« vons reconnaître le gouvernement de la défense nationale
« et attendre les décisions qui seront prises par l'assemblée
« constituante élue par le pays... »; et enfin : « Il serait
« d'ailleurs inutile de récriminer sur le passé et de rejeter
« la responsabilité les uns sur les autres. » C'était donc
tout à la fois l'intention de défendre la place, la reconnaissance publique du nouveau gouvernement de Paris et une
sorte de demande d'irresponsabilité, avec l'oubli des fautes
commises. Ce document fut affiché dans la ville; il répondit peu aux exigences de la population, qui ne s'en montra
que médiocrement satisfaite.

L'armée s'était également émotionnée des bruits qui circulaient; si l'on n'y voyait pas des symptômes aussi appa-
rents d'agitation, l'inquiétude n'y était pas moins grande.
Les officiers ne pouvaient plus douter des résolutions arrêtées par leurs chefs, ils savaient les négociations entamées;
les illusions qu'ils avaient conservées à tort pendant tant
de semaines, s'évanouissaient subitement pour faire place à
une horrible anxiété, à une profonde douleur et à une indignation légitime. Le découragement ne les avait pas cependant atteints; au souvenir de la catastrophe de Sedan,
la seule pensée de la possibilité d'une capitulation les ré-
voltait. Ce sentiment était presque unanime dans toutes les
armes, dans tous les grades; mais il se ressentait d'autant
plus vivement que la position était plus importante, le grade
plus élevé, parce qu'il semblait avec raison que l'humiliation serait d'autant plus grande qu'on tomberait de plus
haut. La réflexion et l'expérience, dues à l'âge, permettaient
aussi d'envisager plus froidement l'horreur d'une situation

que la fougue et l'entraînement, naturels à la jeunesse, ne laissaient peut-être pas apprécier avec la gravité qu'elle comportait. Des généraux, des officiers supérieurs s'étaient déjà émus, avons-nous dit, de l'avenir qu'ils entrevoyaient derrière les négociations du maréchal, en dépit du terme de *convention honorable* dont il s'était servi pour exprimer ses intentions.

Déjà dans les premiers jours d'octobre, quelques-uns d'entre eux s'étaient communiqué leurs tristes pensées sur les résultats probables de l'inaction dans laquelle ils voyaient l'armée dépérir ; le temps était alors superbe et semblait se prêter à une opération de jour ou de nuit ; ils ne comprenaient pas qu'on n'en profitât pas, après les ordres donnés le 4 octobre de se tenir prêts à partir. L'avis demandé aux généraux par la lettre du maréchal du 7 octobre ne leur laissa plus de doute, on renonçait à l'action pour négocier. L'indignation de ces officiers ne put plus se contenir ; ils se sentirent, comme le dit le général Deligny, « humiliés dans leurs armes, blessés dans leur dignité. » Ils se virent, se réunirent, causèrent de leurs appréhensions et décidèrent qu'il fallait à tout prix essayer d'échapper à la honte qu'ils entrevoyaient.

Le 10 octobre, une nouvelle réunion eut lieu ; les fatales résolutions, prises le matin par le conseil, étaient déjà connues, et il fallait se hâter. Le régime alimentaire imposé aux hommes ne pouvait se prolonger, sous peine de les trouver affaiblis dans quelques jours, impuissants à marcher ; on savait que le lendemain, 11 octobre, il ne serait plus distribué de nourriture aux chevaux et que par suite, dans deux ou trois jours, il n'y aurait presque plus de cavalerie ni d'attelages. En effet, dès le 15 octobre, sur ses 10 batteries l'artillerie de la garde ne pouvait plus en atteler que 4, 2 de canons et 2 de mitrailleuses ; s'il en était ainsi dans le corps où les chevaux avaient été le plus soignés et les fourrages ménagés avec le plus de soin, quel espoir y avait-il à fonder sur les autres? Mais on pouvait trouver d'autres ressources, d'autant plus faciles à utiliser qu'on était sûr de la bonne volonté de la ville de Metz et des propriétaires ; les entreprises publiques, les compagnies y possédaient encore à cette date 1 600 chevaux en bon état, faits au service du trait, qu'elles offraient de céder à l'armée pour traîner ses canons le jour où elle en aurait besoin. On pouvait atteler ainsi 400 voitures et par conséquent environ 150 bouches à feu ; avec les chevaux de main des officiers et les dernières ressources des corps, on était en droit de compter sur 100 autres, ce qui permettait de constituer un parc de 250 pièces plus que suffisant pour appuyer un grand effort et favoriser une trouée sur un point quelconque des lignes ennemies. Les chefs de corps et les généraux répondaient de leurs soldats ; ils ne doutaient pas que la garde ne se joignît à eux, aussi bien que d'autres troupes entraînées par l'exemple et par un amour-propre habilement surexcité.

La situation matérielle, telle qu'elle se présentait, offrait donc encore des chances possibles de succès, malgré les difficultés prévues et les pertes cruelles auxquelles il fallait s'attendre. On se trouvait dès lors amené à examiner les conditions nécessaires à la réussite de l'entreprise : les limites du délai dans lequel elle devait être faite, la manière dont elle serait conduite, la personnalité du chef qui se chargerait de la diriger. Ces questions donnèrent lieu à de sérieuses discussions, parce que chacun s'en était déjà préoccupé ; voici les différents points de vue sous lesquels elles furent envisagées.

En supposant la décision prise le jour même, les préparatifs exigeaient au moins deux jours; cet espace de temps était indispensable pour réorganiser l'artillerie avec les nouveaux attelages, étudier un projet définitif, reconnaître le terrain, donner les ordres de mouvement et faire la distribution des derniers vivres disponibles. D'un autre côté, les chances diminuant chaque jour par l'affaiblissement progressif des hommes et des chevaux, on ne pouvait pas attendre au delà de quatre ou cinq jours pour opérer dans des conditions acceptables. Les délais se trouvaient ainsi fixés : on ne pouvait agir avant le 13, ni au delà du 15 ; plus tard, le succès devenait de plus en plus incertain.

Quant au plan d'ensemble de l'opération, il fut plus difficile de s'entendre ; disons cependant que la pensée de sortir par le nord ne fut même pas exprimée, tant elle semblait inutile dans ses résultats ; il s'agissait pour tous non pas d'aller se faire désarmer en pays neutre, mais de sauver l'armée et de la rendre disponible pour la défense du territoire. On espérait en emmener une partie assez importante pour qu'elle pût servir de noyau aux organisations qui se faisaient et reconstituer une masse imposante, apte à reprendre bientôt la campagne.

Les uns désiraient que le mouvement se fît par les hauteurs de la rive gauche, qu'on en enlevât les défenses à la pointe du jour et qu'on se rabattît ensuite au sud par le plateau qui sépare la Meuse de la Moselle ; on évitait ainsi tout passage de cours d'eau pendant les deux premières journées, ce qui permettait de ne pas ralentir la marche et de gagner le plus de terrain possible ; on se fût ensuite dirigé sur la Haute-Marne et on eût gagné la Bourgogne, d'où on pouvait se jeter soit dans la vallée de la Saône, soit dans celle de la Loire et les montagnes du Morvan, où la défense devenait facile.

Les autres voulaient qu'on se maintînt entre la Moselle et la Seille, en s'emparant des crêtes élevées qui dominent la rive droite ; les ponts de l'ennemi eussent pu être détruits facilement, si l'opération réussissait, et on pouvait dès lors continuer la marche avec un de ses flancs complétement assuré. D'autres préféraient qu'on opérât plus à l'est, au delà de la Seille, et qu'on marchât dans la direction de Château-Salins et de Lunéville. Dans ces deux combinaisons, le projet eût été de gagner les Vosges et la Franche-Comté. On ne se dissimulait pas que les deux canaux existant dans cette direction, celui des Salines, formé par la Seille et l'étang de Lindre, et celui de la Marne au Rhin, pourraient présenter de sérieux obstacles ; mais on en avait des cartes détaillées, avec l'indication de toutes les écluses ; elles n'avaient pas été détruites et on pouvait les utiliser facilement pour le passage ; la difficulté se bornait donc à diriger les troupes sur les points de ralliement fixés à l'avance, et de là sur les écluses les mieux placées pour la continuation du mouvement.

Tous admettaient la possibilité d'un insuccès, qui sauverait du moins l'honneur du drapeau, si les efforts s'élevaient à la hauteur de la tâche ; tous reconnaissaient aussi que la trouée faite, le ralliement serait peut-être difficile, qu'on pourrait perdre une partie du matériel, voir des corps se débander et se faire prendre ; mais ces hypothèses, quelque tristes qu'elles fussent, semblaient mille fois préférables à l'épouvantable catastrophe qu'on avait en perspective. On tomba du reste d'accord sur la nécessité de s'en remettre aveuglément au chef pour le projet à arrêter, quelque contraire qu'il fût aux convictions des uns ou des autres.

Quel devait être ce chef? L'indignation était générale contre le maréchal Bazaine, seul responsable de la situation présente. Et cependant que faire?... Des avis violents furent exprimés contre sa personne, sur la nécessité de lui enlever son commandement ou de le lui faire abdiquer, puisqu'il se refusait à en user pour l'action ; mais ce n'étaient là que les vaines manifestations d'une amère douleur, à la vue de tant de mal commis, ou les cris d'irritation de cœurs profondément atteints dans leur honneur. A un pareil moment, en face de l'avenir qu'on avait créé à l'armée, il n'était pas étonnant de voir certaines natures plus impressionnables réagir plus impétueusement contre l'affront qu'un chef allait leur imposer, quand il avait le moyen de les y soustraire ; la raison pouvait s'égarer et l'esprit devancer les colères et les jugements qui se sont produits plus tard, quand la capitulation est venue dissiper les aveuglements étranges de ceux qui se refusaient encore à en admettre la possibilité. Le péril était pourtant là, devant les yeux, certain, imminent, avec ses conséquences humiliantes et désastreuses. Que pouvait-on rêver de plus horrible que la condamnation si froidement arrêtée de cette armée encore pleine de vitalité? Et cependant porter atteinte à la discipline, rompre violemment les liens de la hiérarchie, c'était un acte aussi difficile que dangereux à réaliser, quelque désir qu'on pût en avoir et quelles que fussent les nécessités de la situation. On ne pouvait se sauver à ce prix, parce que les nombreux anneaux de la chaîne qui unit le soldat au commandant en chef sont indissolubles, et que l'un ne pouvait être brisé, sous peine de voir les autres se détacher à leur tour. Là est le palladium de la vie des armées, comme le drapeau est celui de leur honneur.

Il va sans dire que la pensée de toute mesure violente à

l'égard du maréchal fut immédiatement repoussée ; ce qu'on voulait, c'était le décider à agir et on ne pouvait obtenir ce résultat que par une pression morale assez forte pour qu'il lui fût impossible de s'y soustraire, sous peine de se voir en opposition avec le sentiment général de l'armée. S'il consentait et renonçait à ses négociations, toute difficulté disparaissait ; il était à même d'obtenir l'obéissance et de prendre les mesures énergiques qu'exigeait l'opération ; le pouvoir illimité dont il était investi lui permettait de tout faire et de tout oser.

Comment obtenir cette pression morale ? On reconnut que les officiers généraux étaient seuls à même de l'exercer ; c'était le seul moyen pratique qui ne fût pas contraire à la discipline ; leur situation leur donnait le droit de parler, de présenter des observations, si respectueuses qu'on voulût, assez fermes pour arrêter les négociations et demander, comme l'avait fait le général Coffinières, qu'on tentât d'abord le sort des armes. Une entente dans ce sens, à laquelle aurait adhéré la majorité des officiers généraux, eût produit sur le maréchal un effet tel qu'il lui eût été impossible de ne pas en tenir compte ; mais une semblable démarche exigeait un accord préalable qui ne pouvait s'établir qu'à la suite de longs pourparlers. Il ne fallait pas se dissimuler d'ailleurs qu'on trouverait des résistances à toute résolution énergique, comme des espérances non déguisées pour la réussite des négociations. Tenter d'établir cet accord, chercher des adhésions, c'était perdre un temps précieux pendant lequel les préparatifs ne se seraient pas faits, et il n'était pas possible d'attendre. On se décida donc pour une tentative immédiate dont se chargeraient les généraux qui assistaient à la réunion ; ils devaient se rendre de suite chez le maréchal, lui exposer la situation telle qu'elle venait d'être examinée, et lui exprimer en leur nom, au nom de leurs troupes et de leurs amis, le désir formel de tenter le sort des armes pour échapper à une capitulation. On attendrait le résultat de cette visite pour prendre d'autres déterminations, suivant la réponse qui aurait été donnée.

Le maréchal reçut ces officiers généraux d'autant plus volontiers qu'il les connaissait tous, qu'il avait été à même maintes fois d'apprécier leur vigueur et leurs services; mais quand le plus élevé en grade eut pris la parole et lui eut expliqué le motif de leur présence, son étonnement fut grand : c'était tout à la fois le blâme de sa conduite passée et présente, sa condamnation dans l'avenir. Il dissimula avec sa rondeur habituelle et leur déclara que ce qu'ils venaient de lui dire entrait tout à fait dans sa manière de voir. Il était très-décidé *à ne pas capituler, et il leur en donna l'assurance formelle.* C'était aussi bien sa résolution personnelle que celle du conseil de guerre tenu le matin même. Le général Boyer allait partir de suite pour Versailles, afin d'y arrêter une convention militaire qui permettrait à l'armée de quitter honorablement la place; il avait l'espérance de voir cette démarche réussir et ce n'était que quarante-huit heures à attendre pour savoir à quoi s'en tenir. Si la négociation échouait, il pensait, comme eux, qu'il fallait marcher, sortir à tout prix, et déjà, dans sa pensée, son projet était arrêté.

Prenant la carte, il leur développa un plan qui se trouvait être précisément le contraire de celui qu'il avait conçu le 4 octobre; c'était une marche par les deux rives de la Moselle, dans la direction du sud, au lieu de celle du nord. Les officiers généraux prirent ses paroles au sérieux et lui firent les observations qui se présentaient naturellement à leur esprit. Dans l'état où serait l'armée à quelques jours de là, il était plus qu'imprudent de la séparer ainsi en deux groupes, mis dans l'impossibilité de se soutenir et risquant tous deux, avec un échec, d'être jetés dos à dos dans la rivière. L'absence de communications était d'autant plus dangereux qu'il existait de ce côté deux obstacles au lieu d'un : la Moselle et le canal qui la suit parallèlement jusqu'aux environs de Frouard. Ce plan était du reste tellement peu étudié, ou plutôt improvisé, que le maréchal fut fort étonné d'apprendre l'existence de ce canal, qu'il ne connaissait pas, et dans lequel il ne croyait pas qu'il y eût d'eau. Il demanda alors les avis de ses interlocuteurs et leur promit de les étudier au moment voulu.

Quant à la nécessité de prendre des mesures immédiates pour se trouver prêt à agir au retour du général Boyer, si les circonstances l'exigeaient, il répondit qu'il s'en préoccupait et que ses dispositions étaient arrêtées. Il termina en disant que sa situation à la tête de l'armée était peu agréable et que si un autre, quel qu'il fût, voulait s'en charger, il était prêt à la lui abandonner, en lui remettant ses pouvoirs.

Toute cette conversation équivalait à peu près à un véritable refus, déguisé sous de bonnes paroles et de fausses promesses ; les négociations allaient s'entamer, il ne serait pris aucune mesure et ces atermoiements mèneraient au delà du terme où il ne serait plus possible de tenter une action efficace.

Dès que cette réponse fut connue, la réunion se reforma ; devant la volonté si transparente du maréchal de ne rien faire, il fallait trouver en dehors de lui d'autres moyens. Puisque le maréchal déclarait être disposé à remettre le commandement à celui qui voudrait s'en charger, le mieux était de chercher un chef dont la haute position, les services, la confiance qu'il inspirait, seraient assez considérables pour ne pas exciter les jalouses susceptibilités de ses collègues et entraîner avec lui l'armée et les corps d'officiers ; on ferait en même temps un appel à tous les généraux qu'on savait décidés à risquer un dernier effort, et il y en avait heureusement un grand nombre. Ces adhésions recueillies, le consentement du nouveau chef obtenu, celui-ci, fort de cet appui moral, pourrait aller trouver le maréchal et lui dire que tous ceux au nom desquels il parlait ne voulaient pas capituler, parce qu'ils croyaient qu'il était possible d'éviter un pareil malheur ; que, s'il consentait à marcher à leur tête, ils étaient prêts à le suivre ; mais que, s'il s'y refusait, il venait lui demander l'autorisation d'emmener avec lui tous ceux qui préféraient les dangers et la mort à cette affreuse perspective. Devant une pareille manifestation, appuyée de tant de suffrages, le maréchal eût dû prendre la direction du mouvement, ou, en l'autorisant, il se condamnait lui-même. On se couvrait vis-à-vis de lui, puisqu'on se servait des paroles mêmes qu'il avait prononcées, et les règles essentielles de la discipline n'étaient pas atteintes.

Choisir l'homme auquel on s'adresserait et obtenir son consentement n'était pas la moindre difficulté.

De tous les chefs de l'armée, le maréchal Canrobert était celui que sa situation, son caractère et ses services auraient désigné le plus naturellement aux suffrages de tous ; mais il lui eût fallu faire acte d'une volonté résolue et d'une décision énergique qui portaient en elles une grave responsabilité ; l'attitude effacée qu'il avait prise dès le début pour mieux affirmer sa subordination ne lui permettait guère de faire un coup d'éclat, ni de tenter une démarche inusitée qui ne pouvait s'excuser que comme mesure de salut public ; sa loyauté, d'ailleurs, était telle qu'il ne pouvait croire ni aux intrigues, ni aux arrière-pensées. Il répondait du maréchal Bazaine comme de lui-même à ceux qui se permettaient de lui faire connaître leurs doutes; si on lui parlait de l'avenir, de la nécessité prochaine d'une capitulation, il assurait avec une sincère conviction qu'il n'y en aurait pas, que c'était assez de celle de Sedan, qu'on obtiendrait une convention honorable ou qu'on s'ouvrirait un chemin. De plus, il se trouvait lié par les votes qu'il avait émis ; il n'y avait donc pas à compter sur son concours.

Si le général Bourbaki eût été présent, ce rôle eût peut-être séduit son esprit aventureux; il eût entraîné la garde, et qui sait s'il n'eût pas réussi? Son absence dans de pareilles circonstances était un véritable malheur.

Il y avait d'autres généraux dont la valeur et l'énergie étaient assez connues pour qu'on eût désiré leur voir prendre la direction d'une pareille opération; mais, avant de leur faire des propositions, il eût fallu savoir si leur disposition d'esprit ne les porterait pas à les repousser, sans se préoccuper de ce qu'il y avait à faire pour le salut de tous; il fallait encore que leur influence personnelle fût assez grande pour décider leurs collègues à les suivre sur les lignes prussiennes. Parmi les noms qui furent mis en avant, il y en avait deux qui paraissaient assez haut placés dans l'opinion de l'armée pour commander une confiance absolue; c'étaient ceux des généraux de Cissey et Deligny.

Mais le général de Cissey était avant tout l'homme du règlement, ne connaissant que les ordres reçus et les faisant brillamment exécuter ; il n'admettait d'autre initiative que celle que lui laissaient les attributions de son commandement.

Quant au général Deligny, il y avait longtemps qu'il avait envisagé la situation et qu'il en prévoyait les conséquences.

Il avait étudié les moyens de s'y soustraire et croyait le succès d'une opération de vive force assuré, si on la conduisait avec énergie. Son plan était tracé, les directions à suivre arrêtées; il voulait qu'on attaquât sur un front très-étendu, dans la direction du sud-est, et qu'on n'emmenât que des caissons de cartouches, des mitrailleuses et quelques batteries de 12. Mais il ne voulait faire aucune démarche près du maréchal et se croyait tenu à respecter toutes les élévations et les anciennetés de grade qui primaient le sien.

On fut vite obligé de reconnaître qu'un projet d'action, si contraire aux intentions du commandement, ne pouvait aboutir, parce qu'aucun des généraux auxquels leur position eût permis de le prendre en main, ne voudrait consentir à se charger d'une aussi grave responsabilité. Il n'y avait plus qu'à courber la tête et à attendre l'heure du déshonneur qui devait bientôt sonner.

C'est ainsi que s'évanouirent les espérances de cette réunion d'officiers, dont les efforts vinrent se briser contre des impossibilités matérielles et morales. Sans chefs, sans appuis, ils étaient impuissants malgré le concours des troupes dont ils disposaient et qui les auraient suivis; de ceux sur lesquels ils avaient espéré pouvoir compter, les liens de la subordination enchaînaient les uns, la crainte d'une responsabilité arrêtait les autres. Cet épisode, qui n'est pas un des moins singuliers de cette campagne, mérite-t-il l'éloge ou le blâme?... Que d'autres le disent. Il faut cependant remarquer que les appréhensions de ces officiers n'ont été que trop réalisées par les événements et qu'ils ont fait preuve, hélas! d'une clairvoyance irrécusable. Si toute l'armée avait eu alors la même conviction sur le sort qui lui était réservé quelques jours plus tard, n'aurait-elle pas pensé comme eux? n'aurait-elle pas demandé à grands cris un chef qui essayât de la sauver, puisque le sien l'oubliait depuis six semaines dans les intrigues et les négociations? Nous croyons pouvoir l'affirmer.

Ce ne fut là du reste qu'un mouvement partiel qui passa inaperçu dans l'armée, au milieu des poignantes émotions de ces derniers jours; il aurait pu s'étendre davantage et devenir bien autrement menaçant pour le commandant en chef, si tous s'étaient inspirés des leçons du maître comme les quelques officiers qui y avaient pris part. Celui devant lequel tout militaire s'incline, celui qui a su porter si haut l'honneur du drapeau et relever si énergiquement les lois de la discipline dans nos armées, l'empereur Napoléon Ier a tracé lui-même aux troupes les devoirs qu'elles avaient à remplir en face des chefs qui les feraient capituler, comme il a indiqué les châtiments que mériterait leur obéissance.

Voici en quels termes il s'exprime :

« Celui ou ceux qui commandent de rendre les armes à
« l'ennemi, ceux qui obéissent, sont également traîtres et
« dignes de la peine capitale. Les généraux, les officiers
« doivent être décimés un sur dix, les sous-officiers un sur
« cinquante, les soldats un sur mille. . . . .
. . . .

« Le souverain ou la patrie commande à l'officier infé-
« rieur et aux soldats l'obéissance envers leur général et
« leurs supérieurs pour tout ce qui est conforme au bien ou
« à l'honneur du service. Les armes sont remises au soldat
« avec le serment militaire de les défendre jusqu'à la
« mort. Un général a reçu des ordres et des instructions
« pour employer ses troupes à la défense de la patrie : com-
« ment peut-il avoir l'autorité d'ordonner à ses soldats de

« livrer leurs armes et de recevoir des chaînes?. . . . . .
. . . .

« Les dangers d'autoriser les officiers et les généraux à
« poser les armes, en vertu d'une capitulation particulière,
« dans une autre position que celle où ils forment la garni-
« son d'une place forte, sont incontestables. C'est détruire
« l'esprit militaire d'une nation, en affaiblir l'honneur que
« d'ouvrir cette porte aux lâches, aux hommes timides ou
« même aux braves égarés. Si les lois militaires pronon-
« çaient des peines afflictives et infamantes contre les gé-
« néraux, officiers et soldats qui posent leurs armes en vertu
« d'une capitulation, cet expédient ne se présenterait ja-
« mais à l'esprit des militaires pour sortir d'un pas fâcheux;
« il ne leur resterait de ressource que dans la valeur ou
« l'obstination, et que de choses ne leur a-t-on pas vu
« faire ! » (*Mémoires de Napoléon*, t. VII, chap. v et
chap. xi.)

A de telles paroles, il n'y a rien à ajouter; c'est la plus sanglante condamnation des événements de cette guerre et de ceux qui ont eu le malheur d'y prendre part, prononcée par un juge devant lequel il n'y a pas d'appel. Qu'en face de ce verdict inexorable l'esprit entrevoie l'accueil que la France eût fait à l'homme qui aurait su briser les lignes prussiennes et lui ramener 50 ou 60 000 de ses meilleurs soldats : lui aurait-elle donné assez d'éloges, lui aurait-elle voué assez de reconnaissance? C'est entre ces deux extrêmes qu'il faut savoir choisir; la triste et douce résignation devant l'humiliation peut être une vertu chrétienne, elle ne saurait être une vertu guerrière.

Tout semblait alors conspirer en même temps contre cette malheureuse armée; le beau temps qui s'était maintenu pendant près d'un mois disparut à ce moment pour faire place à des pluies froides et permanentes, qui vinrent ajouter aux souffrances des troupes et accélérer la disparition du reste de nos chevaux. Les camps se transformèrent en véritables cloaques, les routes devinrent des rivières d'une boue liquide; le soleil se refusa pour ainsi dire à venir éclairer ce théâtre de désolation, ses rayons furent voilés pour nous jusqu'au jour où nous devions en être arrachés, sa chaleur ne vint plus réchauffer une seule fois nos malheureux soldats, glacés par des averses continuelles et manquant du bois nécessaire pour se sécher. Quelques lambeaux de toile pour se défendre des intempéries de l'air, un sol détrempé et bourbeux pour se coucher, une nourriture insuffisante pour se soutenir contre tant de causes d'épuisement, telles furent les conditions d'existence faites à l'armée de Metz pendant ces derniers jours. C'est à ce moment que commença réellement son agonie; sa vitalité, son énergie s'affaiblirent peu à peu avec ses forces physiques, les besoins matériels devinrent sa seule préoccupation, et l'on vit la maraude et le vagabondage se développer dans des proportions que n'excusait que trop l'excès des privations.

L'armée ennemie qui nous entourait était loin de se trouver dans de semblables conditions; ravageant le pays, dévorant toutes les ressources, elle avait de plus d'énormes approvisionnements que lui amenaient nos chemins de fer; l'interruption de la ligne de Sarrebrück à Peltre avait été corrigée par une voie nouvelle ouverte entre Remilly et Pont-à-Mousson, de telle sorte que le réseau lorrain se trouvait reconstitué avec ses divers embranchements, en dehors de Metz qui en avait été le centre. Ses troupes faisaient, dans les lignes d'investissement, un dur service d'avant-postes, pendant lequel officiers et soldats bivouaquaient; mais elles se relevaient successivement et venaient se reposer en arrière dans les villages. D'après les dispositions arrêtées, un corps d'armée était réparti sur une certaine zone qu'il avait à défendre; dans chaque division, une brigade constituait la garde des lignes, l'autre formait la réserve et occupait les différentes localités ainsi que les grands ouvrages destinés à les relier. Ces brigades alternaient entre elles tous les trois jours; celle qui était en avant avait un régiment aux avant-postes, au delà des lignes, l'autre dans les tranchées et les batteries, ce qui donnait pour chaque corps d'armée trois lignes successives d'infanterie. Plus en arrière encore, et sur certaines voies importantes de communication, se trouvaient des divisions de landwehr formant une dernière réserve; mais elles étaient généralement trop éloignées pour concourir à une première attaque. Les trois cinquièmes des soldats prussiens se trouvaient ainsi installés chaudement dans les maisons (1) avec une bonne nourriture; les deux autres cinquièmes bivouaquaient avec la perspective de trois jours de repos. La lutte n'était plus égale et elle allait devenir de plus en plus difficile.

Il sembla du reste que, de notre côté, l'armée comprit sa situation et l'inutilité de ses efforts; par une sorte d'accord unanime, d'un bout à l'autre de nos lignes, le feu cessa. Les avant-postes se mirent à converser avec ceux de l'ennemi, qui ne tiraient pas davantage et qui permettaient à

(1) Nous ferons remarquer qu'il aurait été facile de mettre notre armée dans des conditions hygiéniques aussi bonnes; il n'y avait qu'à la répartir dans les villages et les nombreux établissements de l'intérieur du camp retranché, en ne laissant aux avant-postes que le nombre de troupes nécessaires à leur défense; le reste eût été assez rapproché pour parer aux éventualités d'une attaque, peu probable d'ailleurs. Le commandement n'y songea pas, ou du moins aucune trace n'est venue indiquer la mise à exécution d'un semblable projet.

nos hommes de butiner sur le terrain qui les séparait. Les Prussiens allaient même jusqu'à leur donner de l'eau-de-vie et du pain; ils racontaient hautement qu'on leur avait annoncé la paix comme très-prochaine, parce que toute l'armée allait être obligée par la famine de se rendre prisonnière; ce qu'ils voyaient devant eux n'était que trop fait pour les confirmer dans cette opinion. Leurs officiers ajoutaient, disaient-ils, que la prise de l'armée et de la ville de Metz amènerait de suite celle de Paris; qu'ils n'avaient plus rien à redouter et que c'était pour ce motif qu'on leur avait défendu de tirer, à moins d'une nécessité absolue.

Cette sorte de trêve tacite était utilisée néanmoins par l'ennemi, qui en profitait habilement pour perfectionner ses travaux, en établir d'autres et compléter l'investissement, de manière à resserrer de plus en plus le cercle dans lequel nous allions périr; sûr de son fait, il s'occupait déjà de l'établissement des troupes qu'il savait devoir maintenir autour de Metz pendant l'hiver, et il en préparait sur plusieurs points le baraquement qui s'élevait à vue d'œil.

Le génie crut devoir s'inquiéter du complément de travaux qui s'exécutait sous ses yeux; il manifesta des craintes pour un bombardement, parla des difficultés qui en résulteraient pour la sortie de l'armée, et se plaignit surtout du rétablissement des ouvrages ennemis qui avaient été détruits dans nos différentes opérations; c'est ainsi que le château de Mercy était redevenu un poste très-important, beaucoup trop rapproché de nos grand'gardes. Il attribua ces faits à la négligence de nos avant-postes et demanda que le feu fût repris pour les empêcher de se reproduire. Le maréchal fit droit à cette requête; il se montra fort indigné de ce qui se passait sans son consentement, et il prescrivit sur tous les points une vigilance extrême et une résistance énergique aux tentatives et aux projets de l'ennemi. Le canon des forts retentit de nouveau et les balles des sentinelles recommencèrent à siffler.

Des plaintes d'une autre nature continuaient à se faire entendre dans la ville de Metz; l'agitation n'avait pas cessé, les journaux exprimaient hautement le mécontentement public contre le commandement, la méfiance qu'excitaient ses menées, et il s'y faisait un mouvement d'opinion qui pouvait, à un moment donné, contrarier ses vues politiques. Le maréchal s'en prit au général Coffinières; il lui reprocha d'avoir manqué d'énergie au début et d'avoir ainsi encouragé ces mauvaises tendances; à ces griefs s'en joignirent d'autres relatifs aux vivres de la ville, que le commandant supérieur s'était décidé trop tard à défendre. Les choses s'envenimèrent assez pour que le général Coffinières, dégoûté d'une situation qu'il avait laissée se produire, vînt offrir sa démission par une lettre en date du 14 octobre.

Le maréchal songea aussitôt à le remplacer par un successeur plus maniable sur certains points, plus ferme sur d'autres; il fit offrir la position au général de Laveaucoupet, que la présence de sa division à Metz appelait à rester dans la place. Mais, dans les circonstances présentes et avec l'avenir qu'on entrevoyait, c'était un héritage peu enviable; aussi cet officier général s'empressa-t-il de refuser l'honneur qu'on voulait lui faire. D'autres tentatives ne furent sans doute pas plus heureuses, puisque le lendemain le maréchal s'empressa de répondre au général Coffinières par une lettre des plus bienveillantes, où il refusait sa démission et l'assurait qu'il lui conservait toute sa confiance. Il ajoutait, pour calmer ses inquiétudes à l'endroit de la ville et des vivres, « qu'il avait le

« plus vif désir que la place pût se défendre sans l'armée...
« et qu'il ne lui demanderait plus rien pour son alimenta-
« tion. » On verra dans quelques jours ce qu'il en sera de
cette promesse; le maréchal ne pouvait avoir l'intention de
la tenir, parce qu'il devait la savoir irréalisable.

Dans la même journée du 14, un fait s'était produit, assez grave pour que la population et les troupes s'en fussent profondément émues. Au milieu du silence de la nuit, des détonations lointaines, continues, avaient été entendues de nos avant-postes et des forts ; au jour, l'intensité en redoubla et il fut impossible de douter qu'un effort considérable d'artillerie ne fût tenté autour de nous. Quel en était le but? Contre qui était-il dirigé? Sous l'empire de l'état fiévreux dans lequel on vivait, les imaginations se laissèrent aller aux espérances les plus invraisemblables ; on se berça de rêves insensés, on voulut entrevoir un avenir inespéré qui allait faire cesser les souffrances présentes. Les Prussiens auraient été battus sous Paris, mis en fuite, et l'armée de la capitale les poursuivrait victorieusement jusque sous les murs de Metz ; ou c'était une armée de secours, celle de la Loire, qui arrivait et engageait la bataille sur les plateaux de Briey et de Gravelotte. L'illusion était telle, que l'on prétendait reconnaître distinctement le bruit de la fusillade et les détonations des mitrailleuses. On demandait à grands cris qu'on se portât au secours de ceux qui venaient nous délivrer, on s'indignait de ne voir prendre aucune disposition ; c'était un nouveau grief à ajouter à tous ceux qu'on avait déjà contre le commandement.

Il faut reconnaître que, cette fois du moins, l'opinion s'égarait ; le maréchal se rendait parfaitement compte de ce qui se passait au dehors ; une canonnade ainsi soutenue pendant toute la nuit indiquait, non pas une action de campagne, mais une opération de siége; la continuité et la régularité des coups ne pouvaient laisser aucun doute. Sur quelle place étaient-ils dirigés? C'est ce qu'il était plus difficile de savoir; d'après la direction du son, il y avait lieu de supposer qu'il s'agissait du bombardement de Verdun ou de Longwy; il pouvait se faire cependant que ce fût celui de Thionville, la répercussion dans les vallées produisant souvent des phénomènes d'acoustique tout contraires à la réalité. Dans la situation actuelle, marcher au secours d'une de ces places aurait été une folie inutile; on n'eût pu la sauver et il eût été bizarre de tenter pour elle ce qu'on refusait pour le salut de l'armée. Des démarches furent faites près du maréchal pour obtenir une sortie ou une forte reconnaissance sur le plateau de Saint-Privat, d'où le bruit paraissait venir avec le plus de persistance; il s'y refusa formellement, en constatant l'inutilité d'une pareille entreprise; il se contenta de recommander aux grand'-gardes une plus grande attention sur les mouvements de l'ennemi qui devraient lui être signalés, si l'on y remarquait une agitation inaccoutumée. Aucune modification ne fut reconnue dans l'assiette des troupes d'investissement, et le feu ayant paru cesser dans la journée du 15, cet incident fut oublié. Nous apprîmes plus tard que c'était en effet le premier bombardement de Verdun que nous avions entendu; on n'y avait employé que des pièces de campagne et le résultat avait été nul.

Le maréchal avait eu, du reste, dans cette journée, d'autres sujets de préoccupation; un parlementaire lui avait apporté un télégramme du général Boyer, daté de Versailles et lui annonçant son arrivée au quartier général du roi, le 14, à quatre heures du soir, après un voyage qui n'avait pas duré moins de quarante-huit heures; sa première entrevue avec M. de Bismark devait avoir lieu aussitôt. En admettant une journée pour les négociations, le même temps pour le retour, on ne pouvait espérer avant trois jours la réponse du quartier général prussien. Ce délai écoulé, si les conditions imposées ne concordaient pas avec les clauses d'honorabilité exigées par le conseil de guerre, on serait forcé de tenter une sortie de vive force ; mais les chevaux disparaissaient par centaines, les hommes n'auraient plus de vivres, et la réussite deviendrait de plus en plus problématique.

A en juger par les quelques mesures qui furent prises à cette époque, on pourrait croire que le maréchal eut un instant la velléité de se préparer à agir, le cas échéant. L'ordre fut donné à l'artillerie de la garde de compléter ses attelages avec les chevaux du train restant disponibles ; le trésor de l'armée fut vidé par le payement anticipé de la solde des mois d'octobre et de novembre ; pour cette dernière, disaient les instructions, on ne devait payer que le traitement brut sans indemnités, vu l'incertitude des positions que pourraient avoir les officiers à cette époque. Les équipages du trésor furent renvoyés à Metz, celui du grand quartier général devait seul se tenir prêt à marcher ; mais le maréchal avait prévenu le payeur, qui demandait l'escorte réglementaire, qu'il ne serait pas à même de la lui fournir ; il aurait à s'entendre avec le grand prévôt pour pourvoir à la sécurité du peu qui lui restait en caisse. Le général commandant l'artillerie de l'armée était invité à faire verser immédiatement à l'arsenal toutes les voitures et les pièces qui ne pouvaient plus être attelées ; la même mesure était prescrite pour celles du train des équipages. Enfin, pour compléter l'illusion, le maréchal faisait prendre des renseignements sur les travaux de l'ennemi entre la rive droite de la Moselle et la route de Sarreguemines, sur l'état des chemins et des différentes communications existant dans cette partie du terrain ; c'était cette fois dans la direction de Château-Salins que l'opération semblait devoir se faire.

Quelques-uns eurent la faiblesse de se laisser prendre à ces apparences ; on en parla dans les camps ; des officiers firent des dispositions de départ et le maréchal Le Bœuf crut devoir demander, le 15 octobre, des instructions précises sur la réduction à opérer encore dans les bagages en cas de marche. Ici, le commandant en chef dissimula moins le fond de ses pensées ; il fit répondre qu'il ne s'occupait pas de ces détails, que les commandants des corps d'armée les régleraient comme bon leur semblerait ; il oubliait sans doute le soin avec lequel il avait traité lui-même la question des bagages au mois d'août, alors qu'il croyait pouvoir être obligé de s'éloigner de la place. Dans les circonstances actuelles, l'importance en eût été bien autre, si les intentions annoncées avaient eu le moindre fondement.

La facilité avec laquelle l'armée avait accueilli ce projet de sortie, le réveil qui s'était manifesté partout à cette espérance, répondaient peu à la situation ; il s'agissait bien d'en appeler aux armes au moment où les pourparlers s'entamaient à Versailles. Aussi chercha-t-on à éteindre ces ardeurs guerrières, en démontrant officiellement les difficultés de toute opération et les impossibilités d'une lutte, quelle qu'elle fût. L'ordre fut donné d'établir pour les corps une description détaillée et un plan des travaux de l'ennemi. Les officiers du génie des corps d'armée furent chargés d'indiquer ceux qu'ils voyaient en avant de leurs lignes; en même temps nos agents secrets étaient envoyés dans les différentes directions, avec mission de s'assurer des défenses placées en arrière, de leur nature et de leur armement ; tous tinrent à montrer leur zèle et à rapporter une foule de renseignements auxquels leur inexpérience eût dû faire ajouter une foi médiocre. Pour eux, la moindre levée de terre était devenue un ouvrage, le moindre épaulement une formidable batterie. Enfin on fit si bien que le plan, établi sur de pareilles données, présenta un ensemble dont l'exagération frappait les yeux les moins exercés. Le nombre des batteries y était tel, qu'en en traçant les lignes de feu il ne se trouvait pas un point où n'eût passé un boulet, dans le vaste cercle formé par la ligne des avant-postes prussiens. On reconnut plus tard qu'une grande partie de ces ouvrages n'existaient pas ; que de ces innombrables batteries, les unes n'étaient que des tranchées plus fortes, les autres des épaulements destinés à abriter des pièces en cas de combat ; celles de Sainte-Blaise, sur la rive droite, celles des hauteurs de la rive gauche, étaient les seules batteries de position d'une valeur réelle. Le jour fatal où officiers et généraux conduisirent leurs troupes dans les lignes ennemies pour les livrer, chacun eut soin d'examiner les terribles défenses qui auraient, disait-on, rendu nos efforts inutiles ; tous ont rapporté la même impression : ils l'ont dite, quelques-uns l'ont écrite et nous savons par eux que, sur les cinq routes assignées aux colonnes de prisonniers, ils ont été à même de constater que les travaux existants avaient une importance réelle, mais qu'il y avait eu dans les renseignements publiés une exagération des plus regrettables. Le maréchal ne les avait pas moins fait communiquer à toute l'armée.

Ce ne fut pas assez ; il fallait en même temps indiquer le chiffre effrayant des troupes chargées de défendre ces immenses travaux. Les consciencieuses études de l'état-major général durent être condensées dans une longue énumération, où l'inconnu prenait une large place. De la présence d'un régiment, on en avait conclu à celle du corps d'armée ou au moins de la division, conformément à l'organisation prussienne; mais le fait ne fut pas toujours exact, comme nous l'avons su; il y avait là des causes d'erreur qu'il était impossible de rectifier et qui tendaient nécessairement à une augmentation des effectifs ennemis. On était de plus amené à considérer comme faisant partie de l'armée de Metz toutes les troupes placées sous le commandement du prince Frédéric-Charles, à quelque distance qu'elles se trouvassent de nos lignes. Or il est certain que, des divisions de landwehr, plusieurs étaient trop éloignées pour rejoindre dans la journée et prendre part à un combat; il en était certainement de même de plusieurs corps d'armée ou au moins de quelques-unes de leurs divisions, ainsi que nous avons pu le constater dans le rapport prussien sur le combat du 31 août. Ces chiffres, groupés dans leur ensemble, ne pouvaient donc représenter qu'un total hypothétique et exagéré; ils représentaient encore moins une évaluation exacte des troupes stationnées autour de Metz, qui auraient compris, d'après ces calculs, 6 corps d'armée (ou du moins 12 divisions) plus 4 divisions de landwehr, soit environ 190 ou 200 000 hommes.

Qu'on admît 2 ou 3 divisions de landwehr éloignées de plus d'une étape, il ne serait resté que 160 000 hommes autour de Metz, c'est-à-dire 80 000 hommes sur chaque rive.

Or, à cette même date, le maréchal avait demandé l'effectif exact de nos combattants, c'est-à-dire des hommes réellement aptes à marcher, et il lui avait été répondu par le nombre de 129 000 hommes, sans compter les 20 000 hommes de la garnison de Metz (1), qu'on eût pu employer utilement à une forte démonstration. Avec la possibilité de masquer un mouvement pendant la nuit et d'attaquer brusquement à la pointe du jour, on voit que la partie pouvait encore se jouer ; les officiers qui s'étaient prononcés si énergiquement pour l'action ne se trompaient pas en la demandant.

On assure, il est vrai, qu'il fut dit à cette époque que les officiers n'en voulaient plus, que leurs soldats ne les suivraient pas, qu'un grand tiers rentrerait en désordre dans Metz. Nous aimons mieux croire le désespoir de ces hommes qui se jetaient en pleurant sur leurs officiers au moment de la séparation et qui s'écriaient : « Nous ne méritons pas « ce sort; on aurait pu faire de nous autre chose; pourquoi « ne s'en est-on pas servi? » Il est un principe toujours vrai : *Tel vaut le chef, tel vaut le corps*, et, contrairement aux opinions émises, nous pourrions citer ici des régiments qui, le jour de la capitulation, après bien d'autres souffrances, étaient prêts à suivre leurs colonels sur les lignes prussiennes et le leur demandaient ; on saura plus tard comment on a dû renoncer à ces héroïques tentatives. En supposant même qu'un tiers des hommes eût reculé, qu'importait, si les deux autres eussent passé? Devant un pareil résultat, l'étendue des sacrifices était nulle; n'eût-on dû sauver qu'une minime fraction de l'armée, il fallait le tenter.

Il est triste de s'être mis dans le cas de recevoir de ses ennemis des leçons d'honneur et de devoir; mais on nous a

(1) Le chiffre de 25 000 hommes donné dans le chapitre précédent comprend les cavaliers démontés qui figurent ici à l'effectif total des 129 000 hommes, puisqu'ils ne devaient entrer dans la place qu'au départ de l'armée.

fait la situation telle qu'il nous faut les accepter, et voici ce qu'écrit un général prussien de l'armée de Metz dans une brochure (1) où son jugement doit paraître d'autant moins suspect, qu'il fait l'honneur au maréchal Bazaine de l'y défendre chaudement dans d'autres circonstances :

« Le maréchal était parfaitement au courant de tout ce
« qui se passait sur le théâtre de la guerre ; il connaissait
« la résistance de Paris, la formation de nouvelles armées,
« au moins de celle de la Loire. Son expérience militaire
« ne lui permettait pas d'ignorer que la présence de cadres
« instruits était indispensable pour en faciliter l'organisa-
« tion, comme pour encadrer les nouvelles levées et celles
« qui venaient d'être rappelées sous les drapeaux.

« C'était donc pour lui un devoir rigoureux de fournir à
« son pays les cadres qui lui manquaient. Il lui était facile
« de choisir dans toutes les armes, dans tous les corps, des
« hommes et des sous-officiers éprouvés, ayant bien sup-
« porté les privations et capables de fournir pendant quel-
« ques jours des étapes de 10 à 12 lieues ; il en eût formé
« un détachement auquel il aurait adjoint un grand nombre
« d'officiers et de canonniers, ceux-ci marchant sans leurs
« pièces, plus un millier de cavaliers montés sur les meil-
« leurs chevaux restants; cette troupe aurait pu comprendre
« ainsi 2 000 officiers, 2 000 canonniers, 6 000 fantassins
« et 1000 cavaliers; total : 11 000 hommes. On l'eût scindée
« en trois ou quatre groupes et chacun d'eux, conduit par un
« guide intelligent, eût pu, en évitant le combat, s'échapper
« par les bois et, à la faveur de la nuit, traverser nos posi-
« tions ; chacun eût suivi une route différente ou se fût ré-
« parti sur plusieurs directions, assez rapprochées cependant

(1) *Das Krieg um Metz.*

« pour pouvoir se soutenir en cas de besoin. Quatre jour-
« nées de marche devant suffire pour sortir de la région
« occupée par les troupes allemandes, il y avait lieu de
« n'emporter de vivres que pour ce laps de temps, en mar-
« chant sans voitures ni bagages.

« Si on mettait en doute la possibilité d'une pareille
« entreprise, il suffisait, pour s'en convaincre, de voir ce
« qu'était alors la situation militaire : le gros de nos forces
« autour de Paris, une autre armée à Metz, et 50 000 hom-
« mes en Alsace. Dans le pays intermédiaire entre ces trois
« points, il n'y avait que 50 000 hommes répartis sur une
« telle étendue, qu'ils étaient dans l'impossibilité de se réu-
« nir. Une fois sortis de Metz, les détachements français
« pouvaient prendre l'avance sur les troupes d'investisse-
« ment et, par une marche rapide de 8 à 9 milles, faite
« d'une seule traite, ils pouvaient avoir la certitude de nous
« échapper complétement.

« La meilleure direction à suivre, parce qu'elle était la
« plus courte, était entre Nancy et Sarreguemines vers les
« Vosges d'abord et Besançon ensuite, où devait être le
« rendez-vous.

« De Metz au sud de Lunéville, il n'y avait guère que
« 16 milles à parcourir (30 lieues); à partir de ce point, le
« détachement retrouvait des corps nombreux de francs-
« tireurs qui lui eussent servi tout à la fois de guides et de
« soutiens.

« Le passage à travers nos lignes offrait certainement de
« sérieuses difficultés ; mais le combat du 31 août avait suf-
« fisamment prouvé que cette opération était loin d'être
« impossible : il ne fallait que se rendre maître pour quel-
« ques heures des différents points par lesquels le passage
« devait s'effectuer. Le maréchal n'avait qu'à préparer ha-

« bilement la concentration de son armée dans cette direc-
« tion et à engager à l'improviste une action sérieuse, deux
« ou trois heures avant la fin du jour, sans perdre un temps
« précieux comme il l'avait fait le 31 août. Les points de
« passage restant fortement occupés jusqu'à l'entrée de la
« nuit, les petits détachements étaient à même de les tra-
« verser, sans être obligés de prendre part au combat; il
« pouvait se faire, et c'était le cas le plus favorable, qu'ils
« passassent inaperçus, sans être poursuivis, grâce au dé-
« vouement et aux grands sacrifices du reste de l'armée.
« Le maréchal restait encore assez fort, sans aucun doute,
« pour forcer l'armée d'investissement à ne pas s'éloigner
« de Metz; pour la France, il y avait là non-seulement un
« avantage matériel inappréciable, mais un fait d'une im-
« portance morale considérable.

« Au lieu de rien tenter de semblable, le maréchal passa
« tout le mois de septembre dans la plus complète inaction.
« Chaque jour voit cependant diminuer les approvisionne-
« ments et il lui est déjà facile de calculer l'heure où vien-
« dra la famine, et avec elle la perte certaine de l'armée;
« aussi, dès les premiers jours d'octobre, le voit-on entamer
« des négociations pour écarter le danger qui le menace. »
Quelle condamnation!...

La théorie du général prussien repose entièrement sur
l'indispensable nécessité qui exigeait qu'une fraction de
l'armée de Metz s'échappât, pour le salut de la France; le
contraire en assurait la ruine. Nous allons plus loin que
lui et nous croyons fermement que jusqu'au 15 la plus
grande partie de cette armée pouvait se dérober à l'ennemi;
tout dépendait des conditions dans lesquelles l'opération aurait été engagée. Mais nous sommes arrivés à l'extrême
limite où elle n'est plus possible; fera-t-on au moins les

efforts si bien développés dans cette citation et si faciles à réaliser? Non, il ne sera rien tenté; les besoins du pays, on n'y songera même pas; et quant aux efforts isolés, on s'y opposera.

Le 15 au soir, un télégramme envoyé par le prince Frédéric-Charles vint annoncer au maréchal le départ du général Boyer de Versailles et son retour imminent; on l'attendait le lendemain, mais il n'arriva que dans la journée du 17, à deux heures.

Comme au départ, le voyage avait exigé près de quarante-huit heures; le train qui l'avait emmené s'était arrêté à Nanteuil, à une station au delà de Château-Thierry; les tunnels et les ponts étaient coupés à partir de ce point, la circulation devenait impossible sur la voie. Il y avait trouvé la poste prussienne installée avec un matériel venu de Prusse et des hommes de la landwehr comme postillons; il avait été conduit ainsi jusqu'à Villeneuve-Saint-Georges, d'où il avait tourné autour de Paris pour gagner Versailles. Au retour, l'itinéraire avait été le même.

L'armée était anxieuse de connaître le résultat de la mission et le sort qui lui était réservé; des généraux, des officiers de tous grades accoururent au quartier général chercher des nouvelles; mais il ne transpira rien de la réponse donnée par le roi. Le général Boyer s'était contenté de laisser entendre qu'il était assez satisfait de ce qui lui avait été dit et qu'il y avait lieu de croire à une solution favorable; quant aux renseignements qu'il avait eus sur l'état de la France, ils étaient lamentables, et sur ce point il ne se crut pas tenu à observer la même réserve. On sut bientôt par lui qu'un gouvernement spécial s'était établi à Lyon, avec les allures les plus révolutionnaires, pendant que Marseille en proclamait un autre. Le Midi tendait à se séparer;

l'Ouest s'était constitué à part, au nom du principe catholique; le gouvernement de la défense nationale de Paris ne pouvait même plus s'entendre et la division s'était mise entre ses membres comme entre lui et la délégation de Tours; les choses en étaient arrivées à ce point, que MM. Gambetta et de Kératry avaient dû se sauver en ballon pour échapper à l'animosité de leurs collègues ou à celle de la population.

Il n'y avait plus de gouvernement nulle part et la plus horrible anarchie régnait partout. Le fantôme de pouvoir établi à Tours, débordé par le mouvement de l'Ouest, menacé directement par les armées prussiennes, se retirait à Toulouse, on disait même à Pau, pour mieux se soustraire au danger; le Nord demandait la paix à grands cris et refusait de se défendre; Rouen, le Havre, épouvantés des excès de la populace, imploraient des garnisons prussiennes qu'on venait de leur envoyer. Enfin un semblant d'armée, rassemblée sur la Loire et composée de 30 à 40 000 mobiles, venait d'être battue, enveloppée et faite en partie prisonnière à Arthenay, à quelques lieues au nord d'Orléans. C'était la seule apparence de résistance qu'avait été à même de présenter la province; celle-ci détruite, il ne restait plus rien nulle part.

La convocation d'une assemblée avait été demandée par les conseils généraux, par une foule de départements; la majorité des membres du gouvernement de la défense nationale la désirait, et un décret avait fixé les élections au 16 et au 17 octobre; une minorité, composée de Gambetta, Kératry, Trochu, s'y était opposée, parce que la présence des mandataires du pays eût affaibli la défense ou fait cesser la résistance. Cet antagonisme d'opinion n'avait pas été une des moindres causes de la division qui s'était mise dans le sein du gouvernement, où la minorité avait fini par triompher. Le décret avait été retiré, les élections étaient ajournées au moment où le territoire serait délivré de la présence de l'étranger; la dictature restait entre les mains de ces hommes dont la seule préoccupation était la conservation du pouvoir qu'ils sentaient devoir leur échapper, si une assemblée se réunissait.

Dans les pays occupés, au contraire, entre Metz et Paris, il n'y avait aucun symptôme de désordre; les convois ennemis circulaient partout sur les routes sous de faibles escortes; les habitants paraissaient avoir renoncé à toute idée de résistance. Les Prussiens avaient pris, du reste, des mesures sévères pour assurer la sécurité de leurs communications et maîtriser les tentatives de révolte des populations; des avis avaient été publiés dans les départements occupés pour les prévenir que, sur tous les points où un acte de violence serait commis contre l'armée, les villes et les villages seraient brûlés dans un certain rayon, et qu'au besoin la population mâle n'y serait pas épargnée... Enfin, comme si ce n'était pas assez de tant de calamités, il fallait que la plus effroyable ingratitude vînt chercher à en tirer profit et ajouter à l'odieux de l'abandon dans lequel nous avait laissés la puissance qui nous devait son existence; l'Italie réclamait la possession de Nice et de la Savoie.

Tel était le récit que le général Boyer reproduisit de la situation de la France, comme il l'avait entendu de la bouche du roi, du comte de Bismark et des autorités prussiennes. Suivant la consigne qui lui avait été imposée, il n'avait vu aucun de ses compatriotes et n'avait pu causer avec aucun d'eux. Il ajoutait que le roi lui avait paru très-désireux de terminer la guerre, à son plus grand avantage, il est vrai; qu'il avait témoigné un certain regret du mal énorme qu'il avait fait à la France, qu'il ne s'attendait pas à lui en faire autant et qu'il regardait le désastre comme suffisant pour l'honneur de l'Allemagne. Sa Majesté paraissait émue des souffrances que la lutte imposait à ses propres sujets, dont plus d'un million avaient été appelés sous les armes, hors de leurs foyers ; mais Elle ne trouvait pas de pouvoir avec lequel s'entendre au milieu de la confusion des gouvernements auxquels la France obéissait, et Elle aurait voulu voir réunir une assemblée qui eût pu seule donner les garanties d'ordre et d'autorité nécessaires pour traiter avec elle. Son désir à cet égard était si formel, que, d'après ses ordres, des instructions avaient été données à toutes les autorités prussiennes de laisser une liberté très-étendue pendant la période électorale et de tenir leurs troupes consignées les jours du vote, 16 et 17 octobre, afin de sauvegarder l'indépendance des électeurs. Le général Boyer affirmait en effet avoir vu, dans les gares et les villages qu'il avait traversés, les affiches concernant les élections.

Quant à Paris, il savait peu ce qui s'y passait; on lui avait assuré que le calme y régnait, que la défense se maintenait inébranlable depuis le début, qu'aucun fort n'avait été pris ni attaqué, et que, du reste, les Prussiens ne comptaient pas exposer leurs hommes dans une offensive inutile, quand ils étaient certains d'arriver à leur but par l'épuisement prochain des vivres. Il déclarait enfin n'avoir pu prendre aucun autre renseignement contradictoire, ni près d'aucun Français, ni dans aucune de nos feuilles publiques; on raconta cependant plus tard qu'il avait rapporté deux journaux dont les renseignements auraient peu concordé avec ceux des autorités prussiennes. On sait de plus que, dans la maison qu'il habita à Versailles, il avait été à même de voir un barbier, une vieille servante mise à sa disposition; cela eût dû lui suffire pour obtenir d'autres détails plus dignes de foi. Il est difficile d'admettre que, pendant cette absence de cinq jours, avec de la bonne volonté et un peu d'adresse, le général Boyer n'ait pas été à même de se mieux renseigner sur la situation exacte des choses.

Dans les conditions présentes, un effort par les armes ne pouvait offrir au maréchal aucun avantage personnel; il aurait été la condamnation de sa conduite; le pays eût été en droit de demander au chef de son armée pourquoi il avait attendu le moment de l'impuissance pour tenter ce qu'il n'avait pas fait, quand il en avait le moyen et le devoir. En s'entendant au contraire avec l'ennemi, en se faisant l'instrument d'une restauration ou de l'établissement d'un nouveau gouvernement, le passé du maréchal disparaissait devant le prestige d'un grand pouvoir. Les conditions posées par M. de Bismark, sanctionnées par le roi, lui permettaient-elles donc de croire à un pareil avenir? Il n'est pas possible d'en douter, si l'on se reporte aux communications qui furent faites le lendemain aux commandants des corps, puis par ceux-ci aux généraux, aux officiers supérieurs et enfin aux corps d'officiers, sur ce qui s'était passé à Versailles.

A la demande du général Boyer, le roi lui avait accordé une audience; mais, au lieu de le voir seul, il ne le reçut que devant un conseil privé, dans lequel siégeaient le prince royal, le général de Blumenthal, son chef d'état-major, le comte de Bismark et le général de Moltke. Nous ne savons dans quels termes le négociateur français exposa la situation de l'armée de Metz, ni ce qu'il demanda pour elle; il est à supposer que sa sortie avec armes et bagages, son internement sur un point neutralisé du territoire, son engagement de ne pas servir pendant un temps déterminé ou la durée de la guerre, furent les bases de ses propositions;

le sort de la ville de Metz devait être réservé et abandonné aux événements de la guerre. Le général de Moltke, qui ne connaissait que l'inexorable logique des faits, s'éleva hautement, paraît-il, contre ces prétentions que rien n'expliquait et qui n'avaient aucun avantage pour l'Allemagne ; la situation de l'armée de Metz ne pouvait se prolonger sous peine de mourir de faim ; il était à cet égard parfaitement renseigné et, du moment où il en était ainsi, cette armée se trouvait dans la même situation que celle de Sedan et ne méritait pas d'autres conditions. Elle n'avait pu s'échapper, elle devait donc subir la même capitulation ; il n'y avait pas d'autres négociations à entamer dans une question purement militaire, et elles pouvaient se résoudre sur l'heure.

Le général Boyer aurait repoussé énergiquement cette manière de voir et déclaré que, plutôt que de se soumettre à pareil affront, l'armée et ses chefs étaient décidés à essayer une tentative désespérée ; qu'elle réussît ou non, l'armée prussienne n'en subirait pas moins de grandes pertes qu'on devait avoir intérêt à lui épargner. Aborda-t-il la question politique?... Montra-t-il les avantages résultant de la présence d'une armée qui ramènerait l'ordre en France et assurerait la sécurité des pays voisins?... Parla-t-il de la nécessité d'une paix durable, de la possibilité d'une restauration?... On l'ignore ; mais il y a lieu de le penser, puisque M. de Bismark porta aussitôt la discussion sur ce terrain.

Le chancelier de la confédération du Nord fit observer que, dans les circonstances actuelles, la question politique devait primer les considérations militaires ; que, le but à obtenir devant être la paix, il y avait lieu de se préoccuper des difficultés que présentait son rétablissement en face de l'anarchie de la France et de l'absence de toute autorité sérieuse. Les choses étaient telles, qu'il ne voyait d'autre issue que de traiter avec l'ancien gouvernement, celui de la régence; mais il fallait l'installer et pour cela lui conserver un noyau de forces suffisantes. Il n'était donc pas éloigné de penser, comme il l'avait déjà fait pressentir lors du voyage de M. Régnier à Metz, qu'il y aurait avantage à conclure une convention qui permît au maréchal Bazaine de se retirer au midi de la France avec son armée, d'y convoquer les anciens pouvoirs, Corps législatif et Sénat, et de rétablir avec eux l'impératrice et le prince impérial. Les troupes du prince Frédéric-Charles deviendraient disponibles dans ce cas comme dans l'autre, Paris tomberait immédiatement devant un désastre qui lui enlèverait tout espoir, et, l'autorité légitime se trouvant partout restaurée, la paix pourrait être conclue dans un avenir prochain.

Cette concession souleva, assure-t-on, une certaine opposition dans le conseil, qui n'y voyait pas de garanties sérieuses pour l'exécution de la convention, ou du moins pour l'attitude neutre qu'aurait à garder l'armée de Metz. Cette objection était bien fondée, reconnaissons-le : si les choses s'étaient passées comme le demandait le général Boyer, l'armée serait sortie certainement à la suite du maréchal Bazaine, mais elle l'aurait abandonné en partie après les premières marches. Un grand nombre de généraux, d'officiers, se seraient éloignés pour aller remplir le devoir auquel on les faisait manquer depuis six semaines, les soldats se seraient débandés, et on ne sait vraiment avec combien d'hommes M. le maréchal Bazaine aurait pu se mettre en campagne pour la réalisation du projet de M. de Bismark.

On finit cependant à Versailles par tomber d'accord sur la réponse qui serait donnée au général Boyer : « On ne traiterait du sort de l'armée de Metz qu'à la condition de la voir rester fidèle au gouvernement de la régence, seul susceptible de faire la paix et de contribuer à son rétablissement; l'impératrice devait donner son assentiment à cet arrangement et en assurer l'exécution par sa présence au milieu des troupes. » Cette réponse était-elle sérieuse? Nous nous permettrons d'en douter. M. de Bismark était trop éclairé sur les dispositions de l'impératrice pour pouvoir supposer qu'elle se prêterait à une pareille combinaison. Ce n'était là qu'un nouveau leurre jeté au maréchal Bazaine, pour l'amuser encore quelques jours et amener son armée à un épuisement tel qu'on n'eût plus d'efforts à redouter de sa part. Sous le coup d'un immense abattement, on ne verrait se produire aucune résolution désespérée; la proie tomberait entière, avec ses dépouilles intactes, entre les mains de l'ennemi; les immenses avantages ainsi obtenus compenseraient largement la modération des intentions exprimées et l'attente de quelques jours.

Les communications du général Boyer ne durent pas satisfaire le maréchal Bazaine; les premières ouvertures apportées par M. Régnier avec l'agrément de M. de Bismark et la situation que la Prusse avait semblé vouloir alors lui attribuer, lui avaient fait mieux augurer du succès de sa démarche. C'était une nouvelle illusion perdue. La moindre clairvoyance eût dû lui faire comprendre qu'il n'avait plus rien à espérer; l'impératrice n'avait pas repoussé les offres de M. Régnier, ni l'intervention du général Bourbaki, pour accepter aujourd'hui un rôle plus difficile. Mais c'était la seule ressource qui restât au maréchal, et il lui fallait bien s'y rattacher, avant de se livrer. Comme le condamné qui espère jusqu'au dernier moment dans le recours en grâce qu'il a signé, il veut penser que l'impératrice se laissera toucher par le récit de nos infortunes; si elle cède à ses instances, si elle consent à venir le couvrir de sa présence, tout peut encore être réparé. Le général Boyer n'a obtenu à Versailles, il est vrai, qu'une réponse aléatoire, mais il y a reçu un accueil plutôt bienveillant; l'attitude politique prise par le maréchal y a obtenu l'approbation générale : on ne s'est exprimé sur son compte que dans des termes sympathiques, presque élogieux. N'y avait-il pas dans ce langage une sorte de présomption que le commandant en chef pouvait interpréter en sa faveur? La restauration du régime impérial pouvait offrir à la Prusse assez d'avantages pour qu'elle cherchât à l'assurer par sa modération dans les arrangements définitifs.

Une grosse difficulté se présentait : qu'allait devenir le vote du conseil de guerre du 10 octobre? Comment éluderait-on les résolutions arrêtées sur les troisième et quatrième questions, où il était dit :

« Les ouvertures seront entamées dans un délai de qua-
« rante-huit heures, afin de ne pas permettre à l'ennemi *de*
« *retarder le moment de la convention jusqu'au jour et*
« *peut-être au delà du jour de l'épuisement de nos res-*
« *sources.* »

Puis :

« Si les conditions de l'ennemi portent atteinte à l'hon-
« neur militaire, on essayera de se frayer un chemin par
« la force *avant d'être épuisé par la famine.* »

Il était difficile de prouver aux membres du conseil que l'épuisement complet des vivres devant avoir lieu le 20 octobre, une négociation avec l'impératrice et la convention qui en serait le résultat pourraient être terminées avant cette date.

Pouvait-on leur répondre davantage du succès d'une nouvelle démarche de cette nature? Si elle échouait, comment interpréteraient-ils les intentions énoncées par le général de Moltke, et que penseraient-ils de cette capitulation à merci, semblable à celle de Sedan? Etaient-ce là des conditions satisfaisant l'honneur militaire? S'ils n'en jugeaient pas ainsi, ils devaient vouloir essayer de se frayer un chemin avant le 20 octobre. Quel que fût le cas, le conseil se trouvait donc entraîné par ses votes à repousser une tentative aussi douteuse ou à se déjuger; c'était ce dernier point de vue que le maréchal désirait lui voir adopter. Aussi dut-il se préoccuper des modifications qu'il y aurait à apporter aux résolutions premières.

Il fallait prouver au conseil qu'il lui serait tenu compte des décisions énergiques qu'il avait prises, mais que les événements étaient plus forts que sa volonté; que le dépérissement de l'armée avait été plus rapide qu'il n'avait pu le supposer; que, dans les conditions actuelles, en présence des forces supérieures de l'ennemi et de ses redoutables travaux, toute lutte était devenue impossible; que l'armée succombait sous l'étreinte de la famine, qu'elle avait fait son devoir jusqu'au bout, et que les combats qu'elle avait livrés, les pertes qu'elle avait subies lui assuraient une assez belle page dans l'histoire pour que son honneur restât intact, quel que fût le sort qui l'attendît. Dans des conditions semblables, quand il se présentait une chance de salut, ne fallait-il pas la saisir et renoncer à des efforts à peu près impossibles?

Le tableau imposant des troupes de l'ennemi et le plan fantaisiste de ses travaux étaient venus fort à point préparer les esprits dans ce sens; un nouvel état des combattants fut demandé d'urgence dans les corps, en prescrivant de n'y comprendre que les hommes réellement aptes à marcher et à combattre. Les prévisions du maréchal furent trompées sur ce point. En dépit des recommandations faites, le total s'éleva, à cette date, à 126 000 hommes pour l'armée, et à 143 000 hommes avec la garnison de Metz; il comprenait, il est vrai, des cavaliers démontés, des artilleurs sans canons, mais tous armés du chassepot, exercés à son maniement, et en état, si ce n'est de marcher comme des fantassins, au moins de faire le coup de fusil et d'attaquer des positions. Ces chiffres n'indiquaient pas une infériorité telle qu'elle pût servir d'argument pour ne pas agir; on est donc en droit de penser que, s'ils furent connus du conseil, ce n'est pas à leur signification qu'il faut attribuer le changement d'opinion qui s'y produisit.

On fit établir en même temps par l'état-major général un état récapitulatif des pertes subies par l'armée de Metz dans ses divers combats, depuis sa formation; il s'élevait à 42 460 hommes, se décomposant ainsi :

24 officiers généraux;

2 697 officiers;

40 339 sous-officiers et soldats.

C'était là un témoignage écrit, fait pour lever les scrupules du conseil et démontrer combien les actes de l'armée la mettaient au-dessus de tout reproche; c'était en même temps un moyen de justification pour le maréchal; l'importance de ces chiffres tragiques devait émouvoir les cœurs et égarer les appréciations; aussi a-t-il eu soin de les rappeler dans son *Rapport sommaire*. Mais si l'on veut se rendre un compte exact des faits militaires de cette campagne, ce n'est pas dans son ensemble que ce total doit être envisagé; il faut le décomposer en suivant la division que nous avons adoptée : *Campagne et Négociations*. Or, dans la première partie, c'est-à-dire jusqu'au 1er septembre inclus, les pertes s'élèvent à 40 533 hommes (21 généraux, 2 008 officiers et

38 504 hommes de troupe); dans la deuxième, au contraire, du 2 septembre au 27 octobre, elles ne comprennent que 1 927 hommes (3 généraux, 89 officiers et 1 835 hommes de troupe). Voilà la vérité telle qu'il faut la voir; c'est par elle qu'on peut juger des efforts qui ont été faits dans les deux derniers mois.

Quelles que fussent les déterminations qui dussent être prises, le maréchal ne se dissimulait pas que la solution était proche; aussi se décida-t-il, à ce moment suprême, à faire à l'armée une dernière distribution de toutes les faveurs qu'il lui était possible d'accorder. Les grades, les croix, les médailles furent donnés à la hâte de tous côtés, avec une profusion telle, que les propositions furent à peine examinées; les demandes des uns furent écoutées aussi bien que les recommandations des autres. Ce fut une sorte de liquidation générale qui rappelait sous certains rapports celle de la caisse de l'armée, faite quelques jours auparavant. Les choses continuèrent ainsi jusqu'au dernier moment, jusqu'à l'heure où le maréchal partit pour se constituer prisonnier; les formules imprimées ayant été alors épuisées, il signa les décrets sur des feuilles de papier blanc, malgré les observations de l'employé du ministère détaché à son cabinet pour ce service, et qui lui faisait remarquer l'irrégularité de pareils actes : « Qu'importe, puisque cela leur « fait plaisir? répondait-il; vous savez bien que tout cela ne « sera pas ratifié. »

C'est dans cette situation que le conseil fut réuni le 18 au matin. En raison de la gravité des circonstances, et sans doute pour se couvrir plus tard de l'autorité de son nom, le maréchal invita le général Changarnier à y assister. Ce vieux soldat avait oublié noblement ses rancunes politiques devant le danger du pays; il était venu trouver l'empereur à

Metz après la bataille de Reichshofen et avait mis son épée et son expérience à son service; bien qu'on n'eût pas cru devoir l'employer, il tint à ne pas quitter l'armée : par reconnaissance pour les égards que lui avait montrés le maréchal Le Bœuf, il s'était attaché à lui et vivait à son état-major.

A l'ouverture de la séance, le général Boyer raconta son voyage, exposa le résultat de sa mission et communiqua les renseignements qu'il avait rapportés sur la situation intérieure de la France. Ces détails parurent tellement incroyables, que des doutes furent manifestés sur leur exactitude; peut-être quelqu'un des membres rappela-t-il l'article 255 de l'ordonnance du 13 octobre 1863, qui prescrit aux commandants des places assiégées de rester sourds aux nouvelles que l'ennemi leur fait parvenir. Le général Changarnier s'émut, dit-on, de cette responsabilité et demanda que le général Boyer affirmât sur l'honneur la sincérité des communications qu'il venait de faire et leur conformité aux nouvelles qui lui avaient été données, formalité qui fut aussitôt accomplie. On l'invita ensuite à communiquer les journaux français qu'il avait dû rapporter, et l'étonnement fut grand quand il déclara n'avoir pu s'en procurer. Tout contrôle se trouvant ainsi impossible, force fut d'admettre la version du négociateur et de s'en tenir au serment qu'il avait prononcé.

Dans les termes où elles étaient énoncées, les promesses de Versailles ne pouvaient être regardées comme des propositions sérieuses ; elles reposaient sur une hypothèse improbable ; cependant le conseil les accueillit et s'y rattacha, au lieu de les repousser péremptoirement, comme il y semblait engagé par ses décisions précédentes. Comment s'obtint cette conformité de vues? A la suite de quelles discussions

cet accord s'établit-il? On l'ignore ; ce qu'on sait, c'est que deux membres du conseil se refusèrent seuls à cette nouvelle tentative, qu'ils considéraient à l'avance comme infructueuse et coupable ; ils insistèrent pour que leurs collègues s'en tinssent au texte de la délibération du 10 octobre : c'étaient le général Coffinières et le général Desvaux. Le premier maintint l'opinion qu'il avait déjà émise, « il fit obser-
« ver que ses prévisions se réalisaient, que M. de Bismark
« voulait traîner les négociations en longueur, et que les
« renseignements du général Boyer ne méritaient que la
« créance due à une source étrangère. » (*Capitulation de Metz*, p. 63.) Il fit entrevoir de plus la difficulté qui existait à invoquer le rétablissement d'un ancien régime, quand on avait officiellement reconnu ou au moins constaté la formation d'un nouveau gouvernement ; si, dans l'armée, ce changement n'avait pas modifié la situation, il n'en était plus de même à Metz, où la population considérait l'existence de la république comme définitive : « Ces observations
« envenimèrent, dit-il, la discussion et donnèrent lieu à de
« nombreuses récriminations. » Le second invoqua tout à la fois l'autorité du vote précédent et le devoir militaire, au nom duquel on devait assurer le salut ou l'honneur de l'armée, sans recourir à des démarches trompeuses dont l'insuccès amènerait une catastrophe infaillible.

Ces paroles ne rallièrent pas l'opinion de la majorité ; il fut décidé par sept voix contre deux qu'on s'adresserait à l'impératrice pour la supplier de reprendre la régence et d'entamer à ce titre des négociations avec le quartier général de Versailles, dans l'espoir de la paix. L'armée de Metz ne pouvait être sauvée qu'à ce prix ; sa reconnaissance lui promettait le meilleur accueil, si elle venait se placer au milieu d'elle, et lui assurait son appui pour une restauration. On irait avec elle dans une ville ouverte, où l'on convoquerait les anciens corps de l'État; là, sous ses auspices, le gouvernement impérial pourrait être restauré et la paix signée. Le général Boyer serait chargé de cette nouvelle négociation, et l'autorisation de se rendre en Angleterre serait demandée pour lui immédiatement.

C'était s'engager bien légèrement au nom de l'armée, dont les chefs ne semblaient pas connaître l'esprit; ils se croyaient encore une influence qu'ils n'avaient plus; l'oisiveté de tant de semaines avait porté ses fruits, l'insouciance était devenue complète, les privations avaient atteint le moral, et le prestige du commandement s'était affaibli devant cette série de fautes dont chacun rejetait la responsabilité sur tout ce qui était au-dessus de lui. On eut cependant, paraît-il, quelques scrupules sur l'appui qu'on demandait aux troupes; car il fut résolu que les commandants des corps rassembleraient immédiatement les généraux, les chefs de corps et de service, pour leur exposer l'état des choses et connaître leur sentiment au sujet de l'intervention demandée à l'impératrice.

Dans le *Rapport sommaire*, le maréchal Bazaine ajoute qu'il fut résolu ensuite, *à l'unanimité*, que « le commandant en chef ne saurait accepter aucune délégation pour signer les bases d'un traité impliquant des questions étrangères à l'armée, *celle-ci devant rester en dehors de toute négociation politique.* » Cette résolution, telle qu'elle est rédigée, n'est pas une des singularités les moins curieuses de ce drame; les propositions de Versailles n'étaient basées que sur des conditions qui auraient dû plus que toutes autres rester étrangères à l'armée: c'était après avoir donné son consentement à des démarches essentiellement politiques que le conseil venait en formuler l'interdiction. Il y a là une anomalie qui ne se comprend pas.

A peine la séance du conseil fut-elle terminée qu'on demanda un sauf-conduit au prince Frédéric-Charles pour le général Boyer; on ne semblait ainsi pas mettre en doute les dispositions qu'on trouverait dans les troupes; d'ailleurs le temps pressait.

Le même jour, la réunion indiquée eut lieu dans chaque corps d'armée; leurs commandants y expliquèrent les nécessités qui les avaient engagés à souscrire aux demandes de la Prusse : ils ne doutaient pas de l'adhésion de l'impératrice, c'était le moyen le plus sûr de sortir de Metz et de tourner les difficultés. Les troupes devaient être prévenues des privations qu'elles allaient avoir à supporter, en raison de l'épuisement complet des vivres; mais il fallait leur faire comprendre que ce n'était qu'une situation transitoire, quelques jours à souffrir; leur résignation et leur patience pouvaient seules assurer le succès de la négociation et leur salut; leurs chefs espéraient qu'elles ne se départiraient pas de la conduite qu'elles avaient su si bien tenir jusqu'à ce jour.

Au 6° corps et à la garde, l'expédient arrêté par le conseil fut accepté sans trop de difficultés, si l'on en croit les témoignages des généraux Bisson et Deligny. « Chacun y vit, disent-ils, la délivrance en perspective, le moyen de rentrer en France honorablement; quant à ce qui se passerait au delà des lignes prussiennes, on s'en préoccupait peu, parce que personne ne songeait à la possibilité de venir imposer un gouvernement au pays. »

Pour les trois autres corps, les renseignements manquent; on sait seulement que l'un d'eux accueillit, comme les précédents, les propositions du général en chef; il n'en fut pas de même dans les deux autres : l'un montra peu de sympathie, l'autre témoigna une véritable hostilité, soit par ressentiment contre le gouvernement impérial, soit par une sorte de réprobation contre cette entente avec l'ennemi.

Il avait été convenu que le lendemain, 19, le conseil se réunirait de nouveau; on devait y rendre compte du résultat des ouvertures faites par les commandants des corps et modifier les résolutions prises, s'il y avait lieu. La séance fut fort agitée, paraît-il; les récriminations politiques furent encore plus vives que la veille; le général Coffinières fut violemment mis en cause pour la reconnaissance qu'il avait donnée dans ses actes officiels au gouvernement de la défense nationale; son attitude, que ne justifiait pas la situation, avait, disait-on, surexcité les esprits à l'encontre des projets actuels, et ceux dont les intérêts se trouvaient liés à l'existence de l'ancien gouvernement s'emportèrent en amers reproches; l'un le traita de *président de la république de Metz* et demanda sa destitution immédiate, un autre s'écria qu'il ne se pardonnerait jamais d'avoir contresigné sa nomination. Le général répondit que sa démission avait déjà été offerte et qu'il en renouvelait l'offre au maréchal, qui la refusa. Il insista de nouveau sur la séparation complète de la ville et de l'armée et rappela qu'à partir du lendemain 20, il s'était engagé à ne plus fournir de vivres à l'armée; sa dernière concession serait l'abandon de 80 000 rations de pain à 300 grammes.

L'intendant en chef s'émut de cette déclaration; il se crut obligé d'informer le conseil que ses ressources étaient épuisées, qu'il ne pourrait plus distribuer de pain à partir du 22. C'était presque la famine; les hommes n'auraient plus pour vivre que la viande de cheval. Craignant les conséquences de tant de privations, il demanda qu'un ordre du jour vînt soutenir le moral de l'armée, devant cette cruelle nécessité; le maréchal ne consentit pas plus, en cette occasion que dans tant d'autres, à sortir de son mutisme habituel; les troupes, selon lui, savaient à quoi s'en tenir sur les causes de leurs souffrances, il n'avait rien à leur apprendre. Peut-être aussi se souciait-il peu des explications qu'il lui eût fallu donner sur sa conduite et ses projets : il y aurait eu là un document officiel qui eût pu devenir compromettant.

La discussion se reporta ensuite avec plus de calme sur les rapports des commandants de corps; il fut décidé que chacun d'eux userait de son influence sur les officiers et les troupes, pour leur faire accepter la solution désirée et les y préparer. Le général Boyer, dont l'autorisation venait d'arriver, devait partir immédiatement; faire diligence et réussir, tels furent les derniers vœux exprimés par le conseil.

Malgré les précautions oratoires dont on se servit dans les communications qui furent faites aux troupes, elles ne se méprirent pas sur la gravité de la situation. L'agitation se renouvela dans les camps, les plaintes s'y firent entendre de toutes parts; on voyait la famine devant soi, la plus affreuse des humiliations en perspective; la douleur et l'indignation étaient si vives, qu'elles réagissaient contre l'abattement produit par les privations, et il semblait par moment que ces hommes affaiblis retrouvaient toute leur énergie pour sauver leur honneur de la tache qu'on allait lui imprimer.

A Metz, la population n'était pas plus calme; elle sentait que la séparation qu'on venait d'établir entre ses intérêts et ceux de l'armée était aussi tardive qu'illusoire. Le maréchal Bazaine avait bien pu signifier au général Coffinières qu'à dater du 20 octobre, il ne serait plus délivré de viande de cheval à la ville de Metz, puisqu'elle se refusait à partager ses vivres ; le mal ne se réparait pas, les magasins n'en restaient pas moins épuisés et l'on savait que les ressources existantes n'iraient pas au delà du 30 octobre. On avait ainsi rendu la défense impossible ; les phrases dites, les dispositions prises, ne pouvaient modifier une situation faite. La place était condamnée comme l'armée ; son existence pouvait se prolonger peut-être six ou sept jours de plus, après lesquels il faudrait ouvrir les portes à l'ennemi, comme l'armée allait être obligée de lui rendre ses armes.

Les feuilles publiques s'associèrent à ce mouvement des esprits ; bravant la censure, les rigueurs militaires, elles s'élevèrent contre la conduite passée du maréchal et les menées politiques auxquelles il se livrait ; malgré la sanction que lui avait donnée le conseil de guerre, toute l'animosité se porta sur lui, comme seul responsable de tant de malheurs. Pas un journal n'osa prendre sa défense ; ce fait caractéristique suffit pour indiquer l'unanimité de l'opinion publique ; l'exaspération arriva successivement à un tel degré, que le maréchal n'eût pu se montrer dans la ville, sous peine d'y être insulté, menacé, et peut-être de se voir victime de quelque acte de violence. Ce fut ainsi que se passèrent les journées des 20, 21, 22 et 23 octobre ; on attendait d'heure en heure, de jour en jour, des nouvelles du général Boyer dont on avait su le voyage retardé de vingt-quatre heures par suite des difficultés qu'il avait eues à gagner la Belgique. Aucune autre nouvelle n'était parvenue depuis son départ pour l'Angleterre.

Le maréchal était fort inquiet de ce silence ; mais il le cachait à ceux qui l'approchaient, il affectait même de parler assez légèrement de ce second voyage et bien qu'il eût dû penser qu'il ne trompait personne, il avait adopté la thèse qu'il avait déjà mise en avant pour expliquer la mission du général Bourbaki : il ne s'agissait encore que de la question du serment, qui n'avait pas été résolue ; il demandait à l'impératrice d'en délier l'armée et de lui envoyer son consentement par écrit.

Un officier qui eut alors l'occasion de le voir pour la dernière fois, l'entendit s'exprimer dans ce sens ; sa conversation fut du reste embarrassée, sans suite, et sous ses paroles on sentait le désir de s'excuser... « Il nous faut cependant « bien sortir d'ici, dit-il. — Mais vous savez bien, monsieur « le maréchal, lui répondit cet officier, que vous ne le pouvez « plus ; aujourd'hui votre armée est ruinée et une grande « partie n'est pas en état de vous suivre. — Ah! oui, c'est « cela, ajouta-t-il, *quand on ne veut pas marcher*, on a tou- « jours de bonnes raisons ; hier, il y aurait eu trop de « blessés, aujourd'hui les hommes sont trop affaiblis. » L'officier garda le silence ; c'était assez dire qu'il n'était pas dupe de pareils propos. Le maréchal comprit sans doute sa pensée et reprit : « Mais la France, qui devait se lever tout « entière, que fait-elle? Rien, absolument rien. Est-ce « que les francs-tireurs des Vosges, les gardes nationaux et « les mobiles n'auraient pas dû se réunir et venir nous « donner la main? S'ils avaient opéré dans la Moselle, du « côté de Pont-à-Mousson par exemple, ils auraient pu nous « aider... Et cette armée de Paris qui ne fait rien non plus, « qui n'exécute pas la moindre sortie !... » Nouveau silence de l'officier ; il était par trop étrange d'entendre reprocher à une armée qui se créait et ne pouvait encore exister, de n'avoir pas fait ce que lui-même s'était refusé à essayer dans de bien autres conditions, avec les meilleures troupes de la France, avec des hommes qui le lui avaient tant de fois demandé. Peut-être le maréchal s'aperçut-il du blâme que ses paroles renfermaient pour lui-même, puisqu'il s'empressa d'ajouter : « Au fait, ils sont à Paris dans la même « position que nous, coupés en deux par une rivière, do- « minés de plusieurs côtés ; les difficultés sont énormes, « quand il faut aller du concave au convexe, parce que les « flancs sont toujours menacés. » Sur un pareil terrain, il n'y avait pas à suivre le maréchal ; devant cette théorie nouvelle, devant de si singulières appréciations de la conduite des autres, on ne pouvait qu'exprimer des opinions contraires, dont la situation rendait le développement inutile ; l'officier ne répondit pas et se retira.

En disant qu'il *était difficile d'aller du concave au convexe*, le maréchal s'était servi d'une expression singulière, qui rendait mal sa pensée ; ce qu'il avait voulu dire, c'est qu'il y avait à ses yeux désavantage à partir du centre d'un cercle pour en attaquer la circonférence. Il faut avouer que cette théorie est encore plus singulière que les termes employés pour l'exprimer ; elle est contraire à tous les principes militaires, aux opinions émises par les hommes de guerre les plus autorisés et, on peut le dire, à la réalité même des choses. On ne saurait trop la repousser ; ceux qui tentent aujourd'hui de la faire admettre, ne peuvent avoir d'autre but que d'excuser les inactions de toute sorte dont cette guerre a donné le désolant spectacle. Nous ne sommes plus au temps où il s'agissait de pallier les fautes ; il faut qu'elles soient connues pour qu'il ne soit plus permis de les reproduire.

Après ces quelques jours tristement écoulés sans aucune communication de l'ennemi, un officier prussien se présenta à nos avant-postes en parlementaire, le 24 au matin. Il fut amené tout de suite chez le maréchal, et lui remit une lettre du prince Frédéric-Charles ; c'était la communication d'une dépêche télégraphique du comte de Bismark adressée au commandant en chef de l'armée de Metz et conçue à peu près en ces termes :

« D'après les informations que je reçois de Londres, « l'impératrice se refuse à toute espèce de transaction, « comme à tout traité ayant pour base une cession de ter- « ritoire. Les renseignements que nous avons d'ailleurs « été à même de prendre dans le pays et l'armée, nous ont « prouvé que le gouvernement impérial n'y rencontrerait « aucun appui. En entrant en arrangement avec lui, le roi « semblerait vouloir l'imposer à la France ou chercher à in- « tervenir dans ses affaires intérieures, ce qui serait con- « traire aux intentions de Sa Majesté.

« Le maréchal Bazaine n'a pas donné les garanties qui « lui étaient demandées et que le général Boyer avait dû « lui faire connaître, comme base première de toute con- « vention, c'est-à-dire la cession de la ville de Metz et la « signature de tous les chefs de son armée reconnaissant la « régence et s'engageant à la rétablir.

« Dans ces conditions, il n'y a plus lieu de continuer des « négociations politiques ; la question se pose militairement, « c'est aux événements de la guerre seuls qu'il appartient « de la résoudre. »

Le masque est jeté ; l'armée n'a plus de pain depuis quarante-huit heures, elle doit être assez affaiblie pour qu'il n'y ait plus rien à en redouter.

Voilà où ont conduit les négociations résolues dans l'esprit du chef depuis le 6 octobre ; voilà ce qu'on a fait de ces dix-huit jours employés à pactiser avec l'ennemi !... Les dernières illusions du maréchal sont anéanties ; plus d'intervention étrangère à essayer, plus de rêves chimériques à réaliser ; s'il a oublié depuis si longtemps qu'il est à la tête d'une armée pour faire la guerre, c'est M. de Bismark qui va se charger de le lui rappeler, en lui disant que *les événements militaires peuvent seuls résoudre la situation*. Mais il est trop tard ; son armée, il l'a laissée s'anéantir dans l'inaction, il la voit réduite à l'impuissance ; son prestige militaire qu'il a voulu réserver pour un autre théâtre, il va le perdre dans la plus épouvantable catastrophe ; son honneur, sa gloire, qu'il tenait à ne pas exposer dans les chances des batailles, sont ternis à jamais, et son nom va être associé à ceux des hommes qui ont causé le plus de mal à leur pays.

Il se refuse cependant encore à entrevoir une pareille déception et il veut fonder quelques espérances sur la bienveillance qu'a semblé lui témoigner le prince Frédéric-Charles, devenu pour lui, aux termes de la dépêche, l'adversaire qu'il doit combattre ou le négociateur qu'il lui faut implorer. Un conseil de guerre est convoqué d'urgence dans la journée et la majorité « y reçoit avec une pénible sur-« prise, dit l'un des témoins, ces nouvelles communica-« tions (1). » Ce dont on peut s'étonner, c'est plutôt de cette surprise ; dans les qualités multiples qu'on est en droit d'exiger des chefs militaires, la prévoyance est de rigueur ; ils doivent deviner les plans de l'ennemi aussi bien que ses ruses et ses desseins. Or le résultat obtenu était prévu dans les camps et dans la ville, les avis n'avaient pas manqué, et cependant leur confiance ou plutôt leur aveuglement avait été poussé jusqu'à la dernière limite.

La déclaration du comte de Bismark était assez nette pour qu'il n'y eût plus de doute possible sur les intentions du gouvernement prussien à notre égard ; les paroles du

---

(1) *Capitulation de Metz*, par le général Coffinières de Nordeck.

général de Moltke dans le conseil tenu à Versailles auraient d'ailleurs suffi pour savoir ce qu'on devait en attendre : une capitulation pure et simple comme celle de Sedan. Devant une pareille extrémité, que faire? Ouvrir un passage par les armes à toute l'armée était devenu impossible ; mais on pouvait du moins tenter d'en sauver encore une partie, comme l'indiquait le général prussien que nous avons cité. Le général Desvaux se prononça hautement pour ce parti, se chargeant de marcher en tête avec la garde et de faire une ouverture dans les lignes prussiennes. Le conseil repoussa toute idée d'action partielle et décida, d'un commun accord, qu'il n'y avait plus qu'à traiter dans les conditions les plus avantageuses.

Le maréchal proposa aussitôt de tenter une dernière démarche, qui, toute hasardée qu'elle était, pourrait peut-être réussir ; il s'agissait de s'adresser au prince Frédéric-Charles et de lui proposer la conclusion d'une convention qui permît à l'armée de se rendre dans le Midi ou en Afrique, avec promesse de ne pas servir pendant la guerre ; comme première formalité, on signerait un armistice suivi immédiatement d'un ravitaillement. On devait chercher à obtenir en même temps que le sort de la ville de Metz restât séparé de celui de l'armée, qui serait seule comprise dans la convention ; cette clause ne serait pas maintenue, si l'ennemi faisait de son abandon une des conditions au prix desquelles on pourrait assurer le salut de l'armée.

Cette dernière proposition fut combattue par le général Coffinières, qui ne pouvait renoncer à défendre les intérêts de la place ; son opposition amena de nouvelles récriminations de la part des commandants des corps d'armée : ils se plaignirent de la misère de leurs soldats et demandèrent l'assimilation de leur nourriture à celle de la garnison de Metz et de sa population; c'était vouloir la mise en commun des derniers vivres existants. Le général Coffinières s'éleva contre cette manière de faire, aussi contraire aux règlements, disait-il, qu'aux promesses qui lui avaient été données; il s'y refusa formellement et déclara ne devoir céder que sur un ordre écrit du maréchal Bazaine.

Cet incident en resta là, sans avoir été vidé, et le conseil s'occupa aussitôt du choix du négociateur qui serait chargé de remplir, près du prince Frédéric-Charles, cette difficile mission. On pensa que le général Changarnier était le plus à même de faire cette démarche, autant par l'autorité de son âge et l'éclat de son ancienne réputation que par l'indépendance que lui donnait sa situation exceptionnelle dans l'armée. Imposant silence à ses douleurs, le vieux soldat d'Afrique consentit à aller plaider une cause perdue d'avance; il devait, au besoin, employer l'intimidation et menacer les Prussiens, en cas de refus, d'un combat à outrance.

Un sauf-conduit fut demandé pour lui immédiatement, avec l'autorisation de se rendre au quartier général du prince; il fut convenu que le conseil serait réuni à son retour pour connaître le résultat de sa mission.

Dans la matinée du lendemain, 25 octobre, le prince Frédéric-Charles envoya le sauf-conduit; le général Changarnier était prévenu qu'il pourrait traverser les lignes prussiennes à onze heures et se rendre au quartier général de Corny. L'illustre général partit, on peut le dire, sans aucune confiance, mais avec la pensée de remplir un dernier devoir vis-à-vis de cette armée qui l'avait si respectueusement accueilli; il allait essayer d'amoindrir le désastre où avaient su la conduire ceux qui avaient jadis été ses élèves et qui avaient si malheureusement oublié les leçons de leur maître. Le chef de bataillon du 2ᵉ léger, qui, dans la retraite de Constantine, se maintenait inébranlable, au centre de son carré, devant les milliers d'Arabes qui l'entouraient, ne pensait certes pas qu'il lui serait réservé, comme dernier acte de sa vie militaire, d'aller implorer la pitié d'un ennemi pour 173 000 soldats français et de débattre le degré plus ou moins grand d'humiliation qui allait leur être infligé ! De la part d'un homme qui était resté étranger à toutes les causes d'une pareille catastrophe, cette démarche était un grand acte de dévouement.

Le général reçut du prince un accueil des plus bienveillants ; mais témoignages d'estime pour son caractère, de condescendance pour son âge, ce fut tout ce qu'il en obtint. Le quartier général prussien était parfaitement au courant de la situation ; son service d'espionnage l'informait jour par jour de ce qui se passait chez nous, et les renseignements étaient tels qu'il connaissait même mieux que nous les débats et les résolutions des séances du conseil de guerre. Le prince en donna pour preuves certains propos qui y avaient été tenus, certains projets qui y avaient été présentés ; il savait donc à quoi s'en tenir sur l'état de l'armée, il la savait incapable de marcher, à peu près impuissante à agir, et la perspective d'un combat à outrance n'avait rien qui pût l'effrayer, encore moins modifier ses résolutions. Ses mesures étaient prises pour repousser un effort désespéré quel qu'il fût ; ce qu'il eût pu craindre quelques semaines avant, lui semblait aujourd'hui impossible ; ses troupes s'étaient rapprochées des lignes d'investissement sur toute la circonférence et elles y attendaient, l'arme au pied, la fin d'une agonie qui ne pouvait se prolonger. Sa certitude était telle, que, par ses ordres, d'énormes approvisionnements venaient d'êtres rassemblés pour assurer le ravitaillement de la population et la nourriture des prisonniers; car il n'entrait pas plus dans son esprit que dans ses instructions la pensée de séparer l'armée de la place. Dans de pareilles circonstances il ne pouvait admettre d'autres conditions qu'une reddition complète de l'une et de l'autre, une capitulation pure et simple; les détails de l'exécution pouvaient seuls donner lieu à une discussion.

Telle fut la réponse faite aux ouvertures du général Changarnier. Le prince ajouta, il est vrai, que la possibilité de laisser l'armée de Metz se retirer en Algérie avait été discutée à Versailles, mais qu'on y avait renoncé dans la crainte de voir cette convention non reconnue ou incomplétement exécutée; le gouvernement qui existait n'inspirait aucune confiance et il pouvait se faire qu'il refusât d'admettre la légalité d'un acte conclu en dehors de lui. Les faits qui s'étaient passés dans des circonstances précédentes, la conduite d'un certain nombre d'officiers qui avaient manqué à leur parole, les torts qu'avait eus le gouvernement en les employant, étaient autant de motifs qui permettaient de douter que les choses se passassent autrement le jour où l'armée de Metz se retrouverait dans les territoires non occupés. On s'était donc vu forcé de refuser des conditions plus douces et d'exiger que l'armée se constituât prisonnière.

Il termina enfin en disant que la démarche faite près de lui indiquait suffisamment le besoin d'une solution immédiate, sous peine de compromettre l'existence de tant de milliers d'hommes; ne doutant point qu'on ne fût convaincu à Metz de la même nécessité, il comptait envoyer à cinq heures du soir au château de Frescaty, sur la ligne de ses avant-postes, le général de Stiehle, son chef d'état-major général, auquel il remettait le soin de régler les questions de détail avec le négociateur désigné par le maréchal Bazaine.

Le général Changarnier dut se retirer devant l'expression d'une volonté aussi nettement formulée, tout autre effort eût été inutile ; il revint à trois heures à notre quartier général, où il rendit compte au maréchal de l'insuccès de sa mission. C'en était fait, le dernier espoir avait disparu ; il ne restait au commandant en chef d'autre alternative que de s'ensevelir noblement sous des ruines ou de consacrer par sa signature la destruction de son armée.

Il accepta cette dernière nécessité, et se décida à envoyer à Frescaty un officier général chargé de s'entendre avec le chef d'état-major de l'armée prussienne sur les conditions de la capitulation qui allait nous être imposée. Son choix s'était d'abord arrêté sur le général de Berckheim, à cause de ses relations avec l'Allemagne ; il le fit demander par le télégraphe ; mais cet officier général se trouvait alors absent de son camp. L'heure pressait, il fallut en désigner un autre. Le général de Cissey fut chargé de cette pénible mission ; il trouva à Frescaty le général de Stiehle qui l'attendait et qui ne lui cacha pas, dès le début de l'entretien, qu'il ne pouvait s'agir que d'une capitulation ordinaire, en vertu de laquelle Metz serait livrée et l'armée prisonnière de guerre, avec armes, drapeaux, bagages et matériel, toutes deux à la merci du vainqueur ; en dehors de ces points, toute discussion serait inutile. Le général de Cissey, auquel aucun pouvoir n'avait été donné, se retira devant ces tristes assurances et vint annoncer au maréchal qu'il n'avait même pas à compter sur le moindre adoucissement.

La condamnation avait été prononcée, le recours en grâce est rejeté, maintenant l'exécution et ses apprêts.

CHAPITRE VII

Dernière phase. — Signature de la capitulation. — Son exécution. Départ du maréchal Bazaine. — Livraison de l'armée et de la ville.

Le conseil de guerre fut réuni le 26 au matin pour y entendre le rapport du général Changarnier sur la triste mission qu'il avait accomplie ; le général de Cissey fut invité de plus à y assister, afin de faire connaître les communications qui avaient été échangées entre lui et le général de Stiehle, au château de Frescaty. Les renseignements apportés par ces deux officiers généraux se résumaient dans les mêmes mots : capitulation de la place, des forts et de l'armée, les troupes prisonnières de guerre, les armes et le matériel remis à l'ennemi.

C'était là une cruelle nécessité à subir pour les hommes qui avaient repoussé à l'avance *toute condition incompatible avec notre honneur et le sentiment du devoir militaire*. Certes, ils n'avaient pas entrevu alors un pareil résultat ; ils n'auraient pas eu à parler d'honneur, ni de sentiment du devoir, en prévision des conditions les plus dures que puissent imposer les usages militaires. Ils étaient donc décidés à ne souscrire qu'à d'autres arrangements ; s'ils cèdent aujourd'hui, ils faiblissent devant les circonstances et renoncent aux sentiments énergiques qu'annonçaient leurs résolutions du 10 octobre. Il dut se livrer dans leur esprit un terrible combat entre les souvenirs de leurs engagements et les conseils de leur raison.

Aussi, nous apprend un des membres, les discussions furent-elles longues et animées; le général Desvaux fit un nouvel appel à une résolution énergique, il rappela les engagements antérieurs; mais, comme dans les séances précédentes, sa proposition fut repoussée. Au moment où la garde vient de disparaître, qu'elle conserve du moins dans les souvenirs de l'histoire la gloire d'avoir fait entendre la dernière, dans l'armée de Metz, par l'intermédiaire du chef qui la représentait, un langage vraiment conforme à l'honneur; on n'y avait pas oublié les traditions de Waterloo.

On finit par se résigner; on accepta la solidarité de la ville de Metz, sa reddition jointe à celle de l'armée, et quand cette décision fut prise, les commandants de corps en profitèrent pour renouveler leurs demandes sur une répartition commune des vivres de la place; le sort devenait le même, les ressources ne devaient plus être distinctes, c'était justice. Puis on consentit à rendre les armes et le matériel, à livrer l'armée et la garnison comme prisonnières de guerre. Enfin, « il fut convenu à l'unanimité, dit le *Rapport sommaire*, non sans la plus vive douleur, que M. le général « de division Jarras, chef d'état-major général, serait en- « voyé au quartier général du prince Frédéric-Charles, « comme délégué par le conseil et muni de ses pleins pou- « voirs, pour arrêter et signer une convention militaire par « laquelle l'armée française, vaincue par la famine, se con- « stituerait prisonnière de guerre. »

Si on s'en rapportait aux termes de cette phrase, la personnalité du commandant en chef aurait disparu pour faire place à une réunion de chefs qui deviendraient seuls responsables de ce terrible dénoûment; le maréchal Bazaine ne serait plus qu'un membre s'étant associé au même titre que ses collègues à cette dernière résolution. Il y a là un

fait grave, contraire à toutes les idées militaires, un renversement des lois fondamentales de la hiérarchie : un commandant en chef ne peut déléguer son autorité à aucun titre, et nul autre que lui ne doit être responsable des actes accomplis dans son armée ; il a le droit de convoquer un conseil de guerre, de s'éclairer de son avis, mais son action ne peut même pas être enchaînée par les opinions qui y sont exprimées. Le service en campagne n'a pas prévu le cas, il ne comporte aucune disposition relative à cette éventualité, parce qu'il reconnaît au commandant de l'armée une autorité absolue, n'admettant ni discussion, ni partage (1). Mais le règlement sur le service des places est plus explicite, et ses dispositions s'appliquent par analogie à la situation présente ; on y lit, à l'article 259, que : « le com-
« mandant supérieur d'une place a le droit de réunir le
« conseil de défense et de le consulter ; mais après la séance,
« il décide seul et sans avoir à se conformer aux avis de la
« majorité. » Puis à l'article 256 : « Quand le dernier terme
« de la résistance est arrivé, le commandant consulte le
« conseil de défense ; il prend de lui-même, en suivant l'avis
« le plus énergique, s'il n'est absolument impraticable, les
« résolutions que le sentiment de son devoir et de sa res-

(1) Rappelons ici un fait qui donne à cette assertion une éclatante confirmation. Dans une des expéditions du sud de l'Algérie, un jeune colonel, aujourd'hui général, commandait une colonne. Au moment de prendre une résolution grave contre les prisonniers des tribus révoltées, il hésita à se charger seul de la responsabilité et rassembla un conseil de guerre pour agir d'après son avis.
Informé de ce qui s'était passé, le gouverneur général enleva immédiatement au colonel le commandement de la colonne ; il n'admettait pas qu'un chef pût se soustraire à la responsabilité qui lui incombait, ou il le tenait pour incapable d'exercer l'autorité. Il est vrai que ce gouverneur général s'appelait le maréchal Pélissier et qu'il savait comprendre les devoirs du commandement.

« ponsabilité lui suggère. Dans tous les cas, il décide seul
« de l'époque et des termes de la capitulation. » La loi est
formelle ; elle ne connaît pas d'autre responsabilité que celle
du commandant de la place, et à plus forte raison du commandant de l'armée. Le général Jarras ne pouvait donc être
un délégué du conseil, mais bien celui du général en chef ;
si les choses se sont passées autrement, il y a eu abdication
coupable de la part du maréchal, irrégularité et usurpation
de pouvoir de la part du conseil ; ses membres n'ont-ils donc
pas compris qu'en leur laissant violer les règlements, le maréchal ne pouvait avoir d'autre intention que de se dégager,
en rejetant sur eux la plus grande part de l'acte qui allait
s'accomplir ?

Le chef d'état-major général pouvait encore moins être
muni des pleins pouvoirs d'un conseil qui n'avait pas le droit
de lui en donner et auquel l'ennemi n'eût reconnu aucune
autorité. Le fait est du reste si peu exact, que c'est le maréchal Bazaine qui a rédigé et signé, le 27, les pleins pouvoirs du général Jarras ; c'est à lui seul qu'a été soumis,
dans la même journée, le projet de protocole de la capitulation, c'est lui qui seul a été à même d'y introduire des modifications : le conseil n'a été rassemblé de nouveau que
pour en entendre la lecture, douze heures après la signature.

Que dire enfin de cette expression : *convention militaire?*
Est-elle destinée à atténuer la différence qui existe entre la
situation présente et les *conventions honorables* si impérieusement réclamées par les généraux de division ? On
comprend que pour un homme qui s'est trouvé quelques
semaines avant à la tête d'une magnifique armée et qui l'a
vue périr entre ses mains, le mot de *capitulation* est dur à
prononcer. Mais il faut avoir le courage d'appeler les choses
par leur nom, quand on a eu celui de les accomplir ; les

expressions ne changent pas la réalité des faits et ne peuvent égarer l'opinion. Devant les conditions acceptées, il n'y avait pas d'illusion possible ; personne ne s'y est trompé et, dans le monde entier, l'acte du 27 octobre a été caractérisé par le seul mot qui lui était applicable.

Ici se pose une question grave ; dans la situation telle qu'elle était donnée, que devait-on et que pouvait-on faire ? Contrairement à d'autres opinions qui ont été ou émises ou écrites, nous répondrons : *tout, excepté ce qui a été fait ;* et nous dirons la conduite qu'on aurait pu tenir, pour se conformer véritablement à l'honneur et au sentiment du devoir.

Il n'y avait plus à livrer une bataille rangée, ni à espérer battre assez l'ennemi pour permettre la sortie de l'armée ; mais rien n'empêchait de faire un appel à tous les hommes de bonne volonté, officiers et soldats, qui préféraient le danger à la honte de la captivité. On en eût trouvé des milliers, prêts à se jeter sur les lignes prussiennes avec toute l'énergie du désespoir ; qu'on en formât un seul corps avec des unités tactiques, sous le commandement des plus braves, ou qu'on les subdivisât en fractions plus ou moins importantes, on pouvait avec eux tenter des coups de main, des surprises, qui eussent permis à beaucoup de s'échapper ; le sang des autres eût du moins sauvé l'honneur de l'armée. Il ne s'agissait pas là de combats en règle ; ce qu'il fallait, c'étaient des hommes n'ayant que des fusils, des cartouches et de la viande, se lançant résolûment sur des retranchements ou passant dans les intervalles, sans s'arrêter à tirailler, sans se laisser émouvoir par les obus ennemis, abordant l'infanterie prussienne qui n'avait jamais tenu devant notre élan, la perçant et gagnant la campagne.

L'histoire militaire de tous les peuples et de tous les siècles est pleine de semblables exploits ; qu'on ouvre ses annales et on y verra des garnisons assiégées par des forces multiples s'échapper en dépit des lignes de circonvallation et de contrevallation ; des corps entiers entourés et cernés, se frayer un passage les armes à la main.

Qu'on lise dans l'*Histoire du Consulat et de l'Empire* (1) ce que fit le général Brenier à Almeida : « Le 10 mai au « soir, il assembla sa petite garnison qui était d'environ « 1 500 hommes, lui annonça qu'on allait abandonner la « place et se sauver en perçant à travers les lignes ennemies. « Cette nouvelle plut fort à la témérité de nos soldats, qui « tous, sous la menace de mourir de faim ou de devenir pri- « sonniers de guerre, se préparèrent à opérer des prodiges. « A dix heures du soir on prit les armes .. On sortit de la « place par la partie la moins observée, celle qui conduisait « aux bords de l'Agueda. On parcourut plus de deux lieues « sans apercevoir l'ennemi, puis on rencontra les avant- « postes de la division Campbell et de la brigade portugaise « Pack, et on leur passa sur le corps... Au jour on arriva à « Villa de Cuervos, pas loin de Barba del Puerco, et on rallia « le brave commandant du génie Morlet et ses sapeurs qui, « après avoir mis le feu aux mines de la place, étaient par- « venus aussi à forcer la ligne des postes ennemis. . . . .

« Deux ou trois cents hommes furent coupés, mais se je- « tèrent sur les côtés pour gagner par d'autres chemins les « bords de l'Agueda. Quelques-uns tombèrent dans un pré- « cipice et y entraînèrent les Portugais acharnés à les pour- « suivre. Quelques autres, restés en arrière, furent ramassés « par les Anglais. Ainsi, sauf deux cents hommes au plus, « cette héroïque garnison se sauva... On dit que lord Wel- « lington, en apprenant ce fait extraordinaire, s'écria

(1) Thiers, *Histoire du Consulat et de l'Empire*, t. XII, p. 689.

« que l'acte du général Brenier valait une victoire. »

En agissant à Metz avec la même énergie, on aurait épargné à la France la plus horrible des humiliations, et rendu peut-être à sa défense le plus immense service.

L'effectif des troupes prussiennes, l'importance de leurs ouvrages, la portée de leurs obus, ne seront jamais aux yeux de la postérité des excuses suffisantes pour justifier l'acte qui livra toute une armée française aux mains de l'Allemagne.

« Quand un général est cerné par des forces supérieures, « a dit Napoléon Ier qu'il faut toujours citer, il ne doit s'in-« spirer que de la réponse du vieil Horace. Dans une situa-« tion extraordinaire, il faut une résolution extraordinaire. « *Que de choses qui paraissaient impossibles ont été faites* « *par des hommes résolus, n'ayant plus d'autre ressource* « *que la mort!!!* Cette question ne nous paraît pas suscep-« tible d'une autre solution, sans perdre l'esprit militaire « d'une nation et s'exposer aux plus grands malheurs (1). » Et l'illustre historien de ce grand capitaine n'a-t-il pas écrit lui-même, à propos de la capitulation de Baylen : « Il n'y « avait aucune ressource que de se faire égorger, *bien que ce* « *soit quelquefois une ressource qui réussisse...* Il faut « ajouter, dans l'intérêt de la moralité militaire, que dans « ces situations extrêmes, la résolution de mourir est *la seule* « *digne, la seule salutaire* (2). » Ce sont là des voix assez autorisées pour qu'on ne puisse les méconnaître. Il est des moments dans la vie des peuples comme dans celle des hommes où le sacrifice devient nécessaire ; commandé au soldat comme devoir par le serment au drapeau, il est devenu souvent la voie de salut la plus sûre.

Les chefs autrefois le comprenaient ainsi, ils tenaient à

(1) *Mémoires de Napoléon*, t. VII, p. 276.
(2) *Histoire du Consulat et de l'Empire*, t. IX, p. 187.

honneur de montrer à leurs troupes le chemin qu'elles devaient suivre; ils faisaient appel à leur courage, à leur patriotisme, et ils leur apprenaient qu'un soldat doit préférer la mort à la honte de rendre ses armes. C'était avec ces nobles sentiments que se créaient jadis nos armées et qu'elles étonnaient le monde de leurs hauts faits. Aujourd'hui, c'est un général qui non-seulement n'a la pensée de tenter aucun effort, ni de sauver la moindre partie de ses troupes, mais qui s'oppose à ce qu'elles l'essayent: il semble vouloir que tous subissent le même sort. Il préfère déclarer qu'on ne pouvait songer à des tentatives inutiles (1), dont le succès aurait condamné ses résolutions; mais l'histoire lui répondra: « Ce que tant d'autres avaient fait, vous pouviez « le faire et vous deviez l'essayer »; et dans l'armée on ajoutera: « Nous voulions le faire, nous l'avons demandé, « et au lieu d'encourager nos efforts, vous les avez arrêtés; « vous dites qu'ils eussent été inutiles, mais, pour le savoir, « il fallait tenter l'épreuve, et vous ne l'avez pas voulu. »

Il sembla, du reste, que ces derniers jours eussent bouleversé les esprits de ceux mêmes que leur passé et leur caractère semblaient devoir soutenir en face des épreuves; catastrophes politiques, illusions perdues, désastres militaires, souffrances physiques, tout contribua à une sorte d'abattement moral, qui s'est manifesté parfois dans d'autres circonstances critiques de notre histoire. « C'est ainsi « qu'à Baylen des chefs qui avaient vaillamment combattu « sur le champ de bataille, montrèrent la plus coupable « faiblesse dans la négociation générale...; nouvelle preuve « que le courage moral et le courage physique sont deux « qualités fort différentes (2). »

(1) Ordre du jour du 28 octobre.
(2) Thiers, *Histoire du Consulat et de l'Empire*, t. IX, p. 186

Nos belles traditions militaires furent oubliées, les plus nobles idées de dévouement et de patriotisme furent mises de côté, et l'on en vint même à violer les devoirs que traçaient les règlements. Pour suppléer à l'abandon de tout principe, on inventa des théories nouvelles ; on fit appel à des sentiments inconnus jusqu'ici dans la conduite des armées.

S'agit-il de justifier l'inertie et la résignation ? on parle d'hécatombes, de sacrifices inutiles. La loi qui condamne à mort le commandant d'une troupe capitulant en rase campagne ou le commandant de place qui n'a pas repoussé un assaut au corps de place, s'occupe-t-elle donc des pertes plus ou moins grandes qu'il faudra subir ? Elle veut que l'honneur du pays et celui du drapeau soient saufs, sans s'inquiéter du sang qui sera versé. Si une nouvelle philanthropie doit intervenir dans les événements militaires et remplacer les traditions anciennes, qu'on abolisse la loi ; à quoi bon soutenir des assauts et perdre des défenseurs, quand la chute de la place est certaine ? Pourquoi se défendre en rase campagne, puisqu'on peut capituler et épargner la vie des hommes ? Mais que dire alors du capitaine de vaisseau qui laisse couler son navire ou le fait sauter plutôt que d'amener son pavillon ? C'est un grand coupable, qui a sacrifié inutilement son équipage... Et ces guerriers qui ont allumé eux-mêmes leurs poudres et se sont ensevelis sous des ruines !... Qu'en penser ?... Les peuples avaient conservé leurs noms et leur avaient élevé des statues : brisons-les. Si l'honneur militaire ne doit plus à l'avenir primer toute autre considération, qu'on ne fasse plus la guerre et qu'on n'ait plus d'armée ; la France serait impuissante à lutter contre les peuples voisins qui maintiennent les vieilles idées et s'en font gloire.

Pour excuser l'opposition qui fut faite à des tentatives d'action partielles, on argua de l'obligation d'une solidarité commune dans le malheur... Quelle est cette autre théorie (1)? Dans les choses de la guerre, la solidarité ne peut être la même pour tous en face du danger; l'infanterie, cette reine des batailles, s'expose chaque jour plus que les autres armes; qu'on consulte les états de perte et on verra de combien de sang elle paye ses efforts continus. Il ne vient cependant à l'idée de personne de méconnaître à son profit les services rendus par d'autres. Dans ses rangs mêmes, n'a-t-on pas souvent réuni les compagnies d'élite, fait appel aux hommes de bonne volonté, pour un assaut ou une opération difficile? Le courage qu'on leur demandait n'avait jamais été considéré comme faisant tache à celui de leurs camarades... Si l'égalité n'existe pas devant le péril, pourquoi existerait-elle devant la honte?... Craignait-on donc que le succès de ces tentatives désespérées ne vînt à faire douter des efforts du commandement ou de l'énergie de ceux qui n'auraient pas voulu s'y associer?

Le court avenir qui nous sépare de la catastrophe nous réserve de bien autres surprises, en fait d'aperçus nouveaux que nous aurons occasion de signaler; qu'il nous suffise ici d'ajouter que pendant qu'on laissait de côté les vieilles traditions de l'honneur, on oubliait les lois austères de la discipline, cet autre régulateur de la vie des armées. Les habitudes de mansuétude étaient descendues du haut de l'échelle dans les différents degrés de la hiérarchie; elles

---

(1) Nous n'ignorons pas qu'elle a été défendue par un de nos chefs les plus éminents, dans les pages éloquentes où il a raconté notre catastrophe (*l'Armée de Metz*, par le général Deligny, p. 51); malgré notre déférence pour son opinion, nous ne saurions nous y rallier.

avaient pénétré jusque dans l'enceinte de la justice, au sein des conseils de guerre qui en étaient les représentants et qui, méconnaissant leur mission, montraient une coupable indulgence pour des faits méritant la plus sévère répression. La paternité du maréchal alla plus loin encore ; on le vit se refuser pendant des semaines à l'exécution de jugements rendus, ménager la vie des espions prussiens pris en flagrant délit et ne céder que devant des représentations réitérées. L'impunité fut parfois accordée à des actes coupables, et ces fâcheuses tendances ne contribuèrent pas peu à accroître un affaissement des esprits qu'il eût fallu combattre par une main de fer comme par de grands exemples. Si l'armée avait été maintenue dans d'autres conditions, c'est avec elle tout entière qu'un effort désespéré aurait pu être tenté ; mais aujourd'hui, avons-nous dit, on ne pouvait plus compter que sur quelques milliers d'hommes véritablement résolus.

Que fût devenu le reste de cette armée, avec son commandant en chef? Elle eût pu se maintenir plus longtemps, grâce au départ d'un certain nombre de bouches ; le pain manquait, mais il restait encore treize mille chevaux qui auraient suffi à sa nourriture pendant plusieurs jours. Ne pouvait-on pas espérer quelques ressources nouvelles qui eussent prolongé la résistance? On verra tout à l'heure combien peu ce fait était invraisemblable. Enfin, à la dernière extrémité, elle eût encloué ses canons, noyé ses poudres, brûlé ses drapeaux, brisé ses armes et elle se fût rendue, avec la conscience d'avoir accompli son dernier devoir, donné à la France la meilleure partie d'elle-même et enlevé à l'ennemi un butin qu'il ne pourrait utiliser contre les autres armées du pays.

C'était là la solution la plus honorable ; si on la rejetait absolument, on pouvait du moins retarder la capitulation jusqu'au moment où l'on eût été réellement menacé de mourir de faim. Quand on veut invoquer les souvenirs de Masséna et de Kléber (1), on doit les imiter complétement et pousser, comme eux, l'abnégation et le sacrifice jusqu'aux dernières limites ; il y avait encore assez de viande, on devait retrouver du blé le lendemain, et on était loin des privations qu'avaient supportées les troupes de ces illustres généraux. Le conseil ayant reconnu le 10 octobre qu'il fallait rester à Metz pour immobiliser 200 000 ennemis et faciliter l'organisation du pays, on devait s'y maintenir le plus longtemps possible ; une ténacité énergique pouvait seule justifier cette résolution.

En admettant même que la capitulation fût nécessaire le jour où le maréchal Bazaine la proposait, il y avait autre chose à faire que d'envoyer immédiatement le général Jarras implorer la pitié de l'ennemi ; il fallait opérer auparavant l'œuvre de destruction, aussi complète que possible. Nous heurtons encore ici un de ces aperçus nouveaux que nous avons entendu émettre par les hommes dont on les eût le moins attendus ; mais, jusqu'à preuve contraire, nous soutiendrons que c'était là ce que commandaient les circonstances, d'accord avec l'esprit et le texte des règlements.

Il a toujours été enjoint de noyer les poudres, de détruire les munitions, d'enclouer les canons, quand on était obligé de les abandonner et qu'on craignait de les voir tomber entre les mains de l'ennemi. Au nom de quel droit viendrait-on proclamer d'autres principes, quand il s'agit d'une armée ou d'une place de guerre dont la destruction du matériel importe bien plus au salut du pays ? Si le butin doit

---

(1) Ordre du jour du 28 octobre.

être immense, le sacrifice en est d'autant plus impérieux. « A Almeida, le général Brenier, dont nous avons déjà « parlé, fit jeter toutes les cartouches dans les puits, scier « les affûts, tirer à boulet sur les bouches des pièces pour « les mettre hors de service et enfin charger les fourneaux « de mine... Il ne livra aux Anglais qu'une place détruite... « Le dépit de Wellington fut grand, si l'on songe combien « il était souverainement désagréable et même humiliant « de laisser détruire sous ses yeux et presque dans ses « mains une place dont on était près de s'emparer (1). » N'était-ce pas là le devoir tout tracé ? Est-ce qu'il n'en avait pas été ainsi dans une foule d'autres siéges ? M. le maréchal Bazaine avait devant lui l'exemple que nous avaient donné les Mexicains à Puebla. Lorsque la résistance y fut jugée impossible, tout fut détruit ; le maréchal Forey fut informé qu'il pouvait prendre possession d'une ville qui ouvrait ses portes ; les officiers réunis attendaient ses ordres et se livraient. De tout le matériel, la France ne retira pas un canon ; l'armée de siége avait épuisé ses munitions, elle ne put même pas se réapprovisionner avec celles de l'ennemi... Plus loin dans ses souvenirs ne se rappelait-il pas ce qu'avaient fait les Russes à Sébastopol : les vaisseaux brûlant dans la rade, les casernes et les bâtiments incendiés, les forts de la rive gauche faisant explosion avec toute leur artillerie, pendant que cet incendie éclairait la retraite de l'armée de Gortschakoff ?... Qui donc a songé alors à blâmer nos ennemis ?... Le maréchal n'avait-il pas lui-même fait brûler ses approvisionnements à Gravelotte, pour qu'ils ne tombassent pas entre les mains du prince Frédéric-Charles ?... Ne vaut-il pas mieux détruire des vaisseaux

---

(1) Thiers, *Histoire du Consulat et de l'Empire*, t. XII, p. 682.

que de les livrer? On en a toujours jugé ainsi dans la marine, et nous ne pensons pas que le code de l'honneur soit différent pour l'armée de terre.

Dans l'armée de Metz on a pensé autrement, les ordres les plus précis y ont été donnés pour la conservation des armes, du matériel, comme si on eût voulu que le butin de l'ennemi fût plus complet ; nous en dirons plus tard le motif. Un officier de l'état-major général parla de la nécessité de leur destruction devant le maréchal, qui s'emporta contre lui et le menaça de sa rigueur, s'il tenait au dehors un pareil propos. Plus tard, dans son ordre du jour du 28 octobre, le commandant en chef invoqua les usages militaires pour sauvegarder les armes et le matériel de toute dégradation, *parce qu'ils devaient faire retour à la France à la paix*. Il y a là une assertion qu'on ne sait comment qualifier ; les usages militaires de tous les peuples et de tous les siècles ont démontré le contraire ; les prises faites sur l'ennemi se sont appelées dépouilles opimes à Rome, butin au moyen âge, trophées dans les temps actuels, et jamais il n'est venu à un vainqueur la pensée de les rendre au vaincu. Que M. le maréchal Bazaine se rappelle les ordres qu'il a donnés lui-même, comme gouverneur de Sébastopol, pour le partage de son immense matériel entre les trois armées de la France, de l'Angleterre et de l'Italie. Il doit connaître aujourd'hui la valeur du nouveau principe qu'il mettait ainsi en avant. Nos canons sont venus armer les batteries dirigées contre Paris, les autres sont partis pour l'Allemagne avec nos drapeaux et nos armes ; et quant à la ville de Metz, l'ennemi y perfectionne les travaux qu'on y avait continués avec soin jusqu'au jour de la capitulation.

Ce qui paraîtra extraordinaire, c'est l'influence que le commandant en chef exerça à cette occasion sur ses lieutenants; tous acceptèrent ses funestes idées et, dans leurs corps d'armée, ils veillèrent avec un soin particulier à la remise d'un matériel qu'ils savaient destiné à passer aux mains de l'ennemi. Un général d'artillerie vint seul protester au quartier général contre un pareil acte, et ce sera un honneur pour lui ; il croyait dans sa loyauté qu'on avait oublié de prescrire les mesures de destruction qui lui semblaient commandées par le devoir, et il venait demander qu'on donnât de suite les ordres nécessaires. Il s'adressa au chef d'état-major général, qui lui fit nous ne savons quelle réponse, mais il partit profondément attristé de ce qu'il avait entendu.

Au lieu des résolutions prises par le conseil de guerre, il y en avait donc, selon nous, de tout autres à adopter ; c'étaient :

1° Une sortie faite avec tout ce qu'il y avait d'hommes valides de bonne volonté, le reste tenant jusqu'à la dernière extrémité, jusqu'à la dernière bouchée de viande ;

2° Ou le maintien de l'armée entière, prolongeant la résistance aux dernières limites du possible, comme l'avaient fait Masséna à Gênes, Kléber à Mayence ;

3° Ou une reddition immédiate, si elle était absolument nécessaire, mais précédée de la destruction complète du matériel et du démantèlement des forts que l'explosion des poudrières suffisait à assurer, ces opérations devant également se faire dans les deux autres cas.

Aussitôt après la séance du conseil, le maréchal fit droit aux demandes qu'avaient formulées les commandants de corps pour améliorer la situation alimentaire de leurs hommes. Il écrivit au général Coffinières que, « d'après les avis exprimés, la place et l'armée devaient être liées désormais dans leurs intérêts comme dans leur sort. La gravité des circonstances et les souffrances des troupes ne permettaient pas de maintenir plus longtemps la séparation qui avait été établie par des décisions récentes, sur ses réclamations ; il y avait donc nécessité de mettre, à partir de ce jour, toutes les ressources en commun. L'intendant en chef était chargé d'en prendre livraison et d'en opérer la répartition ; le commandant supérieur était invité à donner les ordres nécessaires pour assurer l'exécution de ces dispositions. »

Au point où en étaient les choses, M. le général Coffinières n'avait qu'à se soumettre ; sa résistance n'aurait pas sauvé la ville condamnée aussi bien que l'armée, tandis qu'elle eût augmenté des privations devenues inutiles. « Il se ré-« signa, dit-il, et sur l'avis conforme du conseil de défense, « il se décida à obéir aux injonctions du maréchal. »

Toutes ces tristes nouvelles, qu'on connaissait depuis la veille au quartier général, ne se répandirent dans les camps et la ville qu'après la séance du conseil, dans la journée du 26. La consternation fut générale ; elle vint en quelque sorte ajouter à l'abattement physique, et le poids de la douleur brisa les derniers ressorts qu'on eût pu faire agir, en sachant les utiliser. Quelques natures énergiques se révoltèrent seules contre l'immensité de l'humiliation ; elles résolurent de s'y soustraire à tout prix, en s'insurgeant au besoin contre un chef qui n'avait su que consommer leur ruine. Pour elles, tout valait mieux que cette honte ; la mort leur semblait mille fois préférable. Mais que pouvait-on en face de l'imminence de la catastrophe ? On se rappela les noms des généraux qui s'étaient déclarés hautement pour l'action ; on s'adressa à eux, mais ils refusèrent, parce qu'il était trop tard, et que dans les conditions présentes un combat en règle leur semblait impossible. On voulut s'entendre entre soi, appeler les uns et les autres à protester par les armes sur les lignes prussiennes contre les desseins du général en chef; mais on ne pouvait ni se voir, ni se retrouver. Le mauvais temps n'avait pas cessé, la pluie continuait à tomber par torrents ; officiers et soldats étaient blottis sous leurs abris de toile ; c'était à peine si l'aiguillon de la faim les décidait à s'aventurer dans ces lacs boueux qu'on appelait les camps, pour aller chercher leur maigre pitance. La nature elle-même semblait aider à notre catastrophe ; si le temps avait été beau, les choses ne se seraient peut-être pas passées de la même façon. Avec du soleil, tous eussent été dehors et se fussent retrouvés ; les cœurs se seraient réchauffés à ses rayons, les indignations se seraient fait jour, et les imaginations, peu à peu surexcitées, se seraient sans doute laissé entraîner à des idées de résistance. Malgré les intempéries de l'air et les difficultés matérielles, quelques officiers parvinrent à se rencontrer ; il fut convenu qu'ils se réuniraient le lendemain à Metz à une heure, pour y prendre une résolution, et ils espérèrent le concours d'un ou deux chefs qu'on savait décidés à tout braver.

A Metz, la douleur fut aussi grande que dans les camps ; la population entière s'indigna de se voir ainsi livrée, sans qu'on lui eût laissé la possibilité de se défendre ; sa colère s'exhala dans les plaintes les plus amères contre ceux qu'elle accusait de son malheur. Metz, dite *l'invincible,* n'avait jamais vu ses défenseurs fléchir, ni ses portes s'ouvrir à l'ennemi ; c'était pour la première fois dans son histoire que pareil affront allait être infligé à son patriotisme et à son orgueil ; elle succombait sans honneur, sans résistance; son glorieux passé disparaissait devant la honte de la catastrophe présente.

L'agitation fut extrême, les habitants se réunirent dans

les rues, sur les places, et les langages les plus violents se firent entendre. Mais quelle résolution prendre en l'absence d'un chef? La pluie dissipa peu à peu les rassemblements et, comme dans l'armée, on ne décida rien; on voulut attendre le lendemain. Avant de se séparer, des groupes se formèrent sur la place d'armes, au pied de la statue du maréchal Fabert, l'une des plus pures illustrations de la ville de Metz. On y lit, gravées sur le socle, ces belles paroles qu'il prononça jadis : « Si, pour empêcher qu'une place que le « roi m'a confiée ne tombât au pouvoir des ennemis, il fal- « lait mettre à une brèche ma personne, ma famille et tout « mon bien, je ne balancerais pas un moment à le faire. » Des hommes se hissèrent sur la statue et la recouvrirent d'un immence crêpe noir. Il sembla que ce grand guerrier dût s'associer au deuil de la cité et se voiler la face devant les humiliations qui se préparaient.

Le jour finissait; et comme si l'on avait attendu les ombres de la nuit pour traiter mystérieusement de la livraison de tant d'existences et de tant de richesses, ce ne fut qu'à sept heures du soir que le général Jarras se mit en route avec deux officiers de l'état-major général pour aller régler au château de Frescaty les détails de la capitulation; c'était la première fois que le chef d'état-major général, tenu jusque-là complétement à l'écart par le commandant en chef, se trouvait directement associé à ses actes et à ses desseins.

A Frescaty, il trouva le général de Stiehle, qu'accompagnaient deux officiers prussiens. Les chefs d'état-major des deux armées se retirèrent aussitôt dans un cabinet, et la discussion s'entama entre eux sur la rédaction du protocole. Du moment où le maréchal et le conseil s'étaient mis d'accord sur la solidarité de la ville et de l'armée dans la capitulation, comme le voulaient les Prussiens, il n'y avait par le fait aucune difficulté sur le fond ; la ville se rendait, sa garnison était prisonnière comme l'armée, les armes et le matériel de l'une et de l'autre étaient livrés à l'ennemi. Il ne restait à fixer que le mode et les détails de la remise.

Le négociateur prussien se montra fort coulant, paraît-il, sur les questions secondaires, mais il resta impitoyable pour toutes celles qui présentaient un intérêt sérieux ; le délégué français dut accepter des propositions dont l'initiative ne lui appartenait pas. Il n'y eut qu'un point sur lequel l'entente ne se fit pas. Le général Jarras demanda qu'un détachement de chaque arme, c'est-à-dire un bataillon d'infanterie, un escadron de cavalerie et une batterie d'artillerie, fût autorisé à sortir avec armes et bagages et à se retirer en France en s'engageant à ne pas combattre pendant la guerre. Le général de Stiehle s'y refusa formellement, en s'appuyant sur les raisons que la Prusse avait déjà mises en avant pour repousser les projets de retraite de l'armée dans une zone neutralisée. Bien plus, il ne voulut consentir à aucune concession qui semblât ménager l'honneur de l'armée de Metz ; les officiers devaient, comme la troupe, remettre leurs épées ou leurs sabres ; on ne les laissait qu'à ceux qui s'engageaient à ne plus servir pendant la guerre.

Se trouvant d'accord, les deux négociateurs revinrent dans la salle où les attendaient leurs officiers ; lecture fut faite devant ceux-ci du projet qui venait d'être arrêté, afin de les mettre à même de présenter leurs observations. La dureté des conditions imposées par le général de Stiehle souleva, disons-le avec reconnaissance, l'indignation de nos camarades. Retirer leurs épées aux officiers était le dernier degré de l'humiliation, un fait presque inouï dans les capitulations les plus sévères, et ils insistèrent avec toute leur énergie pour la modification de cette clause. Le général prussien s'excusa du fait en déclarant qu'il ne faisait qu'obéir à la volonté formelle du roi. Sa Majesté, disait-il, avait été fort mécontente de la manière dont quelques officiers avaient éludé leur parole, son armée partageait ses sentiments, et c'était une satisfaction qu'Elle voulait lui donner, en refusant désormais cette faveur aux troupes françaises. Mais, devant la fermeté de nos officiers, à laquelle s'associa le général Jarras, il s'engagea, au nom du prince Frédéric-Charles, à consulter le roi à Versailles et à lui demander son acquiescement ; il ajouta que, dans l'état de l'atmosphère, il craignait que les communications télégraphiques ne fussent interrompues et qu'on ne pût avoir la réponse le lendemain. Il ne lui en fut pas moins déclaré que cette clause était regardée comme indispensable pour obtenir l'approbation du maréchal.

Cette concession ne parut pas suffisante à nos camarades pour l'honneur du reste de l'armée ; ils s'étonnèrent à bon droit qu'il ne fût pas fait mention, dans le protocole, des honneurs de la guerre que les usages militaires ont toujours accordés aux garnisons qui n'ont pas démérité, quand elles consentent à remettre leurs armes à l'ennemi. Après s'être fait expliquer ce qu'on entendait par les honneurs de la guerre, le général de Stichle déclara qu'il n'y voyait aucun inconvénient ; mais ses instructions ne lui permettant pas d'accorder cette demande, il s'engagea à la soumettre au prince Frédéric-Charles, qui déciderait s'il y avait lieu d'y faire droit.

La question des bagages des officiers, sur laquelle le général Jarras avait vivement insisté, fut résolue suivant ses désirs ; les officiers devaient les conserver, ainsi que les chevaux qui leur appartenaient.

Enfin on était tombé d'accord sur la remise de la ville,

des forts, du matériel et des armes : *le tout devait être livré dans l'état où il serait au moment de la signature de la convention*, de telle sorte que le maréchal Bazaine se trouvait en droit de faire détruire ce qu'il était le plus important de ne pas laisser entre les mains de l'ennemi. On dirait vraiment, en lisant ce texte, que les Prussiens le comprenaient ainsi et qu'ils avaient voulu donner à notre chef la facilité de prendre les mesures que réclamerait l'intérêt du pays.

La manière dont s'exécuterait la reddition était également fixée. A deux heures du matin, le général Jarras quitta le général de Stiehle et prit rendez-vous avec lui pour le même jour à cinq heures du soir, afin de signer le protocole après l'approbation du maréchal.

Le lendemain 27, dès la pointe du jour, l'agitation qui s'était manifestée la veille dans les camps s'accentua davantage ; les officiers cherchèrent à s'entendre, ceux du génie se concertèrent et vinrent offrir à un de leurs colonels de se mettre à leur tête, lui promettant leur concours et celui de leurs hommes. On alla voir les uns, on fit avertir les autres et on s'engagea à se retrouver à Metz, à midi, dans une des salles de l'Ecole du génie. Un de nos chefs plus vigoureux, le général Clinchant, avait promis de s'y rendre et de se mettre à la tête de la sortie, si on lui assurait l'adhésion de 15 à 20 000 hommes. Il tenterait avec eux de forcer un point des lignes et de s'échapper en dépit de l'opposition du commandant en chef.

La réunion eut lieu en effet dans la journée ; mais au lieu de s'occuper du seul but qu'ils devaient avoir en vue, les jeunes officiers, qui y dominaient par le nombre, se laissèrent aller à une foule d'attaques et de récriminations contre leurs chefs directs, demandant le changement des uns, l'élévation des autres ; comme il arrive dans la plupart des assemblées, on ne parvint pas à se mettre d'accord et on put y constater un des inévitables résultats que produit une première atteinte portée à la discipline. Mais aussi quelle responsabilité ne pèse pas sur ceux qui mettent des hommes dans l'horrible alternative de manquer à leurs devoirs ou d'accepter le déshonneur!... La confusion devint telle, que les officiers supérieurs se retirèrent et que le général, prévenu, ne vint pas. La séance n'en continua pas moins; mais on reconnut bientôt qu'on n'était pas assez nombreux et qu'il fallait d'autres adhésions. Chacun s'engagea à aller les demander, et il fut convenu qu'on se retrouverait le lendemain pour arrêter un projet d'attaque qui serait exécuté le soir même.

Dans la ville tout se borna, comme la veille, à des rassemblements, à des manifestations patriotiques, à des violences de langage qui s'attaquaient au maréchal Bazaine et au général Coffinières, confondus au même titre dans le ressentiment public. Une proclamation du commandant supérieur avait annoncé aux habitants le malheur qui les frappait; elle leur recommandait le calme et la résignation devant une infortune inévitable. Affichée sur les murs, elle fut aussitôt lacérée. Quelques désordres, de nouveaux cris, des menaces regrettables, vinrent troubler la consternation de cette malheureuse cité dans la soirée du 27.

Pendant que ces événements se passaient, le maréchal Bazaine examinait, avec le général Jarras, le projet de capitulation arrêté la veille et y introduisait quelques modifications sans importance qui ne pouvaient rencontrer aucune difficulté de la part de l'ennemi. Il accepta en principe les honneurs militaires pour l'armée et la garnison comme un équivalent du départ des différents détachements qu'il avait demandé; mais il y mit pour condition que l'insertion de cette clause dans le protocole ne pourrait avoir une action effective.

Le commandant en chef méconnaissait ainsi les plus anciennes traditions des armées; l'histoire qu'on nous avait apprise nous disait que les généraux de tous les pays tenaient à honneur de sortir noblement des places qu'ils avaient défendues, à la tête de leurs troupes, tambours battant, enseignes déployées; les assiégeants, rangés en bataille, les voyaient défiler devant eux et leur présentaient les armes comme un hommage à leur valeur et à leurs efforts; ce n'était qu'après le défilé que les armes étaient mises en faisceaux et que la garnison devenait prisonnière. Dans des temps qui ne sont pas éloignés, cette condition était regardée comme indispensable pour que la capitulation fût réputée *honorable;* du moment où on ne détruisait ni les défenses ni les armes, l'ennemi se croyait tenu d'accorder cette faveur; c'est dans cette pensée que le général de Stiehle s'était montré disposé à y consentir. Le maréchal Bazaine n'en jugea pas ainsi, et il expliqua ses intentions à ce sujet par les raisons suivantes :

« Il avait consulté, dit-il, les commandants de corps à cet égard, et il les avait trouvés d'avis de renoncer à cette formalité ; il y aurait eu trop de difficultés à les mettre d'accord sur le rang qui leur serait assigné dans ce dernier défilé, en raison de la différence des grades et des situations personnelles. De plus, la discipline de l'armée était trop fortement atteinte pour qu'il n'y eût pas à craindre des désordres ou des violences dans cette rencontre avec l'ennemi, au moment où les hommes auraient encore leurs armes; la garde seule eût présenté, selon lui, les garanties de calme et de dignité nécessaires dans une circonstance aussi solennelle. Il valait donc mieux ne pas s'exposer à de graves mécomptes et livrer les hommes désarmés, mis dans l'impossibilité de rien tenter. »

Quant à nous, nous croyons que le maréchal se souciait peu de se montrer à ses troupes et de rester exposé à leurs regards pendant ce long défilé; il redoutait avec raison l'explosion de l'indignation qui s'y fût manifestée à la vue de celui qui était l'auteur de leurs maux; sa position ne l'aurait peut-être pas sauvé des démonstrations auxquelles auraient pu se laisser entraîner des natures ardentes, exaspérées par le désespoir.

Il n'insista que sur la clause qui devait laisser aux officiers leurs épées, et il engagea le général Jarras à la maintenir énergiquement. Au moment même où il venait de lui faire connaître ses intentions, il reçut une dépêche du prince Frédéric-Charles, qui lui annonçait que le roi accordait aux officiers prisonniers la faveur qui lui avait été demandée pour eux. Le prince ajoutait qu'il était disposé de son côté à rendre à l'armée de Metz les honneurs militaires, suivant le désir qui en avait été exprimé. Aucune difficulté ne se présentant plus et tout semblant réglé à la satisfaction des deux parties, le maréchal remit au général Jarras les pleins pouvoirs qui lui permettaient d'accepter et de signer en son nom la capitulation.

La facilité que le roi avait mise à céder, malgré ses intentions contraires, et la rapidité avec laquelle sa réponse était arrivée, auraient dû suffire pour faire comprendre au maréchal la hâte qu'avait l'ennemi de terminer les négociations; il y avait là un indice sérieux qui eût pu le faire réfléchir et l'engager à prolonger la situation. Il ne pouvait ignorer, puisqu'on le savait autour de lui, qu'un corps d'armée prussien avait déjà reçu l'ordre de se préparer à partir et que les autres devaient suivre dans le plus bref délai; on disait, il est vrai, qu'ils se dirigeraient sur Lyon et le Midi ; c'était un bruit répandu à dessein pour tromper l'opinion sur le véritable but de leur marche, qui devait être Orléans.

Les moyens matériels de gagner du temps avaient été donnés au maréchal le jour même. Dans l'après-midi du 27, l'intendant en chef vint le trouver et l'aborda, tout joyeux, disait-il, de lui apporter une bonne nouvelle : grâce à la mise en commun des ressources des corps d'armée et de la place, on se trouvait avoir devant soi quatre jours de vivres assurés ; avec celles qu'on comptait trouver encore à Metz, en les faisant sortir de leurs cachettes, il y avait lieu d'espérer que ce chiffre pourrait être doublé ; c'était, avec les treize mille chevaux qui restaient, de quoi tenir plus longtemps qu'on ne l'avait supposé. Voici la réponse du maréchal, qui mérite d'être connue, telle qu'elle fut entendue par un témoin de l'incident : « Et que voulez-vous que cela me fasse, monsieur « l'intendant? Vous auriez des vivres pour quinze jours, « que cela ne changerait rien à la situation ; les pourparlers « sont engagés, il faut en finir de suite et nous en aller. » L'intendant se retira, confus de l'insuccès de ses efforts, dont il espérait un tout autre résultat.

A côté de ces paroles, plaçons le texte du premier paragraphe de l'article 255 du service des places : « Le com- « mandant d'une place de guerre ne doit jamais perdre de « vue qu'il défend l'un des boulevards de l'empire, l'un des « points d'appui de ses armées, et que *de la reddition d'une* « *place, avancée ou retardée d'un seul jour, peut dépendre* « *le salut du pays.* » Or c'est le 31 octobre que l'armée du prince Frédéric-Charles a commencé son mouvement pour se porter contre notre armée de la Loire ; elle ne s'est trouvée en ligne que vers le 25 novembre. Si elle avait été maintenue à Metz huit jours de plus, elle n'aurait pu arriver qu'à la fin du mois au plus tôt. Le général d'Aurelles pouvait donc compléter son succès de Coulmiers; son mouvement sur Paris n'aurait pas été arrêté. Ces dates en disent plus que toutes les réflexions sur la conduite du maréchal Bazaine dans cette circonstance.

La résolution *d'en finir* étant irrévocablement arrêtée, le général Jarras se rendit à cinq heures à Frescaty avec les mêmes officiers que la veille. La lecture du protocole et un nouvel examen des articles ramenèrent la discussion sur l'importante question des honneurs de la guerre, qui venait d'être résolue dans la journée. Notre plénipotentiaire déclara que le maréchal remerciait le prince de cette clause et désirait son introduction dans le protocole, mais à la condition qu'elle ne fût pas réellement exécutée. A ces paroles, l'étonnement du général de Stiehle fut complet; il ne comprenait pas qu'un honneur eût été réclamé pour être considéré comme non avenu. Le général Jarras ne pouvait ou ne voulait pas faire connaître les raisons qu'avait eues le maréchal; aussi chercha-t-il à expliquer son refus par la continuité du mauvais temps, l'état déplorable du terrain et des routes, la fatigue qui en résulterait pour les troupes. Le général prussien lui répondit fort dignement que l'état de l'atmosphère n'entrait jamais dans les considérations militaires pour son armée, et qu'elle était habituée à en braver toutes les intempéries, afin de n'avoir pas à s'en préoccuper en temps de guerre. Nos officiers et nos soldats, ajouta-t-il, ont bivouaqué en plein champ pendant cette affreuse période de pluie, sans que nous nous en soyons préoccupés. Nous ne pouvons dire ce que répondit le général Jarras à d'aussi justes observations; ses déboires n'étaient pas finis.

Comme il insistait sur la seule interprétation que le maréchal voulut admettre, le général de Stiehle lui déclara qu'alors cette clause ne figurerait pas au protocole ; il n'était pas admissible, dans les idées militaires prussiennes, que des conditions fussent stipulées pour n'être pas exécutées ; chez eux, le texte avait une valeur réelle et rien n'en pouvait être éludé par aucune des deux parties. La question se résumait donc ainsi : les honneurs de la guerre vous seront rendus, comme vous l'avez demandé, et le protocole l'indiquera, ou, si vous n'en voulez plus, il n'en sera fait aucune mention. Ainsi mis en demeure de se prononcer, le général Jarras dut consentir à ce que la clause fût supprimée ; c'est ainsi que l'armée de Metz se trouva privée, par la volonté de son chef, de la seule concession qui eût pu donner à sa capitulation une apparence d'*honorabilité*, suivant les idées reçues.

Notre chef d'état-major général ne pouvait cependant laisser supprimer complétement toute apparence de témoignage d'estime pour nos troupes ; mais dans un acte où chaque phrase avait sa valeur et se rapportait à l'exécution d'un fait, il était difficile d'introduire une période sentimentale. Après avoir cherché sans doute longtemps, il trouva un singulier expédient, qui consistait à présenter l'autorisation donnée aux officiers de conserver leurs épées et leurs bagages comme un honneur accordé aux troupes en récompense de leur valeur. La proposition fut faite et acceptée par les Prussiens dans les termes suivants : « Pour « reconnaître le courage dont ont fait preuve pendant la « durée de la campagne les troupes de l'armée et de la gar- « nison, il est permis aux officiers d'emporter avec eux « leurs épées ou sabres, ainsi que tout ce qui leur appar- « tient personnellement. »

D'accord sur tous les points, les deux plénipotentiaires signèrent la capitulation ; puis ils s'occupèrent d'un appendice dont le projet avait été également arrêté la veille et qui concernait principalement la place de Metz ; le dernier article réglait le mode d'après lequel les troupes seraient livrées à l'ennemi. Elles devaient être conduites par leurs officiers jusque dans les lignes prussiennes, en suivant pour chaque corps la route qui se trouvait en avant de son front ; la garde, la réserve d'artillerie et les troupes du grand quartier général avaient un itinéraire spécial par le pont du chemin de fer et la route de Nancy. Arrivées aux points indiqués, l'ennemi s'en emparait, les officiers en étaient séparés et retournaient à leurs bivouacs ou dans la place, pour y attendre leur mise en route sur les lieux d'internement qui leur seraient assignés. C'était le 29, dans l'après-midi, que devait se faire cette funèbre opération ; la journée du 28 était réservée pour l'établissement des contrôles, le versement des armes et les dernières dispositions.

Dans les discussions qu'entraîna la rédaction de ce dernier acticle, le général de Stiehle eut l'occasion de faire connaître les mesures que comptait prendre l'autorité prussienne pour envoyer les prisonniers en Allemagne. Il parla d'abord du départ des officiers, qui y seraient envoyés successivement par les deux lignes ferrées de Sarrebrück et de Nancy. « Quant aux 80 000 hommes de troupe, » ajouta-t-il... Le général Jarras l'interrompit pour lui dire : « 80 000 hom-
« mes, mais il y en a bien davantage, nous en avons 126 000.
« — Oh ! oui, je sais, répliqua le général prussien, avec les
« malades et les blessés. — Mais non, pas du tout, tint à
« constater son interlocuteur ; c'est 126 000 combattants,
« donnés par la dernière situation, sans compter la gar-

« nison de Metz, les malades et les blessés, plus de
« 160 000 hommes. — Vraiment, est-ce possible? » se contenta de répondre M. de Stiehle ; l'étonnement peint sur son visage en dit plus que ses paroles. Dans le camp prussien, on croyait à une grande infériorité numérique, qui expliquait l'inutilité de nos efforts et la nécessité de notre soumission ; mais il n'y était venu à personne la pensée qu'on pût voir une armée, encore aussi nombreuse, ayant eu longtemps un effectif au moins égal à celui de l'ennemi, ne pas combattre pendant dix semaines et se rendre tranquillement, sans la moindre tentative de résistance. Il y avait là un fait tellement inouï dans les annales militaires qu'on se refusait à admettre une pareille honte pour la France. Devant les renseignemeuts donnés par le chef d'état-major général, on ne pouvait douter ; quelle pensée durent avoir de nous les officiers prussiens en apprenant l'étendue de leur succès !...

L'appendice fut bientôt signé, comme l'avait été la capitulation... L'armée de Metz a cessé d'exister...

Sur l'ordre du maréchal Bazaine, le conseil se réunit le lendemain, 28 octobre, à huit heures et demie du matin, « à l'effet d'entendre, dit le procès-verbal (1), la lecture de
« la convention signée le 27 octobre 1870, au château de
« Frescaty, près Metz, par M. le général chef d'état-major
« général de l'armée, muni à cet effet des pleins pouvoirs
« du maréchal Bazaine et de tous les membres du conseil,
« lesquels lui ont été conférés dans la séance du 26 octobre
« au matin.

« Le général Jarras a fait la lecture dudit document ainsi
« que de l'appendice qui y est joint, et, après des explica-

---

(1) *Rapport sommaire*, p. 24.

« tions qui ont été demandées et données sur la portée et
« l'interprétation de quelques articles, le conseil a reconnu
« que son mandataire avait usé des larges instructions qu'il
« avait reçues d'une manière aussi satisfaisante que le
« comportait la situation de l'armée, et il a donné son ap-
« probation au protocole et à son annexe... Suivent les si-
« gnatures. »

Une approbation n'a de valeur qu'autant qu'elle influe sur les résolutions à prendre; or le protocole était signé depuis la veille, rien ne pouvait y être changé; il n'y a donc eu là qu'une simple formalité pour la justification du commandant en chef. Qu'on suppose, en effet, le conseil trouvant les conditions inacceptables et y refusant sa sanction, comme il eût pu le faire, puisque le texte ne lui en avait pas été soumis; que serait-il arrivé?... Le maréchal se serait passé de cette approbation; il en eût appelé au règlement, qui donnait à lui seul le droit de régler la capitulation, et il en eût ordonné l'exécution, qu'il lui était impossible d'éluder.

Il fut convenu ensuite que les commandants de corps rassembleraient les généraux et les chefs de service comme dans les occasions précédentes; ils leur annonceraient le sort qui attendait l'armée et leur donneraient les instructions nécessaires sur la remise des armes qui se ferait dans la journée; ils devaient insister sur les soins qu'il y avait à prendre pour éviter toute destruction de matériel ou bris d'armes, de tels faits pouvant aggraver la situation. C'est ici qu'il importe de dire ce qu'on entendait par cette *aggravation*.

A Strasbourg, une capitulation avait été signée, on sait après quelle admirable défense. Ses murailles étaient écroulées, ses maisons incendiées, ses monuments publics détruits ; il n'y avait que des ruines à livrer au vainqueur, mais on ne pensa pas que ce fût encore assez. Les poudres furent noyées, les canons brisés, les fusils tordus, les cartouches jetées dans l'Ill, et ce ne fut qu'après ce sacrifice que la garnison se constitua prisonnière. Furieux de se voir privé d'un immense matériel qu'il comptait utiliser, l'ennemi s'en vengea de la façon la plus odieuse, en dépouillant les officiers de leur argent, de leurs montres, de leurs objets précieux et de leurs bagages, avec le cynisme d'avidité qui a été l'un des caractères les plus remarquables de cette guerre.

Dans les premières discussions qui avaient eu lieu à Frescaty, la pensée de détruire les forts, les armes, le matériel, avait été exprimée comme une sorte de menace pour obtenir nous ne savons quel adoucissement. Les Prussiens avaient répondu, disait-on, que si l'armée se présentait ainsi à eux, ils tireraient dessus, ou que du moins ils la traiteraient avec la dernière rigueur. Pour les simples soldats, il est difficile d'imaginer quelque chose de plus que ce qu'ils ont fait, à moins d'en venir aux tortures des temps anciens ou des sauvages; lorsqu'on saura les souffrances de ces malheureux pendant le transport et dans les camps de Mayence, de Magdebourg, de la Silésie et du Schleswig, personne ne comprendra ce qu'auraient été d'autres rigueurs. Quant aux officiers, ils seraient considérés comme de simples soldats et dépouillés comme l'avaient été ceux de Strasbourg. C'était répondre à une menace par une autre menace, où il ne pouvait y avoir de sérieux que la suppression de la clause qui laissait aux officiers leurs épées et les objets leur appartenant.

Eh bien, nous le disons ici avec une conviction profonde, la grande majorité des officiers eût brisé ses épées et fait le sacrifice de ses chevaux et du mince bagage qu'ils possédaient, pour ne pas voir tomber aux mains de l'ennemi les immenses richesses militaires qui allaient doubler sa puissance et sa force contre notre malheureux pays. Cette opinion, nous l'avons entendu émettre bien des fois dans ces tristes jours par des officiers de tout grade et de toute arme ; nous craignons qu'elle n'ait pas été partagée par le commandant en chef, parce que l'important matériel qui constituait ses bagages représentait une bien autre valeur.

Sans parler des économies qu'il avait pu réaliser sur son traitement (1) pendant ce long investissement, où la représentation avait été absolument nulle, il n'avait pas dédaigné, en présence de l'immense désastre qu'il voyait autour de lui, de demander au Trésor et aux fonds secrets des apurements de comptes dont l'ir-

---

(1) La situation financière du commandant en chef de l'armée du Rhin n'avait pas été réglée au moment de la retraite sur Verdun : dans la première quinzaine de septembre, après la nouvelle de Sedan, il pensa qu'il était grand temps de la fixer, et par un arrêté il remit en vigueur l'ancien tarif adopté pour l'armée d'Italie, en 1859. Les choses se trouvant ainsi régularisées, il se fit rembourser le rappel de la solde qui lui revenait à partir du 12 août, jour de sa nomination au commandement en chef.

L'arrêté qu'il avait pris entraînait en même temps de nouvelles allocations pour d'autres positions qui n'existaient pas au début de la campagne ; les émoluments de quelques généraux et chefs de service furent augmentés ; il y eut là tout un ensemble de modifications financières.

Voici les chiffres de quelques-uns de ces traitements :

	Solde brute.	FRAIS de représ.	de bureaux.	Total.
Maréchal commandant en chef...	90 000	70 000	20 000	180 000
Chef d'état-major général.....	20 750	20 000	25 000	65 750
Commandant supérieur de Metz...	20 750	30 000	10 000	60 750
Commandant l'artillerie ou le génie d'un corps d'armée........	20 750	20 000	2 500	43 250

régularité s'efface devant l'étrangeté des réclamations.

Il n'y a donc pas lieu de s'étonner qu'il ait insisté auprès du conseil sur la remise en bon état des armes et du matériel, puisqu'elle assurait à ses yeux la conservation des bagages; cela lui était d'autant plus facile, qu'il plaidait en même temps la cause des officiers : ceux-ci auraient préféré qu'il s'occupât plus de leur honneur et moins de leurs intérêts. Les membres du conseil ne pouvaient rester insensibles à la perspective d'aggravation qu'on leur faisait entrevoir et qui eût atteint leurs subordonnés, déjà frappés par une si grande infortune; ils crurent de leur devoir d'user de leur autorité pour prévenir les faits qui auraient pu détruire les concessions de l'ennemi et, dans l'acquiescement qu'ils donnèrent au désir du maréchal, ils obéirent à un sentiment naturel de bienveillance et d'humanité.

Ces considérations, qui ne touchaient que les officiers, n'auraient peut-être pas suffi pour calmer l'exaspération qu'on pouvait redouter dans la troupe; aussi le maréchal demanda-t-il qu'on fît un appel à la discipline pour représenter comme un acte coupable tout fait qui se produirait à l'encontre des stipulations acceptées; bien plus, il développa la théorie nouvelle qu'il avait trouvée pour les besoins de sa cause et d'après laquelle, *conformément aux usages militaires, les places et leur armement devaient faire retour à la France à la signature de la paix*... Et, chose inouïe !... il sut faire partager cette dernière opinion à quelques-uns des membres les plus honorables du conseil. On vit le général Changarnier lui-même insister vivement auprès des généraux du 3ᵉ corps, lors de leur réunion, pour que la remise des armes se fît dans le meilleur ordre et que chaque régiment adoptât dans les forts un emplacement séparé, afin qu'il pût retrouver aisément ses fusils le jour où il serait appelé à les reprendre. Certes, ce n'était pas la pensée de conserver ses effets qui dictait les paroles de l'illustre soldat : un sac de nuit et une épée, c'était tout ce qu'il possédait.

Les bruits les plus absurdes se répandirent aussitôt dans les corps, sans qu'on pût dire d'où ils venaient; ils étaient plus faits pour impressionner les soldats que d'autres considérations qui ne les atteignaient pas ou dont l'élévation morale leur échappait. On disait aux uns que les officiers seraient seuls prisonniers, tandis que les hommes de troupe seraient renvoyés libres dans leurs foyers; aux autres, que les Prussiens ne s'étaient engagés à bien traiter les prisonniers qu'à la condition que les armes leur fussent livrées en bon état; on racontait encore que la captivité serait de courte durée, et qu'à la rentrée en France, les corps viendraient reprendre à Metz les fusils et les canons qu'ils abandonnaient. Il y avait donc tout intérêt, pour eux et pour le pays, à ce que le versement s'en fît avec régularité.

Ces rumeurs circulaient déjà, quand les commandants de corps réunirent leurs officiers pour leur faire leurs adieux et leur donner leurs dernières instructions; alors se manifestèrent les sentiments les plus opposés, récriminations et violences de la part des uns, douleur et consternation chez les autres. L'abattement contrastait avec l'énergie de l'indignation, la résignation avec les souffrances de l'amour-propre, mais partout le désespoir du patriotisme et la conscience du malheur public. Les reproches les plus sévères furent exprimés par quelques-uns à l'adresse du maréchal, par d'autres même à leurs chefs directs; on ne dit pas comment ceux-ci les repoussèrent. Ce que l'on sait, c'est que l'un d'eux répondit : « C'est fort triste, mais cela vaut certai-
« nement mieux que ce qu'on voulait nous faire faire. » Les

instructions furent données pour la remise des armes ; elle devait commencer immédiatement. Le maréchal Bazaine avait tenu à ce que le désarmement s'exécutât le plus vite possible, dans la crainte qu'une entente ne s'établît entre les officiers qui lui étaient signalés comme décidés à s'affranchir de la capitulation ; il avait voulu leur enlever tout moyen d'action ; une tentative de leur part eût pu entraîner bien du monde et compromettre l'exécution du protocole.

A en juger par ce qui s'était passé depuis le matin, ce danger pouvait être regardé comme sérieux ; dès neuf heures, la plupart des officiers qui s'étaient réunis la veille se retrouvèrent à la caserne du génie avec la liste des adhésions qu'ils avaient recueillies ; d'autres vinrent les rejoindre, ou pour leur propre compte ou députés par leurs camarades, chacun apportant des renseignements et indiquant le nombre d'hommes dont il disposerait ; on était promptement arrivé au chiffre de six mille, et on espérait atteindre celui de quinze mille, qui avait été jugé nécessaire comme minimum pour forcer le passage. Le général Clinchant était attendu dans la journée ; il devait venir se rendre compte du point où en étaient les choses et arrêter les mesures à prendre ; mais, au moment où il se disposait à partir, il fut mandé d'urgence chez le commandant de son corps d'armée, le maréchal Le Bœuf. Il ne se fit aucune illusion sur le motif de cet appel, qu'il supposa provoqué par le mécontentement du maréchal Bazaine contre sa conduite et son langage ; des mesures de rigueur, peut-être une arrestation, pouvant le menacer, il hésita d'abord à s'y rendre ; puis il s'y décida, fort de sa conscience, tout entier aux nobles sentiments de patriotisme qui le faisaient agir. Il ne s'était pas trompé : le commandant en chef, prévenu de l'importance que prenait la réunion de Metz et craignant l'influence du général Clinchant, en avait informé le maréchal Le Bœuf; il le priait d'user de son autorité pour entraver les généreux projets de son subordonné, et il insistait pour que le désarmement du 3ᵉ corps fût activé.

Alors eut lieu au quartier général du maréchal Le Bœuf une scène où l'on trouve une reproduction fidèle des sentiments bizarres et opposés qui se heurtaient dans les esprits les mieux trempés, en ce temps de douloureuses épreuves. A son arrivée, le général Clinchant ne put voir le maréchal, qui était occupé; mais il fut reçu par le général Changarnier, qui s'était chargé, en l'absence du commandant du corps, de lui adresser une sévère admonestation. Elle fut faite dans les termes les plus durs, avec une violence de langage qui ne fit que s'accroître devant les explications du général Clinchant et l'affirmation de sa volonté de ne pas renoncer à son projet. Le général Changarnier s'emporta de plus en plus; repoussant devant lui de la main son interlocuteur, il le fit reculer successivement jusqu'à la porte qui se trouvait entr'ouverte, jusque dans la chambre voisine, où se tenaient plusieurs officiers, s'écriant : « Je « n'aime pas les braillards, entendez-vous, général ; j'aime « mieux que l'armée périsse que de la voir se sauver par « l'indiscipline ! » Ce dernier effort avait comme épuisé l'irritation du vieux général, d'autres sentiments se firent jour subitement dans sa pensée : il se jeta dans les bras du général Clinchant, lui donnant pour ainsi dire le baiser d'adieu du condamné ; puis il tomba sans force sur un canapé et se mit à fondre en larmes devant tous ces jeunes officiers, profondément émus de cette noble douleur. C'était la lutte entre le devoir et l'honneur, entre la discipline et le patriotisme; le soldat avait parlé, mais le citoyen, l'homme de cœur reniait ses paroles et maudissait la destinée, peut-être celui qui en avait été l'auteur.

Quand le général Clinchant revint à son bivouac, il trouva ses troupes parties ; on avait profité de son absence pour les envoyer dans le fort où elles devaient laisser leurs armes. C'en était fait, il ne pouvait plus rien ; il fit prévenir les officiers qui l'attendaient à Metz qu'en présence du désarmement opéré, il fallait renoncer à toute tentative de vive force ; la déception fut grande pour tous ces hommes qui se voyaient contraints de subir le sort commun. Quelques-uns persévérèrent dans la pensée de s'en affranchir à tout prix, soit en passant en petite troupe le revolver au poing, soit en s'échappant isolément. Mais là encore ils devaient trouver des obstacles inattendus ; des chefs de l'armée prévenaient le maréchal Bazaine de ces projets et l'engageaient à prendre les dispositions nécessaires pour les déjouer ; ils lui promettaient de leur côté la surveillance la plus rigoureuse. Devant un pareil fait, on ne sait vraiment que croire et penser ; il y a là un tel renversement des idées reçues et des appréciations les plus ordinaires, qu'il ne peut s'expliquer que par le trouble momentané produit dans les esprits par cette succession de malheurs.

A la date du 28 octobre, la capitulation n'était pas encore exécutable, son action ne devant commencer que le 29, à midi. L'armée se trouvait en face de l'ennemi, en état d'hostilité, ou, en tout cas, avec une suspension d'armes ; il était donc parfaitement rationnel et permis, au point de vue strict de la légalité, que des officiers cherchassent à s'échapper et à aller rejoindre les autres armées de leur pays ; ou bien il faudrait admettre que les détachements et les officiers qui ont pu se sauver jadis des places assiégées ont été glorifiés à tort, quand ils méritaient d'être réprimandés.

Voilà le droit. Si, au contraire, on ne voulait y voir déjà que des prisonniers, nous ne sachions pas que des reproches aient jamais été adressés à ceux qui, libres de leur parole, rompaient les chaînes de la captivité, encore moins à ceux qui les y aidaient ; que serait-ce donc s'il s'agissait, comme ici, d'officiers de tout grade ? Empêcher des compagnons d'armes d'échapper aux mains de l'ennemi, s'ils veulent le tenter au péril de leur vie, c'est un fait qu'on ne s'explique pas ; il y a peut-être là un nouveau principe à ajouter à ceux qu'a engendrés cette malheureuse guerre, à moins qu'on ne veuille y voir une application de celui de la solidarité commune. En dépit des mesures prises et des mauvaises volontés manifestées, plusieurs officiers parvinrent à s'évader ; ils eurent le bonheur de pouvoir rejoindre les troupes qui combattaient déjà et de continuer la lutte dans leurs rangs.

L'infanterie et la cavalerie déposèrent leurs armes et leurs cartouches soit dans les forts, soit dans les magasins de la ville ; l'artillerie conduisit à l'arsenal ce qui lui restait de canons et de matériel ; mais l'espace était trop restreint pour recevoir ce nombre immense de voitures et de bouches à feu (1) ; il fallut les réunir sur d'autres points : on vit bientôt la place de France, celle de Chambières, couvertes de nos engins de guerre qui allaient devenir le lendemain les trophées de l'ennemi. Dans tous ces ruisseaux de fange qui avaient été des routes, à travers l'humide rideau d'une pluie continuelle, on apercevait de longues agglomérations d'hommes qui n'étaient plus des soldats ; ils marchaient silencieux, les uns chargés encore de leurs armes, les autres

(1) L'armée de Metz possédait 85 batteries ou 510 bouches à feu (438 canons, 72 mitrailleuses). En y ajoutant les pièces qui servaient à l'armement de la place et celles de l'arsenal, c'était un ensemble de 1800 pièces environ qu'on livrait à l'ennemi.

les ayant déjà abandonnées ; tous paraissaient consternés de l'acte qu'on leur faisait commettre et sur leur visage se lisait l'expression de la plus vive douleur.

Ainsi s'accomplissait l'œuvre de la capitulation ; mais ce n'était pas assez pour M. le maréchal Bazaine. Il tenait à remplir fidèlement les engagements qu'il avait contractés vis-à-vis de l'ennemi ; ses scrupules ne lui permettaient pas, dit-il, « de ne pas exécuter rigoureusement toutes les « clauses, quelque pénibles qu'elles fussent, sans manquer « à la parole donnée. »

Or le protocole de la capitulation disait à l'article 3 : « Les armes ainsi que tout le matériel de l'armée consistant « en drapeaux, aigles, canons, etc., etc., seront laissés à « Metz et dans les forts..., pour être remis immédiatement « à des commissaires prussiens. » Il ne manquait au versement exigé que les aigles ou drapeaux de nos régiments ; l'opération était ici plus difficile parce qu'on avait à redouter une véritable résistance. Livrer ses armes à l'ennemi, se livrer soi-même, c'était une véritable humiliation ; mais lui remettre ces symboles de l'honneur militaire, ces emblèmes que les régiments saluent et respectent, parce qu'ils les suivent au milieu du feu et les défendent au prix de leur sang, parce qu'ils sont la consécration de leur histoire, c'était un affront, on peut le dire, une honte de plus infligée à toute l'armée.

M. le maréchal Bazaine aurait pu facilement s'éviter les scrupules de la dernière heure, en prenant des mesures le 27, alors que la capitulation n'était pas signée ; le projet lui en était soumis, il connaissait les exigences de l'article 3 et pouvait loyalement s'y soustraire en usant de la faculté que lui laissait l'article 2, ainsi conçu : «... Le matériel de « guerre... sera rendu à l'armée prussienne dans l'état où

« il se trouve au moment de la signature de cette conven-
« tion. » Il avait le temps nécessaire pour faire détruire les drapeaux et il se trouvait en règle avec sa conscience si subitement alarmée. Mais à quoi bon se préoccuper de ces lambeaux d'étoffe, « qui n'ont de valeur morale que quand « ils sont pris sur le champ de bataille ; ils n'en ont aucune « quand ils sont déposés dans un arsenal (1). » Voilà la théorie destructive de toutes les traditions et de toutes les gloires militaires qu'un maréchal de France a mise en avant pour sa justification !... On sait l'indignation générale qu'elle a soulevée dans notre pays, comme chez les autres peuples ; devant une pareille négation de nos croyances passées, de ce qui a été notre foi militaire, notre cœur de soldat se soulève, notre plume se refuse à répondre ; il y a des cas où le silence est plus éloquent que les paroles...

Le maréchal Bazaine savait que l'armée ne partageait pas sa manière de voir et qu'elle se refuserait à livrer ses drapeaux à la Prusse ; il n'ignorait pas que déjà celle de Sedan avait brûlé, brisé ou enterré ses aigles et qu'en dépit de ses ordres les mêmes faits se produiraient à Metz. Il tenait cependant à exécuter cette clause de la capitulation, bien moins pour obéir à ses scrupules, auxquels personne ne croira, que pour s'épargner toute difficulté au moment du départ. Que fit-il? Il trompa l'armée, les généraux, les colonels, par des procédés tels que l'odieux de sa théorie disparaît presque devant les moyens employés pour l'appliquer.

A quatre heures du soir, l'ordre fut donné à un officier supérieur de l'état-major général d'envoyer immédiatement une circulaire aux commandants de corps : « Ils étaient invités à réunir les drapeaux et étendards des régiments, enveloppés

---

(1) *Rapport sommaire*, p. 23.

dans leurs étuis, et à les envoyer sans retard, par un fourgon d'artillerie, à l'arsenal de Metz, *où ils devaient être brûlés*. Le directeur de l'arsenal était prévenu qu'il eût à les recevoir et à en délivrer des récépissés au titre de chaque corps de troupe. Les colonels devaient être informés de cette destination. »

C'est le premier acte du drame : les colonels savent que leurs nobles emblèmes ne seront pas livrés à l'ennemi, qu'ils seront brûlés solennellement ; ils peuvent donc s'en dessaisir sans crainte, puisque des mesures sont prises à l'arsenal.

A peine cette circulaire est-elle terminée, que le même officier est chargé de faire une lettre spéciale pour le commandant supérieur de Metz, de l'autorité duquel relèvent l'arsenal et son directeur. On l'informe « que les drapeaux et étendards des régiments seront réunis dans chaque corps d'armée et portés à l'arsenal, où il devra donner des ordres pour qu'ils soient reçus et qu'un récépissé en soit délivré au titre de chacun des régiments. *Ces drapeaux et étendards seront déposés en magasin.* »

L'officier se croit obligé de faire remarquer l'anomalie qui existe entre les deux textes, le second ne répondant pas à l'intention exprimée dans le premier. Mais il apprend du chef d'état-major général que tels sont les ordres du maréchal, et qu'il n'a qu'à présenter les lettres à sa signature. Arrivé chez le commandant en chef, il reproduit les mêmes observations. Voici la réponse qui lui fut faite : « C'est à dessein que j'ai fait
« écrire ainsi à Coffinières, pour que l'artillerie n'en soit
« pas instruite. Le général Soleille est un homme timoré
« qui ferait des difficultés en alléguant la valeur des enga-
« gements signés. *Je me suis réservé de donner moi-même*
« *les ordres directement à l'arsenal pour faire brûler les*

« *drapeaux*. » Là-dessus le maréchal Bazaine signa et les lettres partirent pour leurs destinations.

Le dénoûment est facile à prévoir; les commandants des corps informèrent leurs généraux de division qu'ils eussent à faire porter immédiatement chez eux les drapeaux de leurs régiments dans leurs étuis, ce qui voulait dire secrètement. Ceux-ci prévinrent directement les colonels, qui ne résistèrent pas, sur l'assurance qui leur était donnée. M. le maréchal Bazaine se garda de donner les ordres qu'il avait annoncés. Les drapeaux furent versés à l'arsenal, emmagasinés et livrés le lendemain à la Prusse. Ajoutons cependant que, dans quelques corps, les choses ne se passèrent pas aussi facilement.

A la garde, le général Desvaux tint à avoir la certitude que tout s'exécuterait comme on le lui avait annoncé. Il donna l'ordre que les drapeaux fussent brûlés à leur arrivée à l'arsenal devant le général d'artillerie qu'il chargea de les y accompagner, ce qui eut lieu; dans plusieurs de ses régiments, les colonels et les officiers refusèrent même de les laisser enlever : ils les brisèrent, les déchirèrent et s'en partagèrent les morceaux. Le même fait se produisit dans d'autres corps de la ligne. Des soixante-seize drapeaux que comptait l'armée de Metz, on parvint à en soustraire trente et un à l'infâme souillure qu'on leur ménageait; l'ennemi n'en trouva que quarante-cinq à l'arsenal et, sans égard pour les théories du maréchal Bazaine, il les considéra comme des trophées sérieux, dont il orna le jour même le quartier général du prince Frédéric-Charles.

Voilà comment s'accomplit l'acte odieux qui vint ajouter une plus grande humiliation à l'étendue du désastre. Le commandement comprit les accusations que sa conduite pourrait soulever dans l'avenir, et il tint à en anéantir les preuves. Le chef d'état-major général fit enlever et déchirer la page du registre de correspondance sur laquelle avaient été copiées la circulaire aux commandants de corps et la lettre au général Coffinières; la lacune qui se produisait fut comblée par d'autres transcriptions, et, dans les archives de l'armée, on ne trouvera aucune trace des ordres donnés pour la livraison de nos drapeaux.

Au moment même où il imposait ce dernier sacrifice à son armée, le maréchal Bazaine lui adressait ses adieux par un ordre du jour ainsi conçu :

« Ban-Saint-Martin, 28 octobre 1870.

« *A l'armée du Rhin*,

« Vaincus par la famine, nous sommes contraints de su-
« bir les lois de la guerre, en nous constituant prisonniers.
« A diverses époques de notre histoire militaire, de braves
« troupes, commandées par Masséna, Kléber, Gouvion
« Saint-Cyr, ont éprouvé le même sort, qui n'entache en
« rien l'honneur militaire quand, comme vous, *on a aussi*
« *glorieusement accompli son devoir jusqu'à l'extrême li-*
« *mite humaine.*

« Tout ce qu'il était loyalement possible de faire pour
« éviter cette fin a été tenté et n'a pu aboutir.

« Quant à renouveler un suprême effort pour briser les
« lignes fortifiées de l'ennemi, malgré votre vaillance et le
« sacrifice de milliers d'existences qui peuvent encore être
« utiles à la patrie, il eût été infructueux, par suite de l'ar-
« mement et des forces écrasantes qui gardent et appuient
« ces lignes; un désastre en eût été la conséquence.

« Soyons dignes dans l'adversité; respectons les conven-
« tions honorables qui ont été stipulées, si nous voulons

« être respectés comme nous le méritons. Evitons surtout,
« pour la réputation de cette armée, les actes d'indiscipline
« comme la destruction d'armes et de matériel, *puisque,*
« *d'après les usages militaires, places et armement doivent*
« *faire retour à la France, lorsque la paix est signée.*

« En quittant le commandement, je tiens à exprimer
« aux généraux, officiers et soldats, toute ma reconnaissance
« pour leur loyal concours, leur brillante valeur dans les
« combats, leur résignation dans les privations, et c'est le
« cœur navré que je me sépare de vous. »

Les faits accomplis pendant la longue période dont nous avons raconté l'histoire, répondent éloquemment aux paroles de M. le maréchal Bazaine. Contentons-nous de répudier la gloire qu'il semble vouloir nous décerner, ce mot heurte le sentiment d'humiliation que nous éprouvons; tous, nous savons que nous avions des devoirs, et que nous ne les avons pas remplis par le fait de la volonté de notre chef. Si nous sommes restés immobiles pendant deux mois, mangeant nos chevaux, dévorant nos derniers sacs de blé, il n'y a eu là que résignation et soumission : les habitants de Metz en ont fait autant, et d'autres eussent agi de même. Transformer ces épreuves alimentaires en accomplissement du devoir militaire, ce serait une confusion que la raison repousse; souffrir de la faim et du froid, ce n'est pas combattre, et le combat seul peut donner la gloire. Quant au général dont les longues combinaisons n'ont réussi qu'à amener son armée à ces dernières extrémités, il ne peut attendre que des reproches; ce qu'il a fait, tout individu l'eût fait aussi bien; un pareil résultat n'exigeait ni l'élévation du grade ni la moindre connaissance du métier.

L'avant-dernier paragraphe, dont nous avons déjà parlé, était destiné à égarer l'opinion dans les camps; en voyant l'assurance avec laquelle le maréchal parlait du retour que les armes et la place devaient faire à la France, beaucoup d'officiers crurent à des arrangements sérieux fixés par la capitulation ; on eut soin de ne leur en envoyer le texte que plus tard, quand le désarmement était terminé : il n'y avait plus d'inconvénient à les détromper. Leur irritation fut grande, mais elle ne pouvait être que stérile.

Pendant que ces événements s'accomplissaient, la plus vive agitation se manifestait à Metz ; les gardes nationaux et une foule d'habitants stationnaient sur la place d'Armes, entre l'hôtel de ville et la cathédrale ; peu à peu, sous l'empire d'une excitation commune, sous l'influence des discours les plus violents, les groupes passèrent des menaces aux démonstrations ; des soldats qui allaient verser leurs armes à l'arsenal furent désarmés, leurs cartouches leur furent enlevées, et bientôt toute cette population se trouva armée de chassepots. L'entrée de la cathédrale fut forcée ; la grosse cloche, *la Nutte*, fut mise en branle ; il semblait que ce son lugubre, qui ne se fait entendre que dans les occasions graves, venait apporter à la cité l'annonce de ses funérailles ; sur d'autres points, le tocsin résonnait, les hommes accouraient de tous les quartiers, pendant que les femmes éplorées s'abordaient en pleurant. Des officiers, que la douleur égarait, se mêlèrent à ces rassemblements et les poussèrent à une résistance désormais inutile ; une députation alla menacer le général Coffinières jusque dans son logement, et le confondant, dans sa colère, avec le maréchal, elle lui déclara que, s'ils échappaient tous deux à la vindicte publique, ils n'éviteraient pas le jugement sévère de la postérité.

Informé de ce qui se passait, le maréchal envoya dans Metz un bataillon de la garde ; il en fit placer deux autres à l'entrée des portes de la rive gauche pour appuyer le premier en cas de besoin; il avait eu soin de laisser à la garde ses armes et de prescrire que son désarmement n'eût lieu que le 29 au matin. Dans la prévision des résistances que pourraient faire les troupes ou la ville, il voulait disposer d'une force suffisante pour les dominer. Le désespoir de cette infortunée population, qui se voyait si misérablement livrée, devait le préoccuper; il pouvait être un obstacle à l'inexécution de la capitulation : un acte inattendu d'hostilité aurait tout remis en question. Ses craintes furent promptement dissipées; la présence de la garde suffit pour arrêter toute tentative de désordre; les habitants s'émurent de la douleur qu'ils virent sur le visage de ces malheureux voltigeurs, et ils fraternisèrent avec eux dans des adieux déchirants. Le calme se rétablit, la population se retira; aux agitations de la rue succéda une sorte de silence funèbre; on eût dit que la vieille cité eût le sentiment du sort fatal qui l'attendait; à la nuit dans laquelle elle s'endormait devait succéder un horrible réveil d'où dateraient sa honte et son esclavage.

Le maréchal craignit qu'on ne s'inquiétât, au quartier général prussien, de ce qui s'était passé à Metz, comme des dispositions manifestées par un certain nombre d'officiers; les renseignements qu'on avait dû y recevoir auraient pu faire redouter pour la journée du 29 d'autres troubles, ou au moins des difficultés dans l'occupation des forts et de la porte Mazelle, qui devait avoir lieu à midi. Aussi s'empressa-t-il de rassurer le prince Frédéric-Charles par une lettre dans laquelle il lui annonçait que les clauses de la capitulation avaient été partout remplies et que l'exécution s'en trouvait assurée : les petits mouvements qui s'étaient produits à Metz n'avaient eu aucune suite, et le prince pouvait considérer la prise de possession de la ville comme certaine. Il terminait en lui demandant la permission de se présenter à son quartier général dans la matinée du lendemain, pour s'y constituer prisonnier. Voilà du moins ce que l'on peut conclure du contenu de cette lettre par la réponse qui y fut faite, et dont le texte nous est en partie connu.

Ainsi non-seulement le maréchal avait refusé pour son armée les honneurs de la guerre, afin de ne pas avoir à se montrer à elle, mais il demandait à partir le premier et à se dérober à tous, avant même qu'elle fût devenue la proie de l'ennemi. Un capitaine de vaisseau reste le dernier sur son bord, avant d'abandonner le bâtiment que la mer doit engloutir; ici, c'est un général qui veut quitter ses hommes, ses armes, ses forts, une population entière, plusieurs heures avant le moment fatal où tous disparaîtront dans un immense naufrage. Il y avait là un oubli des égards dus aux infortunés dont il avait causé la ruine, ou un singulier désir d'éviter leur présence; peut-être craignait-il un incident nouveau et jugeait-il prudent de se soustraire au plus vite aux conséquences qui pouvaient en résulter. Quoi qu'il en fût, et comme s'il était déjà certain de la réponse du prince, il donna l'ordre que ses chevaux et ses équipages fussent prêts le lendemain à huit heures du matin; puis il trouva que c'était trop tarder, et il avança le départ, qu'il fixa à la pointe du jour. Sa maison seule était dans la confidence; pour le public, il était dit qu'il resterait toute la matinée dans son quartier général.

Les postes avancés n'avaient pu verser leurs armes; on les avait maintenus toute la journée du 28 dans leurs positions, et ce n'était que le lendemain matin qu'ils devaient être désarmés. Des ordres sévères leur ayant été donnés pour empêcher les évasions pendant la nuit, il leur avait été prescrit de ne laisser personne s'approcher des lignes, quel que fût le grade. Le maréchal Bazaine, se présentant au petit jour, courait risque de se trouver arrêté ; inconnu à la plupart des régiments, il pouvait se voir obligé de déclarer son nom et de répondre au mot d'ordre (1) qui lui serait demandé.

Chaque soir le mot lui était transmis de l'état-major général ; dans la soirée du 28, l'existence de l'armée semblant finie, on n'avait pas jugé nécessaire de le lui envoyer ; mais, en raison de son projet de départ matinal, il sentit qu'il pouvait en avoir besoin et il le fit demander. On rechercha la série des mots du mois d'octobre, et quel ne fut pas l'étonnement, quand on y lut à la date du 28 ces deux mots : « Dumouriez, Dijon (2) ? »

(1) Pour nos lecteurs qui ne sont pas militaires, rappelons que *le mot* sert, en campagne, pour se reconnaître, se rallier et se mettre à l'abri des ruses de l'ennemi ou de ses espions. *Le mot* est une expression générale, impropre même, puisque dans l'armée française il se compose en réalité de deux noms : *le mot d'ordre*, qui doit être le nom d'un grand homme, d'un général célèbre ou d'un brave mort au champ d'honneur, et *le mot de ralliement*, qui présente le nom d'une bataille, d'une ville ou d'une vertu civile ou guerrière ; tous deux doivent commencer par la même lettre, pour en faciliter le souvenir ; ainsi Soult, Saumur ; Tourville, Tours, etc., etc. ; ils ne sont valables que pour vingt-quatre heures, de midi à midi, et sont changés chaque jour. Aux termes du règlement du 3 mai 1832, le mot doit être arrêté par le commandant en chef chaque jour ou pour une série de plusieurs jours ; le chef d'état-major général le reçoit de lui et l'envoie cacheté aux commandants de corps et aux chefs de service. A l'armée de Metz, c'était le chef d'état-major général qui était chargé de donner le mot ; un de ses officiers, délégué par lui, en arrêtait, d'après ses ordres, la série pour un mois, quelques jours avant le commencement du mois suivant. La série du mois d'octobre avait donc été composée dans les derniers jours de septembre et transmise aussitôt aux différentes autorités.

(2) Voici la fin de la série du mois d'octobre : 26, Raap, Reims

N'y avait-il pas quelque chose d'étrange dans ce jeu du destin, qui venait rappeler le nom d'un homme, ayant trahi ses devoirs envers son pays pour négocier avec l'ennemi et tenter une restauration impossible? Il avait dû s'enfuir devant l'opposition de ses généraux et l'indignation de son armée. Quel rapprochement! c'est le jour où l'armée de Metz va être livrée à l'ennemi qu'on lui donne pour dernier mot d'ordre le nom de Dumouriez, devenu si tristement célèbre dans nos fastes militaires. Et le 29 au matin, quand son commandant en chef l'abandonnera, au moment où il franchira son dernier poste, la sentinelle lui criera : *Avance à l'ordre*, et il devra répondre *Dumouriez*. Ce sera son dernier mot à la France.

La journée du 29 s'annonça plus affreuse que celles qui l'avaient précédée ; la pluie tombait par torrents, le vent soufflait avec violence, les quelques arbres que la hache avait épargnés dans les belles allées du Ban-Saint-Martin gémissaient sous l'effort de la tempête ; il semblait que la nature, s'associant à la douleur générale, eût pris le deuil et répandît ses larmes ; le soleil se refusait à éclairer le hideux spectacle d'une traite des blancs faite dans des proportions inconnues à l'histoire. L'état de l'atmosphère et la lenteur que mettait le prince Frédéric-Charles à lui répondre retardèrent le départ du maréchal Bazaine. Il ne put éviter quelques visites inopportunes et des sollicitations qui eurent l'impudeur de se montrer dans un pareil moment ; facile comme dans ces derniers jours, il donna tout ce qu'on lui demandait, des médailles à des hommes dont il ne connaissait même pas le nom, des croix à ceux qui les réclamaient,

---

27, Serrurier, Sens ; 28, Dumouriez, Dijon ; 29, Bernadotte, Beauvais ; 30, Jourdan, Jemmapes ; 31, Oudinot, Orléans.

des grades, même des étoiles ; il suffisait de venir et de lui parler.

Cependant l'impatience le gagne ; il n'attend pas la réponse du prince et il se décide à partir. Les adieux commencent, et, comme dernières paroles aux personnes qui ne l'accompagnaient pas, il leur dit, assure-t-on : « Cette « affaire aura au moins un bon côté ; elle fera cesser la « résistance de Paris et rendra la paix à notre malheu- « reux pays. »

A peine le maréchal s'était-il mis en route, qu'il rencontra un officier qui lui apportait la réponse tant attendue du quartier général prussien ; aujourd'hui que le marché était conclu, que la France était livrée désarmée à ses implacables ennemis, il n'y avait plus à dissimuler ; leur hauteur reparaissait dans le ton de cette lettre qui n'avait plus rien des ménagements du passé ; elle débutait par une sorte d'ironie ou de sévérité d'appréciation à l'adresse du maréchal : « Je me réjouis avec vous, y lisait-on (*Ich erfreue* « *Mich mit Ihnen*), de la manière dont ont été remplies les « clauses de la convention. » Quant à l'autorisation demandée de venir se constituer de suite prisonnier au quartier général, on la refusait ; il n'était permis au maréchal de quitter les anciennes lignes françaises qu'à cinq heures du soir ou le lendemain à neuf heures du matin.

C'était une dure leçon ; mais il semblait naturel au vainqueur que le commandant de l'armée vaincue restât au milieu d'elle jusqu'au dernier moment, pour assister à sa destruction. Le prince Frédéric-Charles se regardait comme tenu, malgré son prestige et sa haute position, à venir honorer de sa présence, à la tête de son état-major, l'infortune des malheureux qu'on allait lui livrer, et il ne comprenait sans doute pas que leur chef pût songer à s'éloigner d'eux au plus vite, qu'il ne crût pas de son devoir d'en accompagner au moins quelques-uns jusqu'au seuil de l'exil. De plus, il faut le dire, la présence du maréchal dans nos lignes était pour l'ennemi une garantie contre les résistances qu'il aurait pu rencontrer ; à ses yeux il était responsable, contre lui seul le recours était possible ; il avait désiré se soustraire aux éventualités de cette nature, la volonté du prince le retint à son poste.

Mis ainsi dans l'impossibilité de quitter nos bivouacs, le maréchal ne voulut pas retourner à son quartier général. Il aurait vu de ses fenêtres défiler les longues colonnes d'hommes qu'on menait à la captivité ; devant les grilles de son parc devait s'amonceler l'immense matériel du train des équipages, forges, fourgons, ambulances, télégraphes, et ce n'était pas la moindre partie du butin conquis. Un pareil spectacle était fait pour attrister le cœur et éveiller peut-être le sentiment du remords, il n'osa pas l'affronter. Il continua sa route jusqu'à Moulins, le dernier village de nos avant-postes, se réfugiant dans la maison la plus écartée, où il avait installé son quartier général, le 14 août, après le combat de Borny, alors qu'il partait glorieux à la tête des mêmes troupes et que la France mettait en lui toutes ses espérances. Y a-t-il un retour plus navrant de la destinée humaine ?

Ce fut là que, dérobé à tous les regards, le maréchal attendit patiemment l'heure que le prince lui avait assignée ; à quatre heures, il se remit en route, ne trouva plus de trace de son armée qui avait disparu, et franchit à Ars les lignes prussiennes. La population, prévenue de son arrivée, l'attendait ; il fut accueilli par les huées, les sifflets, les cris ; des pierres furent lancées sur ses voitures, des femmes en brisèrent les glaces, et il fallut que la gendarmerie prussienne vînt le soustraire à l'indignation publique. Ce fut sous sa protection qu'il put continuer son voyage et arriver au château de Corny chez le prince Frédéric-Charles.

Dans la matinée, le désarmement des troupes avait continué; la garde devait verser ses fusils à l'arsenal, elle avait été acheminée de bonne heure dans la ville; les régiments établis sur les places, dans les principales rues, attendaient silencieusement leur tour. Il nous fut donné d'apercevoir une dernière fois cette magnifique troupe, sous l'aspect guerrier qu'elle devait perdre quelques minutes plus tard; le cœur se serrait à la vue de ces beaux régiments qu'on se représentait désarmés et captifs. Nous n'oublierons jamais l'aspect des zouaves, immobiles derrière leurs faisceaux, ne riant plus, ne chantant plus, parlant à peine; le peu de paroles qu'on entendait indiquaient assez leur indignation dans ce langage imagé qui leur est propre; la douleur était peinte sur les visages, et on sentait que ces vieux soldats souffraient plus de l'humiliation présente qu'ils ne redoutaient les mauvais traitements de l'ennemi. Avec de pareils hommes, n'avoir rien fait, rien tenté, et les voir livrer ainsi, n'était-ce pas une horrible pensée? Nous nous éloignâmes, maudissant le destin qui nous avait contraint d'assister à un pareil spectacle.

A dix heures, les premiers officiers prussiens se présentèrent à la porte des forts pour éventer les mines et prendre connaissance des locaux, avant l'entrée de leurs troupes. C'était à midi que devait avoir lieu la prise de possession; à l'heure dite, les colonnes arrivèrent sur tous les points à la fois; elles entrèrent dans nos forts et bientôt les drapeaux noir et blanc flottèrent sur ces murailles que les boulets n'avaient même pas ébréchées. A la même heure, un détachement occupait une des portes de la ville ; toutes nos défenses étaient entre les mains de l'ennemi.

Il ne restait plus qu'à lui remettre les défenseurs ; ce dernier acte, par lequel on allait disposer de la liberté de tant d'êtres humains, eût peut-être mérité quelque solennité. Si les règlements ont prescrit des honneurs pour les existences militaires qui s'éteignent, cette armée qui périssait n'avait-elle pas quelque droit à ce que l'on se préoccupât du cortége funèbre qui devait conduire ses débris à ce champ de repos qui s'appelait pour elle la captivité ? Mais il ne fallait pas s'attendre à voir une pareille formalité éveiller l'intérêt du commandant en chef ; il n'avait pas oublié son armée, lorsqu'il pouvait s'en servir, pour venir s'en occuper le jour où elle n'existait plus ; son désir avait été de s'en éloigner au plus vite, et la précipitation avec laquelle il avait hâté son départ avait témoigné suffisamment de ses sentiments. Aussi ne voulut-il donner aucun ordre pour la reddition des prisonniers ; il fit rappeler la veille aux commandants des corps les points sur lesquels leurs hommes devaient être remis à l'ennemi, et il les laissa libres de prendre les mesures nécessaires pour les y faire diriger. Il en résulta que les choses ne se passèrent pas de la même façon dans les différents corps : les uns y mirent une certaine solennité et firent accompagner la troupe par leurs généraux ; dans d'autres, il fut prescrit que la conduite serait faite par les officiers de semaine, comme s'il se fût agi d'une simple corvée. Mais les officiers des régiments tinrent presque tous à honneur de ne se séparer de leurs soldats qu'au dernier moment, et quand à midi les rangs se formèrent, ils vinrent pour la dernière fois y prendre leur place.

Le temps ne s'était pas amélioré, la pluie continuait à torrents, les routes étaient devenues plus boueuses encore ;

ce fut au milieu de ces inclémences atmosphériques que nos malheureux soldats durent s'acheminer vers les lignes ennemies où ils étaient attendus. Leurs longues colonnes couvraient les routes ; et en voyant cet interminable défilé, on ne pouvait croire à la réalité de ce qui se passait. C'étaient 152 827 hommes qui partaient pour aller en captivité !...

Voici les états de situation établis à la date du 28 octobre et remis aux autorités prussiennes :

Armée de Metz (présents).....	137 670 hommes.
Garnison de Metz (présents)...	15 157 —
Aux ambulances de la place....	15 462 —
	168 289 hommes.

En ajoutant les blessés soignés chez les particuliers, la garde mobile, les francs-tireurs et les douaniers, l'effectif s'élevait à 173 000 hommes, chiffre officiel donné par le roi de Prusse dans sa dépêche à la reine, et par le prince Frédéric-Charles dans l'ordre du jour qu'il adressa à ses troupes. A la même date, les rapports prussiens étaient unanimes pour fixer à 200 000 hommes l'effectif de leur armée autour de Metz : mais si on veut en apprécier la force réelle, il faut en déduire un nombre de malades à peu près égal au nôtre. En prenant l'ensemble des effectifs, c'étaient donc 173 000 Français qui se rendaient à 200 000 hommes, c'est-à-dire à une armée qui ne comptait que 27 000 hommes de plus. De pareils chiffres donnent le vertige ; quand on songe à ce que nos pères ont fait et à ce qu'on a su faire de nous, le rouge monte au visage.

Le mouvement se fit dans le meilleur ordre ; les officiers et les soldats se confondaient dans la même douleur, et on peut dire qu'à ce moment suprême, le même esprit animait tous ces hommes, le même sentiment régnait dans tous les cœurs, quel que fût le rang, quel que fût le degré de la hiérarchie. L'attitude était presque partout calme, digne, résignée ; de loin en loin s'exhalaient des cris d'indignation, puis le silence se faisait. Chacun se sentait profondément humilié et courbait le front ; mais, à l'aspect de l'ennemi, les têtes se redressèrent, des éclairs de rage partirent de bien des yeux, la haine se peignit sur les visages ; certes, si, en ce moment, nos hommes avaient eu des armes, il est difficile de dire ce qui serait arrivé. Une collision terrible eût pu éclater ; qui sait si ce n'eût pas été un bonheur ? M. le maréchal Bazaine, qui ne pouvait la désirer, a peut-être eu raison de refuser les honneurs de la guerre ; loin de maîtriser les troupes, sa présence n'eût contribué qu'à en augmenter l'exaspération.

Soit par mesure de précaution, soit comme témoignage d'estime, toute l'armée prussienne avait pris les armes ; les corps étaient formés sur un côté des différentes routes par lesquelles arrivaient les prisonniers ; sur l'autre se tenait le général commandant le corps, entouré de son état-major. Le prince Frédéric-Charles avait tenu à assister de sa personne à ce triomphe des armes allemandes, et comme pour en augmenter la solennité, il s'était porté au point où devait se rendre la garde impériale. Quand les colonnes eurent défilé devant les chefs allemands, elles furent arrêtées ; le moment de la séparation était arrivé ; les cœurs se soulevèrent, les yeux se remplirent de larmes ; ce furent des adieux déchirants ; les liens de la fraternité militaire, qui s'étaient resserrés devant l'infortune, semblaient brisés pour jamais. Les soldats se serraient contre leurs officiers, comme s'ils ne pouvaient les quitter ; ils leur prenaient les mains et les conjuraient de ne pas les abandonner ; d'autres leur demandaient de ne pas les oublier. Vaine douleur !... les officiers prussiens s'approchent pour compter les têtes d'hommes qu'on leur a amenés et vérifier les états de livraison qui leur ont été remis. Ce n'est plus qu'une sorte de bétail humain qu'on va parquer dans le premier champ venu, sous la menace d'une ceinture de fusils à aiguille...

Les officiers se retirent et reviennent dans leurs bivouacs pour y attendre les ordres de l'autorité prussienne; les camps abandonnés ne présentent plus que d'horribles aspects, le souvenir de la vie a partout disparu, le génie de la Désolation a étendu ses ailes sur toute cette contrée. Pendant ce temps, les troupes prussiennes entraient dans Metz, leur avant-garde venait se former sur la place d'Armes, aux pieds de la statue de Fabert, qu'enveloppait toujours son voile de crêpe. Les magasins étaient fermés, les femmes étaient vêtues de noir, c'était un deuil universel... Le général de Kümmer prenait possession de la ville et annonçait aux habitants qu'il en était le gouverneur, au nom de S. M. le roi de Prusse... C'en est fait; l'armée et la place de Metz sont entre les mains de l'ennemi.

D'autres ont dit : Commandant en chef, qu'avez-vous fait de notre honneur?... La France dira : Qu'avez-vous fait de mon armée?...

OBSERVATIONS GÉNÉRALES

OBSERVATIONS GÉNÉRALES

Effectifs comparés des deux armées. — Nouvelle loi de recrutement. — Résumé historique de la campagne. — Considérations stratégiques. — Considérations tactiques et administratives. — Infanterie. — Cavalerie. — Artillerie. — État-major. — Intendance. — Ministère de la guerre.

Toutes les péripéties de l'horrible drame qui pourrait s'appeler l'*agonie de l'armée de Metz*, sont aujourd'hui connues; entre le lever du rideau, qui montre le départ enthousiaste des troupes sur les boulevards de Paris, et le dernier tableau, qui représente les prisons de l'Allemagne, il s'est passé bien des faits, bien des incidents, où les caractères ont eu leur grandeur comme leurs faiblesses. On y a vu les élans les plus généreux à côté des mobiles les moins avouables : gloire et honte, courage et faiblesse, droiture et duplicité, tous ces mots qui se heurtent ont trouvé leur place dans les différentes phases de cette campagne. C'est au pays qu'il appartient aujourd'hui de juger les hommes et les choses ; il y a pour lui un devoir qu'il ne peut éluder sans froisser l'équité et la morale publique. Déjà des voix autorisées se sont élevées pour plaider la cause de l'armée de Metz et la venger des insultes qui lui avaient été si étrangement adressées ; mais il ne suffit pas d'absoudre et de plaindre les innocentes victimes d'une pareille catastrophe, il faut que ceux qui en ont été les auteurs supportent le poids de l'immense responsabilité qui leur incombe. Au milieu de tant de ruines amoncelées, que le pays sache du moins faire respecter les notions du juste et de l'injuste qui peuvent seules le sauver du désordre et assurer sa régénération !

Effectifs comparés des deux armées. — Quelque sévère que soit le verdict de l'opinion publique, il sera aussi impuissant à fermer les plaies du passé qu'à préparer la guérison dans l'avenir : il ne pourra être qu'un juste châtiment. Pour que la France voie ses forces renaître, pour qu'elle reprenne le rang qui lui appartient, elle ne doit pas se borner à regretter les fautes commises, il faut qu'elle en apprécie l'étendue et qu'elle se mette en mesure de ne plus les laisser se reproduire. Il y a plus de courage et de dignité chez un peuple à reconnaître les erreurs qu'à les excuser ou les renier; c'est à ce prix seulement qu'il peut tirer de salutaires enseignements de leçons aussi cruelles. Rejetons donc bien loin cette intervention mensongère de la fatalité, qu'on se plaît si souvent à invoquer pour expliquer l'étendue de nos désastres et l'impuissance de nos efforts; convenons que, si nous avons été vaincus, nous l'avons mérité, parce qu'à notre tête il manquait tout ce qui donne la victoire; étudions les faits de cette campagne, cherchons-y les causes de nos revers et disons la vérité à ce malheureux pays qui a peine à comprendre comment il a pu tomber en quelques mois du rang élevé qu'il occupait en Europe.

Au moment de la déclaration de guerre, le maréchal Le Bœuf déclarait au Corps législatif qu'il avait 500 000 hommes disponibles et qu'en huit jours il pouvait les jeter sur le Rhin; c'était une grave erreur à tous les points de vue, erreur de chiffre, erreur d'appréciation de temps. Il était seul dans l'armée à la partager avec les chefs du bureau de recrutement; les chiffres portés au Compte rendu officiel de la situation de l'empire indiquaient, il est vrai, un effectif de 647 172 hommes, qui se décomposait ainsi :

Intérieur.	365 179
Algérie.	63 925
États pontificaux.	5 252
Réserve.	212 816
Total.	647 172

Mais personne n'ignorait que l'application de la loi de 1855 sur la dotation de l'armée, telle qu'elle s'était faite, n'avait donné que des résultats fictifs ; les exonérations avaient de beaucoup dépassé les réengagements ; les remplacements administratifs, qui auraient dû suppléer aux vides du contingent, n'avaient pas été faits par mesure d'économie et, par suite, la réserve était loin d'atteindre l'effectif sur lequel le ministre croyait pouvoir compter.

Le délai de huit jours, demandé pour la constitution de l'armée, présentait de bien autres inexactitudes. L'administration de la guerre s'était laissé séduire par les apparences trompeuses des procédés les plus empiriques pour prévenir les difficultés que présentait le rappel sous les drapeaux des hommes de la réserve et de la deuxième partie du contingent : grâce aux mesures prises dans les subdivisions et au zèle de la gendarmerie, dont elle faisait un agent du recrutement, elle prétendait pouvoir réunir en quatre jours les soldats épars dans nos campagnes et les mettre à même de rejoindre leurs dépôts ; elle niait ouvertement l'impossibilité matérielle qu'on lui signalait, de faire arriver un si grand nombre d'hommes sur des points du territoire aussi éloignés les uns des autres, de les y habiller, de les armer et de les envoyer à leurs corps, dans un espace de temps aussi court que celui de la mobilisation prussienne. En face de l'ennemi qu'ils savaient devoir combattre un jour ou l'autre et de la rapidité connue de ses concentrations, plusieurs officiers s'étaient préoccupés, dans ces dernières années, de la grosse question de la mobilisation pour notre armée; s'inspirant, les uns de ce qu'ils avaient vu, les autres de leurs études, ils demandèrent avec insistance qu'on adoptât, sinon la formation prussienne en corps d'armée, du moins l'endivisionnement permanent qui devait être un premier pas en dehors de l'ancienne routine. Des travaux sérieux furent faits par quelques-uns d'entre eux ; les ministres auxquels ils furent adressés n'y attachèrent que peu d'attention, et, quant aux chefs de l'administration de la guerre, ils repoussèrent des idées nouvelles qui dérangeaient la marche lente et méthodique de leur mécanisme bureaucratique; on en entendit même s'étonner que des officiers se permissent de s'occuper de pareilles questions qui devaient leur rester étrangères. Aujourd'hui que la réforme demandée a été faite par le nouveau ministre de la guerre, tout le monde y applaudit et serait presque tenté d'en revendiquer l'initiative. C'est ainsi que les choses se passent chez nous, dans l'armée comme dans les autres services publics. L'esprit de routine envahit tout, résiste à tout; les études sont repoussées, les conseils mis de côté, jusqu'au jour où les désastres arrivent et où il faut s'incliner devant la puissance des faits accomplis. Bien des pouvoirs ont dû leur perte à ces résistances malencontreuses; c'est aux mêmes causes qu'il faut attribuer la plus grande partie de nos revers.

Les assurances données par le maréchal Le Bœuf se trouvaient donc erronées; au lieu de 500 000 hommes, il ne put en mettre en ligne que 280 000 pour les débuts de la campagne, et leur mobilisation, toute incomplète qu'elle était, n'avait pas exigé moins de dix-huit à vingt jours.

Dans de pareilles conditions, qu'il eût été facile de prévoir, la déclaration de guerre devenait une haute imprudence; mais la partie étant engagée, fallait-il la considérer comme perdue dès le premier jour et désespérer du succès devant l'effectif des forces ennemies? C'est la théorie sur laquelle on se plaît à s'appuyer aujourd'hui pour excuser nos revers, nos inactions ou nos faiblesses; on aime à répéter qu'avec ses 300 000 hommes la France ne pouvait lutter contre les 1 100 000 Prussiens qui l'ont envahie, et on compte sur cette effrayante disproportion de nombre pour convaincre l'opinion publique, toujours facile à égarer.

Il y a là une fantasmagorie de chiffres à laquelle on ne doit pas se laisser prendre; nous la repoussons énergiquement et nous tenons à démontrer que, si la disproportion existait, elle n'était pas dans des conditions telles que la victoire ne fût possible. Au moment de la rupture entre les deux nations, la Prusse disposait de treize corps d'armée appartenant à la Confédération; ses alliances avec les Etats du Sud lui assuraient en outre le concours des deux corps d'armée bavarois et des deux divisions fournies par le Wurtemberg et le grand-duché de Bade, qu'on pouvait regarder comme formant ensemble un corps d'armée. La division du grand-duché de Hesse était de plus incorporée dans le IXe corps prussien, où elle remplaçait la 17e division, laissée à la garde des places du Rhin. Ces forces réunies constituaient ainsi seize corps d'armée (32 divisions) destinés à tenir la campagne, avec un effectif normal de 32 000 hommes pour chaque corps; mais cet effectif ne dépasse presque jamais 30 000 et on ne l'évalue habituellement qu'à 25 000, tant en raison des vides qui se forment aux premières marches que des difficultés de compléter les cadres au début de la mobilisation.

Si on admet le chiffre de 30 000 hommes, l'effectif disponible des troupes prussiennes s'élevait à 480 000 hommes; mais des seize corps d'armée, il en était resté deux (Ier et VIe) sur les bords de la Baltique et de la mer du Nord, pour observer le Danemark et s'opposer aux opérations de débarquement que la Prusse était fondée à craindre; ces deux corps n'entrèrent en France qu'après les victoires de Reichshofen et de Spickeren, quand il fut reconnu qu'il n'y avait plus apparence de danger du côté de la mer. Au début de la campagne, au moment où nos chefs auraient pu mettre en mouvement les 280 000 hommes qu'ils avaient sous la main, ils n'auraient donc trouvé devant eux que 420 000 Prussiens, cherchant à se concentrer, arrivant de trois points différents : la rive droite du Rhin, le chemin de fer de Mannheim et celui de la Nahe, et séparés entre eux par le massif des Vosges dont les plateaux et les débouchés étaient entre nos mains. Si dans de pareilles conditions on n'admettait pas que la lutte et le succès fussent possibles, il faudrait renoncer à tout jamais à manœuvrer; que deviendraient les leçons de Frédéric et de Napoléon? Se placer au centre des positions ennemies, écraser successivement les corps qui tentent de déboucher, se jeter avec toutes ses forces sur une des ailes, déjouer l'infériorité numérique par la hardiesse des mouvements, ce sont là les éléments de la stratégie tels que nous les avons tous appris dans l'étude des campagnes des grands capitaines; jamais occasion plus favorable n'a été donnée de les appliquer. L'armée de Steinmetz a remonté devant nous la vallée de la Moselle, elle a défilé devant nos avant-postes dans celle de la Sarre; le prince Frédéric-Charles, isolé au centre entre Ottweiler et Hombourg, n'avait aucun secours à espérer du prince royal, dont les forces étaient à cheval sur le Rhin. Nous reconnaissons que, dans les dispositions adoptées par le commandement de l'armée du Rhin, de pareilles opérations n'étaient pas possibles; mais ce que nous avons voulu établir, c'est qu'avec un général habile et énergique, elles auraient pu se faire et que, dans les rencontres qu'elles auraient entraînées, l'avantage du nombre aurait été pour nous.

Les fautes commises étaient d'autant moins excusables que, sur le théâtre même des hostilités, l'histoire offrait des enseignements qui ne devaient pas être méconnus. Le plateau de Kaiserslautern, les positions de Pirmasens, de Deux-Ponts et de Hombourg, avaient une importance militaire qui n'avait pas échappé aux généraux Hoche et Gouvion Saint-Cyr, dans leurs belles campagnes de la fin du dernier siècle; tous leurs efforts avaient tendu à s'en rendre maîtres, parce que de cette possession dépendait leur succès. Aujourd'hui la valeur de ces points était plus que doublée par la présence des voies ferrées qui les traversent et qui se trouvaient être forcément les lignes d'opération des troupes prussiennes. En s'emparant des points de jonction des différents chemins de fer, Sarrebrück, Neunkirchen, Hombourg et Deux-Ponts, ce qui eût été facile, on rendait impossible toute communication entre les trois armées ennemies, on entravait leur concentration qui eût demandé plus de temps, on en gagnait soi-même assez pour compléter son organisation, et maître des débouchés de l'ennemi, on le forçait à combattre dans une situation désavantageuse, avant même qu'il fût formé. Ce qu'on ne comprendra jamais, c'est que le jour de la fameuse affaire de Sarrebrück, après avoir délogé le bataillon prussien qui occupait la ville, on n'ait même pas songé avec les 33 000 hommes du 2ᵉ corps qui s'y trouvaient, à occuper la ville, le chemin de fer, les positions qui la commandent, ou au moins à détruire complétement la voie qu'on savait servir au transport des troupes prussiennes et de leurs approvisionnements. Qu'il y ait eu là un baptême, une cérémonie princière, on l'a dit ; mais qu'il y ait eu une pensée militaire, un acte sérieux de guerre, personne ne le croira.

Nous avons raisonné sur l'hypothèse la moins favorable, sur un effectif de 30 000 hommes par corps; que serait-ce donc, si on prenait l'évaluation, peut-être plus réelle, de 25 000 hommes? Les armées prussiennes disponibles au 6 août n'auraient compté que 400 000 hommes, et les forces réparties à la frontière ne se seraient élevées qu'à 350 000. A mesure que les effectifs grossissent, il est de principe que leur disproportion diminue ; elle serait devenue ici presque nulle. Après nos premiers revers la situation devait changer, et ce sera une gloire pour l'homme habile qui dirigeait les forces ennemies d'avoir su les utiliser si rapidement pour le but qu'il voulait atteindre. Les deux corps laissés en arrière étaient appelés aussitôt à prendre part à l'invasion ; déjà l'un d'eux combattait à Borny le 14 août. Puis toutes les ressources de l'organisation prussienne étaient mises en jeu, quelques-unes, en petit nombre, pour augmenter les forces actives, les autres pour combler les vides, compléter les effectifs de guerre et fournir les nombreux détachements qui devaient être chargés d'occuper les chemins de fer, de faire les siéges et de couvrir les bases d'opérations successives. C'est ainsi que les soldats des plus jeunes classes de la landwehr furent incorporés successivement dans les régiments, pendant que les hommes non instruits des contingents (*Ersatz-Reserve*) étaient rassemblés dans les dépôts, y étaient habillés, exercés et destinés à réparer les pertes faites par le feu ou les maladies ; en même temps des divisions de landwehr se formaient et se suivaient à de courts intervalles sur les territoires envahis. Une d'elles se signalait devant Metz à la fin d'août dans le combat de Sainte-Barbe ; plus tard, à la fin d'octobre, on en comptait quatre à l'armée du prince Frédéric-Charles, pendant que d'autres s'échelonnaient sur les lignes ferrées entre Paris et la frontière. Mais ce ne furent là que des efforts successifs que permettait de faire, il faut le reconnaître, l'organisation prussienne, à la condition d'avoir le temps devant soi et le succès comme auxiliaire.

Comment, en effet, dans la réalité, les choses se passèrent-elles ? En octobre, de l'aveu même des Prussiens les plus autorisés (1), l'effectif de leurs forces ne dépassait pas 550 000 hommes, ainsi répartis :

ARMÉES ACTIVES.
{ 200 000 autour de Metz (dont 4 divisions de landwehr).
250 000 devant Paris.

TROUPES DE SIÈGE OU D'OCCUPATION.
{ 50 000 en Alsace.
50 000 répartis dans les villes, autour des places et sur toutes les lignes ferrées, depuis les Vosges et la frontière de Belgique jusqu'à Paris.

Plus tard, la capitulation de Metz vint laisser encore à l'ennemi une plus grande liberté d'action, et il en profita pour augmenter de deux corps d'armée les troupes actives, c'est-à-dire celles qui devaient combattre ; ce furent le XIIIe du grand-duc de Mecklembourg-Schwérin, et le XIVe du général de Werder, qui ne parurent que dans les mois de décembre et de janvier, et dans chacun desquels se trouvait une division de landwehr, appelée à tenir la campagne

(1) Voir la brochure *Der Krieg um Metz* (*la Guerre autour de Metz*), qu'on attribue au général de Kümmer.

comme les troupes de ligne ; ces soldats de moindre valeur avaient été regardés comme suffisants pour se mesurer contre nos dernières levées, trop peu instruites ou disciplinées pour qu'elles eussent une solidité redoutable. Au moment où les hostilités cessèrent par la capitulation de Paris, les forces dont disposait la Prusse en France se composaient ainsi de :

18 corps d'armée (13 prussiens, 2 bavarois, 2 divisions de Wurtemberg et Bade).	540 000 ou 460 000 (1).
6 divisions de landwehr (il y en avait 8, mais deux d'entre elles étaient incorporées aux XIIIe et XIVe corps). . .	72 000 »
6 divisions de cavalerie (à 3 600 h.). . .	21 600 »
Total.	633 600 »

Il y a loin de ces chiffres, quel que soit celui qu'on prenne, aux 1 100 000 hommes dont on argue si inconsidérément pour démontrer la folie de la déclaration de guerre ou l'impossibilité de la lutte. Nous n'entendons évidemment pas dire que la Prusse n'a pas envoyé en France un nombre plus considérable de soldats ; nous avons été trop longtemps à même d'étudier les détails de sa constitution militaire et d'en constater les merveilleux effets pendant notre captivité, pour qu'il nous vienne à l'esprit la pensée de soutenir un fait qui serait aussi contraire à la réalité. Dans le triste exil que nous avons subi, nous avons assisté souvent au départ des jeunes soldats ou des anciens landwehriens qu'on envoyait ravager notre malheureux pays, et ce n'était pas une de nos moindres douleurs d'entendre les cris patriotiques de la foule qui accompagnait au chemin de fer ces détachements ennemis ; il y avait là comme

(1) En calculant l'effectif des corps à 25 000 hommes.

un châtiment de nos illusions du début et de l'aveugle enthousiasme du peuple parisien. Nous avons connu par les feuilles publiques l'envoi successif de 80 000 hommes dans les premiers jours de décembre, puis de 150 000 hommes au mois de janvier, quand la marche du général Bourbaki fit trembler l'Allemagne ; malgré ces efforts, il y avait encore près de 150 000 hommes disponibles dans la confédération du Nord, lorsque l'armistice vint annoncer les préliminaires de la paix. On peut donc admettre facilement que la Prusse a mobilisé plus de 1 million d'hommes et qu'elle en a envoyé en France au moins 900 000 dans l'espace de six mois ; mais ce que nous prétendons, c'est qu'il n'y a eu là qu'un jeu de son organisation militaire, au moyen duquel les remplacements s'opèrent constamment, et que ses forces actives n'ont jamais atteint les effectifs fabuleux qu'on semble porté à leur attribuer, pour adoucir les blessures de notre amour-propre.

Le chemin de fer de l'Est a constaté la circulation de 1 100 000 hommes sur ses lignes ; mais le fait ne prouve qu'un renvoi continuel d'hommes blessés ou malades et leur remplacement par d'autres venant d'Allemagne, ou des mouvements de troupes nécessités par les événements de la guerre. La compagnie d'Orléans a bien transporté sur son réseau environ 1 300 000 de nos soldats pour lesquels il lui est dû une somme de 34 millions ; pourrait-on en conclure que nous avons eu ce chiffre d'hommes sous les armes ? Ce qu'il en ressort, c'est que nous avons fait subir à la Prusse des pertes énormes et que nous lui avons fait largement payer du sang de ses hommes le mal qu'elle nous a fait. Un de nos amis que d'anciennes relations avec la cour de Berlin recommandaient aux égards des états-majors prussiens, eut à loger chez lui le grand-duc de Mecklembourg et le général de Manteuffel ; il recueillit de leur bouche des renseignements qui prouvent que ces pertes ont été au delà de ce que nous avions pu supposer. Le grand-duc de Mecklembourg avoua que le corps spécial qu'il commandait, parti avec 52 000 hommes contre l'armée de la Loire, en était revenu, après la campagne du Mans, réduit à 19 000. Quant au général de Manteuffel, il avait vu son Ier corps tellement diminué dans ses luttes contre le général Faidherbe, qu'il avait dû être fondu avec le XIIIe au moment de l'armistice, dans la crainte d'une reprise des hostilités ; il avait été obligé auparavant d'appeler à lui le VIIIe et de demander des secours à Versailles ; c'est alors que lui avait été envoyée une partie des troupes saxonnes.

Pour comparer la situation des deux pays et se rendre compte de la possibilité qu'il y avait pour la France de soutenir la lutte, il faut donc envisager les efforts qu'elle aurait été à même de faire et le temps qu'ils auraient exigé, en supposant nos premières opérations couronnées de succès. En arrière des 280 000 hommes de l'armée du Rhin, il restait tant en France qu'en Algérie :

> 10 régiments de ligne. . . . . 25 000 h. ⎫
> 1 régiment étranger. . . . . 3 000   ⎬ 85 000 h.
> 114 quatrièmes bataillons (à 500 h.). . 57 000 ⎭
> 5 régiments de cavalerie.
> 3 régiments de spahis.
> 10 batteries montées.
> Un grand nombre de batteries à pied (susceptibles d'être transformées en batteries montées).

Tout en tenant compte des profondes erreurs qu'avait commises le bureau du recrutement sur le chiffre de la réserve, il faut cependant admettre qu'un grand nombre d'hommes avaient encore à rejoindre ; la classe de 1870 pouvait être appelée tout entière sous les drapeaux ; c'était une mesure naturelle en présence de la situation, et plus acceptable légalement que celles qui furent prises plus tard à la nouvelle des triomphes de l'invasion. Si on y ajoute la gendarmerie, les corps spéciaux de la ville de Paris, les troupes hors cadre, on voit que l'armée de terre pouvait former un nouveau contingent de plus de 250 000 hommes, dont il eût été facile de distraire immédiatement une partie pour grossir l'armée du Rhin et combler les vides faits dans les premiers combats. C'était, en somme, un effectif de 550 000 hommes, différent, il est vrai, de celui qui avait été donné au Corps législatif (647 172 hommes), mais suffisant pour agir et poursuivre un premier succès.

A ces forces, il faudrait ajouter encore celles de la marine qui n'avaient rien à faire sur mer et dont l'emploi pouvait être des plus utiles, comme elles l'ont si bien prouvé depuis. On sait que, dès cette époque, ses quatre régiments d'infanterie furent incorporés dans le 12e corps, au camp de Châlons, à côté des régiments de marche nouvellement constitués avec les 4es bataillons.

Enfin, comme dernière ressource, venait la garde mobile, non habillée, il est vrai, encore moins armée et exercée; mais fournissant un contingent considérable, dont une partie aurait pu au besoin être incorporée dans les rangs de l'armée. L'esprit et la lettre de la loi s'y opposaient, mais quand on fait la guerre et qu'il faut le succès, toutes les mesures sont bonnes, et le pays les aurait approuvées, si elles nous avaient donné la victoire, comme l'Allemagne a applaudi à tous les sacrifices qui lui ont été demandés pour la ruine de la France.

Il nous aurait fallu, il est vrai, un temps normal pour instruire ces recrues et constituer ces nouvelles organisations ; mais ce temps, les premiers succès nous le donnaient ; le 12ᵉ corps a pu être formé le 20 août, et sa conduite dans la fatale journée de Sedan a fait autant l'éloge de la bonté de ses éléments que de la vigueur de son chef ; quelques jours plus tard, le 13ᵉ se retirait en bon ordre sur Paris ; c'étaient près de 70 000 hommes qui avaient été mobilisés en plus et qui seraient venus facilement grossir les forces de l'invasion que nous aurions portée en Allemagne, au lieu de la subir. Disposant de toutes les voies de communication, maître du terrain, du choix des directions à suivre, on aurait pu appeler les contingents des dépôts, avec la facilité que la Prusse a trouvée elle-même à faire arriver ses hommes de la landwehr ou de la réserve ; encadrés dans les rangs de l'armée, nos jeunes soldats y auraient vite acquis la solidité et la confiance qu'inspire la victoire.

En quelques semaines la garde mobile pouvait être formée, habillée, exercée au tir, à la marche ; les résultats obtenus à Paris par le général Berthaut ont montré suffisamment ce qu'on aurait pu faire. Ses bataillons seraient venus successivement prendre leur place sur les derrières de l'armée ; ils auraient gardé à leur tour notre base d'opération, les gares et les chemins de fer de l'Allemagne, ils auraient bloqué ou assiégé les places de l'ennemi, pendant que nos forces actives auraient continué leur marche en avant. Il en serait résulté ce fait, qu'au mois de septembre nous aurions pu avoir une armée de 400 000 hommes au cœur de la Prusse, et derrière nous 100 ou 150 000 mobiles occupant le pays ennemi, et que si la guerre eût continué pendant l'hiver, qu'il nous eût fallu séjourner devant Berlin, comme le roi Guillaume devant Paris, c'est nous qui aurions eu l'énorme effectif que nos ennemis ont pu amener successivement.

Voilà, croyons-nous, comment les choses se seraient passées, si le succès avait été pour nous au début, et nous avons dit plus haut qu'il eût été possible de l'obtenir. Les efforts qu'aurait pu faire l'Allemagne pour réparer ses premiers revers, auraient été certainement aussi infructueux que les nôtres ; son excellente organisation, toute locale, se serait trouvée arrêtée en partie par notre marche en avant ; que seraient devenus ses hommes de la landwehr, du landsturm, dans les provinces occupées ou traversées par nous ? Ses lignes de chemins de fer coupées ou prises, les communications auraient été interrompues ; sa situation géographique, la forme de son territoire, permettent d'isoler ses provinces les unes des autres plus facilement que celles de la France : on n'y trouve pas au centre, comme chez nous, une masse compacte dans laquelle il est si difficile de s'enfoncer que, malgré six mois de triomphes, les Prussiens n'ont pas osé y pénétrer. Dans la confédération du Nord, au contraire, on rencontre devant soi les vallées successives du Rhin, du Weser, de l'Elbe, de l'Oder ; qu'on soit maître de l'une d'elles, et immédiatement tous les pays de la rive gauche sont séparés de ceux de la rive droite. Il y avait là des causes de faiblesse qui devaient assurer la désorganisation de la Prusse, du jour où ses armées auraient été vaincues ; aujourd'hui que les peuples mettent en avant pour un premier effort toutes les forces vives de leur puissance militaire, c'est folie de croire que quand elles auront été brisées, il sera possible de les réparer ou de les remplacer. Celles qu'on retrouvera n'auront pas la même valeur, et leur infériorité sera d'autant plus grande que les forces de l'ennemi se seront doublées du prestige de la victoire. On pourra disputer le sol aux envahisseurs, prolonger la résistance, faire acheter chèrement le succès, comme nous l'avons tenté dans cette campagne ; mais on ne peut plus vaincre, à moins d'une intervention étrangère ou d'un hasard providentiel. Ce qui s'est vu dans l'histoire, à une époque où les armées peu nombreuses ne représentaient qu'une faible partie des ressources d'un pays, ne peut plus se reproduire avec les immenses armées modernes dont l'ensemble constitue tout à la fois la vie et la richesse d'un peuple. Au milieu des triomphes, les organisations nouvelles pourront se constituer, fonctionner, soutenir et accroître les forces agissantes ; mais devant le flot montant d'une invasion qui devient celle d'un peuple, qui détruit instantanément toutes les ressources des territoires qu'elle traverse, la défaite sera impuissante à rien créer de solide et de viable. Qu'on étudie les guerres de l'empire, celles qui appartiennent à l'époque contemporaine, et on y retrouvera partout l'application fatale de la même loi (1) : un grand désastre, au commencement des hostilités, décide toujours du résultat final de la campagne.

Nouvelle loi de recrutement. — Il y a là un enseignement dont il est important de tenir compte, au moment où le gouvernement vient de proclamer les bases fondamentales de la future organisation qu'il veut donner à l'armée. Pour obtenir les succès indispensables au début, il ne suffit pas que les troupes appelées à supporter le premier choc soient bien conduites, elles doivent encore être excellentes ; destinées à servir de cadre aux divers éléments de recrutement qui viendront successivement s'y grouper, il faut qu'elles en soient pour ainsi dire l'élite. Or ce résultat ne peut s'acquérir que par une assez

(1) Nous ne voyons d'exception que pour la campagne de Russie, où le climat a eu une influence toute spéciale.

longue présence sous les drapeaux, par l'habitude de la discipline et la pratique des vertus militaires ; c'est ce qui explique l'opposition que tant de généraux et d'hommes d'État ont faite à la loi de 1868 et au système prussien, comme la préférence qu'ils ont ouvertement montrée pour l'organisation de 1832 ; à l'appui de leur opinion, ils ont invoqué le souvenir de notre armée de 1840, et il est de fait que jamais la France depuis 1815 n'avait eu de troupes comparables et qu'elle les conserva telles jusqu'à l'adoption de la malheureuse loi de 1855 sur la dotation. Si la qualité était la seule condition à exiger, on conviendra qu'aucun projet ne remplacerait avantageusement la loi de 1832 ; mais ses dispositions n'admettent qu'un effectif restreint, immédiatement disponible, qui ne suffirait plus aujourd'hui aux besoins militaires, en présence des masses énormes que les divers États de l'Europe peuvent mettre en mouvement presque instantanément à l'ouverture des hostilités. Il a donc fallu recourir aux moyens adoptés par les peuples voisins, et de là est sortie la déclaration du principe du service obligatoire pour tous, principe éminemment juste au point de vue de l'égalité de l'impôt, mais dangereux dans son application, parce qu'il tend à substituer la quantité à la qualité.

S'il nous est permis de donner ici notre avis, nous dirons que, si la nouvelle organisation devait avoir pour effet de faire passer le contingent annuel en entier sous les drapeaux, au titre de l'armée active, ce serait une mesure profondément regrettable. Un soldat de cinq ans de service vaut mieux que celui qui n'en a que quatre, et celui-ci vaut mieux que celui qui n'en a que trois ; or, dans la situation actuelle du pays, il ne semble guère possible de lui demander plus de 400 millions pour le budget de la guerre ; c'est là une lourde charge qui ne comporte pourtant qu'un effectif d'environ 400 000 hommes, si l'on songe à toutes les dépenses militaires qu'entraîneront la reconstitution d'un matériel perdu et l'établissement d'importants travaux de défense. Les contingents annuels étant d'environ 150 000 hommes, il en résulterait qu'on ne pourrait guère en maintenir plus de deux sous les drapeaux, puisque dans le chiffre de 400 000 hommes il faut comprendre les officiers, les services administratifs, les engagés volontaires et les réengagés, la gendarmerie (1) et toutes les troupes qui ne se recrutent pas par la voie des appels. Quoi qu'on en puisse dire, deux ans de service ne suffiront pas pour faire de bons soldats, encore moins pour donner à la réserve l'esprit et les habitudes militaires qu'elle devra retrouver le jour où les nécessités exigeront sa réincorporation.

L'organisation prussienne donne le moyen de remédier à ce grave inconvénient ; tout en reconnaissant le service obligatoire pour tous, elle n'appelle chaque année par la voie du sort qu'une partie du contingent ; ce qu'il en reste constitue l'*Ersatz-Reserve* (réserve de remplacement). Les jeunes gens qui appartiennent à cette catégorie sont à la disposition du ministre de la guerre, qui les appelle, en temps de paix, s'il y a lieu, pour compléter des effectifs, et en temps de guerre pour remplir les vides qui se produisent. En agissant de même en France, on pourrait calculer

---

(1) Nous ferons remarquer ici qu'il serait bien temps d'adopter, pour la gendarmerie et les troupes de police, les dispositions qui sont en usage depuis longtemps chez toutes les nations militaires de l'Europe ; elles n'y sont jamais comprises dans l'effectif de l'armée active, et leur entretien est soldé soit par le ministère de l'intérieur, comme en Autriche, soit par tiers sur les fonds de la guerre, de l'intérieur et de la justice, comme dans d'autres pays. C'est une erreur de comprendre dans les forces actives des hommes qui ne sont que des nonvaleurs, destinés à un tout autre service qu'à combattre.

le nombre d'hommes à incorporer chaque année, de manière à avoir quatre contingents sous les drapeaux ; il ne resterait qu'à trouver le moyen de donner à ceux qui ne seraient pas appelés l'instruction nécessaire pour les faire entrer promptement dans le rang, en cas de besoin. Ces quatre contingents, réunis à ceux de la réserve, formeraient les troupes actives ; leur qualité serait assurée, et quant à leur effectif il serait suffisant pour parer à toutes les éventualités. En un mot, nous résumons notre pensée dans ce principe que les forces actives ne sauraient être trop considérables sans perdre de leur valeur, et qu'une armée de 500 000 hommes, rapidement mobilisable, fortement constituée, suffit à la France pour braver les plus fortes puissances militaires de l'Europe.

L'œuvre sera complétée par l'organisation des cadres et des moyens d'instruction pour les hommes non appelés des contingents, et pour ceux qui doivent rester liés au service militaire à différents titres jusqu'à l'âge de quarante ans ; qu'on nomme ces diverses catégories deuxième réserve, troupes de remplacement ou de soutien, la difficulté sera de les constituer utilement et de leur assigner leur rôle dans le jeu de nos nouvelles institutions militaires. On ne saurait trop méditer sur ces points les moyens employés par la Prusse ; les résultats que nous leur avons vu produire pendant notre captivité, ne nous en ont que trop démontré l'efficacité.

Considérations stratégiques. — Mais laissons ces graves questions à la sagesse de l'Assemblée nationale et reprenons l'examen des faits de guerre dont l'issue a nécessité ces nouvelles études. Puisqu'on n'avait pas eu l'habileté de réunir nos troupes et de les diriger hardiment sur les positions de l'ennemi, il eût fallu du moins les grouper assez fortement pour les mettre à même de présenter une résistance sérieuse. En formant deux armées, l'une en Alsace, l'autre dans la Moselle, on remettait à leurs chefs la responsabilité des événements, et, sous l'empire d'une pareille préoccupation, ils eussent certainement pris les mesures de précaution que commandaient les circonstances. Le maréchal de Mac-Mahon eût appelé à lui les corps des généraux de Failly et Douay; il se serait ainsi trouvé, avec 94 000 hommes sous la main, en état de lutter contre le prince royal. La bataille de Reichshofen était gagnée ou restait indécise ; le mouvement tournant, exécuté sur notre droite par le XIe corps et la division wurtembergeoise, y décida la déroute : il aurait été certainement arrêté, et comme les positions étaient maintenues à la gauche et au centre, on peut supposer avec vraisemblance que le maréchal serait resté maître de son terrain.

Dans la Moselle, le maréchal Bazaine aurait sans aucun doute concentré également toutes ses forces, et si l'ennemi avait persisté à tenter son mouvement sur Forbach, il est à présumer qu'il y aurait subi un grave échec. Le général Frossard n'aurait pas été laissé à lui-même, et, en tout cas, le maréchal, ému de sa responsabilité, n'aurait pas hésité à le rejoindre avec une partie de ses forces.

Reichshofen et Forbach, c'étaient là deux graves échecs qui faisaient mal augurer de l'issue de la campagne; il était difficile de conserver des illusions devant l'absence de toute direction, mais cependant on pouvait ne pas désespérer encore ; par le fait, il n'y avait eu que deux corps d'armée atteints et il en restait six, dont la garde, complétement intacts. Malheureusement la retraite des corps Mac-Mahon et de Failly eut lieu dans des conditions si déplorables, que la désorganisation gagna les troupes de ce dernier et qu'elles arrivèrent à Châlons aussi découragées que si elles avaient été vaincues.

A Metz, on se retire sous le canon de la place, on veut aller derrière l'Argonne, puis on abandonne ce projet, et on se décide à rester. Quatre jours après, quand déjà il est trop tard, on reprend l'idée d'une retraite sur la Meuse et on part pour Verdun, au moment où le maintien de l'armée à Metz aurait pu donner de sérieux résultats. Le prince Frédéric-Charles tournait la place par le sud ; il était facile de se jeter sur lui, de le surprendre en flagrant délit de manœuvre ou au passage de la Moselle ; placées sur les formidables positions de la rive gauche, quelques troupes auraient suffi pour en interdire l'accès à une armée entière. Rien ne fut tenté ; il ne semble même pas qu'on en ait eu la pensée. Mais l'ennemi, qui a intérêt à franchir la rivière sans encombre, nous attaque le 14 à Borny ; c'est l'armée de Steinmetz qui se dévoue, pendant que le prince Frédéric-Charles passe sur la rive gauche et s'empare des hauteurs qui la dominent. Le combat se livre avec acharnement, il se prolonge jusqu'à la nuit ; les Prussiens sont repoussés sur tous les points avec des pertes énormes. Au lieu de profiter de ce succès qui avait rendu la confiance à l'armée, on s'empresse de continuer la retraite et de laisser le prince achever le passage de la Moselle, quand il eût été si facile de revenir le lendemain sur Steinmetz avec toutes nos forces et de l'écraser, avant que les corps passés sur la rive gauche et déjà éloignés de plus d'une journée de marche aient pu lui porter secours. Il y avait là une combinaison hardie à exécuter, un coup de fortune à tenter pour effacer les premiers revers ; on n'y songea pas.

Le mouvement de retraite continue sur Verdun avec une lenteur désespérante et des embarras de toute nature ; le prince Frédéric-Charles a le temps de nous devancer avec une partie de ses forces sur la route que nous suivons. Le maréchal Bazaine ne se décide ni à combattre ni à se retirer; il perd un temps précieux dont les troupes ennemies profitent pour se former et attaquer; elles payent cher leur audace; à deux heures elles sont repoussées sur toute la ligne et elles se replient sur leurs positions du matin. En ce moment il y a pour nous deux partis à prendre : continuer hardiment la marche sur Verdun, en confiant à une forte arrière-garde le soin de la couvrir, ou nous jeter avec toutes nos forces sur un ennemi ébranlé et le pousser dans la Moselle. Nous n'avons devant nous à ce moment que deux corps prussiens (IIIe et X^e), des détachements du VIIIe de l'armée de Steinmetz et la division hessoise du IXe; les quatre autres corps du prince Frédéric-Charles (IIe, IVe, XIIe et la garde) ainsi que le reste du IXe sont trop éloignés pour pouvoir agir, les uns avant le 17, les autres avant le 18, ainsi que le constate le rapport du prince où l'on voit indiqués leurs emplacements dans la soirée du 16. Un effort décisif peut amener la déroute complète de ceux qui se trouvent devant nous; à ce résultat immédiat s'ajouterait la séparation de l'armée du prince en deux fractions, l'une acculée à la rivière ou rejetée sur la rive droite, l'autre isolée sur la rive gauche et coupée de sa ligne de retraite.

Si l'armée du Rhin avait eu à sa tête un chef entreprenant, cette journée pouvait être un immense succès qui modifiait à notre avantage toute la situation. Au lieu d'agir, le maréchal Bazaine hésita; la question des munitions, dont il a parlé plus tard, ne pouvait cependant entrer alors en cause, puisqu'il n'y avait eu qu'une lutte de trois heures à laquelle les 3e et 4e corps et la division de voltigeurs de la garde n'avaient pas encore pris part. Il ne continua ni la marche ni le combat, et on le voit dès lors songer à rentrer à Metz ; ses divisions sont rappelées peu à peu en arrière, la droite est laissée à elle-même sans direction et, devant cette inaction qu'il ne comprend pas, l'ennemi se reforme et renouvelle une lutte que rendait inutile le projet arrêté dans l'esprit de notre chef. C'était renoncer à toute action sur les événements et se placer dans la position prudente de l'expectative.

A ce moment de la campagne, on se croyait déjà en droit de se plaindre des cruelles et persévérantes rigueurs de la fortune à notre égard ; mais ne pouvait-elle pas répondre qu'elle nous avait offert des occasions d'effacer nos premières fautes, de réparer nos premiers revers ? Puisque nous n'avions pas su les saisir, nous ne devions nous en prendre qu'à nous-mêmes. *Aide-toi, le ciel t'aidera*, est un proverbe toujours vrai, à la guerre plus que partout ailleurs, et, il faut en convenir, nous n'avions encore rien fait pour nous aider ni réagir contre les coups du sort. Il semblerait vraiment qu'avant d'abandonner à ses tristes destinées ce pays dont elle avait si longtemps suivi les drapeaux, la fortune en eût eu du regret ; elle vint elle-même nous apporter une dernière chance dans la journée du 18 août et nous ne sûmes pas davantage en profiter ; notre désastre allait être consommé.

On sait ce qu'a été cette bataille de Saint-Privat, où près de 400 000 hommes ont lutté jusqu'au soir pour assurer, les uns le salut, les autres la ruine de la France ; on se rappelle la retraite de l'armée de Steinmetz, la résistance héroïque de notre centre, l'échec de la garde prussienne dans sa première attaque : tous nos efforts devaient rester inutiles. L'absence du général en chef du champ de bataille, l'éloignement de la garde impériale du théâtre du combat, le maintien dans leurs bivouacs de la cavalerie et de l'artillerie de réserve, telles furent les causes d'une défaite qui eût pu se changer en victoire. Et, à ce moment encore, un succès aurait renversé toutes les prévisions des Allemands et leur aurait fait cruellement expier l'audace de leurs premières marches.

Dans les conditions où s'était maintenu le combat jusqu'au milieu du jour, quel parti n'en aurait pas tiré un chef habile? Devant un mouvement offensif vigoureusement conduit, le roi Guillaume aurait vu son armée coupée par le centre, ou il lui aurait fallu ordonner la retraite et la diriger vers ses ponts de la Moselle, déjà débarrassés à cette intention. Le passage de la rivière pouvait amener un désastre : il eût suffi que le commandant supérieur de Metz sût utiliser la garnison. La rive gauche de la Moselle redevenait libre et les positions qui la dominent restaient entre nos mains. Au centre de la Champagne, le prince royal se serait trouvé isolé entre les 135 000 hommes que le maréchal de Mac-Mahon avait réunis et nous-mêmes, maîtres de la vallée et de sa ligne de retraite.

Ce ne sont pas là les vains rêves d'une imagination trop optimiste; qu'on relise les phases de cette journée, et on verra de quel poids a pesé l'inertie du commandement dans le résultat final. Qu'on songe à ce que Napoléon Ier a su faire dans son immortelle campagne de 1814 avec ses 60 000 hommes contre les 220 000 alliés qui l'entouraient, et qu'on dise si, dans les conditions où tant de fautes nous avaient placés, il n'aurait pas su y trouver le secret de la victoire!...

L'issue fatale de cette journée assurait le triomphe définitif de la Prusse; la France était réellement vaincue : il lui était possible, comme nous l'avons dit, de prolonger sa résistance, de disputer les conditions de la paix, de les améliorer, mais il lui fallait renoncer à les dicter. Ses forces ne pouvaient plus se réunir qu'au prix de grandes difficultés, l'accord ne pouvait s'établir entre elles à de telles distances, ses centres de résistance allaient être comme des îlots battus de toutes parts par les flots de cette mer terrible, qui s'appelait l'invasion, et qui allait recouvrir et détruire toute une zone de notre territoire.

De nouveaux devoirs allaient s'imposer à l'armée de Metz ; séparée de la patrie, elle n'avait plus à espérer son triomphe, mais à lui venir en aide et à détourner de plus grands malheurs. C'était pour ainsi dire l'équipage d'un vaisseau jeté par la tempête sur les récifs ; il ne pouvait plus espérer le conduire glorieusement à travers les mers, mais il devait tenter de l'arracher à la fureur des vagues et d'en sauver les épaves. On sait comment le commandant en chef comprit cette mission pour lui et pour ses troupes ; un simulacre d'effort fut fait le 31 août et le 1er septembre ; depuis cette époque, la question militaire fut tout à fait écartée pour des intrigues et des négociations.

Du moment où le maréchal s'était décidé à rester à Metz, il aurait dû au moins utiliser les avantages de la position centrale et stratégique qu'il avait prise ; à cheval sur un fleuve, il avait la possibilité de manœuvrer sur l'une ou l'autre rive, à la condition d'établir un nombre suffisant de ponts et d'utiliser ceux qui existaient ; il n'y pensa pas. Le pont du chemin de fer, si maladroitement détruit au moment du départ pour Verdun, ne fut rétabli qu'au mois d'octobre, et pour le plus grand avantage des Prussiens après la capitulation. On pouvait inquiéter l'ennemi journellement, le fatiguer, le surprendre un jour sur un point, le lendemain sur un autre, lui enlever successivement ses positions, le forcer à étendre de plus en plus sa ligne d'investissement, pousser plus au loin encore les opérations, assurer l'existence des troupes, en un mot il fallait comprendre qu'une armée ne peut jamais être la garnison d'un camp retranché et que, si elle vient à s'établir derrière des forts, sous le canon d'une place, elle ne doit y chercher qu'un repos momentané ou un point d'appui pour de nouveaux efforts. Quand Masséna se vit enfermé à Gênes après les combats de la Bormida, entouré par des forces triples de celles dont il disposait, songea-t-il à se renfermer dans le triangle que présentaient les défenses extérieures de la place pour s'y mettre à l'abri des atteintes de l'ennemi? Dès le lendemain, il reprit la campagne et livra au loin cette série de glorieux combats qui ont immortalisé sa résistance. Le dernier ordre du jour du commandant de l'armée du Rhin a rappelé le nom de ce héros pour comparer la capitulation de Metz à celle de Gênes. Pourquoi n'avoir pas alors imité ses hauts faits, son activité et son énergie? Il y a de ces rapprochements qui portent en eux toute une condamnation.

Si Metz ne devait pas être considéré comme un centre stratégique d'opérations, l'armée n'avait aucune raison d'y rester ; elle devait en sortir à tout prix, et pour son honneur et pour le salut du pays dont elle serait venue appuyer la défense ; c'était un devoir impératif, et nous répéterons qu'il pouvait être rempli facilement pendant le mois de septembre, plus difficilement jusqu'au 15 octobre, mais avec des chances encore possibles de succès.

Nous avons dit que, pour expliquer son inaction, le maréchal Bazaine avait un jour invoqué les difficultés qu'une armée trouvait à agir d'un point central contre une circonférence occupée par l'ennemi, et nous avons combattu cette idée nouvelle. Nous l'avons entendu depuis émettre par certains officiers et nous l'avons même vu défendre dans des publications récentes, avec une assurance qui pourrait en imposer, si on avait oublié les leçons des maîtres en stratégie et les principes tactiques posés par eux et devenus pour ainsi dire des axiomes en art militaire. Il y aurait là une grave erreur qu'il ne faut pas laisser accréditer et que l'expérience même des faits de cette campagne permet de repousser victorieusement.

Pour appuyer cette idée et démontrer l'impossibilité où se trouvait l'armée de Metz d'agir contre les lignes prussiennes, voici les raisons qui sont invoquées : « Les troupes qui partent du centre pour attaquer un point ou une partie d'une circonférence, sont obligées de marcher en colonne et ne peuvent se déployer sous le feu concentrique de l'artillerie ennemie dont la grande portée les désorganiserait avant qu'elles fussent formées; ces colonnes sont de plus exposées à des attaques de flanc avant qu'elles soient en position et, dans ces conditions, leur marche devient impossible. »

On pourrait se contenter de répondre qu'en face d'une immense circonférence (1) une position centrale assure toujours la supériorité du nombre, par suite celle de l'artillerie, et qu'avec ces deux éléments il est facile de rester promptement maître du terrain. Libre de choisir son jour, son heure, de prendre des dispositions préparatoires, une armée qui attaque dans ces conditions a pour elle le précieux avantage de pouvoir profiter de la surprise de l'ennemi, en

---

(1) La circonférence occupée devant Metz par les troupes prussiennes ne comptait pas moins de 64 kilomètres (16 lieues). Les lignes fortifiées de leurs avant-postes avaient un développement de 46 kilomètres environ (11 lieues 1/2).

dirigeant ses troupes de la manière la plus utile. Mais nous préférons examiner les différentes objections que nous venons de citer et combattre les erreurs sur lesquelles elles s'appuient.

Les troupes destinées à une attaque ne s'avancent en colonne que jusqu'à portée des boulets ennemis ; dès qu'elles entrent dans le champ de tir, elles se déploient. C'est un ancien principe auquel la portée des pièces nouvelles n'a rien changé. Dans toutes les affaires qui ont eu lieu à Metz, nos troupes se sont déployées au sortir de nos lignes, sans que l'ennemi ait pu s'opposer par son feu à leur mouvement, alors même qu'il était prévenu de nos projets et prêt à les déjouer, comme le 31 août. On a vu ce jour-là les divisions des 4e et 6e corps se mettre en ligne et s'avancer plus tard dans le même ordre sur les positions de Failly et de Poix; malgré le tir acharné des batteries prussiennes, elles n'étaient rien moins que désorganisées. Le 27 septembre, à l'attaque du château de Mercy, le 90e de ligne se déploya à hauteur de la Haute-Bévoye et marcha dans cet ordre sur les tranchées prussiennes, qu'il enleva sans tirer un coup de fusil. Le 7 octobre, le maréchal Canrobert fit déployer la division Deligny sur deux lignes au delà du château de Ladonchamps, sous le feu des batteries de la rive gauche et de la rive droite; trois lignes successives d'ouvrages furent emportées et nos voltigeurs se maintinrent le long du ruisseau des Tapes jusqu'à cinq heures du soir. Après de tels exemples il faut bien convenir que le feu concentrique de l'artillerie et sa grande portée ne nous ont jamais empêchés de nous déployer en temps utile et à une distance suffisante pour attaquer.

Qu'entend-on d'ailleurs par ce feu concentrique de l'artillerie? Dans une circonférence d'un grand rayon, comme à Metz, la convexité devient insensible et la partie attaquée forme une ligne presque droite. La lutte rentre donc dans les conditions ordinaires de combat, avec cette différence que l'assaillant agit avec toutes ses forces réunies, tandis que l'ennemi n'a au début qu'une faible partie des siennes et ne peut en compléter la concentration que successivement, suivant la distance à parcourir ; les troupes les plus éloignées se trouvent même dans l'impossibilité de rejoindre, les unes avant le soir, les autres avant la journée du lendemain. Quand une armée moins nombreuse se trouve en présence de forces supérieures qui l'enveloppent par ses ailes, comme à Sedan, on comprend qu'elle soit exposée à un feu concentrique qui paralyse les efforts et vienne apporter la désorganisation. Mais à Metz, après l'investissement, la situation était tout autre. Devant une attaque imprévue et vigoureusement conduite, l'infériorité numérique relative et momentanée de l'ennemi l'obligeait à resserrer ses troupes au lieu de les étendre. C'est ainsi que les choses se passèrent dans la matinée du 31 août, quand le général de Manteuffel concentra toutes ses forces autour de la position de Sainte-Barbe. Une partie de ses lignes fut dégarnie, et s'il y avait un danger d'être enveloppé, c'était pour lui qu'il existait. Nous n'avons pas profité, il est vrai, de cette situation ; nous n'avons pas utilisé la supériorité en bouches à feu que nous pouvions avoir au début de l'action, mais il n'en faut pas moins reconnaître que les circonstances étaient telles et que les troupes prussiennes avaient seules à redouter des feux concentriques d'artillerie.

La construction des lignes de l'ennemi, perfectionnée depuis le 31 août, n'avait pas changé pour nous les conditions premières de la lutte : forces supérieures immédiatement disponibles, nombre plus grand de bouches à feu, avantage du choix des positions et des points d'attaque. Elle n'avait fait qu'augmenter les difficultés et nécessiter plus de rapidité dans l'exécution.

Il est certain que le tir de plusieurs batteries aurait pu converger sur nos positions et y produire de sérieux désordres ; mais ce n'eût été là qu'un incident comme il s'en produit dans tous les combats, et qui ne dépendait en rien du tracé de la ligne ennemie, quelque peu convexe qu'il pût être ; il aurait démontré seulement l'habileté des officiers prussiens et leur judicieuse entente du terrain. Une armée y sera toujours exposée, toutes les fois qu'elle aura devant elle un adversaire intelligent, sans qu'il soit besoin qu'elle occupe une position centrale. Le maréchal Canrobert avait un ordre de bataille parallèle à l'ennemi, le 18 août ; il n'en a pas moins vu plus de cent pièces venir converger leurs feux sur le village de Saint-Privat, et il a dû l'évacuer sous leur effort. Il faut reconnaître toutefois que la longue portée des nouvelles pièces a agrandi leur champ de tir, et que par suite la facilité de les faire converger sur un même point a augmenté. Les conditions de l'attaque en sont modifiées, puisque les troupes sont plus longtemps soumises à leur effet meurtrier ; mais ce fait se produira à l'avenir dans toutes les actions de guerre, et il y a là un problème qui s'impose à l'étude des tacticiens. Les combats ne deviendront-ils à l'avenir que des luttes d'artillerie ? Faudra-t-il négliger les obus et développer sur une plus grande échelle l'emploi des tirailleurs ? Devra-t-on multiplier la construction des tranchées-abris, en faire la base d'un nouveau système de guerre ? Devant la portée et le tir rapide des armes, devra-t-on ne marcher désormais à l'attaque des positions que par les progrès lents et méthodiques d'une sorte de sape de campagne? Ce sont là des problèmes qui appellent toute l'attention des hommes de guerre, parce que la solution dépend nécessairement de la qualité des troupes.

Les colonnes, a-t-on ajouté, seraient exposées à des attaques de flanc, avant d'être en position. Dans le cas particulier de l'investissement de Metz, nous avons dit que nos troupes s'étaient toujours déployées sur les limites du camp retranché; au delà, elles entraient dans le champ de tir des batteries ennemies, qui n'étaient éloignées que de 2 à 3 kilomètres. Les Prussiens étaient par la même raison obligés de se former en arrière de leurs ouvrages, et il en résultait que les circonférences concentriques occupées par les deux armées déterminaient les emplacements sur lesquels elles avaient à s'établir. Entre elles s'étendait une large zone qu'il eût fallu traverser de part et d'autre pour opérer sur les flancs de l'adversaire. En face d'une ligne faible ou dégarnie, c'était une entreprise qui pouvait être tentée; mais devant une armée massée avec toutes ses forces et en position de combat, on ne comprend pas comment une pareille hypothèse se serait réalisée.

Ce qu'il faut admettre, c'est qu'après avoir reçu des renforts, l'ennemi pouvait étendre peu à peu sa ligne de bataille, déborder la nôtre et agir par des feux d'écharpe contre nos ailes. Mais tout danger de cette nature aurait été écarté, en s'appuyant à un obstacle naturel ou en prenant un dispositif de troupes assez imposant pour arrêter les tentatives de l'ennemi et détourner son feu. Dans le combat de Sainte-Barbe, la gauche, protégée par la Moselle, ne souffrit pas des feux de flanc de l'ennemi. Au point opposé, le 3ᵉ corps avait son aile droite couverte par la division Fauvart-Bastoul; elle ne fut pas inquiétée pendant la première journée, parce que les Prussiens n'avaient pu réunir que peu de forces. Le lendemain, le général de Manteuffel disposa d'une partie des renforts qu'il avait reçus, pour déborder la droite de nos lignes et l'accabler sous un feu violent d'artillerie. On sait qu'elle plia et que sa retraite amena celle de toute l'armée. Ce résultat ne vient en rien contredire les assertions que nous avons émises plus haut ; car, outre la division Fauvart-Bastoul, il y avait de ce côté les divisions Vergé et Castagny, la brigade Lapasset, et on est en droit d'affirmer que, si elles avaient été engagées sérieusement, elles auraient attiré à elles le feu de l'ennemi et l'auraient peut-être éteint. En tout cas, le maréchal Le Bœuf eût été dégagé d'autres préoccupations, et son attaque eût continué avec l'ensemble de ses forces. On ne peut pas chercher d'enseignement là où rien n'a été fait de ce qui aurait dû l'être.

Nous ajouterons donc que, contrairement aux raisons récemment émises pour expliquer et excuser l'inaction du maréchal Bazaine, l'armée de Metz n'avait ni à marcher en colonne ni à se déployer sous un feu concentrique d'artillerie pour attaquer les lignes ennemies, et qu'elle ne pouvait rien avoir à craindre sur ses flancs, au moment critique de l'opération ; enfin nous conclurons en disant que les difficultés étaient grandes, mais qu'elles étaient compensées par les immenses avantages de la position centrale.

Aucun effort n'avait été fait ni pour quitter la ville ni pour combattre l'ennemi ; l'armée s'éteignit pour ainsi dire d'elle-même dans l'oisiveté et les privations, et le jour fatal arriva où la capitulation devint une nécessité. On pourra donc dire avec l'historien de l'empire, quand il juge la reddition de Gouvion Saint-Cyr à Dresde : « Il n'y a par

« conséquent pas à blâmer la capitulation, mais la conduite
« qui l'avait amenée (1). »

Considérations tactiques et administratives. — Dans une des journées de luttes oratoires du dernier gouvernement, un homme illustre avait prononcé du haut de la tribune ces paroles fatidiques : « Il n'y a plus une faute à commettre, » et un ministre puissant repoussait éloquemment ce sinistre avertissement en s'écriant : « Il n'y a pas eu une faute de com-
« mise. » C'étaient deux opinions contraires qui pouvaient être alors diversement interprétées. Mais, pour cette malheureuse campagne, il ne peut y avoir divergence dans les appréciations ; les faits parlent d'eux-mêmes et viennent dire à la France humiliée et ensanglantée : « Toutes les
« fautes ont été commises, » sans qu'il soit possible de contester la sévérité du jugement, en présence des résultats qui se sont produits. Fautes politiques, administratives et militaires, aucune n'a été épargnée, et il semblerait vraiment qu'une sorte de paralysie fût venue frapper en même temps les intelligences, les pensées et les cœurs. Un aveuglement général avait été le symptôme le plus significatif de ce mal moral qui devait atteindre toutes les branches de nos administrations civiles ou militaires, et cependant, depuis plusieurs années, les avertissements ne leur avaient pas manqué. Dans les discussions du Sénat et du Corps législatif, le gouvernement avait été prévenu des dangers auxquels il courait ; les dépêches de nos chancelleries, les rapports des officiers envoyés en mission, les études des hommes studieux qui avaient approfondi les grosses questions de l'organisation militaire et de la nouvelle tactique, tous les renseignements,

(1) Thiers, *Histoire du Consulat et de l'Empire*, t. XVI, p. 669.

en un mot, les plus dignes de foi lui permettaient de s'éclairer sur les réformes à faire comme sur les mesures à prendre, pour se maintenir à la hauteur des circonstances graves que l'avenir laissait entrevoir. On n'en tint aucun compte ; aux informations des uns, aux travaux des autres, on répondit par un mauvais vouloir absolu ou par une vaniteuse assurance. Il y eut partout inertie ; l'administration de la guerre n'échappa pas à cette funeste influence ; on sait ce qu'elle a produit.

Le public fut profondément étonné de l'apparition des remarquables rapports du colonel Stoffel ; il l'aurait été plus encore, s'il avait connu les annotations qu'y avaient faites les autorités les plus compétentes ; il aurait vu avec quelle légèreté étaient appréciées les trop justes observations de notre attaché militaire à Berlin. Ce qui ne le surprendra pas moins aujourd'hui, ce sera d'apprendre que le ministre de la guerre avait eu entre les mains une foule d'autres rapports aussi intéressants, traitant des mêmes questions militaires à des points de vue différents, mais arrivant tous aux mêmes conclusions : la supériorité de l'organisation et de la tactique des armées allemandes, la nécessité pour nous de modifications immédiates et de l'étude des moyens pratiques de les exécuter. Des généraux, des officiers de tous les grades et de toutes les armes, avaient fourni leur contingent de travail sur ces graves questions : les efforts de chacun se brisèrent devant la résistance des directions et des comités d'armes.

Il y aurait à faire un historique curieux de tous les avertissements qui avaient été donnés avant la guerre, au point de vue militaire, du peu de compte qui en avait été tenu et des résultats produits par cette coupable indifférence. Mais ce seraient des recherches qui sortiraient du cadre de notre travail ; il nous suffit, pour le compléter, d'indiquer sommairement les fautes qui ont été commises, soit dans la tactique des différentes armes, soit dans les services administratifs, et qui sont venues s'ajouter aux causes multiples de nos désastres.

INFANTERIE. — Du jour où la Prusse adopta le canon rayé, elle comprit que le rôle de l'infanterie devait être modifié ; avec la justesse du tir et l'augmentation de la portée, on ne pouvait plus songer à laisser les bataillons en ligne, immobiles sous l'action meurtrière des projectiles ; il fallait les abriter, n'en exposer qu'un petit nombre, et leur donner assez de mobilité pour les mettre à même de se soustraire rapidement aux coups de l'ennemi. Ces principes ont été brillamment développés par le prince Frédéric-Charles dans sa fameuse brochure *l'Art de combattre les Français ;* il les a résumés en quelques règles qui ont servi de base à la nouvelle ordonnance de l'infanterie prussienne de 1868. Ce sont :

1° L'emploi exclusif des colonnes de compagnie dans les attaques de tirailleurs et leur introduction dans les différentes formations de combat ;

2° La diminution de la ligne de bataille et un dispositif général en profondeur, pour augmenter la résistance des flancs, le nombre des réserves et la facilité des attaques tournantes ;

3° La formation en échelons des grosses masses, pour l'attaque comme pour la défense.

Il résulte de ces principes que l'infanterie prussienne, morcelée en petites unités tactiques, présentant un front peu étendu, peut se plier facilement à toutes les formes du terrain, s'y dissimuler et laisser en arrière, complétement à l'abri, une partie de ses forces qui conserve toute sa vigueur pour le moment décisif. C'était là une innovation importante dans la tactique de cette arme, innovation dont la première application avait été faite dans la campagne de Bohême, avant d'être réglementée définitivement ; elle avait été continuée depuis sur tous les terrains d'exercice et particulièrement dans les grandes manœuvres d'automne des corps d'armée ; ceux de nos officiers qui avaient été appelés à y assister furent frappés des avantages que présentait cette nouvelle tactique ; ils constatèrent en même temps l'habitude qu'elle donnait aux troupes prussiennes de juger rapidement la conformation des terrains et d'en tirer parti pour les mouvements de guerre. Leurs rapports indiquèrent ce qu'ils avaient vu et les enseignements que nous pouvions y puiser ; le comité d'infanterie, chargé de leur examen, répondit qu'il n'y avait rien à emprunter à la Prusse, que ces différentes manœuvres reproduisaient mal les vraies opérations de guerre et qu'on ne pouvait y trouver qu'une assurance plus certaine de nos succès, le jour où la lutte viendrait à éclater.

En face d'un ennemi intelligent qui avait cherché journellement le progrès, nous allions donc nous présenter avec la vieille ordonnance de 1791, légèrement refondue et modifiée en 1831 et 1862, c'est-à-dire à des époques où le fusil à tir rapide n'était pas encore introduit dans notre armée et où les grandes portées de l'artillerie étaient inconnues(1) ; l'instruction sur les tirailleurs avait seule été améliorée, et il aurait été permis d'en espérer d'excellents ré-

(1) Il y avait cependant déjà plusieurs années qu'on avait reconnu la nécessité de simplifier les règlements existants et d'y apporter de sérieuses modifications ; il serait trop long de raconter ici les tiraillements de toute nature qui vinrent retarder l'exécution de ce projet. Les difficultés avaient enfin été levées ; une commission avait été

sultats, si l'application eût été faite sur une plus grande échelle. Au lieu d'adopter cette manière de combattre, la seule qui fût pratique devant la supériorité des canons prussiens, on eut soin de conserver tous les anciens errements. Notre infanterie se forma sur deux lignes comme à Châlons, comme au bois de Boulogne, sans se préoccuper des accidents du terrain ni de l'appui qu'elle pouvait y trouver. Partout elle s'offrit vaillamment à découvert aux coups de l'artillerie, sans but et sans utilité, jusqu'au moment où la marche des tirailleurs ennemis lui permettait d'entrer elle-même en action ; la première ligne présentait un but invariable et facile à atteindre ; la deuxième, à peine éloignée de 300 à 400 mètres, n'était pas plus épargnée par des projectiles dont la portée dépassait 2 500 mètres, et il s'ensuivait que des troupes, qui auraient dû être fraîches et prêtes à de nouveaux efforts, se trouvaient déjà atteintes, tristement impressionnées, affaiblies par des pertes sérieuses, avant même qu'on songeât à mettre en œuvre leur concours. Au lieu de masquer nos bataillons, comme le faisaient les Prussiens, et de reculer ceux de la seconde ligne, on crut remédier au mal en faisant coucher les hommes à terre ; mais les obus ne les atteignaient pas moins, les pertes n'en étaient pas diminuées et elles étaient d'autant plus regrettables qu'elles ne pouvaient produire aucun résultat. Nous pourrions citer telle brigade qui resta en deuxième ligne pendant toute la bataille de Rézonville, qui ne tira pas un coup de fusil et qui n'en eut pas moins trente officiers hors de combat dans chacun de ses régiments. Autant le sacrifice de la vie des hommes se comprend dans les circonstances

chargée de rédiger, pour l'infanterie, un nouveau code de manœuvres, déjà les premières parties en étaient mises à l'essai, quand la guerre survint et interrompit forcément ce travail.

décisives du combat, autant il est fâcheux dans de pareilles conditions.

On avait prévu cependant, il faut le reconnaître, les dangers auxquels notre infanterie allait se trouver exposée ; déjà le maréchal Niel avait prescrit l'emploi des tranchées-abris dans la défense des positions comme sur les champs de bataille ; il avait tenu à ce que les troupes fussent exercées à se couvrir rapidement sur les points où les accidents du terrain ne leur offraient pas la sécurité nécessaire. Ces recommandations avaient été renouvelées à l'entrée de la campagne, et il faut convenir que, si elles avaient été suivies, les résultats de nos combats auraient pu être singulièrement modifiés. Mais cette innovation aurait dérangé l'ancienne routine et les traditions africaines de nos chefs ; aucun d'eux n'y songea, à l'exception du maréchal Le Bœuf dans la défense des lignes d'Amanvillers, le 18 août, et on peut affirmer que ce fut en partie grâce à ces sages mesures de précaution qu'il parvint à maintenir le 3ᵉ corps sur ses positions, malgré la supériorité numérique et les efforts réitérés de l'ennemi.

Faire coucher à terre notre infanterie ou la couvrir par des tranchées, c'étaient des expédients qui pouvaient la préserver des atteintes du canon, mais qui n'atténuaient en rien les difficultés de l'offensive dans les conditions actuelles des armes ; il n'y avait là ni une pensée tactique ni une nouvelle manière de combattre. Quand il fallut s'avancer, attaquer les positions, on marcha dans le même ordre que sous le premier empire, comme à l'Alma, comme à Solférino, alors que les fusils ne tiraient que trois coups à la minute et que les canons ne portaient qu'à 1 200 mètres. Ce fut dans ces occasions que nos soldats déployèrent une énergie et une solidité qu'il eût fallu utiliser avec plus de discernement ; sans se laisser arrêter par le nombre des projectiles ni par les pertes énormes qu'ils subissaient, ils abordèrent souvent l'ennemi avec un entrain que n'eurent jamais les troupes prussiennes. L'attitude de la division de voltigeurs dans le combat de Bellevue, du 7 octobre, fut la confirmation la plus éclatante des qualités de nos troupes ; mais le chiffre de ses pertes atteste en même temps la défectuosité des dispositions prises pour l'attaque.

Avec son expérience des choses de la guerre, le général Ladmirault fut promptement amené à constater les inconvénients que présentaient aussi bien nos formations surannées que notre ancienne méthode de combattre. Il avait vu ses lignes et ses colonnes décimées sur place pendant des heures où elles restaient impuissantes, pendant que l'infanterie prussienne, masquée dans les ravins et les bois, n'avait rien à craindre de nos obus ; en les faisant coucher à terre, il n'avait qu'imparfaitement remédié au mal ; leur moral s'affectait sous la menace permanente d'une pluie de projectiles dont le sifflement et l'éclatement impressionnaient vivement leurs nerfs ; au moment où il fallait les faire relever et agir, elles se trouvaient avoir perdu forcément une partie de leur vigueur et de leur confiance. Il aurait certes mieux valu les porter résolûment en avant, dès le début, soit en tirailleurs, soit en lignes minces et profondément espacées ; l'effet des obus leur eût été moins nuisible, le tir de l'ennemi eût perdu de sa justesse devant un but variant constamment, et l'entrain de la marche eût augmenté leur énergie qu'une longue immobilité dans de pareilles conditions était faite pour affaiblir.

Ce fut sans doute dans cette pensée que le général Ladmirault rédigea pour son corps d'armée, vers les premiers jours de septembre, une instruction des plus remarquables sur le dispositif qu'il aurait à prendre à l'avenir pour le combat ; il voulait que les masses de son infanterie restassent dérobées à l'ennemi jusqu'au moment où elles seraient appelées à marcher ; leur action devait être appuyée simultanément par l'artillerie et par de fortes lignes de tirailleurs, destinées à démonter les servants des batteries ennemies. De toutes ses troupes, un petit nombre aurait été seul exposé, dans des conditions moins défavorables, et le reste se fût trouvé intact pour le moment décisif. C'était en même temps le moyen d'utiliser le plus avantageusement la grande portée de notre fusil et de compenser l'infériorité de notre artillerie ; il est certain que les balles de nos chassepots auraient atteint les canonniers prussiens, avant que leur tir à mitraille pût être commencé ou que leurs troupes de soutien fussent en état d'ouvrir le feu ; en s'avançant assez près, et sans grand danger, nos tirailleurs auraient forcé les batteries ennemies à se retirer, sous peine de perdre leurs pièces ; la lutte se serait alors transformée en un combat d'infanterie contre infanterie, et sur ce terrain tout l'avantage eût été pour nous.

Ce fut ainsi que le 31 août le colonel Davoust porta à 1 000 mètres des batteries prussiennes qui tiraient sur le village de Noisseville, une ligne des meilleurs tireurs de son régiment, le 95e ; en peu de temps, il les força de s'éloigner, tandis que nos pièces de 4 avaient été impuissantes à les faire taire ; l'attaque de Servigny put commencer aussitôt. A la bataille de Rézonville, le général Deligny avait eu également la pensée d'enlever, avec ses voltigeurs, la grande batterie qui nous faisait tant de mal ; il commença brillamment son mouvement avec les trois bataillons qu'on lui avait laissés ; mais il se trouva en présence de forces considérables et, ne se voyant pas soutenu, il dut renoncer à son projet. Le même jour, le maréchal Le Bœuf avait voulu tenter la même opération avec la division Castagny, que devait soutenir la division de cavalerie de Clérambault ; des causes regrettables vinrent l'arrêter.

Il y avait là des exemples qu'on aurait pu utiliser sur-le-champ ; il eût été surtout naturel de comprendre, dès les premières rencontres, que les propriétés des nouvelles armes exigeaient des modifications immédiates aux habitudes routinières de notre tactique ; mais on n'y songea pas, ou du moins rien ne prouve qu'on y ait songé. Les instructions du général Ladmirault vinrent trop tard, alors qu'il n'y eut plus lieu de les appliquer ; elles étaient d'ailleurs restées inconnues au reste de l'armée, qui n'aurait pas été à même d'en profiter.

On peut donc dire que, si notre infanterie a fait partout son devoir, si elle a été brillamment conduite sur plusieurs points, ce n'a été qu'au prix de grands sacrifices, faciles à éviter et souvent inutiles. Un dispositif plus intelligent et mieux approprié au terrain, un emploi plus judicieux de l'excellente arme qu'elle avait entre les mains, lui auraient certainement épargné bien des pertes.

Cavalerie. — Si l'introduction des fusils se chargeant par la culasse et des canons à longue portée avait modifié les conditions de combat de l'infanterie, elle avait produit des résultats bien autrement graves pour la cavalerie. Les exemples de la guerre de 1866 avaient montré son impuissance à renouveler désormais les sublimes efforts de ces grosses masses d'escadrons, qu'entraînaient sur les carrés, jusque sur les redoutes de l'ennemi, les Murat, les Lassalle, les Montbrun et tant d'autres. Un corps de cavalerie, dernier vestige des souvenirs de la grande tactique impériale, avait été confié, par le roi Guillaume, au prince Albrecht, son frère ; il ne trouva pas une fois dans la campagne l'occasion d'agir utilement, tandis que les brigades ou les régiments attachés aux divisions avaient été souvent à même de rendre les plus importants services. Cet enseignement ne fut pas perdu pour la Prusse, ni pour les autres États européens. On comprit partout que les nouvelles armes transformaient le rôle de la cavalerie, sans rien lui ôter de l'importance qu'il pouvait avoir dans les succès du champ de bataille et la conduite des opérations. Au tir rapide de l'infanterie, à la portée des nouveaux canons, on voulut répondre par une plus grande mobilité, par le développement de la vitesse et la simplicité des mouvements ; de là la suppression des masses de cavalerie, sa répartition dans les corps d'infanterie et l'adoption de nouvelles manœuvres. Quelques divisions furent seules conservées pour agir au loin, en avant des colonnes, ou pour compléter les résultats d'une victoire.

Contrairement à ce qui se passait dans les autres pays, on vit chez nous les chefs de la cavalerie, son comité, s'opposer systématiquement à toute innovation et refuser dédaigneusement les leçons qu'ils auraient pu prendre chez nos ennemis. Dans des conférences, dans des brochures, ils nièrent l'importance du tir de l'infanterie, et ne voulurent tenir aucun compte de la puissance de l'artillerie rayée ; former de grosses masses, ployer, déployer et charger, comme à la Moskowa, comme à Waterloo, tel avait été le dernier mot de la tactique de la cavalerie sous le premier empire, tel il devait être encore aujourd'hui, selon eux, sans souci des nouvelles armes ni des obstacles du terrain ; pleins d'une entière confiance, ils prédisaient à nos escadrons les succès des cuirassiers de Pappenheim et de

Caulaincourt. Avec sa haute intelligence pratique, le maréchal Niel était loin de partager ces idées; il croyait qu'entre toutes les armes il devait exister des rapports intimes, de telle sorte que les progrès de l'une entraînaient nécessairement les progrès des autres ou en modifiaient les rôles. L'opposition qu'il rencontra dans les généraux de cavalerie ne l'arrêta pas; il fit étudier la question par un de nos officiers les plus distingués, et quand le résultat de ce travail lui eût été soumis, il arrêta la rédaction d'une instruction nouvelle pour le service de la cavalerie en campagne (1); c'était tout à la fois un changement d'organisation en temps de guerre, un exposé de nouveaux principes tactiques et un aperçu succinct du rôle que la cavalerie aurait à remplir aux armées; il se résumait ainsi : éclairer au loin les colonnes, les relier entre elles, harceler constamment l'ennemi, l'inquiéter sur ses flancs, sur ses derrières, le suivre pas à pas, puis sur le champ de bataille se répartir près des divisions d'infanterie, leur venir en aide au moment propice, se borner à des démonstrations contre une infanterie en position, ne sabrer que celle qui est ébranlée, réserver ses charges pour la cavalerie ennemie et enfin compléter la victoire par une poursuite énergique.

En lisant cet ensemble des prescriptions que l'illustre maréchal avait voulu imposer à notre cavalerie, n'est-on pas frappé d'y trouver reproduit textuellement tout ce qu'a si bien su faire celle des Prussiens? On serait presque porté à croire qu'ils s'en sont inspirés avant la campagne. Ce qu'il est pénible d'avouer, c'est que d'aussi sages mesures soulevèrent, parmi les chefs de l'arme, un mécontentement général; ils ne voulurent y voir qu'un amoindris-

(1) Cette instruction portait le nom d'*Observations sur le service en campagne de la cavalerie*.

sement de leurs commandements, sans se préoccuper du bien qui pouvait en résulter, et leur opposition fut telle que le maréchal se crut obligé de prendre lui-même la parole dans une conférence, pour leur démontrer que leur sphère d'action allait s'augmenter, au lieu de se rétrécir. Ses paroles ne les satisfirent pas, et quand la mort vint le frapper, le premier acte du comité de cavalerie fut de demander à son successeur la suppression de cette instruction et le retour à l'ancien état de choses; ce fut un don de joyeux avénement que le maréchal Le Bœuf ne sut pas refuser. Il n'y a donc pas à s'étonner de ce qu'a fait notre cavalerie pendant cette guerre ou plutôt de ce qu'elle n'a pas fait.

Son rôle journalier a été complétement nul sur tous les points; elle n'a jamais éclairé l'armée, n'a jamais fait une reconnaissance sérieuse, et on a assisté dans cette campagne au spectacle bizarre de la voir toujours campée en arrière des divisions d'infanterie, qu'elle aurait dû prévenir de ce qui se passait au loin, en avant de leurs fronts. Dans quelques rares circonstances, des commandants de corps prescrivirent à leur division de cavalerie ou à une de ses brigades de se porter en reconnaissance dans des directions où la présence de l'ennemi était signalée; on en vit les chefs partir en colonne comme pour aller au terrain de manœuvres et revenir tranquillement après avoir parcouru 6 kilomètres, sans avoir rien reconnu, mais avec la conviction qu'ils avaient accompli leur mission; quelques-uns craignirent même de s'aventurer aussi loin et réclamèrent impérieusement l'appui de bataillons d'infanterie pour s'avancer davantage.

C'est ainsi que les choses se sont passées pendant toute la période qui a précédé la rentrée de l'armée à Metz; il n'y a eu que deux exceptions, et le fait est assez rare pour que nous le signalions. Sous l'énergique impulsion du général du Barrail, la belle division des chasseurs d'Afrique a maintenu sa vieille réputation et toutes ses traditions algériennes ; elle a poussé des pointes hardies vers l'ennemi et n'a cherché qu'à le rencontrer, au lieu de l'éviter ; arrivée trop tard, elle n'a malheureusement pas rendu les services qu'on était en droit d'en attendre. Un de nos régiments, le 2ᵉ hussards, s'est trouvé seul, au début de la campagne, à l'extrême gauche, près de Sierck, et en avant de la division de Cissey. S'inspirant des principes militaires et des nécessités de la situation, cet officier général avait demandé un régiment de cavalerie légère pour couvrir son front et l'éclairer au loin. Le 2ᵉ hussards s'acquitta brillamment de la mission qui lui avait été donnée ; grâce à son zèle et à son entrain, le général de Cissey fut toujours informé de ce qui se passait à une ou deux journées de marche devant lui et il n'eut à redouter aucune tentative imprévue de l'ennemi.

S'il en avait été ainsi dans les autres corps d'armée, dans les divisions, on n'aurait pas vu se produire journellement ces surprises qui sont venues ajouter une sorte de ridicule à l'étendue de nos malheurs. Il faut bien en convenir, l'incurie a été la même sur tous les points, malgré les avertissements réitérés du commandement et les leçons reçues. L'armée du Rhin présentera ce fait unique peut-être dans les annales militaires de n'avoir jamais su où se trouvait l'ennemi, et d'avoir été prise à l'improviste dans tous les combats qu'elle a livrés. A Wissembourg, c'est la division Douay que viennent surprendre 30 000 Bavarois ; à Reichshofen, c'est le 1ᵉʳ corps qui ne sait pas qu'il a devant lui 140 000 hommes ; à Spickeren, ce sont trois corps prussiens qui tombent inopinément sur les troupes du général Frossard; à Borny, notre arrière-garde est inopinément assaillie par toute l'armée de Steinmetz et par une partie de celle du prince Frédéric-Charles, et la veille déjà, le 13 août, nos camps du 3ᵉ corps avaient été insultés par des reconnaissances de cavalerie prussienne, qui n'avaient pas craint de les canonner, à quelques centaines de mètres de la ligne des avant-postes. A Rézonville, les choses se passèrent plus singulièrement encore : ce fut la division de cavalerie chargée de couvrir l'armée et de l'éclairer sur la route de Verdun qui se fit surprendre à l'abreuvoir; il y a de moindres négligences devant l'ennemi que punit le Code militaire. Enfin à Saint-Privat, dans cette journée du 18 août où 250 000 hommes se formaient depuis la veille sur notre front, ce fut encore au moment où ils s'y attendaient le moins que le 4ᵉ et le 6ᵉ corps furent attaqués; aucune précaution préparatoire n'avait été prise, et dans la retraite qui suivit, une partie du campement et des bagages fut perdue.

Faudrait-il conclure de l'énumération de faits aussi déplorables que notre cavalerie ne pouvait être à la hauteur de sa tâche? Ce serait l'opinion la plus erronée; nos régiments étaient admirablement montés, commandés pour la plupart par des colonels jeunes et ardents, pourvus d'officiers excellents et animés du meilleur esprit; ils étaient prêts à faire tout ce qu'on aurait exigé d'eux, comme ils l'ont si bien prouvé dans les actes de dévouement qui leur ont été demandés sur le champ de bataille. En constatant des qualités aussi complètes, n'y a-t-il pas plus de regrets encore à voir le mauvais usage qui en a été fait? Ce qui manquait à notre cavalerie, c'était l'instruction de guerre que le maréchal Niel avait voulu lui donner et que les Prussiens soignent avec un intérêt tout particulier ; c'étaient surtout des chefs qui en eussent compris l'importance et qui eussent su l'appliquer. Mais on a vu qu'ils y étaient restés étrangers, pour ne s'occuper, comme par le passé, que du harnachement, du fastidieux service de semaine et des détails d'une volumineuse théorie empruntée aux Prussiens en 1788, modifiée et augmentée en 1804 et 1829. Ces connaissances stériles ou surannées leur semblaient suffisantes pour gagner des batailles et vaincre un ennemi qui avait su transformer les manœuvres de sa cavalerie, à chaque nouveau progrès de la tactique, et en condenser cependant toute l'instruction en un petit volume. Ils avaient entre leurs mains le remarquable ouvrage sur les reconnaissances d'un de leurs prédécesseurs, le général de Brack, et nulle part, ils ne songèrent à en suivre les principes. Les informations qui leur furent données de l'étranger, ils les repoussèrent dédaigneusement, en déclarant qu'elles ne leur apprenaient rien de nouveau. Les événements se sont chargés de montrer qu'il y avait au contraire beaucoup à apprendre ou à appliquer, et plus encore à changer ; il y a eu là des enseignements que le pays ne permettra pas qu'on oublie, s'il tient à ne pas voir se reproduire les mêmes désastres produits par les mêmes causes.

Ainsi s'explique l'infériorité de notre cavalerie dans cette campagne, quand elle avait en elle tous les éléments suffisants pour assurer sa supériorité ; les reconnaissances, elle les eût faites avec autant de hardiesse que les Prussiens, qui s'avançaient parfois à 15 et 16 lieues en avant de leurs colonnes ; dans les opérations de petite guerre, elle les eût certainement dépassés par sa vigueur et sa résolution ; il ne lui a manqué qu'une direction intelligente.

Sur les champs de bataille, dans les quelques occasions où elle a été appelée à agir, elle a donné des preuves de sa grande valeur, qu'il n'est jamais venu dans l'esprit de contester aux soldats pas plus qu'à leurs généraux. Mais les faits ont prouvé d'une façon péremptoire que, comme le disait l'instruction du maréchal Niel, le rôle de la cavalerie est fini devant les balles des fusils à culasse et les obus des canons rayés ; pour que son rôle fût effectif et utile, il faudrait qu'on pût y trouver des résultats avantageux, car il ne suffit pas d'envoyer des escadrons se briser contre des lignes d'infanterie, ce qui est toujours possible, il faut encore que leur sacrifice arrête le progrès de l'ennemi ou donne le succès. Or qu'ont produit les charges de Reichshofen et de Sedan? Elles n'ont été que de sublimes efforts, une sorte de convulsion terrible de l'agonie. A la bataille de Rézonville, sur la demande du général Frossard dont le corps se soutenait difficilement, le maréchal Bazaine fit charger le régiment des cuirassiers de la garde sur les lignes prussiennes ; ce fut un beau spectacle que celui de ces magnifiques escadrons s'ébranlant comme une muraille de fer, à la voix tonnante de leur gigantesque colonel ; mais le cœur se serrait à la pensée qu'on les envoyait à une mort aussi certaine qu'inutile. Foudroyés par les carrés ennemis, avant de les atteindre, ils jonchèrent la plaine de leurs cadavres, et de tant d'héroïques soldats il n'en revint qu'un tiers. Ce triste résultat devait être prévu ; ce n'est pas impunément que les principes tactiques sont méconnus. Ne pas préparer une charge par un feu soutenu d'artillerie, attaquer une infanterie intacte et en position, c'est, avec les nouvelles armes, s'exposer à un revers certain ; le maréchal avait, il est vrai, fait avancer une batterie d'artillerie de la garde, mais dans leur élan les cuirassiers n'attendirent même pas qu'elle eût ouvert son feu. Les Prussiens commirent la même faute dans la même journée, quelques heures plus tard ; la division de cavalerie du général de Rheinbaben s'aventura sur la droite du maréchal Canrobert, elle fut brisée sous le feu de nos bataillons et achevée sous les coups des divisions de cavalerie de Valabrègue et de Forton, qui la chargèrent en tête et en flanc. Voilà des exemples assez récents et en même temps assez sérieux pour qu'il ne soit plus permis d'en contester la valeur.

Il faut donc en revenir aux principes posés par le maréchal Niel : des régiments devront être attachés aux corps d'infanterie et maintenus seuls dans l'intérieur des champs de bataille ; de plus grosses masses seraient dans l'impossibilité d'y rendre des services, elles ne feraient que souffrir inutilement des projectiles. Quant aux divisions de cavalerie, qu'elles soient réparties sur les ailes ; c'est là qu'elles seront vraiment dans leur rôle et qu'elles pourront contribuer au succès. Le hasard mit, le 16 août, entre les mains du général Ladmirault des forces considérables de cavalerie qui vinrent s'ajouter à celles dont il disposait déjà ; on sait l'habile parti qu'il en tira et comment il put appuyer ainsi le mouvement du général de Cissey. La cavalerie était véritablement là dans le rôle qui lui appartient aujourd'hui ; si ses efforts n'y ont pas été dirigés comme ils auraient dû l'être, s'ils n'y ont pas produit tous les résultats qu'on était en droit d'en attendre, ils n'en ont pas moins contribué au succès de la journée.

Artillerie. — La supériorité des canons prussiens est aujourd'hui trop connue de tous pour qu'il y ait à insister sur ce point ; ils avaient pour eux l'avantage du nombre, du calibre et de la justesse. Ici, comme pour les autres armes, les renseignements les plus complets avaient été donnés: aux rapports du colonel Stoffel venaient s'ajouter le mémoire consciencieux du colonel Berge, les témoignages de M. le général Lebrun ; tous deux avaient assisté au camp de Béverloo aux exercices de tir de l'artillerie belge, qui venait d'adopter le système de la Prusse. Des pièces prussiennes avaient de plus été envoyées au polygone de Versailles, et on avait été à même d'en constater, sinon toute la perfection, du moins les qualités réelles. En présence de faits aussi significatifs, on aurait été en droit de penser que notre comité allait se mettre à l'œuvre et étudier la transformation de nos canons. Quelques-uns de ses membres la demandèrent, mais son président ne voulut voir dans toutes ces informations qu'une taquinerie malveillante à l'égard du souverain dont la haute initiative avait doté la France du premier canon rayé : il empêcha les opinions contraires de se produire, les renseignements de se répandre ; avec toute l'assurance que lui donnaient son expérience et sa position, il affirma hautement que l'extrême mobilité de nos pièces de 4 compensait avantageusement la grande portée de celles de la Prusse, et que nos pièces de 12, supérieures par le calibre, étaient en état de lutter avec égalité de justesse et de portée. Il est certain que, si notre artillerie n'avait compté que des bouches à feu de ce dernier calibre, l'infériorité dans laquelle nous nous sommes trouvés n'aurait pas existé.

Aucun changement ne fut donc introduit dans notre système d'artillerie ; on ne fit que le compléter par l'adjonction des mitrailleuses. Nos batteries divisionnaires devaient être composées de pièces de 4 (1), celles de la réserve de pièces de 12. A l'armée de Metz, elles comprenaient un ensemble de 438 bouches à feu (180 de 4, 258 de 12), qui s'élevait à 510, en y ajoutant les 72 mitrailleuses. Si on compare

(1) Au 6ᵉ corps seulement, une batterie de 12 remplaçait, dans les divisions, la batterie de mitrailleuses qu'on n'avait pu leur donner.

ces chiffres à celui de l'effectif de nos forces, 180 000 hommes environ, le 13 août, au moment de la retraite sur Verdun, on voit que la proportion n'était que de 2 et demi par 1000 hommes, tandis que chez les Prussiens elle était au moins de 3 (96 pièces dans chaque corps d'armée de 30 000 hommes). La différence serait moins sensible si on comptait les mitrailleuses comme des bouches à feu ; mais ce serait à tort, parce que ces nouveaux engins sont incapables de lutter contre les canons ; ils ne peuvent rendre de véritables services que dans des cas exceptionnels, contre les attaques de l'infanterie ou de la cavalerie.

Après les combats des 14, 16 et 18 août, les pertes que nous avions subies diminuèrent la disproportion existant entre le chiffre des bouches à feu et l'effectif; au lieu de 2 et demi, nous eûmes près de 3 canons par 1000 hommes, c'est-à-dire dans une proportion à peu près égale à celle des Prussiens. C'est ce fait mathématique qui nous a autorisé à dire qu'au combat du 31 août, comme dans les autres tentatives de sortie qui auraient pu être faites, il nous eût été facile d'avoir momentanément une grande supériorité d'artillerie, suffisante pour triompher de la première résistance de l'ennemi et forcer un ou plusieurs points de la ligne. En effet, d'après les évaluations officielles énoncées au chapitre VI, le prince Frédéric-Charles n'avait sur chacune des rives de la Moselle que trois corps d'armée, avec 288 pièces, tandis que nous en avions 438 à leur opposer.

Dans la situation telle qu'elle était donnée, y avait-il lieu de tirer un meilleur parti de notre artillerie ? C'est aux hommes spéciaux qu'il appartient de rechercher et de faire connaître les erreurs tactiques qui ont été commises dans l'emploi de cette arme sur les champs de bataille. Certes jamais troupe n'a montré plus de dévouement; officiers et soldats ont rivalisé de sang-froid et d'énergie, malgré les conditions d'infériorité où ils se trouvaient et qu'on a semblé maintes fois se plaire à augmenter encore; mais leur brillante conduite n'a pu conjurer des échecs dont il faut prévenir le retour, en en constatant les causes.

Il est des faits qui ne s'expliqueront pas, comme le maintien sur le plateau de Plappeville, le 18 août, des 96 bouches à feu de la réserve générale de l'armée, et l'arrivée tardive des 4 batteries de réserve de la garde dans la même journée, à six heures du soir, alors que la retraite de notre droite avait décidé du sort de la bataille. Mais ce qu'il sera intéressant d'étudier, ce seront les dispositions qui auraient pu être prises avec les ressources qu'on avait entre les mains, ce seront celles qui auraient dû assurer dans la journée du 31 la marche des 3e et 4e corps sur la position de Sainte-Barbe, alors que l'ennemi portait devant nous 8 ou 10 batteries et que nous n'en déployions que 3 ou 4 pour lui répondre. Il faudra dire encore pourquoi on s'est refusé à organiser des batteries de position avec les pièces de 24 court qu'on avait à l'arsenal, comme la proposition en avait été faite par plusieurs de nos officiers d'artillerie les plus intelligents.

Ce que nous ne pouvons nous empêcher de constater, c'est que notre artillerie n'a été employée qu'une seule fois en grosse masse, à la bataille de Rézonville, sous l'inspiration et sur les ordres du général Bourbaki (1). Cette mesure a suffi pour arrêter les lignes prussiennes et les désorganiser entièrement. Les exemples donnés par Napoléon 1er auraient cependant pu trouver d'autres applications. Il nous

(1) Voir aux annexes le rapport officiel.

était d'autant moins permis de les oublier, qu'à chaque combat nous voyions les Prussiens les mettre en pratique avec une remarquable habileté. S'ils ne réunissaient pas un grand nombre de pièces sous un même commandement, comme à Wagram, comme à la Moskowa, ils n'en faisaient pas moins converger, sur le point jugé le plus dangereux, les feux de toutes leurs batteries, qu'ils laissaient avec intention éloignées les unes des autres, pour offrir moins de prise à nos coups. Cette disposition était d'autant plus facile à prendre, que la portée de leurs pièces leur assurait un champ de tir plus étendu; elle leur permettait en même temps de profiter de toutes les formes du terrain pour choisir les positions les plus favorables et y abriter leurs pièces. Il y a donc lieu de regretter, comme nous avons eu occasion de le dire, qu'on n'ait pas étudié davantage, dans notre armée, le texte de la conférence où le prince de Hohenlohe avait développé à Berlin, devant le roi et les princes, les principes nouveaux d'après lesquels l'artillerie rayée de la Prusse serait appelée à intervenir dans les combats et les opérations. Connaître les desseins de son ennemi, c'était avoir la possibilité d'en tirer parti ou de les déjouer.

Qu'il nous soit permis enfin d'ajouter qu'il eût peut-être été possible de remédier à l'infériorité de portée et de calibre de nos pièces, en faisant avancer les batteries jusqu'à la distance où leur tir devenait réellement efficace. Les établir sur des points où elles étaient certaines de recevoir des obus sans pouvoir les rendre, ce qui est arrivé plus d'une fois, c'était, il faut l'avouer, une lutte par trop inégale; en les rapprochant, le danger n'augmentait pas : il diminuait, au contraire, par le mal qu'elles pouvaient faire.

ÉTAT-MAJOR. — Après avoir examiné comment les différentes armes ont fonctionné dans cette campagne, l'état dans lequel elles se trouvaient au début des hostilités et les moyens qui leur avaient été donnés de perfectionner leur organisation et leur tactique, il faut jeter un dernier coup d'œil sur les corps et les divers services qui devaient les relier les uns aux autres, les mettre en mouvement, les faire agir, les diriger, les nourrir et leur fournir tout ce dont ils avaient besoin.

De ces fonctions multiples, les plus sérieuses forment chez nous les attributions du corps d'état-major, dont le personnel est recruté chaque année par les premiers élèves de Saint-Cyr, des élèves de l'Ecole polytechnique et des officiers de l'armée faisant preuve de capacité dans un examen. Certes, jamais aucune composition n'a présenté de meilleures garanties; au sortir de l'Ecole d'application, plusieurs années de stage passées dans les différentes armes viennent ajouter aux études des jeunes officiers l'habitude de la troupe et du service. Si cette première instruction était aussi sérieusement faite que le veulent les règlements, elle serait complète; en la développant ensuite et la dirigeant vers un but utile, on pourrait former des officiers qui deviendraient bientôt aptes à remplir toutes les fonctions, en paix comme en guerre. Malheureusement les choses ne se passent pas ainsi : une fois les stages terminés, les officiers sont abandonnés à eux-mêmes. Quelques-uns conservent des habitudes sérieuses de travail ; les autres, épars dans les divisions et les états-majors généraux, abandonnés à eux-mêmes, n'ont plus d'autre occupation qu'une fastidieuse correspondance, résultat déplorable d'une centralisation excessive et paperassière ; un grand nombre servent d'aides de camp et remplissent à peine des fonctions militaires.

Les grosses questions qui ont trait à la préparation et à la conduite de la guerre, et qui devront les intéresser le jour où ils entreront en campagne, leur restent complétement étrangères; les mouvements de troupe, la marche des colonnes qu'ils seront appelés alors à régler, ne leur sont même pas confiés en temps de paix; les ordres leur arrivent tout tracés par les employés civils du ministère. En dehors des décisions du *Journal militaire* et des articles du Code de justice, il semble qu'ils n'aient plus besoin d'autres connaissances; la paresse, si naturelle à l'homme, les envahit, les intelligences se portent dans d'autres directions, la besogne journalière se fait mécaniquement, les habitudes casanières se contractent, et on en arrive à voir des officiers qui n'appartiennent pour ainsi dire plus à l'armée, mais aux bureaux ou à la garnison de telle ou telle ville; ils ne sont même plus les aides de camp d'un général, mais de la division ou de la subdivision. Ils n'ont plus de contact avec la troupe et ils perdent peu à peu le souvenir de ses habitudes et de ses besoins. C'est ainsi que se détériorent, par la continuité d'une sorte d'inaction, des éléments excellents au début, et que se perdent les fruits d'une instruction spéciale donnée à grands frais.

Cet état de choses était trop saillant pour qu'on ne s'en rendît pas compte; des généraux sortis du corps, des officiers supérieurs lui appartenant s'en émurent, et nombre de projets furent soumis par eux à l'appréciation du ministre ou au jugement de l'opinion publique: leur tâche était d'autant plus facile, que l'étude de l'armée prussienne venait de mettre en relief l'admirable organisation de son état-major et sa participation aux succès de la campagne de 1866. Aussi toutes les propositions conclurent-elles à une adoption plus ou moins mitigée du système prussien, en s'appuyant sur l'exemple que venaient de donner les puissances militaires de l'Europe. Grandes ou petites, elles avaient toutes pris pour modèle l'état-major si habilement créé à Berlin par le général de Moltke. Malgré la constitution toute spéciale de son armée, l'Angleterre elle-même n'avait pas cru pouvoir s'abstenir de cette transformation.

En France, les choses ne se font pas aussi facilement; il faut tenir compte de l'esprit de routine ennemi de toute innovation, des positions prises, des froissements d'amour-propre, des questions de personne, des rivalités d'armes : l'intérêt de l'Etat n'arrive qu'après toutes ces considérations. Le maréchal Niel avait promptement reconnu la nécessité d'un changement radical dans la constitution de notre état-major; mais il rencontra dès l'abord une opposition plus forte encore que celle qui avait été faite à ses idées sur la cavalerie; elle lui venait de toutes les armes à la fois, qui s'effrayaient à la pensée de voir verser dans leurs rangs trois ou quatre cents officiers qui leur étaient étrangers, sans comprendre qu'il s'agissait pour elles d'une sorte de flux et de reflux auxquels elles ne pouvaient que gagner autant que l'armée. Et, chose singulière, à cette opposition s'associaient des officiers supérieurs du corps, peu soucieux de son avenir et des services qu'il avait à rendre, mais préoccupés avant tout du maintien de leurs positions sédentaires qu'ils craignaient d'échanger contre la vie plus errante des troupes. Le maréchal ne voulut pas ou ne put pas briser la résistance qui était faite à ses projets; il se contenta d'en préparer la réalisation par la création des lieutenants aides-majors qui devaient rentrer dans leurs régiments, à la sortie de l'Ecole d'application, avec un brevet de capacité et de certains avantages. C'était là tout à la fois une pépinière d'officiers à utiliser en temps de guerre et une prime donnée à l'instruction. Sa décision fut accueillie par un mécontentement général de tous les corps; l'infanterie protesta plus haut et porta ses plaintes jusqu'au trône; les esprits même les plus judicieux méconnurent les avantages qui devaient en résulter pour l'armée, et personne n'a sans doute oublié la lettre acrimonieuse que le dernier ministre de la guerre, le général Leflô, écrivit alors dans les journaux contre l'état-major et ses tendances envahissantes. C'était se tromper étrangement sur le but d'une mesure qui devait avoir pour résultats dans l'avenir la dissolution du corps et sa reconstitution par toutes les armes, au plus grand profit de chacune d'elles, à l'exemple de ce qui existait en Prusse. Le maréchal Niel ne vécut pas assez pour assurer l'exécution de cette décision; son successeur s'empressa de l'annuler, et tout projet de réforme fut ici mis de côté comme pour les autres armes.

Dans la situation où se trouvait notre état-major au moment de l'entrée en campagne, il était difficile qu'il fût à la hauteur de sa tâche. Sa bonne volonté était grande, mais il lui manquait l'apprentissage et les connaissances même de ses devoirs. Quitter un tranquille bureau où depuis dix ou quinze ans on se complaisait dans l'application des décrets et des instructions ministérielles, pour se trouver jeté subitement en plein champ, dans un pays nouveau, auprès de chefs et de troupes inconnus, c'est une épreuve sérieuse pour des hommes d'un certain âge; que sera-ce donc quand il leur faudra tout à coup s'occuper des mille détails qu'exige la conduite des troupes, détails qu'ils ont oubliés ou qu'ils n'ont jamais pratiqués? On ne fait bien que ce que l'on sait, dit le proverbe; aussi ne faut-il pas s'étonner de toutes les négligences qui se sont produites dans le service des états-majors pendant cette campagne; leurs chefs ne se sont pas assez occupés des reconnaissances, des avant-postes, de la direction des colonnes pendant la marche, de tout ce qui regarde en un mot le service de guerre qui leur était resté étranger depuis nombre d'années. Ils sont revenus involontairement aux habitudes paperassières qui leur convenaient mieux, et au lieu d'employer au dehors leurs officiers, ils les ont astreints à un travail de bureau que des secrétaires intelligents auraient suffi à faire. Transformer en scribes des hommes qui devaient être partout les yeux du commandement, aux grand'gardes, sur les routes, au milieu des troupes, les claquemurer au logis, n'avoir d'autre jouissance que l'augmentation des dossiers, d'autre occupation que la correction pédagogique des lettres les plus insignifiantes, quand les intérêts vraiment militaires eussent exigé tant d'autres soins, c'était, il faut l'avouer, peu comprendre les fonctions de chef d'état-major. C'est cependant ainsi que les choses se sont passées sur bien des points à l'armée du Rhin, et notamment à l'état-major le plus important, en face de cet état-major prussien dirigé par M. de Moltke, rompu à toutes les exigences du service de guerre par une instruction spéciale, et dont les études continuelles du terrain, comme les travaux militaires, trouvaient chaque année leur application dans les grandes manœuvres des corps d'armée. Il était naturel que les armées du roi Guillaume fussent mieux conduites que les nôtres, et, pour que notre condamnation parût plus amère encore, c'étaient les prescriptions mêmes de notre service en campagne, de ce code admirable qui trace les devoirs de chacun, c'étaient ces prescriptions, empruntées en partie par la Prusse, qui servaient de règle de conduite à son armée et à son état-major ; mais chez elle les règlements ne sont pas une lettre morte, ils sont exécutés de point en point, et malheur à qui s'en écarte !

Les nombreux reproches que l'armée et le public ont fait entendre contre le corps d'état-major, à la suite des événements de cette guerre, doivent-ils équitablement lui être tous adressés? Pour résoudre cette question, il faudrait auparavant en avoir résolu d'autres qui s'imposent par une connexité incontestable. Si les règlements ont indiqué minutieusement les fonctions et les devoirs des chefs des états-majors généraux et divisionnaires, ils sont restés muets sur la manière dont ils doivent être accomplis autant que sur la part d'initiative qui appartient à ces chefs de service. Ont-ils le droit d'agir par eux-mêmes et de prendre de leur propre autorité les dispositions réglementaires pour assurer l'exécution des ordres donnés? ou ne sont-ils que des agents impassibles du commandement, dépourvus de toute initiative, et dont le seul mérite consiste à reproduire fidèlement les pensées et les actes des officiers généraux? Suivant les réponses faites à ces questions, la responsabilité se déplace : dans le premier cas, elle les atteint; dans le second, elle se reporte tout entière sur le commandement, à quelque degré qu'il s'exerce.

En Prusse, il n'y a aucun doute; les attributions de l'état-major sont exactement définies : les généraux font connaître leurs projets, indiquent leur volonté et en confient l'exécution à leur état-major, qui règle le détail des opérations et les mesures à prendre; les erreurs et les fautes doivent lui être imputées. En France, l'indécision sur ce point est complète; les rapports qui existent entre les généraux et les chefs d'état-major dépendent des circonstances, des caractères des uns et des autres, de mille causes qui amènent la confiance ou les tiraillements les plus regrettables; il en résulte des à-coup dans la manière de servir, un manque d'uniformité dans le fonctionnement du service et, par suite, un détriment sérieux à l'intérêt public. A l'armée du Rhin, on voyait des généraux s'en remettre à leurs chefs d'état-major de tout ce qu'il y avait à faire, tandis que le plus grand nombre n'admettaient de leur part ni conseils ni initiative; ils prétendaient pourvoir seuls à tous les besoins du service, et, comme ils n'y pouvaient suffire, le désordre arrivait à son comble; il y en eut même quelques-uns qui ne voulurent avoir aucun rapport direct avec leurs chefs d'état-major et qui ne leur parlaient qu'à la dernière extrémité. On conviendra que, dans une situation ainsi faite, la responsabilité appartient à ceux qui veulent commander et nullement à ceux qui n'ont qu'à obéir; c'est à ceux-là que les reproches doivent être adressés.

Les officiers des états-majors n'avaient pas plus d'initiative dans leur sphère que leurs chefs; à l'état-major général même, où des colonels se trouvaient à la tête des différents services, ils furent rabaissés au rôle modeste de commis aux écritures, sans qu'aucun travail sérieux leur ait jamais été demandé, sans qu'il leur ait été donné de contribuer aux résultats de la campagne autrement que par une obéissance passive aux ordres de leurs chefs.

On peut donc dire qu'à l'armée de Metz l'état-major était trop généralement étranger au service de guerre, mais qu'il renfermait de bons éléments, dont on aurait tiré un meilleur parti, si les chefs avaient su ou voulu les utiliser.

INTENDANCE. — Le corps de l'intendance a partagé avec l'état-major, depuis la guerre, la défaveur publique, et cependant jamais corps n'a mérité plus de considération par l'intelligence et l'honorabilité de ses membres. Mais, de même que le courage ne suffit pas pour faire un grand homme de guerre, l'honnêteté et l'instruction ne transforment pas un officier en un agent d'affaires. Or, pour le pays comme pour l'armée, l'intendant n'est que le fonctionnaire chargé de faire les marchés, de rassembler les denrées alimentaires, de les distribuer et de pourvoir à tous les besoins matériels de la troupe; le grand rôle qui lui est attribué par la confiance de l'État, le contrôle, disparaît complétement dans la multitude des fonctions qui lui sont actuellement dévolues. Là a été la faute de l'intendance ou plutôt de son organisation, et elle en porte aujourd'hui la peine, en entendant les attaques dont elle est l'objet. Elle a successivement accaparé tous les services dont la direction nécessite une grande expérience des affaires, et elle s'est trouvée presque toujours au-dessous de sa mission, parce que ses fonctionnaires ne pouvaient devenir subitement des commerçants. Habitués aux fournitures faciles du temps de paix, aux marchés réguliers passés pour une garnison ou une petite agglomération de troupes, ils se sont trouvés débordés de tout point le jour où ils ont voulu procéder par les mêmes moyens, avec les mêmes errements, pour assurer les vivres et les besoins matériels de toute une armée. Les expériences faites dans nos dernières guerres auraient dû ouvrir les yeux de nos différents ministres; en Crimée, comme en Italie, comme au Mexique, les procédés de l'intendance avaient coûté des millions qu'il eût été facile d'épargner, et, malgré ces folles dépenses, les ressources et le matériel étaient venus souvent à manquer. Mais l'intendance est une corporation puissante qui se tient et résiste; son influence a été telle, qu'après la guerre de Crimée, au moment où les sommes dépensées par elle à tort se soldaient par centaines de millions et où elle méritait au moins un blâme, son influence, disons-nous, a été telle qu'elle a obtenu de la faiblesse d'un ministre un bill d'indemnité éclatant par la création des intendants généraux, degré le plus élevé de sa hiérarchie, dont le besoin n'avait jamais été senti et qui ne s'explique pas encore aujourd'hui.

C'est un fait vraiment inouï qu'aucune leçon ne puisse servir dans notre malheureux pays. Nous avions derrière nous les exemples des campagnes que nous venons de rappeler; après la guerre de 1866, la facilité avec laquelle les Prussiens avaient assuré les vivres de leurs armées vint frapper notre ministre de la guerre. Jaloux de sa réputation méritée d'habile administrateur, il voulut avoir des renseignements sur l'organisation de nos puissants voisins, et il chargea un sous-intendant d'aller l'étudier sur les lieux. Nous ne savons à quoi concluait le rapport qui résulta de cette mission; mais ce qui est certain, c'est qu'aucun changement ne fût fait et que les mêmes errements furent maintenus, comme si notre supériorité eût été incontestable. Cette opinion ne sera guère partagée aujourd'hui en France, pas plus par les armées de Metz et de Sedan que par celles de l'intérieur; elles ont connu par leurs souffrances toutes les défectuosités de nos procédés administratifs et elles ont été à même d'apprécier les résultats qu'obtenait l'intendance prussienne. Ce corps ne saurait cependant être comparé au nôtre; les employés qui en forment la composition n'ont ni l'instruction, ni le mérite, ni la considération de nos fonctionnaires; mais, sortis en partie de la classe commerçante, ils sont rompus aux affaires et ils traitent de celles de l'État comme ils traiteraient des leurs; économie et sécurité dans les marchés, tel est leur but, et il est rare qu'ils ne l'atteignent pas.

Au lieu de procéder avec cet esprit de centralisation excessive qui est le propre de notre administration de la guerre, l'intendance prussienne subdivise le plus possible son service. Des agglomérations de voitures, dites colonnes de vivres, sont attachées aux divisions comme les colonnes de munitions ; elles portent un approvisionnement de trois ou quatre jours, qui n'est mis en distribution que quand les ressources locales ne peuvent pas suffire à l'alimentation des troupes ; les farines sont transformées en pain sur place, dans les fours des boulangeries et des maisons particulières. Ces colonnes marchent ordinairement avec les bagages, à une journée en arrière de leurs divisions et sur les chemins qu'elles ont suivis ; mais comme l'état-major prussien étudie et reconnaît avec soin les terrains à traverser, qu'il sait utiliser jusqu'aux moindres voies de communication, il en résulte que les divisions sont dirigées presque toujours parallèlement les unes aux autres et qu'il n'y a ni encombrement ni retard dans les mouvements. Les troupes destinées à combattre conservent une zone d'action entièrement libre ; elles ont dans le sac assez de vivres pour une journée, et si elles n'en trouvent pas sur les points occupés, elles sont sûres d'être ravitaillées dans la nuit ou au plus tard le lendemain. Le remplacement des denrées distribuées est assuré dans les colonnes de vivres par des convois venant plus en arrière encore ou par les chemins de fer. Le service de l'intendance se trouve ainsi centralisé à chaque division ou exceptionnellement au corps d'armée, d'où il se fractionne dans les brigades et souvent dans les régiments ; la base de son système repose sur l'emploi des ressources locales, sous la surveillance et la responsabilité du commandement.

En France, c'est le contraire qui se fait ; les réquisitions ne sont employées qu'à la dernière extrémité et avec la plus grande répugnance. Notre intendance repousse des procédés qui l'écartent de ses habitudes bureaucratiques ; fidèle au système qu'elle a suivi en temps de paix ou à l'école des expéditions de l'Algérie, elle ne comprend que l'agglomération des denrées dans d'immenses magasins centraux et leur répartition successive dans ceux des corps d'armée. Si le commandement savait chez nous, comme en Prusse, se servir de toutes les voies de communication, conduire les troupes à travers champs, multiplier le nombre des colonnes et en régler la marche, les inconvénients de pareils procédés seraient moindres ; mais cette partie de la science stratégique a été aussi délaissée que les autres. Quand nos corps d'armée ont dû se mettre en mouvement, on n'a su que leur indiquer la route à prendre, et c'est sur cette direction unique qu'ils sont venus s'accumuler avec leurs différentes armes, leurs divisions, leurs bagages et l'immense convoi qui portait leurs propres magasins ; de là ces files interminables de voitures, ces allongements déplorables des colonnes, où le moindre retard se multipliait jusqu'à la queue et venait arrêter le mouvement des corps qui suivaient. Qu'à ces *impedimenta* déjà si nombreux on ajoute les réserves de l'armée, ses équipages de pont, ses magasins centraux, et on comprendra comment nos troupes en sont arrivées à perdre leur ancienne mobilité, qui faisait une partie de leur force, tandis que celles de la Prusse ont pu acquérir une qualité qu'elles n'avaient jamais eue.

A l'armée de Metz, les dimensions des voitures et des attelages, avec les intervalles qui les séparent, représentaient une longueur d'environ 60 kilomètres (15 lieues). Ce simple calcul suffirait pour expliquer la lenteur de la marche sur Verdun, où il fallut près de deux jours pour faire 18 kilomètres ; le même fait se produisit dans les mouvements de l'armée de Châlons sur Sedan. Avec de pareilles conditions, les opérations de guerre deviennent à peu près impossibles. Tout en reconnaissant que la cause principale provient de la mauvaise direction des colonnes, il n'en faut pas moins admettre que le système des grands magasins suivant immédiatement les troupes contribue à augmenter les difficultés. Des ressources aussi importantes ne peuvent être laissées hors de la protection de l'armée ; il faut que ses mouvements se règlent sur cette nécessité. Un succès est-il obtenu, on ne pourra pas le pousser assez loin, parce que le convoi resterait en arrière ; un revers vient-il nécessiter une retraite rapide, les troupes se replient à la hâte : mais cet immense amas de voitures reste entre les mains de l'ennemi, parce qu'il ne peut se mouvoir, ou on en est réduit à le brûler, comme à Gravelotte. Les retards inévitables de la marche empêchent souvent les distributions de se faire, et si elles se font, l'éloignement des divisions des magasins des corps devient pour les hommes une cause de fatigue aussi regrettable qu'inutile. Ce système n'a donné de bons résultats que lorsque les armées sont restées immobiles, comme à Metz avant les premières hostilités, comme à Versailles pendant le second siége de Paris. Il n'y aurait de remède qu'en adoptant sur la plus large échelle le principe des réquisitions et le fonctionnement du service des vivres par division. De petits approvisionnements remplaceraient avantageusement l'organisation actuelle ; en les maintenant en arrière à une assez grande distance, on rendrait aux troupes leur mobilité et leur liberté d'action, en même temps qu'on assurerait mieux leur nourriture.

Les inconvénients que nous venons de signaler pour les vivres se retrouvent dans les différents services du transport et du matériel, que l'intendance a monopolisés entre ses mains. Au lieu de répartir le matériel dans les grands centres militaires ou dans les magasins des troupes, elle avait préféré le réunir dans un établissement central ; il en est résulté qu'au moment de la déclaration de guerre, une partie des troupes n'a pu emporter ni ustensiles ni effets de campement, qu'elle n'en a pas trouvé à la frontière et qu'il lui a fallu attendre des arrivages successifs pour être en état de marcher. Metz, Thionville, Strasbourg, qui étaient les points indiqués des bases d'opération, étaient dépourvus de tous ces objets de première nécessité, et on se rappelle une dépêche du major général qui en demandait à Paris avec insistance à la date du 10 août, quand les Prussiens étaient déjà devant Nancy. Il en a été de même pour les voitures réglementaires, que les corps de troupes ont attendues longtemps et que plusieurs n'ont jamais reçues pendant la campagne ; toute mauvaise qu'elle a été, cette situation aurait pu être encore plus grave, si on avait persévéré dans le projet primitif de concentrer à Vernon l'immense matériel de transport de l'armée. Le rapport d'un sous-intendant vint à point démontrer l'impossibilité qu'il y aurait à l'écouler en temps utile, si la guerre éclatait ; il avait calculé qu'il ne faudrait pas moins d'un mois. On se décida donc à le répartir sur deux ou trois autres points; mais là encore l'agglomération était grande, la distribution difficile et la surveillance à peu près nulle. Toul était un de ces points ; quand on sortit les voitures des casemates où elles avaient été placées, elles étaient presque toutes dans l'impossibilité de rouler ; les bois avaient joué, les cercles des roues n'étaient plus adhérents, et il fallut en rechâtrer le plus grand nombre; de là des embarras de toute sorte dans l'alimentation et les mouvements des premières troupes arrivées à l'armée du Rhin.

Sur ce point encore, les défauts de notre organisation avaient été signalés depuis longtemps, et toujours avec le même insuccès. On avait démontré les avantages du système prussien, qui donne en temps de paix à chaque corps de troupes les voitures dont il a besoin en temps de guerre, une partie des attelages et le matériel de campagne ; le jour où l'ordre de la mobilisation lui arrive, il n'a qu'à puiser dans son magasin et à compléter ses attelages ; ses hommes sont équipés instantanément, ses moyens de transport assurés, et il est prêt à marcher. On obtiendra facilement chez nous les mêmes résultats le jour où l'endivisionnement de l'armée, récemment ordonné, sera complété par des mesures identiques ; mais, ce jour-là, les services des transports et du matériel devront être retirés à l'intendance et remis entre les mains du commandement, dont ils n'auraient jamais dû sortir.

Ainsi malgré la valeur individuelle des hommes qui la composent, l'intendance s'est montrée partout, dans cette guerre, au-dessous de sa tâche ; il n'y a qu'une voix à cet égard. Le rôle qu'elle remplit ne peut donner qu'erreurs et déboires, parce qu'il est contraire à la logique ; être comptable et se contrôler soi-même, c'est là un fait qui est une anomalie, sans exemple dans toutes les autres administrations. En ne gardant pour eux que le contrôle, ses fonctionnaires élèveraient leur situation et deviendraient plus véritablement les représentants directs du ministre. D'autres agents, subordonnés au commandement, seraient chargés de la partie pour ainsi dire commerciale des fonctions actuelles et ce serait sur eux que s'exercerait la surveillance administrative. Ce sont là des questions délicates à résoudre ; mais la nourriture des troupes, les moyens de transport et le matériel dont elles ont besoin, ont une telle influence aujourd'hui sur la direction des opérations, avec les masses qui sont mises en mouvement, qu'il est indispensable de remanier tous ces services et d'assurer dans l'avenir la régularité de leur fonctionnement. Sans une bonne administration, les troupes ne peuvent ni marcher, ni vivre, ni combattre : il n'y a plus ni stratégie ni tactique.

MINISTÈRE DE LA GUERRE. — C'est par la préparation de la guerre et la mobilisation de l'armée que l'ancien ministère prend sa part de responsabilité dans les résultats de la campagne. La haute personnalité qui le dirigeait peut être directement mise en cause par le pays ou les pouvoirs publics pour les fautes commises, puisque ses paroles ou ses actes les ont couvertes; mais s'il y a eu de sa part culpabilité, elle est moindre, croyons-nous, qu'on n'est porté généralement à l'admettre : elle doit s'étendre aux agents les plus élevés de cette grande administration, à ceux qui avaient mission d'assurer ou de préparer les différents services, de proposer les améliorations et de les effectuer, et dont l'intervention n'a produit que des efforts impuissants ou des systèmes vieillis, condamnés à l'avance. Qu'on y ajoute les faux renseignements, les erreurs volontaires ou involontaires provenant de certains bureaux, et on conviendra que sur bien des points les reproches ne sauraient pas plus atteindre l'ancien ministre que les accusations de malversation n'ont été étendues aux fonctionnaires de l'intendance dans le service desquels des fraudes ont jadis été constatées.

Les agents du ministère, dont les hautes fonctions comportent une responsabilité directe, sont d'une part les comités d'armes, de l'autre les chefs des différentes directions.

On a vu ce qu'avaient fait les comités, leurs tendances routinières, leur opposition à toute idée nouvelle et leur imprévoyante confiance; en raison même de la nature de leur composition, il eût été singulier qu'il en fût autrement.

Des hommes arrivés après mille fatigues et mille dangers presque au terme de leur carrière doivent plus désirer le calme que les agitations, le repos que le travail; habitués à un état de choses dont ils se sont bien trouvés, partisans des idées au milieu desquelles ils ont vécu, ils voient dans les innovations un blâme de leur passé, dans l'étude d'un système une fatigue, et ils se sentent portés d'instinct à repousser tout changement. Parmi les autres puissances militaires de l'Europe, il n'en est pas ainsi; les comités d'armes sont formés d'officiers de tout grade, parmi lesquels l'élément jeune domine. De celui-ci on est en droit d'exiger des travaux sérieux; pour lui, le progrès est une nécessité, et il le recherche avec ardeur, parce que son avenir est à faire et qu'il sera d'autant mieux assuré que l'instrument qu'il aura entre les mains sera plus parfait; l'expérience des officiers généraux vient tempérer la fougue de la jeunesse et l'empêcher de s'égarer dans les illusions irréfléchies d'un premier mouvement. C'est grâce à ces institutions, habilement dirigées, que les autres puissances ont pu transformer successivement leur organisation, leur armement et leur tactique, tandis que nous sommes restés dans nos vieux errements et qu'il nous a fallu arracher pour ainsi dire de vive force la moindre modification.

Les directeurs des grands services, qui constituent l'ensemble de l'administration de la guerre, n'ont pas montré plus d'initiative que les comités; à leur tendance naturelle d'opposition aux idées neuves s'ajoutait la résistance des habitudes bureaucratiques. Délivrés de toute préoccupation de changement, ils auraient dû au moins préparer une guerre qui était imminente et se trouver prêts au premier signal; mais, soit négligence de leur part, soit vice d'une mauvaise organisation, soit raison d'économie, ils n'en firent rien, et le jour où les hostilités éclatèrent les mesures nécessaires ne purent être prises assez rapidement; il s'ensuivit le désarroi général qui marqua les débuts de la campagne et influa si tristement sur le résultat final.

Rebelle plus que toute autre à l'idée si souvent prônée de la mobilisation de l'armée, la première direction (Personnel, Opérations militaires) se trouva subitement en face d'une tâche immense : constituer les commandements, former des états-majors, appeler de tous les points de l'empire des corps et des détachements de toutes armes, réunir ces éléments inconnus les uns aux autres et manquant quelquefois de tout, les grouper en divisions, et en faire rapidement une masse prête à marcher, à agir, à combattre. Une pareille œuvre ne pouvait être menée à bien qu'à la condition d'avoir un plan de marche arrêté à l'avance avec les compagnies de chemins de fer et de coordonner les mouvements d'un bout à l'autre du territoire. Ces mesures avaient été arrêtées quelque temps auparavant par une commission supérieure, sans que la première direction en eût même eu connaissance. Pour les utiliser, il lui aurait fallu faire toute une étude, prendre des dispositions nouvelles : le temps pressait, on préféra considérer ce travail comme non avenu. Le mouvement des troupes se fit en dehors de toute règle fixe, au prix du plus grand désordre, avec des retards indéfinis; l'état-major général agissant indépendamment du ministre, les renseignements manquèrent au bureau des opérations, et on vit parfois arriver dans la Moselle des troupes destinées à l'Alsace, des batteries et des compagnies débarquer à Metz sans canons et sans harnachements et retourner à Douai et à Saint-Omer pour s'armer et s'équiper. On peut s'expliquer ainsi la célèbre dépêche d'un général écrivant : « Suis arrivé à Belfort; pas trouvé ma brigade; pas trouvé

« général de division ; que dois-je faire ? Sais pas où sont
« mes régiments. »

La deuxième direction (Infanterie, Recrutement) a eu la triste spécialité de fournir au Corps législatif l'état d'effectif de l'armée que nous avons fait connaître plus haut, et qui permettait de compter sur 450 ou 500 000 hommes disponibles. Le rappel des réserves, qu'on prétendait assuré en quelques jours, a donné des résultats à peu près nuls. Cette déception est encore due au non-endivisionnement de l'armée, comme au système des dépôts régimentaires incompatible avec la rapidité de la mobilisation. Envoyer des hommes du Nord s'habiller et s'armer dans le Midi pour les renvoyer combattre sur la Moselle ou sur le Rhin, c'est un procédé administratif qui heurte le simple bon sens ; outre l'augmentation de dépense et la perte de temps, il en résulte une perte d'hommes momentanée que rien ne compense. Un ancien zouave abandonna sa position, au premier bruit de nos désastres, pour courir à Châlons et reprendre sa place dans les rangs du 1er régiment; on l'envoya s'équiper au dépôt à Alger. Y a-t-il un exemple plus frappant des vices de notre ancienne organisation ?

La troisième direction (Cavalerie et Remontes) a su répondre seule à tous les besoins de la situation, dans les limites qui lui avaient été fixées. Les régiments de cavalerie se sont trouvés partout au complet, en temps utile, ainsi que les cinquièmes escadrons de la cavalerie légère destinés au service d'escorte. Si le nombre des chevaux de trait a manqué au début, on ne peut en accuser que la parcimonie du budget et les lenteurs obligées de notre système de remonte.

La quatrième direction (Artillerie) était trop dominée par la prépondérance du comité de l'arme et par le pouvoir ministériel de son ancien président pour qu'on puisse la rendre responsable de l'infériorité de notre matériel. Ce qu'on a le droit de lui reprocher, c'est le manque de munitions dans une place comme Metz, qu'elle savait être notre base d'opération ; des ressources énormes auraient dû y être amoncelées pour les besoins à venir de l'armée comme pour la défense; rien de cela ne fut fait. On craignit un moment de manquer de munitions pour les troupes, et les pièces de siége rayées n'eurent qu'un approvisionnement de projectiles insuffisant.

L'organisation du parc de campagne s'est faite à Toul avec une lenteur désespérante; peut-être faut-il en chercher la cause dans les résultats de ce système de centralisation qui tend, dans l'artillerie comme dans l'intendance, à grouper tout le matériel en une seule masse. Les colonnes de munitions de réserve de la Prusse se forment plus rapidement et sont plus mobiles. Notre parc de campagne était loin d'être complété le 8 août, quand il fut rappelé à Châlons, au moment du premier projet de retraite (1) : à cette

(1) Dans son *Rapport sommaire*, M. le maréchal Bazaine commet à ce sujet une erreur grave, dont il se sert pour expliquer les motifs qui l'empêchaient de continuer sa marche sur Verdun dans la nuit du 16 au 17 ; il s'exprime ainsi, page 8 : « L'armée avait encore « des fractions en arrière, y compris le grand parc de réserve, qui « était arrêté à Toul, attendant une occasion favorable pour rejoindre, « *ce qu'il n'a pu faire.* » L'armée possédait au contraire son grand parc de réserve, qui était venu de Lunéville avec les batteries de la réserve générale, sous les ordres du général Canu. Le parc qui se formait à Toul était le parc de campagne, contenant le troisième approvisionnement de réserve qui n'était destiné qu'aux besoins futurs de l'armée, après une série de premiers combats; il n'avait pas à la rejoindre, mais à en suivre en arrière les mouvements, en se portant sur les bases d'opérations successives ; en tout cas, il n'y avait pas à espérer son arrivée, puisqu'on le savait parti depuis huit jours pour Châlons.

date, il n'aurait pas encore pu suivre les mouvements de l'armée; si l'offensive avait été prise par nous au début, comme cela était possible, et que nos marches eussent été rapides, il y aurait eu là un fait qui pouvait présenter de grands inconvénients.

On peut regretter que la cinquième direction (Génie) n'ait pas assez tenu compte de la proximité certaine de la guerre pour presser davantage l'achèvement des forts de Metz ; mais il est intervenu dans cette question des exigences budgétaires dont elle n'était pas maîtresse et qui la couvrent de toute attaque.

Plus haut nous avons dit sinon les torts, du moins les défauts d'organisation de notre intendance, dont le service est centralisé par la sixième direction ; à celle-ci comme aux autres, il faut bien reprocher un manque de prévoyance pour les éventualités que l'avenir laissait entrevoir. Si du biscuit, des farines et des vivres avaient été réunis à l'avance en assez grande quantité dans nos places de l'Est pour assurer l'alimentation de plusieurs armées, les chemins de fer n'auraient pas été encombrés dès le début par les convois de l'intendance, les mouvements de troupes se seraient faits plus facilement, leurs privations auraient été moindres et l'armée aurait pu se soutenir à Metz plus longtemps. Sur ce point encore les avertissements n'avaient pas manqué ; il aurait suffi d'imiter les Prussiens, qui bondaient de vivres leurs places du Rhin. Les renseignements donnés par notre consul général à Francfort et par nos officiers en mission ne laissaient aucun doute à cet égard ; on connaissait même souvent les quantités de blé qui venaient augmenter les magasins de Mayence. Quant à nous, nous avons commencé la guerre sans avoir même de biscuit ; il a fallu en demander à la marine, et malgré cet emprunt nous n'avons jamais eu devant nous plus de deux ou trois jours de vivres jusqu'à la fin de juillet. Comme l'intendance n'admettait pas le principe de la nourriture des troupes sur le pays et qu'elle se voyait presque dépourvue de ressources, il est à craindre que ses préoccupations ne se soient communiquées au commandement et n'aient contribué à la fatale indécision, cause première de tous nos malheurs.

La septième direction (Dépôt de la guerre) avait fait faire à ses officiers depuis deux ans de sérieux travaux en vue de la guerre; comme on n'a pas songé à les utiliser, il n'y a ni à en indiquer la portée, ni à en apprécier la valeur. Le reproche grave qui lui a été adressé de toutes parts, a été le manque absolu de cartes de France pendant toute cette campagne, à l'armée de Metz comme à celle de Sedan, et il est certain que ce reproche n'a été que trop mérité. Jusqu'à présent on ne s'était jamais préoccupé au dépôt de la guerre de l'avantage qu'il y avait à vulgariser dans les troupes l'emploi des cartes, et c'est encore une des nombreuses leçons que nous a données la Prusse; la fabrication des cartes y était regardée plutôt comme une œuvre d'art, et tout s'y passait comme s'il ne s'agissait que d'une collection intéressante. Il y a là une réforme importante à faire, au point de vue militaire; ce ne sont pas tant les belles feuilles du $\frac{1}{80\,000}$ qu'il faudra répandre dans l'armée, que des exemplaires d'une plus petite échelle, avec de moindres détails. Mais cette réforme en appelle une autre dans l'instruction des officiers : leur distribuer des cartes qu'ils ne sauraient pas lire, ce serait une dépense inutile.

Tel est le bilan du ministère dans le compte général des fautes et des erreurs commises dans la guerre qui vient de finir; les unes ont précédé les hostilités ou ne se sont produites qu'à leur début, les autres ont eu une plus funeste influence, dont l'effet s'est prolongé sur les événements ultérieurs et jusque sur l'issue de cette première phase de la campagne. Aux causes nombreuses qui les ont fait naître, il faut ajouter encore l'absence d'une direction unique, et par suite la liberté laissée à chaque direction d'agir dans sa propre sphère, en dehors d'une même pensée et d'un même but. C'était là un des caractères les plus regrettables de l'ancienne administration de la guerre ; une mesure était souvent prise en vue d'une éventualité dont ne semblaient tenir aucun compte les mesures contraires prescrites dans les autres services; les uns préparaient la guerre, les autres ne songeaient qu'à la paix. Cet état de choses anormal vient de cesser heureusement par les modifications qu'a déjà introduites le général de Cissey dans la constitution de son ministère ; groupés entre les deux grandes divisions du personnel et du matériel, les différents bureaux vont être astreints à se mouvoir tous dans la voie qu'aura tracée le chef suprême de l'administration ; ils ne pourront pas s'écarter de la conformité de vues qu'impose la perspective d'une réorganisation complète de l'armée.

Cette première réforme assure la centralisation du travail dans le ministère ; mais, quelque importante qu'elle soit, elle ne sera vraiment complétée que le jour où disparaîtront, au contraire, les principes de centralisation qui enserrent l'armée et y amoindrissent le commandement. Car, par une anomalie bizarre, les anciennes directions opéraient en dehors d'une action commune, pendant qu'elles appelaient à elles par un excès de centralisation toutes les affaires qui avaient trait à leur service ; aucune solution ne pouvait être donnée, aucune mesure ne pouvait être prise sans leur participation, et il en résultait que, sous le couvert du ministre ou du directeur, les commis de la guerre avaient à prononcer sur des questions que les commandants en chef et les généraux de division n'avaient pas le pouvoir de trancher. Loin de nous la pensée de vouloir diminuer les attributions du ministre ; son autorité doit rester entière, comme la haute direction qui lui appartient pour tout ce qui concerne l'armée. Mais il nous semble qu'il y aurait pour lui un avantage réel à restreindre le nombre des affaires qui viennent encombrer journellement ses bureaux, dont il n'a pas le temps matériel de prendre connaissance, et que les officiers généraux sont plus aptes que tous autres à apprécier sur les lieux. La correspondance ministérielle en serait sensiblement diminuée, et par suite le nombre des employés pourrait être réduit aux proportions plus modestes qu'on trouve dans les administrations étrangères. Développement de l'initiative chez les chefs, économie de temps et d'argent, expédition plus rapide des affaires : tels seraient les résultats obtenus.

L'esprit de centralisation des bureaux de la guerre s'est étendu peu à peu au fonctionnement de tous les services qui en dépendent ; des hommes il a passé aux choses, du personnel au matériel, et c'est ainsi que se sont créés les magasins centraux, dont l'expérience de la campagne a fait sentir les inconvénients.

Les événements se sont chargés de montrer le danger réel que peut courir un pays à concentrer ainsi toutes ses ressources, tout le fonctionnement de son mécanisme militaire, au siége de l'administration centrale. Le jour où Paris a été investi, la vie s'est arrêtée ; les moyens matériels ont manqué aussi bien que l'impulsion morale dans le peu de troupes qui existaient encore ; il a fallu plus tard des efforts gigantesques, ruineux, souvent infructueux, pour constituer ces armées nouvelles qui ont payé par d'héroïques souffrances l'insuffisance de leur organisation et l'incapacité de leur administration. Si notre centralisation avait été moins grande, si les commandements territoriaux avaient eu par eux-mêmes une vie propre, comme cela existe en Allemagne, les difficultés auraient été moindres; les rouages militaires n'auraient pas cessé de fonctionner et on n'aurait pas eu à recourir à ces mesures arbitraires, à ces créations étranges, qui ont mécontenté le pays et qui sont encore aujourd'hui un élément de désunion dans l'armée.

La reconstruction du ministère de la guerre se trouve ainsi intimement liée à la grosse question de la réorganisation militaire. Dans la tâche difficile qu'elle a entreprise, l'Assemblée nationale aura à tenir compte des enseignements du passé, des fautes commises et des leçons reçues; il y aura là pour elle un triste retour à faire sur les événements accomplis, mais ce ne sera qu'à ce prix qu'elle pourra assurer l'avenir et prévenir le retour de semblables désastres. Pour que cette œuvre soit complète, il ne suffira pas de fixer les principes fondamentaux d'un nouveau système militaire, les cadres constitutifs des différentes armes et les attributions des services administratifs; ce ne sont que les rouages de la machine, les éléments pour ainsi dire physiques de ce grand corps qui s'appelle l'armée. Il faudra donner à cette machine la force motrice qui la fait agir, à ce corps l'âme qui doit l'animer et le conduire; c'est l'élément moral sans lequel la réorganisation serait impuissante.

Rappeler dans l'armée nouvelle les grands principes qui jadis nous donnaient la victoire, et en dehors desquels il n'y a que désordre et faiblesse, tel devra être le but constant du gouvernement auquel la France confiera ses destinées. A ce prix seulement sera le salut ; que le sentiment du devoir et de l'honneur militaire, que l'amour de la patrie et la foi au drapeau, que le respect de la loi et l'observation des règlements, que tous ces grands principes si malheureusement oubliés soient remis en honneur, qu'ils servent de fondations au nouvel édifice militaire et qu'une implacable sévérité vienne les mettre désormais à l'abri de toute violation. Que chacun sache que les manquements et les fautes seront impitoyablement punis, quel que soit le degré de la hiérarchie, et que le châtiment sera d'autant plus rigoureux que la position aura été plus élevée. Quand l'oubli du devoir compromet la vie et l'honneur de milliers d'hommes, l'existence et le salut d'une nation tout entière, la culpabilité s'augmente de tout le poids de cette responsabilité ; le soldat qui s'endort aux avant-postes, l'officier qui manque à ses obligations, sont frappés par la loi : quelle sévérité ne doit-elle pas réserver aux chefs dont les fautes ou les faiblesses produisent les revers ? Si, dans la vie civile, on voit parfois atténuer ou supprimer la répression, dans la vie militaire l'indulgence ou l'oubli serait un danger ; en face d'un élément dont la raison d'être et la puissance n'ont d'autre expression que la force, c'est par la force seule qu'il est possible de le régulariser et de le maintenir.

Les peuples de l'antiquité l'avaient ainsi compris ; la chevalerie développa plus encore les sentiments d'honneur et de devoir, en même temps qu'elle infligeait d'ineffaçables flétrissures à ceux qui les violaient. Ces traditions se sont perpétuées dans nos armées de la monarchie, de la république et de l'empire : on sait la gloire qu'elles nous ont donnée. Aujourd'hui encore, les gouvernements de l'Europe s'efforcent de les maintenir dans leurs armées, parce qu'ils y voient une garantie d'ordre et un gage de leur puissance ;

si les mœurs et la civilisation ont adouci les rigueurs des châtiments des anciens temps, les coupables n'en sont pas moins frappés au nom de la responsabilité qui leur incombe. Dans cette guerre, à la bataille de Saint-Privat, le vieux général de Steinmetz n'exécuta pas ou exécuta mal les ordres qu'il avait reçus : il fut destitué sur-le-champ et renvoyé en Poméranie. Aux grandes manœuvres des troupes bavaroises en 1869, un général de cavalerie se montra peu capable : il fut mis à la retraite aussitôt après la levée du camp. A-t-on oublié la sévère condamnation de l'amiral Persano, dont les fautes avaient amené la défaite de Lissa ? Plus récemment encore n'a-t-on pas vu la Cour des lords de l'amirauté anglaise faire amener le pavillon d'un vice-amiral, destituer un contre-amiral et le commandant du bâtiment pour les punir de la négligence qui avait amené l'échouage de *l'Azincourt* à la sortie de Gibraltar, parce qu'il faut intimer à tous les officiers, a-t-elle dit, la nécessité qu'il y a pour eux à surveiller, avec la plus grande vigilance et une attention de tous les instants, la conduite des navires qui leur sont confiés ?

Ainsi, qu'il y ait faute, faiblesse ou incapacité, la loi sait atteindre chez les peuples voisins ceux qui manquent à leurs devoirs, quelque haut qu'ils soient placés, quelque anciens que soient leurs services : la sûreté de l'Etat pourrait un jour en être mise en péril et, devant un aussi grand intérêt, toute considération humaine disparaît. Puissent de tels exemples ne pas être perdus pour la France ! Qu'à cette théorie des droits de l'homme, dont on a tant abusé pour le mal, elle substitue en tête de sa constitution les droits de l'Etat, autrement respectables ; qu'elle y inscrive cette loi de la justice éternelle : *A chacun selon ses œuvres et ses mérites, punition* ou *récompense*, et qu'elle en maintienne envers tous l'inflexibilité. Le jour où ce principe sera devenu la règle dans le gouvernement, où il aura pénétré dans les esprits, un grand pas aura été fait dans la voie de la régénération morale. Ce jour-là le vieil esprit militaire d'autrefois sera revenu dans l'armée, et les bases véritables de la discipline auront été rétablies.

ANNEXES

I

RAPPORT OFFICIEL

SUR LA BATAILLE DE RÉZONVILLE

(16 août).

Après le brillant combat de Borny, les troupes qui y avaient pris part avaient reçu l'ordre de continuer, dès le lendemain matin 15 août, leur mouvement de retraite sur Verdun par les deux directions qui leur avaient été indiquées : le 2ᵉ et le 6ᵉ corps suivant la route du sud par Rézonville, Mars-la-Tour, Manheulle ; le 3ᵉ et le 4ᵉ se dirigeant, au nord, sur Conflans et Etain ; la garde, la réserve générale et les parcs marchant derrière le 6ᵉ corps. La première colonne était couverte par la division de cavalerie de réserve de Forton, la deuxième, par la division de chasseurs d'Afrique du Barrail. Les points à occuper dans la journée du 15 étaient Vionville par le 2ᵉ corps, Rézonville par le 6ᵉ, Doncourt-les-Conflans par le 4ᵉ, Saint-Marcel et Verneville par le 3ᵉ ; la garde, en arrière, à Gravelotte ; la division de Forton, à Trouville, avec ordre d'éclairer la route de Saint-Mihiel ; celle du général du Barrail, à Jarny.

Les lenteurs qui se produisirent dans l'écoulement des convois et les retards qui résultèrent pour le 2ᵉ et le 3ᵉ corps de leur participation au combat de Borny, ne permirent malheureusement pas à ces deux corps de commencer leur mouvement assez tôt pour l'achever dans la limite de temps qui avait été arrêtée. Le 3ᵉ corps, qui devait marcher en arrière du 4ᵉ, avait pris la tête et n'avait que trois divisions arrivées sur le plateau de Gravelotte, à dix heures du soir; quant au 4ᵉ corps, il ne put se mettre en mouvement que le 16 au matin. La colonne de gauche (2ᵉ, 6ᵉ corps et la garde) avait à peu près atteint ses positions le 15, mais je dus lui prescrire de s'y maintenir le 16 jusqu'à midi, afin que le 4ᵉ corps pût arriver à sa hauteur, les renseignements que j'avais reçus m'annonçant une forte concentration ennemie sur ma gauche et la prudence exigeant que nos deux colonnes fussent en mesure de se soutenir l'une l'autre, de quelque côté que l'ennemi se présentât.

Le 16 au matin, le 2ᵉ corps se trouvait en avant de Rézonville, à gauche de la route de Verdun; le 6ᵉ à sa hauteur, sur la droite de la même route; le 3ᵉ, avec trois divisions et sa cavalerie, entre Verneville et Saint-Marcel, la division Metman étant encore en route pour rejoindre; le 4ᵉ en marche sur Doncourt-les-Conflans, la garde à Gravelotte.

Telle était la position de l'armée, quand à neuf heures et demie les grand'gardes de la division de Forton signalèrent l'approche de l'ennemi; à peine cet avis est-il donné, que deux régiments de cavalerie prussiens débouchent de Tronville avec trois batteries qui couvrent d'obus les campements des divisions de Forton et de Valabrègue (cavalerie du 2ᵉ corps). Notre cavalerie, surprise par cette attaque imprévue, se forme au plus vite et se porte en arrière des bivouacs du 2ᵉ corps, à la hauteur de Rézonville.

Au bruit du canon, le général Frossard fait prendre les armes à son corps d'armée et occuper les positions de combat qui avaient été reconnues à l'avance, la division Bataille à droite sur les hauteurs qui dominent le hameau de Flavigny, la division Vergé à gauche sur le même mouvement de terrain, la brigade Lapasset (détachée du 5ᵉ corps) en retour à gauche pour observer les grands bois de Saint-Arnould, des Ognons, et couvrir la tête du défilé de Gorze.

Le maréchal Canrobert prend également ses dispositions et déploie son corps d'armée en avant de Rézonville, entre la route de Verdun et le village de Saint-Marcel, la division Tixier à droite, le général Bisson au centre avec le 9ᵉ de ligne, le seul régiment de sa division qui fût arrivé, la division Lafont de Villiers à gauche et s'appuyant à la route. En arrière et parallèlement à la route, au delà de laquelle elle s'est avancée, s'établit la division Levassor-Sorval, avec mission de soutenir la brigade Lapasset et de surveiller les nombreux ravins qui aboutissent par les bois à Ars et Novéant.

L'apparition de la cavalerie ennemie et sa canonnade contre la division de Forton n'étaient que le prélude de l'action générale qui allait s'engager; deux attaques sérieuses se dessinent bientôt, l'une venant à gauche par les bois de Vionville, de Saint-Arnould et des Ognons, l'autre sur notre front par Mars-la-Tour et Vionville. A la première nouvelle de l'engagement, je quitte mon quartier général de Gravelotte et me porte avec mon état-major sur le théâtre du combat, donnant l'ordre à la garde de se placer en réserve à droite et à gauche de la route, sur les crêtes du ravin de la Jurée, et prévenant M. le maréchal Le Bœuf qu'il eût à pivoter sur sa gauche pour appuyer le 6ᵉ corps et prendre l'ennemi en flanc; je comptais en même temps sur la vieille expérience du général Ladmirault pour accourir au canon et soutenir le mouvement tournant du 3ᵉ corps, en avant duquel il devait alors se trouver.

A peine arrivé sur le terrain, je trouvai le 2ᵉ corps fortement engagé sur tout son front, sous un feu d'artillerie des plus intenses, mais se maintenant dans ses positions un peu en arrière des crêtes; M. le maréchal Canrobert avait, de son côté, arrêté le mouvement offensif de l'ennemi, qui se bornait déjà devant lui à n'entretenir qu'une vive canonnade. C'était donc évidemment sur notre gauche que l'ennemi se réservait de faire le plus grand effort, à l'abri des bois qui le dissimulaient, et dans le but de nous couper de notre ligne de retraite sur Metz. Tout en me préoccupant de l'attaque que je voyais ainsi se dessiner sur notre flanc, je voulus que notre droite fût solidement appuyée avant l'entrée en ligne des troupes du maréchal Le Bœuf, et je prescrivis à la division de Forton d'aller se placer en arrière du 6ᵉ corps sur l'ancienne voie romaine, le dos appuyé aux bois de Villers-aux-Bois, avec ordre de charger au moment opportun.

Ces premières dispositions prises, j'appelai les batteries de 12 de la réserve générale pour contre-battre les batteries ennemies qui inquiétaient le 2ᵉ corps; l'action se soutint ainsi jusque vers midi et demi ; mais à ce moment le général Bataille fut blessé, obligé de quitter son commandement, et sa division commença à plier devant les masses ennemies qui s'avançaient ; ce mouvement en arrière entraîna une partie de la division Vergé, dont la gauche seule resta en position avec la brigade Lapasset ; je dus alors faire charger l'infanterie prussienne par le 3ᵉ lanciers et les cuirassiers de la garde. La charge des lanciers ayant été repoussée, les cuirassiers se formèrent sur trois lignes comme à la manœuvre et s'élancèrent avec une bravoure héroïque sur les carrés ennemis, qu'ils ne purent entamer, mais dont ils arrêtèrent la marche. Un ou deux escadrons de hussards prussiens les poursuivirent dans leur retraite et s'avancèrent jusque sur une batterie de la garde au milieu de laquelle je me trouvais. Je dus mettre moi-même l'épée à la main avec tout mon état-major et un combat à l'arme blanche s'y engagea avec mes officiers.

L'hésitation qui se manifesta à ce moment dans les lignes prussiennes, me permit de faire arriver la division Picard des grenadiers de la garde, qui se porta en avant sous les ordres mêmes du général Bourbaki, relevant les divisions Vergé et Bataille et prenant position de chaque côté du village de Rézonville, pendant qu'une brigade de la division Levassor-Sorval du 6ᵉ corps venait l'appuyer à gauche sur les crêtes du ravin de Vionville ; en même temps, la division Deligny des voltigeurs recevait l'ordre de se porter en face du bois des Ognons, de le faire occuper par son bataillon de chasseurs et d'observer les débouchés par où les Prussiens pourraient tenter de mettre pied sur le plateau de Gravelotte.

Au moment même où l'ennemi prononçait son attaque sur Rézonville, il tentait de tourner notre droite avec sa cavalerie ; trois de ses régiments, les cuirassiers du roi et deux régiments de uhlans, traversaient la droite du 6ᵉ corps, nos batteries, et, dépassant la crête que nous occupions, tentaient de se rabattre sur les derrières de notre infanterie ; la division du général de Forton, dont ils ne soupçonnaient pas la présence, les prend en flanc et en queue, et cette masse de cavalerie est complétement anéantie sous le sabre de nos dragons et de nos cuirassiers. La droite est tout à fait dégagée, et déjà le feu du maréchal Le Bœuf commence à se faire entendre. Il était alors deux heures ; l'ennemi était partout repoussé sur notre droite; au centre, l'attitude du 6ᵉ corps et des grenadiers de la garde avait arrêté son attaque, et à gauche il n'avait pas encore pris l'initiative que j'attendais, mais qui ne s'en préparait pas moins ; le feu de son artillerie avait à peu près cessé, et il était évident qu'il prenait ses dispositions pour un nouvel effort. Complétement rassuré à droite par l'entrée en ligne des premières troupes du 3ᵉ corps, je fis dire à M. le maréchal Le Bœuf de maintenir fortement ses positions avec la division Nayral, de se relier au 6ᵉ corps par la division Aymard et de diriger sur Gravelotte la division Montaudon, que je destinais à occuper le débouché d'Ars-sur-Moselle. Je faisais en même temps porter sur le même point les divisions du 2ᵉ corps qui avaient été reformées et je plaçais des batteries de 12 et des mitrailleuses au débouché des ravins, pour y cribler les masses ennemies qui tenteraient de s'y engager. Je savais que des renforts avaient passé par Ars et par Novéant et je me préoccupais avant tout de l'attaque qui pouvait être faite sur notre flanc ; ma ligne de bataille, qui se trouvait au début de l'action à peu près parallèle au ravin de Rézonville, avait pris ainsi, vers trois heures, une direction presque perpendiculaire, du bois des Ognons vers Mars-la-Tour et Bruville. A ce moment, en effet, le 4ᵉ corps venait d'entrer en ligne ; la division Grenier, conduite par le général Ladmirault lui-même, avait chassé l'ennemi devant lui, l'avait repoussé de Saint-Marcel, de Bruville, rejeté sur Mars-la-Tour et se préparait à l'attaquer à Tronville ; la division de Cissey appuyait le mouvement et sur la droite marchaient les divisions Legrand et Clérambault, le 2ᵉ chasseurs d'Afrique et la brigade de la garde (lanciers et dragons), qui était accourue au canon, après avoir escorté l'empereur jusqu'à Etain. Le général Ladmirault reconnut que la position de Tronville était trop fortement occupée pour qu'il pût l'enlever avec ses deux divisions, et il dut se borner à maintenir l'ennemi, en s'établissant sur le terrain qu'il avait gagné.

La canonnade, qui avait cessé quelque temps, reprit avec plus d'intensité que jamais vers les cinq heures pour préparer le retour offensif que les Prussiens allaient essayer ; après un feu qui ne dura pas moins de deux heures, leurs réserves dessinèrent l'attaque en grosses masses; une charge de cuirassiers fut tentée par eux sur la division Lafont de Villiers, pour rompre notre centre; le 93ᵉ perdit son aigle, un canon fut enlevé, mais les cuirassiers prussiens trouvent devant eux la division Valabrègue du 2ᵉ corps, qui s'était maintenue à la hauteur de Rézonville; ils sont ramenés vigoureusement, l'aigle et le canon sont repris.

J'arrête alors le mouvement de la division Montaudon, que j'avais dirigée sur Gravelotte, et la fais rétrograder vers le 3ᵉ corps, pour parer à toute éventualité de ce côté; la division de Forton, que j'avais également fait reculer, reprend sa position près du bois de Villers. Le général Deligny va rejoindre, avec les quatre bataillons de voltigeurs qui lui restent, sa 2ᵉ brigade, qui a déjà appuyé et relevé une partie des grenadiers sur les crêtes du ravin de Rézonville. En même temps, le général Bourbaki, rassemblant toutes les bouches à feu dont il dispose, établit une grande batterie de cinquante-quatre pièces qui foudroie les masses ennemies et les désorganise, pendant que le feu de notre infanterie les fait reculer.

A notre gauche, l'ennemi tente vainement de déboucher par les bois, qu'il trouve fortement gardés; il veut alors s'avancer par le ravin qui sépare les bois de Saint-Arnould et des Ognons; mais nos mitrailleuses arrêtent toutes ses tentatives, en lui faisant subir des pertes énormes.

A la droite, il tente avec une grosse masse de cavalerie de tourner le 4ᵉ corps; le général Ladmirault la fait charger par la nombreuse cavalerie qu'il a lui-même sous la main, et après des charges successives, où des deux côtés on se bat avec acharnement, l'ennemi se retire. La division de Cissey protége notre ralliement et par sa belle contenance en impose à l'aile gauche prussienne, qui se met définitivement en retraite.

L'armée ennemie battue se retirait sur tous les points, nous laissant maîtres du champ de bataille, quand un dernier effort fut tenté par elle presque à la nuit close sur Rézonville, où je me trouvais en ce moment. Je pris à la hâte les zouaves, que j'établis perpendiculairement à la route, et, aidé du général Bourbaki, qui rassembla les troupes qu'il avait sous la main, je fis repousser cette dernière attaque, après laquelle le feu cessa complétement.

Il était alors huit heures du soir; nos troupes s'étaient battues pendant dix heures sous un feu terrible d'artillerie et restaient maîtresses du champ de bataille, où elles se maintinrent en partie jusqu'à minuit sans être aucunement inquiétées. Je leur donnai alors l'ordre de se retirer sur les positions autour de Gravelotte pour se réapprovisionner en vivres et en munitions.

Quartier général du Ban-Saint-Martin, 22 août 1870.

Le maréchal commandant en chef l'armée du Rhin,
Signé : BAZAINE.

II

PROTOCOLE DE LA CAPITULATION.

Entre les soussignés, le chef d'état-major général de l'armée française sous Metz et le chef d'état-major de l'armée prussienne devant Metz, tous deux munis des pleins pouvoirs de S. Exc. le maréchal Bazaine, commandant en chef, et du général en chef S. A. R. le prince Frédéric-Charles de Prusse :

ARTICLE PREMIER.

L'armée française placée sous les ordres du maréchal Bazaine est prisonnière de guerre.

ARTICLE 2.

La forteresse et la ville de Metz, avec tous les forts, le matériel de guerre, les approvisionnements de toute sorte, et tout ce qui est propriété de l'Etat, seront rendus à l'armée prussienne dans l'état où tout cela se trouve au moment de la signature de cette convention.

Samedi 29 octobre, à midi, les forts Saint-Quentin, Plappeville, Saint-Julien, Queuleu et Saint-Privat, ainsi que la porte Mazel (route de Strasbourg), seront remis aux troupes prussiennes.

A dix heures du matin de ce même jour, des officiers d'artillerie et du génie, avec quelques sous-officiers, seront admis dans lesdits forts, pour occuper les magasins à poudre et pour éventer les mines.

ARTICLE 3.

Les armes, ainsi que tout le matériel de l'armée, consistant en drapeaux, aigles, canons, mitrailleuses, chevaux, caisses de guerre, équipages de l'armée, munitions, etc., seront laissés à Metz et dans les forts à des commissions militaires instituées par le maréchal Bazaine, pour être remis immédiatement à des commissaires prussiens. Les troupes sans armes seront conduites, rangées d'après leurs régiments ou corps, et en ordre militaire, aux lieux indiqués pour chaque corps. Les officiers rentreront alors librement dans l'intérieur du camp retranché, ou à Metz, sous la condition de s'engager sur l'honneur à ne pas quitter la place sans l'ordre du commandant prussien.

Les troupes seront alors conduites par leurs sous-officiers aux emplacements de bivouacs. Les soldats conserveront leurs sacs, leurs effets et les objets de campement (tentes, couvertures, marmites, etc.).

ARTICLE 4.

Tous les généraux et officiers, ainsi que les employés militaires ayant rang d'officiers, qui engageront leur parole d'honneur, par écrit, de ne pas porter les armes contre l'Allemagne et de n'agir d'aucune autre manière contre ses intérêts jusqu'à la fin de la guerre actuelle, ne seront pas faits prisonniers de guerre; les officiers et employés de guerre qui accepteront cette condition conserveront leurs armes et les objets qui leur appartiennent personnellement.

Pour reconnaître le courage dont ont fait preuve pendant la durée de la campagne les troupes de l'armée et de la garnison, il est en outre permis aux officiers qui opteront pour la captivité d'emporter avec eux leurs épées ou sabres, ainsi que tout ce qui leur appartient personnellement.

ARTICLE 5.

Les médecins militaires, sans exception, resteront en arrière pour prendre soin des blessés; ils seront traités d'après la convention de Genève; il en sera de même du personnel des hôpitaux.

ARTICLE 6.

Des questions de détail, concernant principalement les intérêts de la ville, sont traitées dans un appendice ci-annexé, qui aura la même valeur que le présent protocole.

ARTICLE 7.

Tout article qui pourra présenter des doutes sera toujours interprété en faveur de l'armée française.

Fait au château de Frescaty, le 27 octobre 1870.

Signé : L. JARRAS. — VON STIEHLE.

APPENDICE

ARTICLE PREMIER.

Les employés et les fonctionnaires civils, attachés à l'armée et à la place, qui se trouvent à Metz, pourront se retirer où ils voudront, en emportant avec eux tout ce qui leur appartient.

ARTICLE 2.

Personne, soit de la garde nationale, soit parmi les habitants de la ville ou réfugiés dans la ville, ne sera inquiété à raison de ses opinions politiques ou religieuses, pour la part qu'il aura prise à la défense ou les secours qu'il aura fournis à l'armée ou à la garnison.

ARTICLE 3.

Les malades et les blessés laissés dans la place recevront tous les soins que leur état comporte.

ARTICLE 4.

Les familles que les membres de la garnison laissent à Metz ne seront pas inquiétées et pourront également se retirer librement avec tout ce qui leur appartient, comme les employés civils.

Les meubles et les effets, que les membres de la garnison sont obligés de laisser à Metz, ne seront ni pillés ni confisqués, mais resteront leur propriété. Ils pourront les faire enlever dans un délai de six mois à partir du rétablissement de la paix ou de leur mise en liberté.

ARTICLE 5.

Le commandant de l'armée prussienne prend l'engagement d'empêcher que les habitants soient maltraités dans leurs personnes ou dans leurs biens.

On respectera également les biens de toute nature du département, des communes, des sociétés de commerce ou autres, des corporations civiles ou religieuses, des hospices et des établissements de charité.

Il ne sera apporté aucun changement aux droits que les corporations ou sociétés, ainsi que les particuliers, ont à exercer les uns contre les autres, en vertu des lois françaises, au jour de la capitulation.

ARTICLE 6.

A cet effet, il est spécifié en particulier que toutes les administrations locales et les sociétés ou corporations mentionnées ci-dessus conserveront les archives, livres, papiers, collections et documents quelconques, qui sont en leur possession.

Les notaires, avoués et autres agents ministériels, conserveront aussi leurs archives et leurs minutes ou dépôts.

ARTICLE 7.

Les archives, livres et papiers appartenant à l'Etat, resteront, en général, dans la place, et au rétablissement de la paix tous ceux de ces documents concernant les portions de territoire restituées à la France feront aussi retour à la France.

Les comptes, en cours de règlement, nécessaires à la justification des comptables, ou pouvant donner lieu à des litiges, à des revendications de la part de tiers, resteront entre les mains des fonctionnaires ou agents qui en ont actuellement la garde, par exception aux dispositions du paragraphe précédent.

ARTICLE 8.

Pour la sortie des troupes françaises hors de leurs bivouacs, ainsi qu'il est stipulé dans l'article 3 du protocole, il sera procédé de la manière suivante : Les officiers conduiront leurs troupes aux points et par les directions qui seront indiquées ci-après. En arrivant à destination, ils remettront au commandant de la troupe prussienne la situation d'effectif des troupes qu'ils conduisent ; après quoi ils remettront le commandement aux sous-officiers et se retireront.

Le 6e corps et la division de cavalerie Forton suivront la route de Thionville jusqu'à Ladonchamps.

Le 4e corps, sortant entre les forts de Saint-Quentin et de Plappeville, par la route d'Amanvillers, sera conduit jusqu'aux lignes prussiennes.

La garde, la réserve générale d'artillerie, la compagnie du génie et le train des équipages du grand quartier général, passant par le chemin de fer, prendront la route de Nancy jusqu'à Tournebride.

Le 2e corps, avec la division Laveaucoupet et la brigade Lapasset, qui en font partie, sortira par la route qui conduit à Magny-sur-Seille et s'arrêtera à la ferme de Saint-Thiébaut.

La garde nationale mobile de Metz et toutes les autres troupes de la garnison, autres que la division Laveaucoupet, sortiront par la route de Strasbourg jusqu'à Grigy.

Enfin le 3e corps sortira par la route de Sarrebrück jusqu'à la ferme de Belle-Croix.

Fait au château de Frescaty, le 27 octobre 1871.

Signé : L. JARRAS. — VON STIEHLE.

TABLE DES MATIÈRES

                      Pages.

AVANT-PROPOS. v

PREMIÈRE PARTIE.

CAMPAGNE DEVANT METZ.

CHAP. I. — Formation de l'armée du Rhin.—Débuts de la campagne jusqu'au 15 août. — Nomination du maréchal Bazaine au commandement en chef de l'armée du Rhin. — Combat de Borny. — Départ de l'empereur. 3

CHAP. II. — Bataille de Rézonville (ou de Gravelotte). — Défense des lignes d'Amanvillers (bataille de Saint-Privat). — Retour de l'armée sous Metz. . . . . . , ... 67

CHAP. III. — Première tentative de sortie, le 26 août. — Seconde tentative, le 31 août et le 1ᵉʳ septembre (bataille de Noisseville). 105

DEUXIÈME PARTIE.

NÉGOCIATIONS DEVANT METZ.

CHAP. IV. (Du 2 au 24 septembre.) — Capitulation de Sedan. — Chute de l'empire. — Premières communications avec le prince Frédéric-Charles. — Intrigue du sieur Régnier. — Départ du général Bourbaki. 177

CHAP. V. (Du 25 septembre au 10 octobre.) — Mission du général Bourbaki. — Projet d'une nouvelle tentative de sortie. — Petites opérations de guerre. — Combat de Bellevue. — Conseil de guerre pour l'ouverture des négociations avec l'ennemi. 235

CHAP. VI. (Du 11 au 25 octobre.) — Première mission du général Boyer au quartier général du roi, à Versailles. —

Agitation des camps et de la ville. — Situation intérieure. — Deuxième mission du général Boyer près de l'impératrice, à Chislehurst. — Rupture des négociations par la Prusse. — Dernière tentative faite par le général Changarnier. 301

Chap. VII. — Dernière phase. — Signature de la capitulation. — Son exécution. — Départ du maréchal Bazaine. — Livraison de l'armée et de la ville. 361

OBSERVATIONS GÉNÉRALES.

Observations générales. — Effectifs comparés des deux armées. — Nouvelle loi de recrutement. — Résumé historique de la campagne. — Considérations stratégiques. — Considérations tactiques et administratives. — Infanterie. — Cavalerie. — Artillerie. — Etat-major. — Intendance. — Ministère de la guerre. 419

ANNEXES.

I. Rapport officiel sur la bataille de Rézonville (16 août). . . . 499
II. Protocole de la capitulation de Metz. 505

FIN DE LA TABLE.

Paris. — Typographie A. Hennuyer, rue du Boulevard, 7.

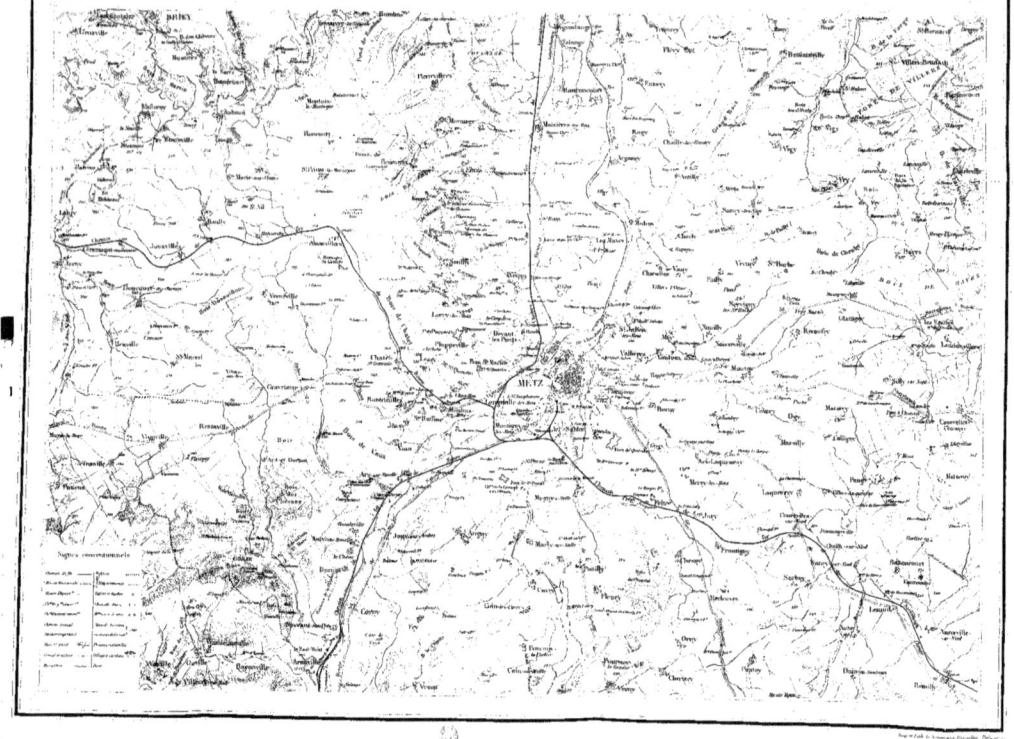

www.ingramcontent.com/pod-product-compliance
Lightning Source LLC
Chambersburg PA
CBHW071606230426
43669CB00012B/1842